私密感的诞生

的诞生

近代早期巴黎的隐私与家庭生活

[法] 安尼克·帕尔代赫·加拉布隆 著

成沅一　周颜开　译

La naissance de l'intime

浙江大学出版社
ZHEJIANG UNIVERSITY PRESS

序 言

在我拿到这本书的那一刻，我是如此骄傲，感到如此幸运，我很荣幸能为这本书作序。这本书是努力与耐心、"尽力而为的热情"，以及安尼克·帕尔代赫－加拉布隆（Annik Pardailhé-Galabrun）的天才的成果。本书涉及3000个巴黎家庭，我们可以感受到两个世纪前家庭的温暖。人们在仅仅几平方米的狭窄空间中亲密相处，在那里，他们痛苦、相爱、工作。每天早晨，在人们还没去上班的时候，他们就待在家中，正是在那里，面对死亡，在对最后的审判的焦虑的期待中，人们做出了终极思考。今天，借助公证员记录的琐事和基于内心的理解，我们仔细观察了3000个巴黎家庭，试图在熟悉的物件之外，追寻温柔的目光与轻抚；它是我们的研讨"巴黎的死亡"的第二部分。

巴黎索邦大学（Université de Paris-Sorbonne）的现代欧洲文明研究中心（Centre de Recherches sur la Civilisation de l'Europe Moderne）展开了一项调查，它向我们展现了17—18世纪巴黎壁炉的温暖（chaleur du foyer parisien）——米什莱（Michelet）喜欢说，"我愿将18世纪称为伟大的世纪"。此调查的综述基于如下材料：50份预备性的专著，以及一份由帕尔代赫－加拉布隆与我共同指导的博士论文。帕尔代赫－加拉布隆和学生们共同工作，他们会在每周二下午5—7点的研讨会上介绍研究成果。由于几个人的头脑通常超过一个人的，这一周二晚上的头脑风暴时间使我们所有人都获益匪浅。不能说是某人提出了某一观念，想法纯粹从碰撞、讨论与友谊中迸发出来。此研讨会上的几位最活跃的成员尤其愿意帮忙，帕尔代赫－加拉布隆对他们最为感激。马德琳·福伊西尔（Madeleine Foisil）擅长挖掘琐碎的错误行为背后隐藏的意图。她与我们的鉴定评估专家让－保罗·普瓦松（Jean-Paul Poisson）一样，值得被特别提及。福伊西尔、帕尔代赫－加拉布隆和我组成了如此紧密的团队，以至于我们在这个研究项目上并未分工。这一研究是一项集体工作，一张参与其中的 51 位学生的名单——其中许多人已经凭借自己的才能成为被认可的学者——在致谢中被打印出来。但这本书是一项个人成果，自从我 1978 年把任务交给她以来，帕尔代赫－加拉布隆始终为这艘船掌舵，并将其开进了港口，她也是本书的执笔者。她参与了项目构思的每个细节，领导并完成了构想出来的工程。总之，她既是主要建造者，也是建筑设计师。

罗兰·穆尼埃（Roland Mousnier）常说，在过去四十年中，研讨会是大学生活中收获最多的。怎么能不同意这一论断呢？

我再重复一遍，这本书是成功的，因为这位作者，不论她得到了怎样的帮助、信息、动力、建议，她是真正的作者。这要归功于她。在荣誉背后，帕尔代赫－加拉布隆承受了很多痛苦。因为这些资料的收集只能是一个团队完成的。当然，准备了材料的 51 位学生，是这本书的第二作者，他们并不是临时工。除去打印费、纸张费和印刷费，这项调查并没有别的什么花费。51 位学生完成了他们的学业，在我们为他们勾勒出的原创论著的框架中构思，也表达了他们的个性。从 1978 年到 1986 年，这项工作给他们带来了额外的收获。他们学到了更多，产生了写作一本有用的著作的想法。51 份作品，打印出来有 10000 多页，摘录了档案、清单、证词，其中的信息关涉 3000 个巴黎家庭，帕尔代赫－加拉布隆这才能把这么多材料总结呈现给大家。整理那么多的信息，做出结论，绝不是一个研究者能独立完成的。

许多人爱巴黎。一份关于这个城市的参考文献的篇幅将长达几本书。我们在"巴黎的死亡"（La Mort à Paris）的研讨中展现的大致观念在这里也成立：作为一个在 1640 年有 40 万居民，在法国大革命前夕有 60 万以上居民、2 万～2.5 万座住宅楼（maison）的城市，1640—1790 年的巴黎处于平缓上升期。在这个时期之前和之后，这座城市的发展速度更快。伦敦在 18 世纪中叶超过了巴黎。但是，在前述一个半世纪期间，尽管巴黎人口只占法国总人口的 2.5%，但它在人口、财富、资源、消费方面，都是世界上非常拔尖的城市。文学、艺术以及当时的旅行者们留下的描述全都见证了这个事实。巴黎的人均肉消费量是法国其他地区的 4 倍，它喝掉了法国的一部分咖啡、巧克力和茶，而且其出版物的数量至少与法国其他地区一样多——如果不是更多的话。在复杂的文化产物的发展中，巴黎所占的部分越来越多，巴黎在启蒙时代的法国与欧洲占据了主导地位。得益于其公证处，巴黎有体现当时状况的丰富材料。巴黎有众多的实验室和近代学者，也在同时"像疯了一般"有一个滞后的、变化缓慢而一致的社会平面，更接近过去而非预兆着未来。如果我们要做一个关于近代大城市的过往经历的研究，那么显然，巴黎应该在其中。

我知道你马上会感到不耐烦。如果你着急的话，可以直接进入第二和第三个部分，那里向你展现了巴黎人的住房，它的布局从垂直到水平，从而让人腿脚更省力，生活更便捷；还会展现"家庭的亲密感"。

你将要在此读到的内容，不是基于单一目击者的证词，不限于这种常常被引用的资源——比如路易－塞巴斯蒂安·梅尔西埃（Louis-Sébastien Mercier）或者莱斯蒂夫·德·拉布列塔尼（Restif de La Bretonne）。为我们的论证提供基础的材料是公证人记下的、符合古老传统的手写卡片。这或许相当旧式，但无论是缓存不够大的电脑，还是我们自己，都没能找到有效方法来使用它们，通过细致梳理在死后编纂的清单，一目了然地掌握 3000 个巴黎家庭的状况。在早先的关于死亡的研究中，我们通过反复试错确立了一些样本。这些信息的基石是 2783 份死后编纂的清单，其中来自 18 世纪的部分多于来自 17 世纪的，来自塞纳河右岸的多于来自左岸和西岱岛的（在左岸和西岱岛，122 个公证人办公室中有 110 个记录得到了考察）。大量补充性文件也借助这些清单得到了考察。我会顺带提及罗兰·穆尼埃的研究中用到的婚约，以及"巴黎的死亡"研究中的 10000 份遗嘱。我们以街道（la rue）、街区（le quartier），以及社会－职业群体作为研究的基本单位，还有住宅楼（maison）——皮埃尔－德尼·布德里奥特（Pierre-Denis Boudriot）细心地考察了这一方面。我们在法国国家档案中找到的那些令人惊叹的 ZiJ 系列所提供的住房状况使我们获益良多。一般的普通房屋在 18 世纪的前 15 年和最后 50 年之间的变化，比它在之前的两个世纪或之后一个世纪期间经历的要更多。到路易十五统治末期，需要 29 吨材料，包括土方工程的话是 41 吨，才能为一个巴黎人建起符合新标准和预期的高质量房屋。那意味着每个房间都要有一个壁炉；如果木柴量相同，这些壁炉会为房间提供 4 倍于加热技术进步之前那些宽大、笔直、有裂口的壁炉所提供的热量。这是 18 世纪取得的小小进步之一。这是一个私密（l'intimité）的世纪，一个幸福生活（bien-être）——英国人称之为舒适（confort）——的世纪，人们的行动更明智了，因此更省力了。我怀疑是否有哪怕一个为这种生活提供物质背景的房间逃过了帕尔代赫－加拉布隆以及那些得到了她的良好指导的学生们的注意。

我们的样本能受到什么批评呢？为了让你们能评判它的可靠性，我们将（笔记）卡片放在了桌上，在此将其详尽展示。10% ～ 15% 的死者留下了死后清单。巴黎公证人（notariat parisien）的工作与《巴黎习惯法》（Coutume de Paris）极大地便利了我们的任务。我们的样本的地理分布得以大致描摹人与居所的实际分布。我们考察了十分之一的住宅，1640—

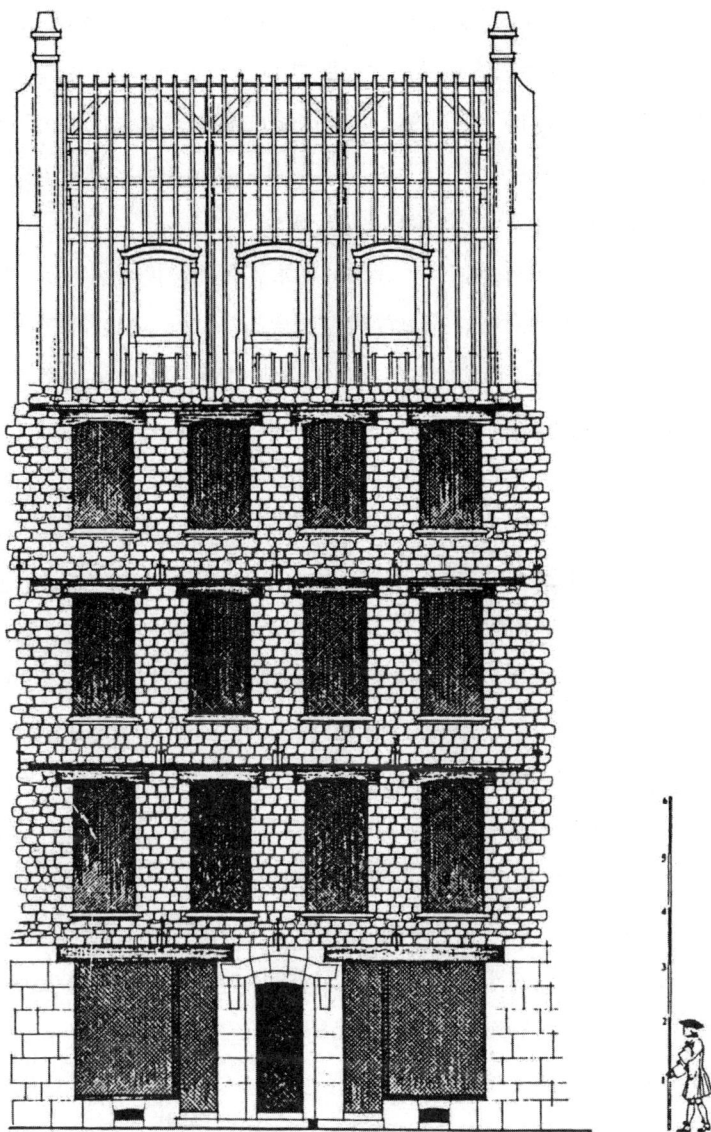

图1　皮埃尔－德尼·布德里奥特（Pierre–Denis Boudriot）的《路易十五时期的巴黎出租建筑》（*La construction locative parisienne sous Louis XV*）中的路易十五时代出租楼临街面

1790 年的 150 年间，250 万人在 60 万个家庭中生活并死去。1640 年的巴黎大概有 10 万个家庭，大革命前夕大概有 15 万个家庭。150 年间，勒撒日（Le Sage）那著名的"跛脚魔鬼"（diable boiteux）[1] 掀起了屋顶，方便我们在每 200 个家庭当中窥视一个。今天，我们的国家民意普查在为晚间新闻提供选举结果时，使用的信息比这还要少。

当然，我能想象你的回答：我们的样本不是巴黎民众的真实写照。死后清单本身就带有偏见，偏见的程度稍微高于"巴黎的死亡"中的那些遗嘱。罗兰·穆尼埃，这位蛊惑人心的政客，声称公证人文件昂贵得反常。这种昂贵已经被科林斯·克拉克－法瓦斯蒂埃法（la loi Colins Clark-Fourastié）解释了。在一个服务与今天的精密家用品有着同等尊严的社会里，公证处文书的潦草字迹一天内要花费的前额上的汗水，相当于一个用肩扛了一天水桶的散工。是的，清单是只选出了一部分人，但它虽然缩小了金字塔的底座，并稍微改变了其比例，却并未扰乱其基本形式。来自社会各个阶层、各种职业、拥有各种程度的财富的个体都得到了展示，但他们发出的微弱的共同声音或许不能再现总人口中各个群体的确切比例。如果有朝一日，我们试图估算大革命前夕 2.5 万座巴黎住宅楼中所有物品的总数——其中一半来自 18 世纪，另一半来自之前的 250 年，也就是 17 世纪、16 世纪和 15 世纪后半叶——我们就不得不平衡一下，换句话说，减少一下数字。

在这种程度的精确性上，我们唯一的期望就是使你们在想象中进入其中一些住处时，能看到和触摸到一些东西，无论这是一座有 31 个房间的宅邸（hôtel），其拥有者是某某侯爵的遗孀，还是一间有家具的房间，其中居住着一位散工和他的妻子，他们竭力用朴素的纱门在他们穷人的"宫

1　1707 年，作家勒撒日出版了讽刺小说《跛脚魔鬼》。书中，一个跛脚魔鬼被一个学生从魔术瓶里释放出来。魔鬼为帮助学生逃脱追杀，带着他飞上高空，因此，魔鬼可以俯瞰全市人民的生活。——译者注

殿"里勾勒出隐私的轮廓。在考察这些堆积如山的生活的真实切片时，我们必须牢记，从相应的比例上来说，我们的社会金字塔实际上把更多的人放在了上方，而把更少的人放在了本应有更多的人的底部。我们去除的是游客、没有住处的人、痛苦的移民、未被同化的人、流浪汉。毕竟，从阿莱特·法热尔（Arlette Farge）到克里斯蒂安·罗蒙（Christian Romon），更不用提丹尼尔·罗什（Daniel Roche）的出色作品（他选择了最无特权的三分之一），这一边缘群体获得了如此之多的关注，以至于带来了让人忘记人口中的其余部分的风险。在凡尔赛的宫廷社会与救济院（Hôpital Général）的领抚恤金者之间，我们相信，被立宪会议无耻地称为积极公民（citoyen actifs，即工作有收入的公民）的那些人也应该在历史中占据一定的位置。这些人有一半以上生养于巴黎。在这样的情况下，这是否还令人惊奇呢：我们真正的巴黎人更像是乡野村民，他们爱他们的街道、他们的街区、他们教区的教堂，他们对邻居们的日常生活非常好奇，他们从事着父亲们从事过的工作。18 世纪的巴黎不是开膛手杰克的危险城市。这个巴黎被包税人城墙（Fermiers généraux）围绕，其中没有公共汽车或地铁，对于旅行者们来说是广阔无边的，不同于世界上的其他任何地方，但它也是小小的街区的集合，每个街区都是邻居们仍然真正互相认识的温暖的生活中心。

关于这一点，我们有大量证据。我在此引用一个例子。18 世纪初的巴黎已经拥有了几乎一千条街道，但直到 1728 年，它们才获得了官方名称，街角的房主们才被要求将写着名字的锡制匾额安装起来，随后，它们逐渐被刻制的石匾取代了。至于私人发起者到处放置的街道编号，则直到 1805 年 2 月 4 日才被王家法令（le décret impérial）标准化。当然，那里有商店标志。如果德拉马尔（Delamare）的描述是准确的话，17 世纪末，平均每 7 或 8 座房子里就有一座有商店标志。巴黎是一个还没有被标记、界定和编号的空间。它是一个名称的空间，就像于勒普瓦（Hurepoix）或布里（Brie）的任何一个乡下小村庄一样，但它也是一个在记忆中被绘制了地图的空间，因此是可以被叙述的空间。要在巴黎找到该走的路，有眼睛是不够的，掌握语言也很有用。要确保我们解读文书的标记时选择了正确的道路，我们常常需要求助于好邻居或坏邻居的证词。简而言之，那时候的人们在巴黎寻找该走的路，就像现今在东京那样要问路。"巴黎人最爱嚼舌头。"（il n'y a de bon bec que de Paris）这种空间出于至关重要的必要性，是一个亲密的快乐交际的空间。它怎能是其他样子呢？单身汉挣得其饭食，而且除了酒、盐和一些木柴，没有人保有任何储备的生活用品。结果，每个人每天都要跑到商人那里好多次，去买一点这个或一杯那个。各人都有各人的负担，富人和穷人都生活在一团团小债务之中。一个启蒙时代的巴黎人的记忆也是一部充斥着大量小账目的未写出的书。

帕尔代赫－加拉布隆与她的文书——过去和今天的文书，将会带你们观赏整个社会等级体系。因此，或许你曾经怀疑的事情得到了证实：这座城市位处国家的心脏，并因此也是司法和金融的心脏；它提供了所有类型的服务。但我们的公证人没有怎么谈论照看着孤独旅客们的客房的打扫女佣。我们的原始资料考察了日光下的世界，而几乎没有看到夜晚降临后世界的另一面——我们所谓"第三级的"（tertiaire）领域。你会意识到这座城市也是由吃饭、俏皮话、称不上舒适生活的惬意，以及阅读和祈祷构成的。

在这里活得舒坦是不容易的。我们意识到了生活有多么昂贵。生活对于未能有幸成为仆人的人们来说耗资巨大。关于下面这个主题，雅克朗·萨巴蒂尔（Jacqueline Sabattier）差不多已经说了所有能说的话：在标志着这个世纪结束的"大麻烦"前夕，被自己所在的大家庭赶出来的年轻男子，穿梭于仆人这个气势汹汹的势利小人行列。

实际上，巴黎的每样事物都贵。在这里，每个人都是其他人的债主。

很少有人能精确地考察这个债务与资产的网络。信件是富人的——其他人依靠便条和言语勉强糊弄。言语方式画出了值得尊敬的人与不可信任的人之间的界线。

我们也要提及一下道德败坏。巴黎是严酷的，但是这种情况也很少。悲惨与死亡是孪生子。也可以看到对夫妻之爱的考验，不给寡妇留下财产，是一种难以摆脱的恐惧。

悲惨生活甚至比道德败坏更为紧密且古怪地与死亡联系在一起（此外，在巴黎，关于悲惨生活的问题是严重的，也是涉及人口数量最多的，所以我们把道德败坏问题留给其他学者）。因此，对夫妻之爱的考验，是丈夫是否对留下没有生活来源的寡妇有一种难以释怀的恐惧。罗蒙看到一位地方高等法院律师的遗孀在一座教堂门前被冻死。更明了的是，死亡是极其昂贵的。当时年轻人的一个朴实的愿望是：我要给家人留下至少足以支付体面葬礼的财产。

在帕尔代赫－加拉布隆的书中，你还会发现另外的东西：在18世纪巴黎的一次散步，几乎同穿越空间一样穿越了时间。你时不时地会发现自己实际上身处20世纪，作为确保了我们与18世纪的法国和欧洲之间彻底的连续性和毗邻性的男男女女中的一部分——他们中的99%都居住在人满为患的传统拉丁基督教世界。

与我们一起，你将会惊讶于家庭经历的大得难以置信的变化。在我看来，只有一个发现能与楼房向平层房屋的转变之重要性相比，那就是帕尔代赫－加拉布隆的发现——没有人能就此与她争论——18世纪的巴黎经历了从蹲着做饭到站着做饭的转变。

在前述两个实例中，转变的结果都是对身体痛苦的极大避免，以及对体力的更为理性的组织和更好的利用。这扩充了我们之前已经知道的知识：从把东西堆在大箱子里，到将它们整理、分类并平放在橱柜里。

很重要的是，要记住，这些巨变并没有以同样的速度发生在每个地方。看看住房吧。在巴黎，人们不住在自己的房屋里。他们把房子租出去，或是作为房客去租房。在拥有自己的家的 14% 人口中，大部分不属于社会等级的顶部。这是否意味着住在自己的房子里还不够格？

我确实知道的是，到 18 世纪中叶，平层房屋逐渐得势。狭窄房间层层叠叠的房屋格局成本更高，供暖也更困难。它们破败了。对旧建筑的爱好是富人的奢侈，以及一种近期的热情。18 世纪，古老楼房建筑走上了下坡路。

我还要拖延一下你的兴致，再做一些解释。

在 17 世纪初到 18 世纪末，道路不被察觉地扩张，呈星形分布。物件更多了，空间也更广阔了，我已经在"巴黎的死亡"中注意到了，蜗居（entassement）是 19 世纪才有的，而不是 18 世纪。

物品更多了，增加了 4 到 5 倍，但是物品仍然是稀缺的、昂贵的和脆弱的（工业革命并不制造更多的劣质商品，而是更坚固耐用的商品），18 世纪还没进入工业革命。它们聚居在一起，可能也是因为只有在那些朴实无华的物件和地标中，它们才能唤起记忆的碎片。

床在家中是最明显的，它占据了全部家具的 15%、20%、25% 的价值，这一生活的殿堂，是怀孕的地方，它吸引着人们，也再现了死者的生活。我还记得这个公爵夫人的床，它值一座博斯农民的房子。当然，床并非富人的特权。同时，屏风在某种独特的视角下成了私密感的开端，还有就是厨房，那里还睡了仆人，厨房揭示了吃的精妙艺术。

此外还有作为精神给养的书籍。它们反常地与墙上的图像相协调。书籍和图像都与菲利普·阿里埃斯（Philippe Ariès）所说的一样；而在表现死亡主题时，与米歇尔·伏维尔（Michel Vovelle）的描述略有不同。实际上，正是公证人推动了对宗教用语的删除。巴黎公社担当立法机构时期的巴黎萦绕着激烈的去基督教化的氛围，但它并未被动地脱离宗教热情，也没有摆脱大部分人关于基督教受难者的日常观念，无疑，这种日常观念以耶稣受难的痛苦奥秘为核心，但同时也是质朴的、实际的、凝练的。

巴黎是法国在启蒙时代的中心，巴黎就代表了法国，但是巴黎家庭的温暖完全没有预示大革命的狂怒。

也许是因为清单中的巴黎是没落的巴黎，或许是因为，思想的骚动并没有存留多少痕迹；而大革命的疾风骤雨，却让我们回想起了昔日巴黎温暖甜蜜的生活。我们对这一显而易见的矛盾十分敏感。我们开始收集资料，让我们可以理解人们如何经历了从圣徒的世纪到大革命巴黎公社的世纪，从神圣的锡安到仇恨的巴比伦。从一种爱到另一种。这是另一种历史。今天，3000 个巴黎家庭共同的温暖向你传达幸福，我们让他们重生。

皮埃尔·肖努（Pierre Chaunu）

目录

第一部分

方法：样本中的巴黎

第一章 样本：死后清单的可靠性

    法国和外国历史学家们对死后清单的兴趣是广为人知的，这种文件的留存在地理上跨越了西欧、奥斯曼帝国以及新法国（法国的加拿大领地），在时间上从 14 世纪跨越至 20 世纪。20 世纪 60—70 年代，社会经济史研究系统性地将此类文件与婚约一同使用；[1] 文化史和心态史则将之与遗嘱相结合。[2]

    大量的具体研究使用了清单和遗嘱，它们的优点和缺点已经被各种各样的学者强调过了。[3]

---

    1   Roland Mousnier, *Recherche sur la stratification sociale à Paris, aux XVIIe-XVIIIe*, Paris, 1976.

    2   在此列举如下三部大部分基于死后清单的关于巴黎情况的作品：Françoise Lehoux, *Le cadre de vie des médecins parisiens, aux XVIe et XVIIe siècles*, Paris, 1976. Michel Marion, *Les bibliothèques privées à Paris au milieu du XVIIIe siècle*, Paris, 1978. Daniel Roche, *Le peuple de Paris*, Paris, 1981.

    3   特别是如下著作与文章：

— *Les actes notariés source de l'histoire sociale, XVIe-XIXe siècles*, Actes du colloque de Strasbourg (mars 1978), Strasbourg, 1979, articles de: Micheline Baulant, «L'analyse par ordinateur des inventaires après décès de la région de Meaux», p. 197. Jean Jacquart, «L'utilisation des inventaires après décès villageois: grille de dépouillement et apports», p. 187. Jean Quéniart, «L'utilisation des inventaires en histoire socioculturelle», p. 241. Daniel Roche, R. Arnette, F. Ardellier, «Inventaires après décès parisiens et culture matérielle au XVIIIe siècle», p. 231.

— *Probate Inventories* (Papers presented at the Leeuwenborch Conférence, Wageningen, 5-7 mai 1980), Utrecht, 1980, articles de: Micheline Baulant, «Typologie des inventaires après décès», p. 33, et «Enquêtes sur les inventaires après décès autour de Meaux aux XVIIe et XVIIIe siècles», p. 141. Madeleine Connat, Etude sur les inventaires après décès de Paris, 1500-1560, in *Position de thèses de l'Ecole nationale des Chartes*, Nogent-le-Rotrou, 1942.

这些清单当然是通过人与人之间及其家庭中的空间与物品来重构日常生活的不可或缺的原始资料，但是，不能认为它们像是在为在家里的巴黎人拍照一样准确，而且因其缺漏与不完善，学者使用它们时必须谨慎。

这些文件能在何种程度上表现我们试图理解的巴黎家庭呢？在此，似乎必须提出它们的三个主要缺点。

1. 从性质上来说，它产生于家庭破裂的时候，表现了一个被死亡的戏剧所撕裂的家庭：一个寡妇或鳏夫被独自留下，一个家庭中的父亲或母亲必须抚养小孩，未成年的孤儿们被置于监护人的照管之下，如此等等。这意味着这些清单永远无法提供一个快乐的、普通的家庭的肖像。

2. 总体上来说，它们涉及的是进入生活后期阶段的个人：在四分之三的实例中，公证文书都是在婚后十年被起草的，当事人年龄在40到50之间（很少提到确切的年龄）。结果，由于部分或者全部孩子都已经离开了父母的家庭，这些文件并不总能提供足够的证据来证明这个家庭具有典型性。

3. 这些清单是一种作为继承人、未成年人和债权人的辩护手段的法律文件，其目的并不在于日常使用。它们反映了一个特定的情况。清单在如下时刻被编纂：

A. 未成年继承人需要被置于监护之下；

B. 继承人要求编纂清单，在没有清单的情况下他们不接受遗产；

C. 配偶之一要求分割居所内的财产（这常常发生在打算再婚的情况下）。

丹尼尔·罗什已经测算出，18世纪开始时只有10%的死亡被编纂了清单，法国大革命前夕，则是14%～15%。[1]

虽然清单在公证工作中的地位要比遗嘱更重要，但从1698—1749年

---

[1] Daniel Roche, *op. cit.*, p. 59.

间进行的民意调查来看，它的数量相对较少。在随机选取的三个公证办公室起草的2458份法律文件中，只有24份清单在1698年被完成，这在总数中的占比还不到1%。[1] 清单占比似乎在18世纪前半期增长了：在1749年四个不同的办公室起草的2416份证书样本中有100份清单被提及，这在总数中占4.1%。[2]

丹尼尔·罗什强调，以一种社会视角看来，这些清单是有选择性的。这是一份给富人，至少是给生活较好的人的文件，因为它对一般人来说价格相对过高，例如，1700年前后是15～20利弗尔（livres），1780年前后是30～40利弗尔，它要花费20天以上的工作的报酬。[3]

大革命前夕，梅尔西埃（Louis-Sébastien Mercier）以他那种蛊惑人心的方式，谴责了公证证书"可怕的昂贵"，"因为一个人无权事先协商并定下它们的价格"。[4]

但是，这一研究的目的，并不是要特别进入穷人的家庭，因此清单的这一缺陷对我们的目的来说并不是毁灭性的。而且，我们已经试图通过包纳对巴黎人口中最低的那些等级的具体研究，来抵消这种情况，例如仆人（domestique）、散工（gagne-denier）、擦地板者（frotteur），还有圣马塞（Saint-Marcel）与圣安托万（Saint-Antoine）郊区的居民，这两个地区都被认为基本上是劳动阶级的街区。18世纪后半期，那些没有真正的家的人（他们痛苦地生活在狭窄、肮脏的街道与市中心小巷子中有着不健康的、装饰了无个人风格的家具的房间里）没有通过清单留下一丝痕迹，因为通

1　Ibid., p. 60.

2　Jean-Paul Poisson, Introduction à l'étude du rôle socio-économique du notariat au XVIIe siècle: quatre offices parisiens en 1749, *op. cit.*, p. 367.

3　Daniel Roche, *op. cit.*, p. 60.

4　Louis-Sébastien Mercier, *Le Tableau de Paris*, Amsterdam, 12 vol., 1781-1788, t. 2, p. 21, chapitre CXV, «Notaires». Le même écrit, t. IV, p. 31, chapitre CCCVII, «Les Affiches»: «Un inventaire grossoyé rapporte beaucoup plus qu'un bon livre.»

常他们拥有的一切就是一捆破布。他们在许多基于警察档案的研究中得到了考察，[1]但我们在此不关注这些人，因为我们试图把握物质文化要素所绘制出来的日常生活。虽然在这方面没有代表性，但这些清单给了我们聚集起一个相当广阔的社会与职业样本的方法，排除了这个悲惨穷人构成的流浪人群，他们往往来自外省，在18世纪末到巴黎来找工作。

至于清单的其他问题，它还从三个方面影响了我们的研究的断裂性和不准确性：逝者及其家庭，住处和家中物品。

1.虽然清单几乎总是明确逝者的名和姓、头衔、职业和婚姻状况，但它几乎从不提及其年龄。虽然它通常表明遗嘱的日期，以及死亡日期，它却几乎没有提供关于死亡之前最后的患病期或最终情况的信息。偶尔，医生、外科医生、药剂师或护士的花费会被提及，还有葬礼的花费，它们被列在逝者债务之下，在文件的末尾处。

在婚姻状况区域，我们发现了一个突出的状况：虽然清单序言中从未提及男性单身的状况，但未结婚的女人总是被称为适婚单身女性（filles majeures）。因此我们只能假设某个男性可能从未结婚。如果逝者已婚，婚姻的存续时间或者更早的婚姻的存在只有在一个或更多婚约在文件或文书列表中被提及时，才能被确定。

在构成家庭的个人方面，这份清单也不是非常明确的信息来源。这个家庭的孩子总是被提名为继承人，除了进入宗教等级的那些，因为他们不能称为遗产受益人。未成年孩子的年龄通常被指明，但要知道他们中有多少真正住在父母的房子里，总是不容易的。这是因为文件从未具体说明某个孩子是否被交给了保姆，去当了学徒，或是在学校寄宿。至于已婚或成

1　J. Kaplow, *Les noms des rois, les pauvres de Paris à la veille de la Révolution*, Paris, 1974 . A. Farge, *Le vol d'aliments*, Paris, 1974. M. Botlan, *Domesticité et domestiques à Paris, dans la crise (1770-1790)*, thèse de l'Ecole des Chartes, ex. dactylographié, Paris, 1976. S. Lartigue, *Les populations flottantes à Paris au XVIIIe siècle*, mémoire de maîtrise, Paris I, 1980.

年的孩子，要确定他们是否住在同一屋檐下也是同样困难的，除非文件特别指明了一个不同的地址。由于房屋没有被编号，如果后代的住处只被写为处在同一条街上，而没有进一步的信息，就无法明确他们是否仍与父母同住。最终，来自上一段婚姻的、对遗产没有继承权的孩子，在文件的序言中不会被提名，即使他们与去世的继父或继母住在同一座房子里。与逝者没有血缘关系的仆人或寄宿者只有在作为文件的见证人，或是房子里的某个房间与他们的名字相联系时，才会出现在清单里，从而留下关于他们的记忆。一个家庭里仆人的存在可以通过关于他们应得工资的陈述被显明。

清单显然不是人口信息的可靠来源。因此，在处理巴黎住宅中的人口密度问题时，必须要极其谨慎地使用它。

2. 清单没有很好地表明房屋的外观，也没有表明其内部布局。许多细节——层数或每层的窗户，建筑材料，尺寸，以及建筑年龄与维修状况——无法单独从这类文件中得知。马车出入口，行人入口，一座或更多建筑，一个院子，一个花园或是一口井的存在，从未被直接提及。清单也不能被用以重构一座出租房屋的图像，因为我们不可能找到关于其中各种各样的居所的全部描述。

当我们试图重建一个住处的布局时，清单的局限性也会体现出来。我们跟随估价人的脚步，从一个房间到另一个房间时，很难想象它们内部的样子。要把握生活区域的转变通常很难，因为公证人并未提及楼梯或走廊之类的通道，因为这里没有任何要被列入清单的所有物。有着他们私人物品的仆人区域甚至不会被提及。

除了厨房（cuisine）、卧室（chambre à coucher）、餐厅（salle à manger）或商店（boutique）之外，各种房间的功能在公证人使用的术语中也不明显。但是，这一缺陷可能被归于这一事实：那时候的房间常常没有我们后来会看到的特定功能。任何关于一个房间的尺寸或门或壁炉数量的概念，都只能通过覆盖墙壁的绒绣、窗帘或门帘的尺寸，或者生火工具的存在来间接获得。

最终，我们单单从房屋中所有物品的列表中获得的关于每个房间的家具布置的印象，通常是模糊的，而且有时在某些细节上会是不准确的。患病的最后时期或死亡可能导致空间组织方式的调整，而且公证人的到来在必要情况下也会增加变化，例如，在一个平常没有桌子的房间里为他提供一张桌子，或是将相似物品收集在一起以便估价。

但是，因为房间没有特定的功能，这些小小的变动并不是很重要。

3. 与我们的研究有着更加直接关系的，是关于家庭物品的缺失与不准确。在这一点上，这种类型的文件的内在缺陷受三个因素影响：清点时的心理状态与实际情况，公证人与估价人的文化水平，以及死亡与列清单之间相隔的时间。

在每个家庭各不相同的情况下对遗产估价，要依据被列清单的家庭的社会地位与财富进行。在一个习惯于与公证人打交道的富裕家庭里，这个过程在一种信任的氛围和舒适的状况下进行，这有助于提升所起草文件的质量，但减少了对细节的注意。对于更朴素的、完全不熟悉法律事务，而且经常住在一个供暖和照明很差的单间里的人们，对被列清单之物的描述和估价往往往会被完成得更为草率和仓促，因为物品没有什么价值。但是，因为并不十分信任公证人，对所有物的列表会详细得有些琐碎，而且附属建筑和附件的内容被细心地加以核实。[1] 有时候，在低收入家庭中，为了降低费用，描述被简化了：1748 年 2 月 9 日的一份某绘画师傅的清单提到

1　Sur ces conditions psychologiques et sociales, voir Jean Quéniart, art. cit.; Jean-Paul Poisson, L'inventaire notarié (*Atmosphère psychologique et matérielle*), communication au séminaire de Pierre Chaunu, le 31 janvier 1978.

了一捆亚麻，但为了避免开销而没有按照各方要求描述更丰富的细节。[1]

描述的细节与准确性，以及物品的销售价格也依赖公证人、他的文书或负责清单的估价人的文化水平。因此，在某些情况下，被使用的描述词汇可能因为不够精确而具有误导性。公证人经常不能认出雕刻或绘画的主题内容，只是简单地标明"有人物的绘画"或者"宗教绘画"而无进一步的说明。书籍也是如此，它们常常以一种笼统的方式被估价，按照开本被分为多个小包裹，而不提及作者或书名。完全不同的物品可能被一起估价，例如，配有祈祷台（prie-dieu）的橱柜，或是一个象牙基督像，一把雨伞，以及一个锅盖。有些物品甚至没有被描述，因为公证人或估价人相当武断地决定，它们"不值得描述"。通常的厨房用品是粗陶器、陶器或铁器，它们有时候被标示为"有各种用途的物品"或是"不值得更为丰富的描述"。至于白镴制品，它们有时在一个标题下被归在一起："真白镴制成的锅、大平盘、碟子以及其他用品。"这种展现出公证人词汇模糊性的例子为数众多。

宗教物品，尤其是宗教版画（gravures de dévotion），完全不被公证人注意，除非这些物品有特定的可售价值，例如象牙基督像、金十字架或者珊瑚念珠。一些物品被描述为古旧、残破、磨损或撕裂，因此按照估价人明显是主观且随意的评估方式，被评估为极低的价格。

虽然不精确，这些描述中的大部分都包括了相当大量的细节：公证人的眼睛观察着一切，甚至窗帘杆的数量，一捆旧亚麻或木板，一些有裂纹的杯子与茶托，或是破损的桌腿。

这些清单中特定物品的明显缺席可能要归因于死亡与文件起草之间流逝的时间。按照法律，清单不能在死后 3 天之内列出，而一份 1667 年的

1　M.-P. Dumoulin, *Le milieu des artistes peintres au début du XVIIIᵉ siècle*, mémoire, 1982, 190 p., p. 36.

法令将最长期限设定为 3 个月。但是实际上，如果有一段新的婚姻或一个新的监护人，时间限制会被拉长许多，可能扩展到 1 年甚至几年。浏览散工和擦地板者的清单时，我们观察到 1 天和 20 年这样的极端情况。但这些情况是例外的，总体上的平均期限是 1 到 1.5 个月。死亡与设立清单之间相隔的时间越长，房屋的外表越有可能变化。因为逝者的物品很少被密封，继承人们即使在一段很短的时间里，也可以移走或贩卖物品。

每个考察过清单的学者都注明了三种物品的缺失：

1. 食物供给（这是可理解的）和燃料供给（甚至在冬天）。

2. 衣服和儿童用品。

3. 价值不大的日常物品，例如，口袋折刀、梳子、小册子或宗教画像这类的家庭物品。

因此，我们不能认为清单列出了家中的所有物品。作为评估财富的方式，它甚至更不可靠。这是因为大部分物品实际上被估价人评估得低于其真实价值，以使继承人获利。标明的价格因此只能提供一个大致概念。最终，我们没有试图使用这些公证数据来研究这些巴黎人的财务状况。

尽管有缺点，但清单仍然是我们档案中最丰富和最坚实的资料。它让我们能模仿勒撒日在《跛脚魔鬼》（Le Diable Boiteux）（1707）中的先例，看向建筑物内部，试图通过公证人的眼睛再次发现巴黎人的家庭世界中生活的神韵与温暖。

第二章　空间维度

在这座城市及其郊区的空间内，这 2783 个被公证人列了清单的家庭位于何处呢？在这些家庭中，2664 个（96%）在巴黎本地，还有 82 个（3%）在周围的村庄。未知或不精确的地址有 37 个（1%）。

事先提醒：除了位于市郊（banlieue）或偏远郊区的那些家庭——它们只构成了我们样本中很小的一部分——我们尝试对其进行空间定位，但发现这些家庭的住所很少是整座住宅楼。通常，这些家庭住在租住的住处，有一个或更多房间，位于一幢出租屋（logements locatifs）内。建筑物外部缺乏区分性的编号、标志或其他记号，因此住在同一条街上的家庭有可能住在同一幢住宅楼的不同楼层，但这样的假设不能基于文件得出。

因此，我们不能确信公证人拜访了首都的 2664 座住宅楼。最终，因为地址如此模糊，我们不容易确定样本在整座城市的所有房屋中具有怎样的代表性：根据德拉马尔作品中保存的一个描述，[1]1668 年巴黎有 20207座住宅楼。绍格莱恩（Saugrain）估计 1726 年有 22000 座，[2]埃皮利（Expilly）计算出，1755 年有 23565 座房子要交人头税。[3]随着 18 世纪 60 年代首都

1　BN, Ms. fr. 21695 f° 268.

2　Joseph Saugrain, *Dictionnaire universel de la France ancienne et moderne et de la nouvelle France*, Paris, 1726, 3 vol., in-fol.

3　Abbé Expilly, *Dictionnaire géographique, historique et politique des Gaules et de la France*, Paris, 1762, 5 vol., t. V, p. 401.

开始迅速扩张，这个数字在法国大革命前夕或许已经超过了 25000。[1]

巴黎的地址

清单序言中的数据告诉我们逝者居住在哪个教区（la paroisse）、哪条街道（la rue），也间接地通过街道名称告诉我们它们所在的街区（quartier）。

教区

这个单位提供了 17—18 世纪宗教与日常世俗生活的框架，并且直到大革命时期也仍然非常重要。我们的 2664 个巴黎家庭分布在城墙内的 45 个教区中，这些教区的总占地面积大约 3000 公顷，这一判断的根据是 1702 年将这座城市分为 20 个街区时设定的边界线，它们出现在 1773 年路易十六统治期间的亚罗地图（le plan de Jaillot de 1773）上。

在巴黎的 44 个得到记载的教区中，19 个在右岸、城市及其市郊，13 个在西岱岛和圣路易岛上，12 个在左岸、大学周边地区及其市郊。

我们知道，16 世纪末到大革命期间，巴黎的教区数量在 40 个左右。在 16 世纪末已有的 38 个教区之外，另外 6 个教区在 17 世纪期间建立，18 世纪又建立了 3 个教区，但西岱岛上 14 个教区中的 5 个在 18 世纪被取消了。如果我们引用勒布夫神父（Abbé Lebeuf）——1754 年前后，他在《巴黎历史》（*Histoire de Paris*）中描述了巴黎各教区地形，他是第一个这么做的人——那时候，右岸有 20 个教区，左岸有 12 个教区，西岱岛上有 9 个教区，总共 41 个教区。将 18 世纪下半叶的变化纳入考虑：1776 年，一个新教区——保育圣母院（Notre Dame de Bonne Délivrance）建立了，

1　于尔托（Hurtaut）和马尼（Magny）在如下作品中的估算似乎过多，他们认为巴黎有 5 万个家庭：*Dictionnaire historique de la Ville de Paris et de ses environs*, 4 vol., Paris, 1779. 而贝罗（A. Béraud）和迪费（P. Dufey）则在如下作品中指出 1830 年的巴黎大约有 29400 个家庭：*Dictionnaire historique de Paris*, Paris, 1832, 2 vol., t. 1, p. 428.

它位于大凯卢街区（le quartier du Gros Caillou），1786 年，圣英纳森教区（la paroisse des Saints-Innocents）被取消，其墓地关闭后，被并入圣雅克－德拉布舍里（la paroisse de Saint-Jacques-de-la-Boucherie）。直到大革命时期，巴黎的教区数始终是 41 个。

在这 2664 个我们知道地址的巴黎家庭中，有 1907 个（71.6%）生活在右岸的 19 个教区；679 个（25.5%）生活在左岸的 12 个教区；78 个（2.9%）生活在西岱岛或圣路易岛上的 14 个教区。〔见图 2 和图 3，其中 1 脱阿斯（toise）=6 法尺（pied）≈ 2 米，1 法尺≈ 0.33 米〕

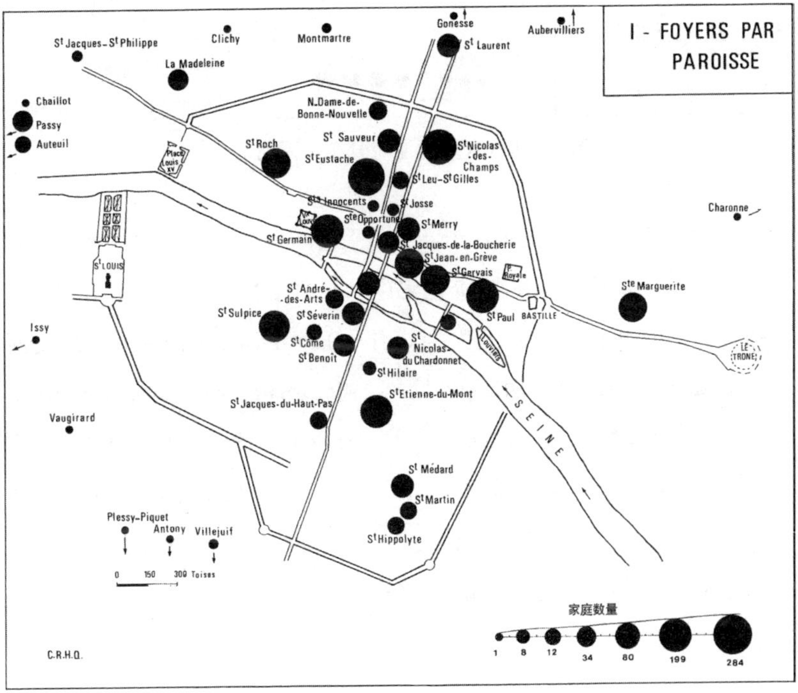

图2　样本家庭的地域分布

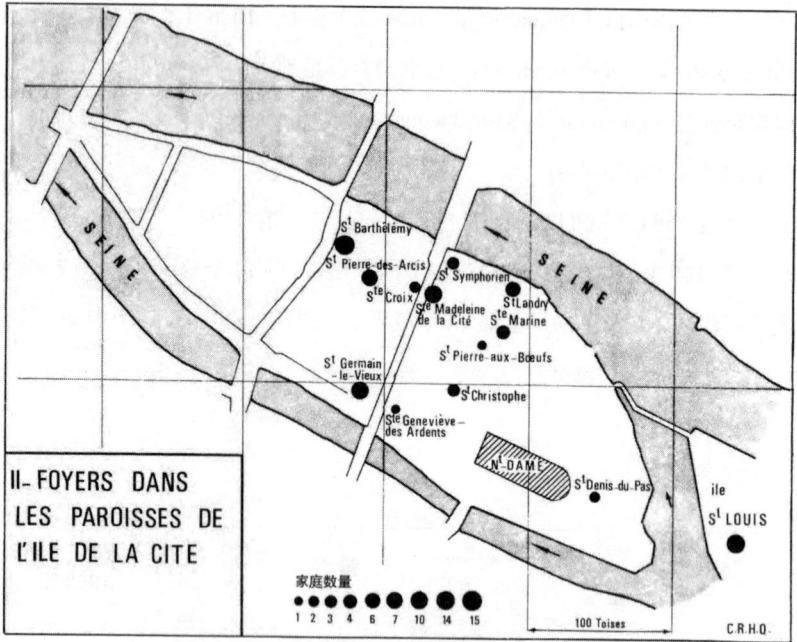

图3　样本家庭的地域分布（西岱岛）

　　如果我们观察家庭的教区分布，似乎有 80% 以上的家庭位处城市中心的旧教区。根据埃皮利在 18 世纪中叶对每个教区所做的人口估算，这些是人口最多的教区：圣尤斯塔什（Saint-Eustache）和圣苏尔皮斯（Saint-Sulpice）都有 9 万居民，圣尼古拉德尚（Saint-Nicolas-des-Champs）有 5 万，圣日耳曼（Saint-Germain-l'Auxerrois）和圣保罗（Saint-Paul）有 4 万，圣玛格丽特（Sainte-Marguerite）、圣洛朗（Saint-Laurent）和圣埃蒂安迪蒙（Saint-Etienne-du-Mont）各有 3 万，圣罗克（Saint-Roch）有 2.4 万，如此等等。[1] 我们观察的大部分家庭位处巴黎中心的教区，这类教区的内部结构早在 11 世纪就已经出现在教会领地中。13 世纪，教区成为真正的

───────────

[1]　Abbé Expilly, *op. cit.*, t. V, p. 480.

行政管理中心，这带来了领主机构的衰落，以及城市集体的发展。除了一些变动的边界和少量新建边界，1786年的朱尼埃地图（le plan de Junié）上的教区边界是继承自中世纪的。这些区域的封建起源解释了地图的复杂形态，以及与圣苏尔皮斯、圣埃蒂安迪蒙、圣尤斯塔什或者圣尼古拉德尚这些地域广阔的教区不成比例的西岱岛上的小教区。[1] 由于占地面积的巨大差异，我们样本中不同教区的居民数量对比只有相对意义上的价值。另一方面，我们注意到一种对右岸的偏向，样本中，右岸有71.5%的教区，而左岸只有25.5%（或者稍稍多于四分之一）。我们的样本偏向右岸的倾向不是这种失衡的唯一解释。实际上，右岸人口数量的优势地位早在中世纪就已经很明显了，如果我们考虑1328年教区和家庭的列表的话——其中80%的城市人口属于13个宗教区域，它们地处当时的城市范围之内。[2]

17—18世纪，右岸的人口始终明显多于左岸。1702年巴黎被分为20个街区（其中有14个在右岸城市及其郊区内，5个在左岸的大学周边地区及其郊区内，1个在西岱岛和圣路易岛上），这种区分方式描述了左、右岸的人口分布状况，每个新的街区平均有1.7万个家庭，标准差是255。[3] 在1755年的23565个支付人头税的巴黎家庭中，埃皮利算出有6484个（27.5%）家庭在左岸街区，而右岸有14608个（62%），西岱岛上有2489个（10.5%）。按照同一位作者对每个教区居民数的估计，左岸教区居住着31.5%的巴黎人口，而右岸教区则有65%，西岱岛上有3.5%。

除了人口因素，另一个同样重要的因素有助于解释我们的样本对右岸的偏向。死后清单普遍是关于年纪相对较大的人的，这些人是巴黎本地

---

1 Adrien Friedmann, *Paris, ses mes, ses paroisses du Moyen Age à la Révolution...*, Paris, 1959.

2 Ibid., p. 345 et suiv.

3 Robert Descimon, Jean Nagle, Les quartiers de Paris du Moyen Age au XVIIIe siècle. Evolution d'un espace plurifonctionnel, in *Annales*, 1979, p. 956.

人，或是在首都生活了一段时间。组成了公证人客户主体的巴黎本地人，大部分都住在城市内的街区，而左岸更适合为学生、流动的士兵，以及来自外省或外国的游客这样的流动群体提供住处。需要注意的是，根据亚罗的计算，除了索邦（Sorbonne）之外，圣贝努瓦（Saint-Benoit）、圣安德烈代阿尔特（Saint-André-des-Arts）和莫贝尔广场（Place Maubert）这三个街区有 42 所中学（collège，第二级的教育机构，为学生做好接受更高级教育的准备）。[1] 我们也知道，早在 17 世纪末，圣日耳曼－欧塞洛瓦教区（Saint-Germain-l'Auxerrois）就已经成为旅馆与面向游客的带家具房间展开营业活动的区域。[2]1765 年，圣安德烈代阿尔特和圣日耳曼代普雷（Saint-Germain-des-Prés）这两个街区中的旅馆和带家具的房间，占到了整个城市的 28%。[3] 这种建筑——学校和带家具的房间——的居住者通常只在巴黎度过一段很短的时间，并不会出现在清单里。

街道

除了教区，清单的标题所标明的逝者的地址常常会提到一个街道名称。

在 2664 个巴黎地址中，我们知道其中 2218 个的街道（清单中的 83%）。使用这些文件，我们已经列出了 545 条公共道路。绍格莱恩（Saugrain）估计 1720 年的街道总数是 960 条；萨瓦勒（Saval）相信 1724 年有 1000 条以上的街道。[4] 亚罗似乎是最为可靠的作者，他以街区为单位列出了所有街道并绘制了地图：1773 年，他数出了 864 条街道，又加上了 82 条小巷子（culs-de-sac），17 个广场（places），15 条河堤（quais），12 座桥，还有 6 个十字路口（carrefours）。如果我们考虑到有 100 条以

1　Jaillot, *Recherches critiques, historiques et topographiques sur la ville de Paris*, 5 vol., Paris, 1782, t. 5.

2　A. Du Pradel, *Livre commode des adresses pour 1692*, Paris, 1878, 2 vol.

3　Jèze, *Etat ou tableau de la ville de Paris*, Paris, 1765.

4　Henri Sauvai, *Histoire et recherches des Antiquités de la ville de Paris*, Paris, 1724, 3 vol., t. 1, p. 26.

上的道路建在 18 世纪 60 年代以来的新街区中，那么大革命前夕的巴黎一定有 1000 ～ 1100 条街道。

使用 1773 年的亚罗地图，我们能够辨认出清单中提到的几乎全部 545 条街道。虽然街道在 17—18 世纪很少更换名称，但它们中的某些有着几乎并不专有的名字，比如新街（rue Neuve）、低音街（rue Basse）或是水沟街（rue des Fossés），而且街名的拼写是多变的。其他街道，虽然位于别的教区，但有着相同或非常相似的名称。需要注意，18 世纪末出现的新街道——主要分布在城市西部的主教城（Ville-l'Eveque）、卢勒（Roule）、安坦堤（Chaussee d'Antin）和大凯卢——很少出现在我们的研究中。

地址以这种不准确和不明确的方式被记录，这是因为街道在 1728 年以前没有真正的官方身份：直到 1728 年 1 月，政府才决定在每个街角永久性地放置以大写黑体字刻出街名的锡制名牌，来确定城市街道的名称。下一年，一条警察命令要求放置了这些名牌的房屋的主人开始逐渐将它们替换为"一法寸半"（约 4 厘米）厚的厚重砂岩石板，这些石板要足够大，以便在上面刻上街名以及街区的编号。[1] 但是，我们今天所知的房屋编号出现得晚得多。它们可以追溯到 1805 年 2 月的王家法令（décret impérial）。一些巴黎房屋早在 16 世纪就有了编号。例如，1512 年，圣母桥（Pont Notre-Dame）上的 68 座房屋就已经有了编号，直到 1786 年它们被拆除时，这些编号都还保留着。小桥（Petit Pont）上的房屋在 1718 年毁于火灾之前也是城市的财产，它们也从同一时期开始被编号。西岱岛上的新市场（Marché Neuf）中的共有房屋也是自 18 世纪初就被编号了。这些编号只是这座城市在某些地区所使用的一种实用性的人口普查措施。在实行 1724、1726 和 1728 年的法令时，市郊的房屋也同样为了人口普查而被编号了。到 1762 年，这些编号开始断断续续地出现在《王家年鉴》

1　bn, Ms. fr. 21692, f° 302.

（*Almanach royal*）中，以便区分不同的房屋。尤其有某些高等法院或审计法庭（Chambre des Comptes）律师的家以编号的方式被提及了。在接下来的十年间，这种情况变得更加频繁了。某位科隆地区的选民管事（chargé d'affaires de l'électeur de Cologne）在 1779 年成为《巴黎年鉴》（*Almanach de Paris*）的编辑，他第一个产生了这样的念头——为了向居民们分配具体的实际住址，而系统性地为巴黎房屋编号。这项工程遭遇了总警长（Procureur général de police）的敌意反应，巴黎人也因担忧潜在的征税要求而反对它。最终，它未能如构想般进行。在被中止之前，它只在圣德尼（Saint-Denis）和圣日耳曼代普雷得到了实施，梅尔西埃在其《巴黎通告》（*Tableau de Paris*）中对此深表遗憾。编号被连续地分派，而没有区分偶数和奇数，而且它是分配给每一扇门而非每座房屋的。在大革命期间，每个区都试图建立自己的编号系统，但并无任何计划和方法。[1]

在编号几乎完全缺席的情况下——我们在整个研究中只发现了三座有编号的房屋——清单中给出的地址有时使用教区和街道名称之外的因素来指示地点，例如，一个商店标志或是邻街的名字，一座宅邸（hôtel）、一座教堂（église）、一座女修道院（couvent），或是附近一座著名建筑，甚至城市边界所在地——在 1784 年建起包税人墙（mur des Fermiers généraux）之前，进城商品要在这里缴税。公证文件中的表达将居民与地形上的地标联系起来：例如，"靠近"（attenant）一座建筑，在一条路的"入口"（à l'entrée）或"尾端"（au bout），"面对"（vis-à-vis）一座给定建筑，或"在它前面"（devant），在两条街的"角落"（au coin）或者"交汇的角落"（faisant l'encoignure）。我们也注意到这些清单中存在标牌，它们出现在 177 座房屋的门上，其中 69 座来自 17 世纪。这个数

字或许会显得很小，它可能不具有足够的代表性，因为某些公证人没能记下标牌的存在，或是因为学生们没能记录关于这些标牌的信息。但是这座城市里的房屋和商店并不像我们可能会想象的那样，全都系统性地带有标牌。在德拉马尔的作品中，有一个可以追溯到 1670 年 10 月 14 日的计数，其中记录了 2982 个标牌。[1] 这意味着那天这座城市的所有住房中有 15% 有标牌。甚至小酒馆主人、葡萄酒和啤酒商人、咖啡馆主人以及旅馆主人，也不总是用标牌来向路人们宣告他们的存在。

这些标牌由石头、黏土、木头或是金属制成，通常用圆环挂在铁架上，因此会在大风天气里对路人构成威胁。"因为每个商人和每个手艺人都努力使标牌的高度、尺寸和重量超过他的邻居或是同行"，所以标牌越挂越多，街道显得更窄了，而且，在商店街上，这些标牌"极大地缩减了房屋一楼的视野，甚至也阻碍了灯光，造成威胁公共安全的阴影"。[2] 结果，1761 年 12 月 17 日的一条警察命令——它实际上是重复了先前的命令——声明，一切招牌都要被粘在一种贴在商店或房屋墙壁上的匾额上，不能凸出，厚度不能超出墙面 10 厘米。[3]

由于标牌和其他地理指示物十分稀少，人们常常需要借助某条给定街道或临近街道上人们的共识和邻里关系来找到某个城市居民的地址，今天的日本仍然是这种情况。实际上，通过邻居间或工作中的日常交流，一座建筑中，一条街上，有时甚至是一个教区内的每个人似乎都相互认识。

对于列出的 545 条街道，我们已经算出了样本家庭的分布状况。208 条街道上各分布了一个家庭（占总数的 38%）。在 234 条街道（43%）中

1　bn, Ms. fr. 21695, f° 270.

2　Marcel Marion, *Dictionnaire des institutions de la France aux XVIIe et XVIIIe siècles*, Paris, 1923, p. 205.

3　G.-A. Guyot, *Répertoire universel et raisonné de jurisprudence*, Paris, 1784-1785, 17 vol., t. VII, p. 5.

的每一条上，都居住过 2 到 5 位逝者。在 63 条街道（11.5%）中的每一条上，都居住着我们的样本中的 6 到 10 个家庭。样本中只有 40 条这样的街道（7.5%），在其中的每一条上，我们都能找到 10 个以上的住址：它们包括了我们知道地址的 2218 个家庭中的 824 个（占了家庭总数的 37%）。在 26 条街道中的每一条上，我们找到了 21 到 30 个家庭。在下列 5 条街道中的每一条上，我们都找到了 31 到 40 个住址：穆夫泰尔路（rue Mouffetard），32 个住址；圣德尼路（rue Saint-Denis），36 个；圣安托万路（rue Saint-Antoine）38 个；圣安托万郊区路（rue du Faubourg Saint-Antoine），39 个；圣雅克路（rue Saint-Jacques），39 个。最终，在圣马丁路（rue Saint-Martin）和圣奥诺雷路（rue Saint-Honoré）上，分别居住着 51 个和 62 个清单考察过的家庭（见图 4）。

就像任何地图都会表明的那样，我们样本中人口最多的街也是城市中最长且最重要的道路。我们的样本中有 62 个家庭位于圣奥诺雷路。长度大约 853 脱阿斯（toises，1680 米），跨越圣奥波图纳（Sainte-Opportune）、卢浮宫（Louvre）和王家宫殿（Palais Royal）三个街区，这条道路开始于东边的铁器店路（rue de la Ferronnerie），直到西边的圣奥诺雷门（Porte Saint-Honoré）；这扇门在 1733 年被破坏之前，一直将这条街与圣奥诺雷郊区路（rue du Faubourg Saint-Honoré）分割开来。在 17—18 世纪，它被认为是城市中最长、最美丽，也是商店最多的街道之一，而且，按照亚罗的说法，它是这样一条街，"在这里，你会找到最多的教堂、女修道院和非凡的建筑"。[1] 实际上，与王宫的临近鼓励了贵族们在这里建造房屋，并且吸引了一群与宫廷、银行业、商业和文学界有联系的富人。这条道路位于王室和王公贵族以及其他重要的列队会经过的路线上，它是通向巴黎中心的西—东干线。

1　Jaillot, *op. cit.*, t. I, «Quartier du Palais-Royal», p. 23.

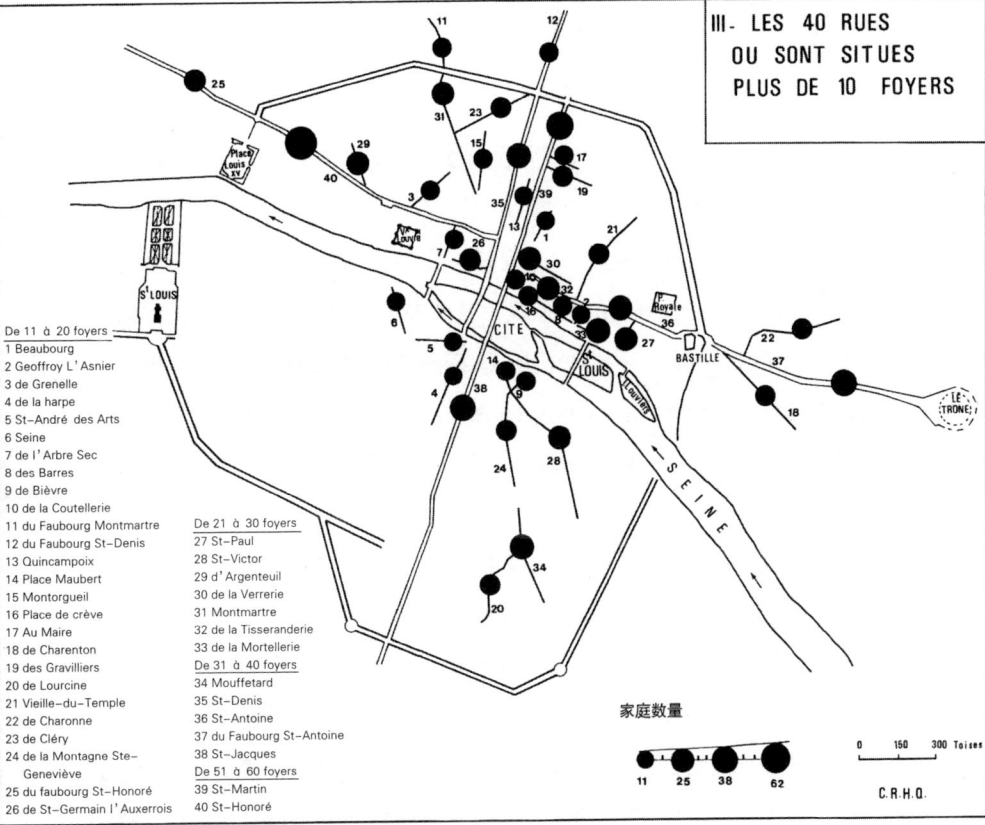

III- LES 40 RUES
OU SONT SITUES
PLUS DE 10 FOYERS

De 11 à 20 foyers
1 Beaubourg
2 Geoffroy L' Asnier
3 de Grenelle
4 de la harpe
5 St-André des Arts
6 Seine
7 de l' Arbre Sec
8 des Barres
9 de Bièvre
10 de la Coutellerie
11 du Faubourg Montmartre
12 du Faubourg St-Denis
13 Quincampoix
14 Place Maubert
15 Montorgueil
16 Place de crève
17 Au Maire
18 de Charenton
19 des Gravilliers
20 de Lourcine
21 Vieille-du-Temple
22 de Charonne
23 de Cléry
24 de la Montagne Ste-
   Geneviève
25 du faubourg St-Honoré
26 de St-Germain l' Auxerrois

De 21 à 30 foyers
27 St-Paul
28 St-Victor
29 d' Argenteuil
30 de la Verrerie
31 Montmartre
32 de la Tisseranderie
33 de la Mortellerie
De 31 à 40 foyers
34 Mouffetard
35 St-Denis
36 St-Antoine
37 du Faubourg St-Antoine
38 de St-Jacques
De 51 à 60 foyers
39 St-Martin
40 St-Honoré

家庭数量

0 150 300 Toises

11   25   38   62

C.R.H.Q.

图4　分布着10个以上样本家庭的40条街道

在圣奥诺雷门之外，同名的市郊地区居住了我们样本中的19位巴黎
人。在这个毗邻城市的区域，圣奥诺雷门位置的改变展现出了几个世纪以
来一阵阵爆发的城市扩张，以及首都向西的推进。12世纪末，这扇门位于
今天的王家宫殿广场（Place du Palais Royal）的位置上，它是菲利普·奥
古斯都（Philippe Auguste）堡垒的一个缺口。查理五世建造自己的堡垒
时，第二扇门在1380年被建立起来，正位于一五二零收容所（Hospice
des Quinze-Vingts）之外。1636年，路易十三下令建立的堡垒一经完成，
这扇门就被拆毁了。它让位于第三扇门，这扇门位于现在的王家路（rue
Royale）和圣奥诺雷路的交叉口。这最后一扇门在1733年被拆毁之后，

021

这座城市直接向郊区敞开，但是门的概念比门的结构更为持久：1780 年的一个地址是"11 号路和圣奥诺雷门"。

在这座城市的东部地区，圣安托万路和圣安托万郊区——一共容纳了 77 个家庭——也是一条主干线，其中布满了著名的宗教建筑，例如耶稣会士的度假屋、弃婴收容所（l'hôpital des Enfants trouvés）和圣安托万修道院（Abbaye de Saint-Antoine）。这些道路从包杜耶广场（Place Baudoyer）直到王座广场（Place du Trone），而且也是王室游行与列队行程的一部分。

圣安托万郊区，一个很大程度上属于工作阶层的区域，在 18 世纪期间迅速增长，另外两条人口众多的街道出现在我们的研究中：夏朗顿路（rue de Charenton）和夏洛纳路（rue de Charonne），两者都是通向圣安托万郊区的道路。第一条路，样本中的 15 个逝者曾生活于此，是圣安托万郊区最古老的路。它的存在早于罗马占领，而且它是从古鲁特西亚（Lutetia）直到默伦（Melun）的那条路的一部分。这是 17 世纪末罗贝尔·德·科特（Robert de Cotte）驻扎其黑色步兵队兵营的地方。这个群体在 1775 年解散。1780 年，红衣主教路易·德·罗安（Louis de Rohan），一五二零收容所的管理者，以极高的价格贩卖了它所在的土地〔这座圣路易建立的救济院位于王家宫殿和卡鲁索广场（le Carroussel）之间，临近圣奥诺雷路〕后，将救济院中的盲人居民转移了。自 1660 年起，夏朗顿路成了圣母感孕英国女修道院（le couvent des Filles anglaises de la Conception）的所在地，这是一个富裕的年轻外国女性的专有区域。

夏洛纳路上的建筑——样本中有 16 个家庭位于这里，它之前是将巴黎引向同名村庄的那条路——直到 17 世纪才开始修建。三座修道院立在街边：十字架女修道院（le couvent des Filles de la Croix），1641 年由多明我修会建立；还有两个本尼迪克修会的社团，分别是马德琳·德·特伊斯内尔小修道院（le prieuré de la Madeleine-de-Traisnel）——其基石由奥地利的安妮（Anne d'Autriche）于 1644 年奠定，以及庇护圣母修道院（le couvent de Notre-Dame-de-Bon-Secours），它建立于 1648 年。

格列夫广场（la place de Grève）位于巴黎市政生活的中心位置。它东临博卡多宅邸（Hôtel du Boccador），这座宅邸建于 1606—1608 年，位置在之前的"有立柱的房屋"（maison aux piliers）所在地。市政府自 14 世纪艾蒂安·马塞尔（Etienne Marcel）的时代以来，就一直在此房屋中开会。格列夫广场北邻圣灵收容所（Hospice du Saint Esprit）。这座广场坐落在一个人口密集的街区的中心，我们的样本中有 110 位巴黎人以这个街区为家，他们分别住在紧邻莫尔特尔路（rue de la Mortellerie）、蒂瑟兰德路（rue de la Tisseranderie）、玻璃厂路（rue de la Verrerie）和库特克莱里路（rue de la Coutcllerie）的几条街上。格列夫广场和周边街道上的嘈杂与格列夫门（Port de Grève）的存在密切相关，格列夫门是大型活动的中心，因为它在为首都提供木材、谷物和酒方面扮演着重要角色。这些路被大量卡车司机用来运送在格列夫广场卸下的商品。虽然作为公开处刑地而臭名昭著，格列夫广场也以其烟火著称，尤其是随圣母院的感恩赞乐曲而燃放的烟火，它还因交通拥堵而闻名遐迩。

这座城市的北一南干线也常常在逝者地址中被提及。圣马丁路（rue Saint-Martin），长约 586 脱阿斯（toises，1151 米），被提及了 51 次。这条街道的名字来自著名的圣马丁德尚（Saint-Martin-des-Champs）小修道院，它开始于玻璃厂路和伦巴兹路（rue des Lombards）的交叉口，结束于圣马丁门（Porte Saint-Martin），这扇门开向圣马丁市郊的道路。它是穿越巴黎的 6 条北一南主干线之一。事实上，它在大学周围的街区（le quartier de l'Université）被圣雅克路（la rue Saint-Jacques）延长了，而且，我们也可以算上阿西斯路（la rue des Arcis）、圣母桥（Pont Notre Dame）、小桥

（Petit Pont），以及穿越西岱岛、在塞纳河两岸交汇的那些街道，所有这些排列整齐的街道，从巴黎的一端到另一端，从圣马丁门到圣雅克门（Porte Saint-Jacques），跨越了 2000 脱阿斯，或者说接近 4 千米的距离。关于这个主题，绍瓦尔（Sauval）写道："至于圣雅克路与圣马丁路，它们将城市分为相等的两部分，或差不多如此，它们一同构成了一条如此长而直的街道，以至于旅行者们承认从未见过这样的路，也从未见过能与之相比的路。"[1] 与圣马丁路平行，圣德尼路是我们样本中 36 个家庭的地址所在地。长 645 脱阿斯（1278 米）的圣德尼路常常被称为圣德尼大路（Grande Rue Saint-Denis），位于大城堡（Grand Châtelet）和熊路（rue aux Ours）之间的圣雅克－德拉布舍里教区，以及通向同名大门的圣德尼街区之中。它被圣德尼郊区路（rue du Fau-bourg-Saint-Denis）——我们样本中有 12 个逝者曾居住于此路——所延长。18 世纪标志着圣德尼路衰落的开始，它的光辉逐渐被圣奥诺雷路所掩盖，并越来越成为一条工作阶层的街道。

作为圣马丁路在塞纳河对岸的延展，圣雅克路包括了我们样本中的 39 位巴黎居民。大学周边地区的另一个人口中心是莫贝尔广场，它位于一个充满宗教团体、大学和商人的街区中心，是各种活动的举办地。莫贝尔广场、圣维克多路（la rue Saint-Victor）和蒙田－圣热纳维埃夫路（rue de la Montagne-Sainte-Geneviève），共居住了 55 个样本家庭。

最终，我们在左岸发现了另一个聚居中心，它位于圣马塞郊区（faubourg Saint-Marcel）中心的穆夫泰尔路（rue Mouffetard）和卢尔辛路（rue de Lourcine）上。这两条街道上各有 22 和 15 个样本家庭。比佛尔河（La Bièvre）——其源头位于巴黎以西靠近圣西尔（Saint-Cyr）的区域——只在 1910 年才被完全包括在巴黎范围之内。在那之前，它平行于卢尔辛路，并在特里佩斯桥（Pont aux Trippes）下穿过穆夫泰尔路。当然，这条河是

---

1 Henri Sauvai, *op. cit.*, t. 1, p. 26.

这个街区作为手工业中心的发展的基础。这条河的存在促进了屠宰场以及皮革业的若干个分支在此建立：鞣皮工、制革工（不仅鞣皮，也参与皮毛准备工作）、鞋匠、修鞋匠，以及轻革矾鞣工人（mégissier）和盐硝皮工人（为高质量皮质货物准备兽皮）。比佛尔河河水的某些着色能力使得一座染坊得以发展，这座染坊由来自兰斯的"猩红染匠"让·戈贝林（Jean Gobelin）建立，并建立了高经（haute lice）绒绣工厂的名声，在柯尔贝尔时期成了著名的戈贝林王家制造商（Manufacture Royale des Gobelins）。到 17 世纪末，这座工厂在穆夫泰尔路末端占据了 4.5 公顷的面积，并雇用了 250 位编织工。教堂、女修道院、医院和花园在这个街区也大量存在。穆夫泰尔路，是圣马塞郊区的主干线，沿线有 3 座教区教堂：圣希波吕特（Saint-Hippolyte），这是戈贝林王家制造商所在的教区的教堂，圣马丁和圣梅达尔（Saint-Médard），它由于天主教徒与新教徒斗争期间的 1561 年 12 月 27 日暴动，以及 1727—1732 年造访巴黎执事（diacre Pâris）之墓的狂热冉森派教徒[1]，而在历史上占有一席之地。圣母收容女修道院（couvent des Dames hospitalières）也位于穆夫泰尔路，1656 年，奥古斯丁修会为了接纳和照顾病人而建造了它。在卢尔辛路（rue de Lourcine）上，矗立着可以追溯到 1289 年的科德利耶修道院（Abbaye des Cordeliers）。

我们不会详细考察调查样本中有人居住的所有街道，但在结束样本家庭街道分布考察之前，必须要做出两个评论：首先，在已提到的左岸的 40 条街道上，只有 10 条在 10 份以上的清单中都被征引为地址。这证实了我们前面说过的以教区为基础的人口分布这一假设。其次，这些街道及其名称都非常古老，蒙特罗盖尔路（rue de Montorgueil）、蒙马特路（rue

---

1　Convulsionnaires，1713 年的唯一诏书（unigenitus）将冉森派定为异端，此后，冉森派与正统教会展开了一系列激烈争论。其中，一小批出现在 18 世纪 30 年代前后的狂热冉森教徒声称造访圣墓能够治愈疾病，并就此与正统教会对抗。圣梅达尔教堂就是他们造访圣墓的重要地点。——译者注

Montmartre）、圣马丁路、莫尔特尔路、蒂瑟兰德路、玻璃厂路、卢尔辛路、穆夫泰尔路和圣雅克路自从 13 世纪以来一直使用着同样的名字。其他街道，例如圣奥诺雷路、圣德尼路、圣安托万路和塞纳河路（rue de Seine）在这个时期也已经存在，但当时有不同的名字。因此，假设在 17—18 世纪，有很多可以追溯到中世纪和 16 世纪的房屋仍然矗立在这些街道上，是符合逻辑的。

街区

公证人在清单标题中从不提及街区。对于按街道列出地址的 2218 栋住宅，我们计算了它们在巴黎 20 个街区的分布情况，这些分布情况在 1702 年固定下来，直到大革命前都没有改变。巴黎的街区承袭了 1673 年沙特莱专员（les commissaires du Châtelet）起草的一份清单中所列的 17 个地区，但与教区完全不对应。[1] 由于我们研究的绝大多数清单都是 1702 年以后的，我们找到了其中的 545 条道路各自所属的地区，即 15 世纪的 20 个地区。亚罗的作品和地图、保存在索邦大学欧洲现代文明研究中心（Centre de Recherches sur la Civilisation de l'Modernne）的罗兰·穆尼埃的合作者所制定的清单，以及国家档案馆的地形档案，[2] 都有助于我们开展这项工作。但表 1 中的各区分布，不可能绝对准确，而只是大致如此，因为首都的某些最长的街道横跨几个区。在公证人没有任何表示的情况下，我们只好把那些属于两个或三个区的街道，归属于一个街区。因此，我们把跨越了王家宫殿区、卢浮宫区和圣奥波图纳（Sainte-Opportune）的圣奥诺雷路，归属于卢浮宫区或圣日耳曼—欧塞洛瓦。圣德尼街越过了同名的圣德尼街区与圣雅克—德拉布舍里区，但只被算在前者范围内。属于格列夫区（la Grève）和圣保罗区的莫尔特尔路也被归入前者，如此等等。

1　René Pillorget et Jean de Viguerie, Les quartiers de Paris aux XVIIe et XVIIIe siècles, in *Revue d'histoire moderne et contemporaine*, t. XVII, avril-juin 1970, p. 253.

2　我们深切地感谢勒马雷基耶（Yvolène Le Maresquier）允许我们参考这些资料。

这样的例子还能举出很多。因此，解读表格中的数字时应该格外谨慎。不过，在考虑样本家庭在各教区和街道中的分布情况时，上述结果是有用的。24%的逝者位于左岸的5个区，36%的逝者分布在右岸的4个区，分别是格列夫区、圣安托万区、圣马丁区和圣德尼区，因此，除了圣安托万区的几条19世纪才开始修建的街道，如夏洛纳街，其他区都属于古老而传统的巴黎，人口密度很大。3.5%的家庭居住在城内（包括皇宫岛和圣母岛），36.5%的家庭居住在右岸的另外10个区（见表1）。

表1　样本在各街区的分布

名称	西岱	圣雅克	圣奥波图纳	卢浮宫或圣日耳曼—欧塞洛瓦	王家宫殿	蒙马特	圣尤斯塔什	巴黎大堂	圣德尼	圣马丁
数量	80	27	34	164	168	75	92	52	195	192
占比	3.5%	2%	1.5%	7.5%	7.5%	3.5%	4%	2.5%	9%	8.5%

名称	格列夫广场	圣保罗或莫尔特尔	玻璃厂街	寺庙路或马莱区	圣安托万	莫贝尔广场	圣贝努瓦	圣安德烈代阿尔特	卢森堡	圣日耳曼代普雷
数量	190	80	43	51	215	198	93	122	60	67
占比	8.5%	3.5%	2%	2.5%	10%	9%	4%	5.5%	2.5%	3%

巴黎周边地区的地址

代表了3%被列清单居民的82个地址，分布在巴黎偏远地区的13个教区里。有75位逝者居住在这些教区里——帕西（Passy）、奥特伊尔（Auteuil）、夏洛（Chaillot）、蒙马特（Montmartre）、夏洛纳（Charonne），克里希（Clichy）和沃基拉尔（Vaugirard）；2位逝者分别住在奥贝维利耶（Aubervilliers）和戈尼斯（Gonesse），它们是蒙莫朗西总铎区（le doyenné de Montmorency）内的两个巴黎大主教区（l'archidiaconé de

Paris）；5 位逝者住在约瑟斯大主教区（l'archidiaconé de Josas）［分别在夏特福尔总铎区（le doyenné de Châtcaufort）内的安东尼（Antony）、伊西（Issy）和勒普莱西斯皮奎（Le Plessis-Piquet）］；还有蒙特莱里总铎区（le doyenné de Montlhéry）内的维勒朱夫（Villejuif）。

对这些来自周边村庄的家庭的 82 份清单的考察，使我们打破了城市的界限，扩展了视野，将这样一些地区也纳入眼中——虽然它们临近首都（最远的偏远乡村，安东尼和戈尼斯，距离巴黎分别只有 3 和 4 里格[1]，但它们保留了一种本质上乡村化的特征。夏洛，虽然只在城外半里格之处，但是在 1779 年被描述为一座小山上的快乐村庄，其中有一些葡萄园、花园和被开垦过的田地。[2] 根据勒布夫神父（Abbé Lebeuf）的说法，距巴黎大约 1 里格、坐落在塞纳河右岸附近的一座怡人小山上的帕西，其名声不仅来自米尼姆修道院（Monastère des Minimes）——其住户也被称为"好人们"（Bons Hommes）——也来自它的大量矿泉水，以及它可爱的乡间房屋。描述奥特伊尔时，同一位作者特别指出，这座村庄所在的平原更适合耕地而非葡萄养殖。位于圣洛朗郊区（faubourg Saint-Laurent）尾端，首都之外东北方向的奥贝维利耶，以其园林产品和蔬菜著称，尤其是卷心菜和莴苣。安东尼，位于巴黎通往沙特尔的路上——这条路途经布尔格－拉雷内（Bourg-la-Reine），被耕地、牧场和葡萄园所包围。勒普莱西斯皮奎距巴黎 2 里格，位于有树篱边界的田野之中。维勒朱夫，位于巴黎到里昂的交通要道上，它是葡萄园和耕地的区域。

这些教区中稀少的人口强调了它们的乡村特性。根据 1726 年发表的《法国通典》（*Dictionnaire Universel de la France*），勒普莱西斯皮奎、奥贝维利耶和奥特伊尔（人口：480 人）三个乡村只有不到 500 位居民。

1　里格（leagues），长度单位，3 和 4 里格即 15 和 20 千米。——译者注
2　Hurtaut et Magny, *op. cit.*, t. 2, p. 153.

环绕巴黎的村庄中的 8 个——伊西、沃基拉尔、夏洛（人口：538 人），安东尼、帕西（人口：646 人），克里希、夏洛纳和维勒朱夫，则是500 ~ 1000 人的家。蒙马特的人口达到 1000 人，而戈尼斯，一个因小麦市场与面包质量著称的自治市镇，有大约 3000 位居民。

　　虽然有着乡村的外表，这些城外村庄被紧密的纽带与巴黎联系在一起["郊区的"（banlieue）这个术语在此以比其在《百科全书》（*Encyclopédie*，它将这个词局限于意指城市周围 1 里格范围之内的村庄）中更为宽泛的方式使用]。城外环地区的这些村庄的人口和活动与城市在共生中发展。当然，凡尔赛、圣日耳曼恩莱（Saint-Germain-en-Laye）和枫丹白露（Fontainebleau）这样的村庄在君主制和政府中扮演了一定的角色。我们的研究涉及的村庄也与首都维持着文化和经济联系。富裕的巴黎人选择在巴黎近郊买或租一座房子，作为其唯一的家、主要的家，或者第二个家。他们尤其经常会选择帕西和奥特伊尔，17—18 世纪，文学与艺术世界中的明星选择居住于此。布瓦洛（Boileau）住在奥特伊尔，拉辛（Racine）应该是在这里写了《讼棍》（*Les Plaideurs*），莫里哀（Molière）及其朋友在这个时期常常光顾这座城镇中的一座时髦咖啡馆。画家昆汀·拉图（Quentin La Tour）的工作室就在奥特伊尔路（rue d'Auteuil），位于一座爱尔维修夫人（Madame Helvétius）于 1772 年买下的房屋里。这个世纪的晚些年里，她在那里举办的沙龙十分著名，并且接纳了那个社会的上流阶级。帕西的领主城堡，布兰维耶城堡（Château de Boulainvilliers），在包税人（le fermier général）"波普利尼埃的富人"（Le Riche de La Popelinière）任职期间度过了一段光辉时期，这个包税人是一位慷慨的艺术赞助人和保护者；1746—1762 年，宫廷贵族和全世界的名人，男女作家和杰出画家们都在这座城堡中穿梭。根据梅尔西埃的说法，在大革命前夕，帕西和奥特伊尔也吸引了穿上他们礼拜日最好衣服的"小有产者"（petite bourgeoisie）的成员，他们都会快速冲去做弥撒，以便能自己支配这天余下的时间。他们计划在帕西、奥特伊尔、文森（Vincennes）或者布洛涅森林（Bois de Boulogne）吃饭。[1]

沃基拉尔村，位于巴黎通往伊西、默冬（Meudon）和凡尔赛的路上距巴黎1里格之处，它吸引了一批更为"大众"的人群，并以其小酒馆（cabarets）著称：《巴黎通典》声称，它几乎"完全充斥着小酒馆，而且从人群的大量到来中获益，尤其是在圣朗贝尔节（le jour de Saint-Lambert）的第一天，兰贝尔是这个地方的主保圣徒"。按照梅尔西埃的说法，沃基拉尔是圣马塞教区礼拜日蜂拥而至的地方，而且那里的人们"光脚跳舞，无休止地转圈，男男女女们在一个小时内扬起了如此多的灰尘，以至于到那天结束时，已经看不到他们了"。[2] 在沃基拉尔，一位酒商在施洗者约翰的标牌下开了一间商店，它位于圣安托万郊区以东，也吸引了一批大众主顾在假期到它的露天咖啡馆去。一份来自这个教区的清单有助于我们再现一位酒商的营业状况，在那里有着商店和在天气好的日子开放的酒馆大厅，以及提供桌子和长椅的花园来接待顾客。

我们也发现了另外两位酒馆老板和一位酒商的清单，他们分别住在维勒朱夫和蒙马特，还有四位旅馆老板，分别住在安东尼、维勒朱夫、奥贝维利耶和戈尼斯。从事这些职业需要拥有巨大的建筑，还要有几座外围建筑供顾客居住，并能安置马匹，存放载客四轮马车和载货四轮马车。在这些城市边缘的村庄中，人们发现扩建建筑比城里要容易。丹尼尔·罗什曾很好地描述了小酒馆在大众文化和生活方式中的地位。[3] 出于征税的原因坐落在城市边界之外，这些娱乐建筑通过一些清单出现在我们的研究中，而且它们的大部分顾客来自首都。在某种程度上，它们构成了城市与乡村人口之间的纽带。

1　Louis-Sébastien Mercier, *op. cit.*, t. IV, p. 95.

2　Ibid., t. I, p. 271, chap. LXXXV, «Le Fauxbourg Saint-Marcel».

3　Daniel Roche, *op. cit.*, p. 256 et suiv.

这些位于城市边缘地区商业活动的地点，一般都被非常精确地注明。帕西居民的地址分布在 10 条之前提名过的街道上，或是被标注了地名或著名建筑，例如布洛涅森林的圈占地，"好人们"的庭院（指尼根的米尼姆修道院）或者王家的拉穆埃特城堡（Château de La Muette）。至于奥特伊尔，我们特别指出了 7 条街道的名字，样本中有 16 个家庭位于这里，清单还提到了这里的一个地点——普安杜朱尔（Le Point-du-Jour），有两座建筑——本堂神父住宅和教堂，以及一个招牌。在其他村庄里，公证人常常注明街名：维勒朱夫教区路、蒙马特的罗什丘亚路（rue Rochechouart）、奥贝维利耶的大路（Grande-Rue）、戈尼斯的集市广场（place du Marché）等等。

既然我们已经了解了地理布局，让我们转向男人、女人和孩子，这些各年龄段的、来自各个社会阶层和职业的活生生的人类吧。这是一些被一位亲属、一对老夫妇或孤独的个人（神父，寡妇，单身汉和其他人）的死亡所撼动的家庭。

第三章　社会维度

现在，到了我们了解这些家庭中的居民的时候了，我们要运用清单向我们显露出来的提示，在他们的社会和家庭生活中了解他们。他们身处怎样的社会和从事什么职业？他们如何挣钱养活自己呢？有多少人住在同一屋檐下？怎样的纽带将他们连接在一起？

社会与职业类型

尽管死后清单是一种相对具有选择性的文件，我们仍然努力地收集了一份涉及广泛社会阶层和职业的样本。为了处理大量与我们 20 世纪所知极为不同的各类头衔与职业，我们试着将逝者分类。需要注意的是，除了少数有职业和单身的女性，样本中的女性按照其丈夫的头衔和职业被分类。由于旧制度等级社会的复杂性，任何区分社会阶层的尝试必然会遭遇巨大的困难。为了避免在辩论中选择立场，我们并不是为社会分类设立新模型。这里使用的分类是纯粹经验性的，只是表述了我们在文件中见到的类型；它纯粹是一个探究工具。

在试图将可比较的社会阶层列入统一群体时，我们也想要避免创建太多主题，以确保清晰简单。因此，我们最终采用了 12 个种类（如果包括“未知”的话是 13 种），它们将会出现在接下来的书页中（见表 2）。

表 2　社会－职业群体

类型	人数	百分比
1. 神职人员（clergé）	164	5.9
2. 贵族（la noblesse）	67	2.4
3. 法官（Magistrats），政府官员（officiers），国王顾问（conseillers du roi）	61	2.2
4. 会计（Comptables），金融家（financiers），领地官员（domaniaux），国王秘书（secrétaires du roi）	124	4.5
5. 法律助理（Auxiliaires de justice）	150	5.4
6. 医生（Médecins），外科医生（chirurgiens）	27	1
7. 商人（Marchands），巴黎有产者（bourgeois de Paris）	622	22.3
8. 行业师傅（Maîtres de métier）	753	27.1
9. 专职人员（Gens de métier）	435	15.6
10. 仆人（Domestiques）	189	6.8
11. 非贵族的军人与军队编外人员（Militaires et assimilés）	47	1.7
12. 适婚单身女性（filles majeures），其他	96	3.4
13. 未知	48	1.7
总数	2783	100

组 1，这里是第一等级。由 164 位神职人员构成，约占总样本的 6%。这一百分比似乎相对较高，因为根据对巴黎神职人员家庭所做的分时段研究，至少在 17 世纪，男性神职人员在人口中的占比只有 1%。[1]

a. 神父（abbés）——共 14 人，他们通常生于贵族家庭，通常兼有其他荣誉头衔。

b. 司铎（chanoines）——共 23 人，其中 13 人属于巴黎教区，也有人属于临近巴黎的外省城市。其中某些人身兼数职。

c. 本堂神父（curés de paroisse）——共 20 人，其中 13 人去世时仍任神

1　Roland Mousnier, *Les institutions de la France*, Paris, 1980, 2 vol., t. i, p. 251.

父，其他 7 人生前曾任神父；7 人曾任职于巴黎。

d. 依附于教区的教士——共 38 人，其中有 5 位副本堂神父（vicaires），19 位住在相应教区的教士，5 位教堂圣器管理人（prêtres sacristains），1 位教士书记员（prêtre clerc），8 位小教堂神父（chapelains）。

e. 普通教士——共 33 人，其职务未明确列出。其中 11 人的教士头衔后还列出了文凭，其中有 3 位神学中学毕业生，索邦大学的 3 位学士和 5 位博士。4 人明确属于巴黎教区。

f. 任各种职务的教士——共 36 人，其中有 13 位显贵和大学教授。还有一些小教堂神父、副本堂神父、修道院院长（prieurs des communautés）等。本类还包括 2 位受过剃发礼的教士，1 位执事（diacre），6 位修道士（religieux，其中有 1 位克吕尼修会成员，3 位普通教士，2 位奥拉托里会成员）。

表 3　神职人员数量分布

分类	人数
神父	14
司铎	23
本堂神父	20
依附于教区的教士：副本堂神父，教堂圣器管理人，小教堂神父，住在相应教区的教士	38
无特定职责的教士	33
任各类职务的教士	36
总数	164

组 2 由 67 位贵族成员构成（总数的 2.4%）。他们的社会地位或是单纯由头衔决定，或是由其头衔和军事义务共同决定。

组 3 包括穿袍贵族官员（officiers du monde de la robe）、最高法院法官（magistrats des cours souveraines）、上诉主管（Maîtres des Requêtes）、国家顾问（conseillers d'Etat），还有某些有着相似社会地

位的王室与亲王官员，以及其他的国王普通顾问（simples conseillers du roi）。这组共有 61 人（占样本总数的 2.2%）。其中大约 30 人供职于最高法院（Cours souveraines），他们中有些人来自显赫的法律世家。高等法院（parlement）成员中有 3 位庭长（présidents），6 位顾问（conseillers）。

组 4 包括 124 位审计官员（officiers comptables），金融领域的成员，以及城市与国王领地中的官员，还有国王的各种秘书，他们占了样本总数的 4.5%。金融家和会计在组 4 中占比超过一半，为 63%。

组 5 由 法 律 助 理（auxiliaires de justice）与 部 长 级 官 员（officiers ministériels）构成。这 150 人在样本总量中占 5.4%。

组 6 由医生（médecins）和外科医生（chirurgiens）构成，只有 27 个人，几乎不到总数的 1%。这个极小的数字并不令人惊讶，因为在大革命前夕，巴黎只有不到 150 位医生：更精确地说，1650 年有 113 位，1675 年有 105 位，1773 年只有 77 位，而在 1789 年有 144 位。[1] 外科医生，属于城市的技术与手工业行会，直到 1743 年一份王家声明承认其为科学集体中的一员、等同于医生之前，都被认为是一般的体力劳动者；此后，他们必须持有艺术硕士（maître ès arts）文凭，才能做主治医师，而且他们也赢得了成为大学成员的权利，享有与这一头衔相关的所有特权。[2]

组 7 包括了 477 位商人，140 位巴黎有产者，还有 5 位外省有产者我们也包括在内。这个组共有 622 人，占总数的 22.3%。

组 8，行业师傅，数量比其他组都多：共有 753 人，它占样本的 27.1%，或者说超过了四分之一。我们将那些没有雇主头衔，但是从事不完全是机械性职业的知识或艺术活动的逝者归入行业师傅组：包括印刷工、

1　Roland Mousnier, *Paris au XVIIᵉ siècle*, Les Cours de Sorbonne, CDU, 1961, 4 fasc., p. 337.

2　Alfred Franklin, *Dictionnaire historique des arts, métiers et professions exercés dans Paris depuis le treizième siècle*, Paris, 1906, p. 170.

画家、雕刻家、音乐家和乐器制造者。这些工匠和艺术家中的某些人也在国王家庭中担任官职。

组9包括各行各业的人：出师的学徒工（compagnons）、不具资质的工匠（artisans sans qualité）、散工（gagne-deniers），以及其他专职人员（ouvriers）。这组共有435人，占调查总数的15.6%。

组10由仆人构成，包括153位男性，36位女性，共189人，占样本的6.8%。这一百分比或许比实际社会现实中低一些，因为城市中的仆人是一个数量巨大的群体：埃皮利神父（Abbé Expilly）根据1764年的人头税税单估计，他们占总人口的8%。[1]

表4 仆人数量分布

分类	人数
马车夫（Cochers）、御马者（postillons）、跟班（valets de pied）、马匹饲养员（palefreniers）、马具匠（selliers）	39
私人男仆（Hommes de chambre）、贴身男仆（valets de chambre）	21
私人女仆（Femmes de chambre）、家庭女教师（gouvernantes）、陪护（demoiselles de compagnie）	21
旅馆主人（Maîtres d'hôtel）、帮厨（écuyers de cuisine）、厨房主管（officiers de cuisine）、男女厨师（cuisiniers, cuisinières）	31
仆人（domestiques）、家务男仆（serviteurs-domestiques）、女佣（servantes）、"为……服务以谋生"的个人（vivant au service de...）、"住在……家中为之服务"的个人（demeurant au service de...）	25
守门人（Portiers）、旅馆看门人（concierges）、代理人（suisses）、庄园主管家（huissiers）、管理生活用品的修女（tourières）、保镖（gardes du corps）	19
杂类：侍从（gentilshommes）、业务代理（Agents d'affaires）、总管（intendants）、秘书（secrétaires）、园丁（jardiniers）	17
其他	16
总数	189

---

1 萨巴捷（Jacqueline Sabattier）认为巴黎的55万～65万居民中大概有5万仆人，占总人口的10%。参见如下作品：Abbé Expilly, op. cit., t. V, p. 402. Dans *Figaro et son maître. Les domestiques au XVIIIe siècle*, Paris, 1984.

组 11 包括军人和军队编外人员中的非贵族成员，例如，各种负责首都安全，但不是贵族的团体成员。他们共 47 人，在总数中占 1.7%。

组 12 包括 72 位适婚单身女性以及 24 位很难被归入之前的 11 种类型中的人，我们把他们一并归入"杂类"主题之下，这一组共 96 人（占样本的 3.4%）。没有职业的适婚单身女性们被分在这一组；女仆或女工匠，即使被标为单身，也当然被列入相应的职业分组中。巴黎的未婚女性显然为数众多。梅尔西埃对她们尤其恶毒，他描绘了这幅肖像："已过结婚年龄的姑娘的数量数不胜数。没有什么比婚姻更难得到，这不是因为婚姻关系永久有效，而是因为嫁妆必须要存在一个公证人那里。有大量的适婚丑女。漂亮的姑娘很难为自己找到落脚之处……在任何集会上，你能见到的都是逃离了妻母职责，从一个家庭跑到另一个家庭的适婚单身女性们。"[1]

没有与名字一同提起的头衔或职业的逝者，被归为未知类，他们共 48 人，占总数的 1.7%。

正如表 2 显示的那样，我们样本的社会构成中，组 7、8、9 明显占据了优势——商人、巴黎有产者，行业师傅和专职人员。这些分组共包括了 1810 位逝者，占样本总数的 65%。即使我们将 145 位来自巴黎和外省的有产者排除在外——他们实际上是退休的商人或行业师傅，店主和摊主仍然有 1665 人，占总数的 60%。

需要注意的是，其他所有社会阶层在此都是为数极少的群体，没有一个占到了样本的 5.9% 或 6.8% 以上——这两个数字分别是教士和仆人所占的百分比。正如我们已经表明的那样，由于相关研究比较重视这一群体，样本中的教士占比与实际情况相比偏高。法律助理的比例或许也被我们的研究高估了。相比之下，社会第二等级成员的占比或许与巴黎的实际情况最为接近，因为大革命前夕穿袍和佩剑贵族的总数低于 3 万人，占大约 66

---

1 Louis-Sébastien Mercier, *op. cil.*, t. 4, p. 23-24, chap. CCCIV, «Filles nubiles».

万总人口的 4.5%。[1]

我们的调查反映出的这幅被商业和职业世界所主导的 17—18 世纪巴黎的图像，似乎至少在某些方面是准确的。雅克·萨瓦利（Jacques Savary）估计，单单是行业师傅们，不算上他们的家庭成员，在 18 世纪中叶大约有 4 万人。当然，我们的研究产生了 10 份处理职业问题的报告，它们确实倾向于强调这些类别。但商业在每个街区都无处不在，正如 17—18 世纪从外省或外国到访首都的游客们的评论所显示出来的那样。

1692 年，意大利人吉安帕罗·马拉纳（Gianpaolo Marana）写道：巴黎以其只卖你完全不需要的东西的无数商店而辉煌。你可以想象其他他买必需品的商店的数量。[2]

1718 年，德国学者约阿希姆·克里斯托弗·奈梅茨（Joachim Christopher Nemeitz）认为，"巴黎是一个你能找到不可计数的各种商品的地方。不管你向哪里看，你都能看到卖东西的商店"。[3] 给游客们的导游手册和充满了实用地址的书籍中溢出了关于每个街区的无数商业活动的信息。在首都的奢侈品商店购物似乎曾是这一时期的游客们最喜欢的消遣之一，他们的日记证实了这一点。克拉多克夫人（Mme Cradock）———一位著名的英国旅行者和一位富有的艺术赞助人的妻子，[4] 以及奥伯基尔克男爵夫人（Baroness d'Oberkirch）———属于一个阿尔萨斯的老贵族家庭，[5] 在 1782—1786 年暂住巴黎期间造访了城中最好的商店。

1　Marcel Reinhard, *Paris pendant la Révolution*, Paris, Les Cours de Sorbonne, cou, 1963-1965, 2 t., t. 1, p. 50.

2　Jean-Paul Marana, *Lettre d'un Sicilien à un de ses amis*, introduction et notes par l'abbé Valentin Dufour, Paris, 1883.

3　Joachim-Christophe Nemeitz, *Séjour de Paris, c'est-à-dire Instructions fidèles pour les voyageurs de condition... durant leur séjour à Paris*, Leide, 1727, trad. de l'allemand, p. 588.

4　Mme Cradock, *La vie française à la veille de la Révolution (1783-1786), Journal inédit*, Paris, 1911.

5　Baronne d'Oberkirch, *Mémoires*, Paris, 1970.

表 5 经济活动领域人口数量分布（共 1665 位逝者）

分类	人数
1. 食物（Alimentation）	243
2. 饮料零售（Débitants de boissons）	161
3. 装饰品，奢侈品（Décoration, luxe）	141
4. 生活便利设施（Agrément）	137
5. 纺织品（Textiles）	131
6. 木材（Bois）	121
7. 服装（Vêtements）	108
8. 体力劳动（Gens de bras）	95
9. 建造，建筑（Construction, bâtiment）	83
10. 缝纫，商业（Merciers, marchands）	73
11. 旅馆（Hôtellerie）	58
12. 金属（Métaux）	55
13. 交通（Transports）	52
14. 皮革业（Cuir-peau）	51
15. 土产（Terre）	44
16. 身体护理（Soins du corps）	36
17. 书报贩卖者（Librairie, papeterie）	27
18. 容器（Récipients）	22
19. 玻璃（Verre）	18
20. 杂类（Divers）	9
总数	1665

那么，似乎我们的样本并没有十分夸大在商业和各行业领域工作的巴黎人的数量。但是，这一调查无疑过分看重商人和行业师傅了，代价就是忽视了出师学徒、专职人员和不具资质的工匠。实际上，《巴黎通报》（*Journal général de la France*）在 1789 年估计，这些更低的社会阶层大

约有 20 万人，占总人口的 30%。[1]由于运用了公证人资料，我们的研究成果更多地展现了更为成功的工作类别的状况。正如先前提到过的那样，公证人资料选择性地展现了部分社会群体的状况。不管怎么样，通过这些清单，我们的研究得以强调行业活动的多样性与差异性，无论它们是由富商和行业师傅进行的，还是由平凡的出师学徒和学徒进行的。不过，在各行各业，通过行会精神，垂直的上下级的团结凝聚起了从事同一行业的人，他们从属于同一个团体，同一个行会。

巴黎空间中的各个经济部门

基于在清单序言中找到的关于逝者职业的信息，我们列出了 1665 人从事的 180 种以上的职业：477 位商人，753 位师傅，435 位专职人员（gens de métier）；另外还要再加上第 6 组的 15 位外科医生。

位于首都职业等级最高层的商业精英们由 6 个商人团体组成——服装制造商、香料商、缝纫用品商、皮货商、内衣经销商和金匠。他们被授权在官方仪式，即王室和亲王游行、重要人物的接待、感恩赞（Te Deum）的表演、列队行进、出生庆典与婚礼，或是亲王的葬礼中，代表城市里的商人。他们足够富裕，能买得起这种情况下所需的合适服装。实际上，被市政厅办事处召去参加这些各种各样的场合时，人们期待他们穿着仪式性的定制服装。

自 1581 与 1597 年的敕令以来，这座城市的手工业者们（artisans）就被要求加入行会。行会的数量在 17—18 世纪始终波动：从 1673 年之前的大约 60 个，跳跃到 1673 年的 83 个，然后是 1691 年的 129 个，然后被削减到 124 个，再是 120 个，此时正是 18 世纪上半叶，某些职业相互合并

1　Marcel Reinhard, *op. cit.*, p. 81.

的时候。[1] 这就是杜尔哥（Turgot）以 1776 年 2 月的凡尔赛敕令，废除师徒制、行会管事会（由成员共同立下的誓言约束在一起的团体）以及一切商人和手工业者的团体和社群之前的情况。

其他没有"构建团体和社群的权利"的职业，据说是"自由"的（也就是说，没有被师傅和行会管事会的体系所束缚），但在通过公共仪式为每种职业分配一个特定阶级的社会层级制看来，它们比受到誓言束缚的职业更加低劣。[2] 在巴黎的某些街区，手工业者们可以在自己认为合适的地方建起商店，进行工作，而不必从属任何团体。

在当今的信息时代，很难想象人们如何在过去的传统社会里工作。那个时代的职业名称与我们今天对这些词语的印象几乎没有什么关系。缝纫用品商或服饰用品商（merciers）就提供了一个范例：以这个名字被提及的当代小店主们与他们 17—18 世纪的同业者几乎没有什么相似之处，在 17—18 世纪，他们占据了由 6 个团体构成的商人贵族体系中的第三级。他们贩卖的商品从织物、暖手筒、女帽、长袜和皮货到绒绣、黄铜制品、五金工具和镜子——家用品和奢侈品。这一时期的其他行业在 20 世纪完全消失了，它们的名称往往模棱两可：例如，"ferrandinier"不像表面上那样指铁匠，而是指制作或监管棉丝混合物（ferrandine）制品的制造商，按照萨瓦利的说法，棉丝混合物是指"一种其经线用丝，纬线用羊毛、低品质丝或者棉线制成的布料"。

考虑这座城市各教区中各类职业的地域分布，可知少有行业聚集在某一区域，当然也有著名的例外——郊区园艺匠，圣雅克路上的印刷商和书商，或是圣尤斯塔什和圣日耳曼-欧塞洛瓦区域的织物和服装行业。

1　Jacques Savary des Bruslons, *Dictionnaire universel de commerce,* Copenhague, 1760, 4 vol. in-fol. 它的第一版出版于 1725 年。我们在后文中大量使用了这本词典，用以给出职业的定义，但是，为了避免注释过于笨重，我们不会注出每次引用。职业按照字母表顺序排列。

2　Roland Mousnier, *Les institutions de la France, op. cit.*, t. 1, p. 201.

由表6可知，一般来说，各类行业似乎都广泛分布在整个首都。如果我们根据清单计算每个教区的行业数量，也许能获得最乐于接受商业和手工业（artisanat）的街区的总体情况。如果我们停留于城墙之内，将66位偏远郊区的逝者排除在计算之外，那么在1401位我们有其精确地址的专职人员中，有70.5%的人住在右岸，26.5%住在左岸，3%住在西岱岛上。应该注意的是，这些百分比与这些地区的总人口在样本总数中的占比非常接近（分别是71.5%，25.5%和3%）。

巴黎大堂地区（Le secteur des Halles）靠近圣尤斯塔什和圣日耳曼—欧塞洛瓦，是一个重要的商业中心，右岸28%的行业位于此处。其中占主导地位的是食物、饮料零售，以及纺织品和服装。马莱（Marais）、圣尼古拉德尚、圣让恩格瑞夫（Saint-Jean-en-Grève）、圣热尔韦（Saint-Gervais）、圣保罗和圣玛丽（Saint-Merry）这几个教区中，分布着右岸35.5%的手工业活动。纺织品与装饰品行业为数最多，其次是饮料零售和体力劳动。这里也分布着服装、纺织品和木材行业。单单圣安托万郊区一个地区——其中最重要的部分是圣玛格丽特教区——就分布着这些职业中的12%。涉及食物、土产（terre）和家具，包括木材和装饰品在内的行业，在那里最为常见。在曾是商人和手工业者的逝者中，有30%住在圣德尼路和圣马丁路所在的街区。纺织品和木材在这里最为重要。最后是圣奥诺雷区，它位处圣罗克和圣玛德琳主教城（Sainte-Madeleine-de-la-Ville-l'Evêque）教区之间，右岸有6.5%的行业在此开展活动。

塞纳河对岸，在圣埃蒂安迪蒙教区居住的商人和手工业者为数最多：这里居住着92位此类人物，占左岸总数的四分之一。种类繁多的行业都曾活动于此。圣马塞郊区，圣梅达尔、圣希波利特（Saint-Hippolyte）和圣马丁包括了所有行业中的25%，这里的主要行业有纺织品、绒绣、建筑和饮料零售。在大学周边地区的另外8个教区内——在那里共有185位专

表6-1　各教区从事各主要职业的人数（1）

教区（城市和郊区）	装饰品，奢侈品	生活便利设施	纺织品	木材	服装	体力劳动	建造，建筑	缝纫，商业
圣尤斯塔什	12	25	15	10	19	15	1	5
圣尼古拉德尚	11	11	15	8	5	12	9	
圣保罗	5	1	7	4	3	5	3	2
圣日耳曼-欧塞洛瓦	5	20	15	6	12	1	1	9
圣让恩格瑞夫	12	4	2	1	1	2	1	5
圣罗兑	8	1	3	2	3	5	6	1
圣玛格丽特	7		6	13	9	4	9	5
圣热尔韦	8		2	4	6	7	1	6
圣玛丽	1	3			6	2		1
圣洛朗	6	1	13	3	1	1		
圣索维尔	2	3	4	5	1	2	2	
圣雅克-德拉布舍里	7	12	4	2	2	2	1	2
圣玛德琳主教城	2		1	4	1	2	2	
圣母福音	2		5	11	1	1	2	
圣卢-圣吉勒	3	2	1	1	1			
圣若斯	2	1						
圣奥波图纳		1	2					
圣英纳森	1							1

续表

教区（城市和郊区）	装饰品，奢侈品	生活便利设施	纺织品	木材	服装	体力劳动	建造，建筑	缝纫，商业
圣埃蒂安迪蒙	5	3	7	6	5	7	3	7
圣苏尔皮斯	13	12	6	10	5	12		1
圣梅达尔	1	6	2	2	3	1	1	3
圣塞弗林	1	10	1	1				
圣贝努瓦	3	1					1	
圣尼古拉—杜—夏尔多内			1	1	1	1	1	
圣安德烈代阿尔特	1	3		1		1		
圣伊波利特	3		4				4	
圣雅克—杜—奥帕				1		1	2	
圣马丁			1	1	1		6	
圣科莫（西岱岛）	1				1			
圣巴泰莱米	7	1			1	1		
圣日耳曼—勒维埃	1	3		1		1	1	
圣玛德琳	2			1		1		
圣皮埃尔—德—阿西斯		3						
圣—朗德里		3						
圣马琳		1			1			
圣克里斯托弗								
圣十字	1			1				
圣路纳纳埃夫								
圣路易岛（市郊）	2							
帕西—奥特伊尔	1		10	3	1	2	5	

表6-2 各教区从事主要职业的人数（2）

教区（城市与郊区）	旅馆	金属	交通	皮革业	土产	身体护理	书报贩卖	容器、玻璃、杂类
圣尤斯塔什	3	3	2	3	1	2		
圣尼古拉德尚	1	6	7	5				1
圣保罗	1	3	6	9	1	3		8
圣日耳曼—欧塞洛瓦	4	3	1	2		2		2
圣让恩格瑞夫		8	6	5		1	1	4
圣罗克	2	1	2	3	1	2		
圣玛格丽特	4	5	5	4	19	1	1	
圣热尔韦	1	2	4	1		1		1
圣玛丽	2	3	1	1			1	2
圣洛朗	8		1		1			
圣索维尔	2	2	2	2		1		
圣雅克—德拉布舍里				1			2	
圣玛德琳主教城		1	1		1			1
圣母福音	1							
圣卢—圣吉勒	2	1				1		

续表

教区（大学周边地区）	旅馆	金属	交通	皮革业	土产	身体护理	书报贩卖	容器、玻璃、杂类
圣埃蒂安迪蒙	5	2	4	3		4	7	
圣苏尔皮斯	2	1	2	1			1	2
圣梅达尔			2	3	1	1		1
圣塞弗林	5						6	
圣贝努瓦	1					1	3	
圣尼古拉－杜－夏尔多内	1	1	2	1	2	1		
圣安德烈代阿尔特						1	1	
圣伊波利特		2			1			
圣维克托－杜－奥帕	1							
圣马丁	1		1	2	2	1		
圣利莫						1		
圣希莱尔（市郊）							1	
帕西－奥特伊尔	3	2		2	13	1		2
蒙马特	1							
奥贝维利耶	1							
戈尼斯	1							
安东尼	1							
维勒瑞夫	1							

职人员，占左岸样本的 50%——我们发现这些活动分布广泛。

市郊（banlieue）的村庄——我们在这类地方共注意到 66 种行业——倾向于专门从事某一行业，例如旅馆业或小酒馆行业，各种各样的土产行业，或是熨烫业（blanchissage）。

手工业者们服务于居民日常需要的行业活动似乎倾向于集中在城市的中心街区，这里人口最为密集；而更为工业化的行业活动聚集地，例如纺织业，金属或皮革业，以及建筑业，更喜欢布局在郊区，在那里，它们能获得更大的空间，也能从一个有时缺乏专门训练的工作阶层中招募劳动力。通过一条街一条街地考察地址，我们确信所有行业都遍布整个城市；同时也得知，在一条给定的街道，甚至是一座给定的建筑中，所有社会阶层都居住在一起。富裕的住户住在低层，最不显要的居民则占据了屋顶之下的那一层。

来自我们样本中人口最多的街道的某些例子在这一点上很有说服力，在圣奥诺雷路我们已经说明了其社会和职业类型的 46 位居民中，有 4 位教士，4 位贵族，3 位国王辖区的官员，1 位高等法院律师，1 位国王的口译者，1 位外科医生，4 位来自巴黎的有产者，5 位商人，14 位行业师傅，3 位手工业者（其中包括 1 位散工），4 位仆人和 2 位适婚单身女性。他们的工作主要在食品、饮料零售、服装、装饰品、装饰艺术、皮革业和建造业方面。以格列夫广场街区上的玻璃厂路为例，这是一条比圣奥诺雷路更短、名气更小的街道，但是它的居民仍然遍布所有社会阶层：有 2 位神父、3 位贵族，1 位国王顾问，1 位审计官员，1 位王室秘书，4 位法律助理，2 位来自巴黎的有产者，4 位各行业师傅（例如食品、服装、装饰品、运输）以及 1 位仆人。

相比之下，圣安托万郊区路上的社会混合就更加"大众化"：没有一位居民属于前两个等级，也没有任何官员。大部分居民是不具资质的手工

业者，这样的手工业者有 13 人，除此之外，这里还有 10 位行业师傅，9
位商人，2 位仆人，1 位巴黎有产者和 1 位市政雇员。这些工作阶层的工
作种类繁多。在同一个街区内，夏洛纳路和夏朗顿路居住着相似的普通人，
圣梅达尔路和圣马塞郊区的卢尔辛路也是如此。但在这些住着最不显要人
群的街道上，就像在另外那些更为"有产者"的街道上一样，各种行业都
并排工作。圣雅克路提供了一个最终的范例：7 位来自书籍工业的手工业
者的邻居中有 1 位神父，1 位国王领地官员，3 位高等法院律师，3 位巴黎
有产者，1 位服装师傅和缎带制造者，1 位裁缝，1 位木匠师傅，1 位鞋匠
师傅，1 位绘画和贴金箔师傅，1 位画家，1 位音乐家和 1 位适婚单身女性。
这同一街道上的行业和社会阶层的杂烩似乎是 17—18 世纪老巴黎的特征。
在 19 世纪后半期达到顶峰的社会"分区"在 18 世纪 70 年代才刚刚试探
性地进入城市边缘，巴黎以西建造起新的居住街区，它位于圣玛德琳和安
坦围堤（Chaussée d'Antin）附近。

　　然而，这些清单所表现出来的老巴黎的社会与职业肖像，应该被有保
留地加以考虑。有时候被提到的某条给定街道上的各种居民，彼此之间可
能相隔几代人。由于我们考察的这个时期以家庭与职业的稳定性为特征，
认为一个家庭会连续几代人住在同一座房子里，或至少在同一条街或城区
里，似乎是合逻辑的。巴黎人无论属于哪一社会阶层，都似乎依恋着他们
的街道、他们的教区与他们的街区，就像一项对他们的迁移和地址转变的
研究展现出来的那样。我们发现，几个服装制造商大家族，其每一代人都
占据着圣尤斯塔什街区上的同一家商店。与之相似，在圣雅克路上，印刷
工和雕刻贩卖者也建立了可以追溯到 17 世纪初的大家族。因此，似乎在
17 世纪中期和 18 世纪下半期之间，巴黎最古老的街区的社会与职业肖像
可能几乎没有经历什么变化。

　　但是单单知道他们的社会阶层或他们的谋生举措，还不足以完全满足

我们对这些17和18世纪的巴黎人的好奇心。我们想要利用清单进入家庭
小圈子的隐私之中，然后重构公证人造访过的这些家庭中的人类温情。

第四章　家庭维度

　　因一场死亡而破裂的家，被一位父亲或母亲的去世撕裂的家人们，这就是公证人带我们走进的家庭。要理解家庭生活曾如何令人烦恼，并造成了怎样的情感创伤，我们必须读出清单的言外之意，并看到仍然活着的人们（被单独留下的寡妇或鳏夫，或者失去父亲、母亲或双亲的非常年幼的孩子）的背景。虽然清单通过其展现出来的物品，而对捕捉日常生活有着不可估量的价值，但不像遗嘱，它几乎没有顾及人类关系中的家庭和情感层面。这种由其物质层面展现出来的生活方式，本身像是一种没有灵魂的静止的生活。但在这一表象之外，这些被估价人详细而冷漠地加以描述的物体，难道没有唤起关于家庭居民的回忆吗？妻子的珠宝和化妆用品，儿子或女儿的绘画，孩子的椅子或仆人的床，全都见证着这些人在家中的存在。清单中的这种记录，还有给遗产继承人和文件见证人的指示，帮助我们重构围绕逝者聚集起来的家庭小圈子，它通常由近亲、配偶、孩子，可能还有仆人（或许在逝者的最后时刻里照顾她/他，并处理了葬礼安排的细节）共同构成。就像我们会看到的那样，也存在大量独居者，但在他们的情况中，在一个人们远没有今日那么孤立且社群感更强烈的世界里，做如下假设是合理的：已婚的孩子、旁系亲属、关系更远的亲戚或甚至邻居、同教区的其他居民或是工作同事都会来帮助和安慰这位将死之人。在清单注明了死亡地点的情况中，这一地点通常是逝者的家："在他的卧室里""在她的居所中""在家"或者"在房子里"。大部分巴黎人实际上死在他们的床上,在他们家人的怀抱里。"逝者的卧室"或者"逝者死去时所在的房间"在清单中通常有着很好的位置,它们是估价人最先造访的房间之一。死亡震动了那些离家很远的巴黎人,例如:两个在奥地利王位继承战争期间为国王服役的士兵的情况,一位死在其阿提斯(Athis)的乡间宅邸的寡妇的情况,以及另外两个与其家人住在一起的女人的情况。[1] 某些病人在医院,城市主医院(Hôtel-Dieu)或慈善机构(Charité des Hommes)度过了他们最后的时光。一位来自奥特伊尔的散工的遗孀声明:"因为她的丈夫死于巴黎主医院,按照风俗,他的旧衣服应该留在那儿。"[2]1784 年 12 月 6 日,一位 33 岁的陶器商进入了同一家医院,并在接受了"精神的和身体的"救助,4 天后死在那里。[3] 死因通常是未知的,最后患病时刻也从未被提起,除了 1774 年一位 21 岁弦乐器制造者的情况,清单提及他死于肺病。[4]考察病人在去世之前那些日子所写的遗嘱,并未进一步澄清这个主题。

尽管清单或许表明了一位被独自留下养活孩子的寡妇的经济窘况,但它几乎从未留下一丝折磨依然活着的人分离之痛的痕迹。死后清单以这样的话语记录了一位丧偶的骑士扈从和步兵队长的悲痛:"由于陷入悲痛之中,而立刻离开了他的房屋。"一位写作师傅的遗孀的对其丈夫之死的悲痛也被公证人秘书的笔捕捉到了:这个女人忘记了记录一大笔钱。清单具体说明道,这个"疏漏只是由于失去丈夫给她带来的悲痛与焦虑造成的"。[5]这样的说明极为稀有,因此更加珍贵。这个年代并不适合情感倾泻。17—18 世纪写于法国的哲学书籍甚至私人日记,对于私人情感都有所保留,这

1　Mlle Vandertaelen, p. 66.

2　A.-C. Capitaine, p. 16.

3　Y. Aubry, p. 100.

4　I. Petitclerc, p. 12.

5　P.-D. Boudriot, *La maison et le foyer parisien à travers les inventaires après décès (première moiti du XVIIIe siècle)*, mémoire, 1978, p. 71.

与同一时期的英国日记形成了对照。[1]

以清单数据为材料，我们可以试图重构这些家庭在受到死亡冲击，失去一个成员之前的状态。有多少人住在同一屋檐下？怎样的纽带将他们联系在一起？这些文件向我们提供了研究家庭结构的丰富资料，但还不足以支撑一种真正的人口考察。当然，清单对人口研究做出了重大贡献，尤其是对巴黎，[2] 它弥补了 1871 年公社对其大量出生和死亡记录的销毁。但即使有婚约做补充，此类清单也不是回答这类问题的高度可靠的信息来源。逝者的年龄几乎从未被说明，每个女人的孩子的数量必然只能知道个大概，因为加入修会的孩子、已死的孩子或在先前婚姻中所生的孩子无权继承遗产，清单也就没有提及他们。出于这些原因，我们界定了对这些家庭的构成方式的考察的范围。

家庭构成

开始之前，先说一句：我们试图估算其规模的家庭［用那个年代的话来说就是"炉火"（feux）］，似乎并没有很好地代表当时的整个巴黎社会。虽然我们的文件未注明逝者的年龄，但似乎应该假设受到死亡冲击的家庭通常由暮年长者构成；在这些家庭中，要么某些或所有孩子都已婚，并且离开了父母的家，要么丧偶者独自度过其晚年。当然，就像儿童的早夭表明的那样，死亡也会带走盛年人。通过清单来考察家庭，总体上来说似乎会低估它们的规模，因为没有孩子或是居住着丧偶者的家庭的数量会被极大地高估。

1　Madeleine Foisil, L'écriture du for privé, in *Histoire de la vie privée. De la Renaissance aux Lumières*, t. 3, sous la direction de Philippe Ariès et Georges Duby, Paris, 1986, p. 331.

2　Jean-Paul Poisson, *Notaires et société, op. cit.*, «L'apport des inventaires à la connaissance de la démographie parisienne ancienne. Le règne de François Ier», p. 515.

关于实际居住在同一家庭中的孩子或仆人数量的清单数据，也往往不精确。与之形成对比的是，公证人秘书总是谨慎地记录逝者的婚姻状况，除非此人是单身汉。因此，我们确定家庭结构，要比确定家庭的真实规模更容易。

家庭结构

需要记住的是，小家庭或者夫妻家庭，也就是由父母及其孩子组成的现代家庭，自 14 世纪以来已经是西欧的主要家庭形式。菲利普·阿里埃斯（Philippe Ariès）曾简洁地描述过家庭如何围绕一对夫妻发展起来，并给出了大量关于家庭的想象图景。[1] 从我们的样本看来，家庭是一个相互依附的小集体：44% 的家庭由父母和孩子构成，他们是人数最多的群体（见表 7）。

表 7　家庭结构

类型	数量	百分比
只有父母及其子女的小家庭	1233	44
几代同堂的大家庭	55	2
无孩子的夫妻	549	20
有孩子的丧偶者	113	4
无孩子的丧偶者	283	10
未婚	440	16
未知	110	4
总计	2783	100

随着夫妇关系这一核心得到加强，宗族概念开始衰弱，几代同堂的大家庭（父母和孩子加上其他年纪更大的或属于家族旁系的成员）减少了。到 18 世纪下半叶，大家庭几乎完全消失。这样一种家庭结构，在启蒙时代尤显过时，只出现在样本中的 55 个家庭中，占总量的 2%。多核家

1　Philippe Ariès, *L'enfant et la vie familiale sous l'Ancien Régime*, Paris, 1973.

庭，即由几组夫妇及其孩子组成的家庭，尤其稀少。实际上，这种家庭在17—18世纪的英国，就像在巴黎一样稀少，剑桥的彼得·拉斯莱特（Peter Laslett）及一群人口史学家对100个社群的研究就体现了这一点。[1]很常见的是，一旦结婚，孩子们就离开父母，建立新家庭。但是，面对年老、疾病或是经济拮据，这些巴黎家庭似乎比我们以个人主义为标志的当代家庭更为开放。老人或患病的亲戚会在他们已婚子女的家中度过最后的日子。一个桶匠的女儿被描述为"与她的丈夫分开，因为虽然她怀孕了，这位丈夫仍然殴打并虐待她"，于是她在父母家中避难。一位马具师傅的妻子在她自己的3个孩子之外，还收养了她16岁的弟弟德尼，德尼的姐夫教他制作马具。

无子家庭共有549个，占总数的20%。其中的某些，或许足有一半，都曾享受过将孩子带到这个世界上的快乐。在清单上作为遗产继承人被提起的孩子们中，那些与父母有不同地址的，通常已经成年，在25岁或以上，或者已婚。如果一个孩子死在父母之前，其名字几乎不会出现在文件里。至于那些立下宗教誓约的孩子，或是生于之前婚姻的、没有赋予他们以继承权的孩子，其存在常常不为我们所知。最后，某些夫妻没有孩子。不孕的比率在那时比当今稍微高些，样本中有10%的夫妻如此。我们也不能排除生育后代之前就被死亡分开的年轻夫妇。完全没有孩子的情况很少在清单中被注明。无子夫妻有时会毫不犹豫地通过接纳姻亲，譬如一位母亲、一位兄弟、一位姐妹、一位堂亲，一个孙女或是一个侄子，来扩大家庭规模。

传统社会的死亡率从家庭的构成模式中可见一斑。已经被一位配偶的死亡破坏，并进入一段新的哀悼时期的婚姻单位，有396个，占样本总量的14%：其中10%是没有孩子的寡妇和鳏夫，而另外4%则有孩子要抚养。

1　Peter Laslett, *Household and Family in Past Time*, Cambridge, 1972. Voir aussi Pierre Chaunu, *Histoire, science sociale*, Paris, 1974.

这些数据也显示了寡妇所占的比例——64%，与之相对，有36%的丧偶者是鳏夫。众所周知，女性平均来说比起伴侣活得更久，在这个时期也确实如此，虽然分娩时的死亡率也比较高。而且，女性通常不会像男性一样容易再婚，尤其是在有孩子要照顾的情况下。这些单身成年人中的某些会收养一个孙辈、一个侄子或侄女作为自己家中的付费寄宿者。为了避免孤独，很老的寡妇和鳏夫有时会搬去与孩子一起住。

无论这些男女是与配偶同居、被孩子环绕，还是孑然一身，80%的逝者都至少结过一次婚。无处不在的死亡使得婚姻相当不稳定，很少有超过30或40年的结合。我们关于逝者婚姻状况的信息揭示了破碎的家庭有多么普遍。夫妇会在第一个孩子出生时被死亡分开。婚姻的存续时间区别甚大，但平均存续时间很少超过15或20年。

在许多情况下，对于有小孩的鳏夫，或是经济来源极为有限的寡妇，再婚都是必需的。在一个缺乏物质安逸的世界里，孤独确实加重了日常生活的困苦。想想要做的工作，例如，在一个没有自来水、煤气和电的世界里准备一顿饭。我们或许会忽视日常生活中最为轻微的家务所带来的限制和负担，因为我们生活在20世纪晚期，只需要按开关就能获得光和热，就能做饭。没有仆人或另一个家庭成员，一个人无法在照顾一个或更多孩子的同时，顾及职业和家庭两方面的要求。因此，短时间内再婚常常是最好的解决方案。在895对夫妻的样本组中，我们计算出其中有28%的婚姻，其中一位或两位配偶曾结过不止一次婚。曾结过两次甚至三次婚的男性比女性稍微多些。我们的研究描绘了某些此类拼凑家庭的肖像，这些家庭被死亡撕裂。来自不同婚姻的孩子们在每一次新婚时，都沉重而缓慢地从一对夫妻走向另一对。这是一些不稳定而复杂的家庭，在旧制度社会中十分典型。

我们的数据也包括440位未婚人士，占总数的16%。其中有164位教士。

其他276位成员中有159位男性，117位女性。需要注意，如果一个女性未婚，她的单身状态总会被注明，但男性的单身状态只能被推定——如果没有妻子的痕迹的话。被注明有职业的单身女性往往是仆人或洗衣女工。这是一些贫寒且不稳定的工作，收入微薄。梅尔西埃用"青年女工"（grisette）这个词来称呼这些女孩子，她们"出身不好也没有财产，必须工作以谋生……这些女孩18岁时离开贫穷的父母，按自己的喜好在一个房间里居住"。[1] 某些这类单身人士（男女都有），会与一个兄弟、一个姐妹或者一个侄子或侄女同住。值得强调的是，这一时期巴黎的单身率比较高，实际上，巴黎单身率在18世纪期间还在不断增长。梅尔西埃夸张地宣称："因此，城市的一半居民都被迫单身，其中大多数害怕有后代，因为担心无力喂养他们。"[2] 如果我们把未婚人士和无子丧偶人士的数量加起来，一人家庭占总数的26%，排除教士的话，是20%。需要注意，这个数字包括那些单身女性，她们人数不到12人，与丈夫分开，或是被丈夫抛弃。我们样本中独自死去的巴黎人的占比与皮埃尔·肖努（Pierre Chaunu）关于巴黎的死亡的考察所估计的数字相当：立遗嘱者中有25% ～ 30%是独自死去的。[3] 城市中的独身现象不是20世纪的特有状况。巴黎的这一特点，这种现代的标志，在清单和遗嘱中都浮现出来。

最后，有110位逝者（4%）的婚姻状况无法被确定。他们被分类为"未知"。

家中的孩子

虽然我们数据中1/4的家庭由单身人士组成，即形式最为简单的家庭，但仍然有占总数52%的1450个家庭被孩子赋予了活力。家庭人数从1到

1　Louis-Sébastien Mercier, *op. cit.,* t. 8, p. 77, chap. DCXXVI, «Grisettès».

2　*Ibid. Le Tableau de Paris*, Introduction et choix de textes par Jeffry Kaplow, Paris, 1979, p. 54.

3　Pierre Chaunu, *La mort à Paris, op. cit.*, p. 393.

10，各不相同。但是，要确定有多少个孩子实际上住在家中，永远是不容易的。被提名为继承者的那些人，即使未成年，也未必与父母同住：根据那时的风俗，小孩子可能被寄养在保姆那里；大些的孩子可能出去做学徒，或是寄宿在大学或修道院里；生活在同一条街上的成年子女也可能有父母家庭之外的独立居所，无论在同一幢房子里，还在邻近的房子里。清单远远未能向我们提供解答这些问题所需的细节。但是，它们中的某些提到了对保姆的欠债和寄宿费用，这帮我们填补了空白。

关于家中是否有孩子的痕迹，清单众所周知地少有提及，使用过这些文件的人无不强调这些缺漏。专为孩子准备的各种物品没有明确地出现在这些家庭内部。一些家具得到了记录，譬如孩子的床，被描述为"一张摇篮状的小孩子铺位，由一个草垫和两个小床垫组成"或者"一个装饰华丽的摇篮""一个孩子用的柳条篮"或是"人字平纹布做的儿童床，填满了羽毛"；椅子，例如高椅子或小扶手椅；甚至还有给孩子准备的小小便桶。我们也能找到婴儿奶瓶，装婴儿泥状食品的盘子和砂锅，还有儿童餐具或儿童勺，常常是银质的。当然，还有新生儿的全套用品，一捆捆的尿布，童装和项链，甚至一根鞭子。

玩具是稀少的：拨浪鼓，有时候是银质的，包括一个"带有水晶尖头和铃铛、银质把手的拨浪鼓，估价 12 利弗尔"，一辆小小的儿童马车和一辆儿童敞篷车，还有一辆儿童货车。这最后一件玩具无疑在当时很受欢迎，因为它出现在了 18 世纪上半期尼古拉·德拉梅辛（Nicolas de Larmessin）题为《童年》（L'Enfance）的版画中。这幅版画描绘了用一根细绳拉着一辆小货车的小男孩和小女孩。车上，是一个被两个小女孩抱着的小孩子。画面右边，两个年轻女孩正在交谈，同时，一个拿着书的女人正在教另外两个孩子阅读。实际上，图画资源能够提供比清单更为丰富的关于孩子的玩耍的信息：在一组 11 幅的 18 世纪童年情景版画中，能辨认出大约 18 件不同的玩具。

家庭中孩子的存在也可能被间接地觉察到，通过关于一个留给他们使用的房间的说明，或甚至通过为他们改造过的大人服装：一位逝者的内衣被改制为"适用于孩子的"，"剩下的衣服被改制为孩子们所用"，或"多余的衬衫被用于孩子们"。

正如估价人或许不会提及有年轻后代的家庭中给孩子用的物品，出于同样的原因，独居夫妻的家中有时会有一套新生儿全套用品，或其他先前用于照顾已婚或已死的孩子的物品。这没有什么令人震惊的；就像我们已经看到的那样，这是一个出于对个人所有物价值的尊重，而没有什么东西被扔掉的世界。

文件存在着诸多的不准确处，无论如何，我们估计，1450 个样本家庭中大约居住着 3120 个孩子，孩子数量稍稍多于每家平均两个。需要被强调的是，这并未说明每个家庭的平均出生率，出生率当然会更高。我们以一个 800 个家庭的样本组进行了一项关于孩子数量分布的调查：1 个孩子的家庭最为常见，占 36%，其次是 2 个孩子的家庭，占 29%，然后是 3 个孩子的家庭，占 16%，5 个或 6 个，或更多孩子的家庭，占 10%，只比占了 9% 的 4 个孩子的家庭稍微多了一点。大家庭似乎很不寻常，虽然常常能看到同父异母 / 同母异父的兄弟姐妹住在同一屋檐下。但任何以清单为单一基础而进行的推测必须要被认为反映了家庭的最小规模。

我们对与父母同住的孩子们的年龄也很好奇。在这方面，这些清单也没有提供我们所希望的那些细节。估价人常常满足于模糊的"未成年"和"成年"这样的术语。但是，我们记录了 773 个未成年孩子的年龄，并将他们分为 3 个年龄组：4 岁及以下，5 ～ 14 岁，15 ～ 25 岁。占比最高的分组是 5 ～ 14 岁组，占总数的 44.5%。然后是 4 岁及以下的孩子，占 31%，最后是 15 岁及以上的青少年，他们占总数的 24.5%。这意味着 3/4 的失去了父亲、母亲或是双亲的孩子，都在 15 岁以下。如果我们考虑到结婚的平均年龄在 25 ～ 30 岁的话，那么当其父亲或母亲的死后清单开列时住在城中的孩子的年龄，与丹尼尔·罗什的结论相吻合：罗什的结论是，3/4 的巴黎人口在 40 ～ 55 岁之间去世。[1]

家仆

我们已经讨论了作为 17—18 世纪巴黎的一个社会和职业种类的仆人在数字统计中的重要性。由于他们通常居住在雇主家中，他们成了家庭单位的一部分，并在我们研究的大量家庭中获得了一席之地。他们紧缚于主人的生活，因而成为家庭小圈子的一部分，构成了家庭的某种扩展部分。清单以数种方式揭示了他们的存在：他们或许会在标题中被提及，因为他们是逝者所有物上所贴封条的监管人，或是因为他们在"展示和描述所有物"的评估中露面。后一种情况似乎更为常见。一个仆人也可能会作为债权人出现在关于遗产的部分中。在估价人拜访期间，被分派给某个仆人的房间必须被定名为"厨师的房间"，有三张铺位的"跟班的房间"，或者"因为在马厩上方，而被称为马夫的房间"，里面有两张高柱床。在逝者的文件中，一个或更多仆人的工资欠账并非罕见。

在某些情况下，文书记录了一个仆人所做的关于一件家具，或是一件仆人所有物的失踪或移动的声明。在其他情况下，一个简单的细节，例如"贴身女仆的一扇窗帘"，透露了家中一位仆人的存在。最终，遗嘱为清单数据提供了补充，遗嘱告诉我们主人对仆人的大方程度。

所以，能否发现公证人造访的家庭中仆人的存在，就具有某种偶然性。因此，清单不能被视为揭露有多少家庭雇用家仆，或是每个家庭雇用了多少仆人这类状况的可靠信息来源。我们在 27% 的样本家庭中遇到了仆人。清单告诉我们，在 749 个家庭中，有 623 个雇用了帮手，共有 1046 个仆

1　Daniel Roche, *op. cit.,* p. 59.

人。这就是说，平均每个家庭有 1.6 个家庭仆人。在我们的研究中，大多数家中住有仆人的巴黎人只有一个这样的仆人，名为侍女（madi）、女仆（maidservant）、男仆（manservant），或就是仆人。在只有一个仆人的家庭中，这个位置主要由女性担当，她是全权仆人，19 世纪法国女佣（bonne）的先驱，这类法国女佣负责所有家务工作。另一方面，神父常常更喜欢雇用男性劳动者。

当一个家庭有 2 个或 3 个仆人时，他们就被分派了特定的职能，正如他们的职称表明的那样：贴身女仆（chambermaid），女管家（femme de charge，负责管理家庭贵重物品，例如亚麻或银器），贴身男仆（chamber valet），家庭女教师（governess），厨师（cook），帮厨女孩（kitchen girl），或者男管家（butler）。雇用 3 人的家庭通常有一个厨师、一个贴身女仆和一个仆人。穿制服的仆人，跟班（lackey），马车夫（coachmen），御马者（postilion），等等，只在贵族、有产者官员或金融家的富裕家庭中才能见到。在雇用 4 个以上的仆人履行专门职责的家庭中，男性仆人居多。[1] 这是因为女性只被雇为贴身女仆、厨师，偶尔也有家庭女教师。我们需要指出，在计算仆人时，我们包括了伙计、学徒和学徒期满的手工业者，他们常常住在自己为之工作的商人和行业师傅家中。

哪种家庭更可能有家务帮手呢？某些贵族、官员和金融家都有大量仆人，这是只有社会上层阶级才负担得起的生活方式。教士，常常住在相对贫寒的环境中，通常雇用 1 或 2 个仆人。律师和医生，很少雇用 2 或 3 个以上的仆人。某些变得富有的商人，奢侈地雇用了许多家务帮手。但在店主和手工艺行业中，家庭成员、伙计、学徒或是由师傅提供住处的学徒期满的手工业者，都在商店或作坊中供职。在那个年代拥有仆人是很常见的，不被视为一种奢侈或财富的象征。但是，有仆人的家庭的遗产价值很少低

1　Jacqueline Sabattier, *op. cit.*, p. 28.

于 2000 或 3000 利弗尔。

出于所有这些我们解释过的原因，很难精确地计算出死亡前夕围绕着我们样本中的 2783 位巴黎人的仆人、孩子或其他家庭成员的数量。但是，我们试图估计了住在这些家庭中的人数。由于许多不确定性，我们必须依靠推断，要知道，我们提出的数字是假设性的。按照我们的估计，我们的研究涉及了至少 9000 位巴黎人——来自社会各阶层、遍布各个年龄段的 9000 个男人、女人和孩子，他们或是独居，或是夫妇同居，以小家庭或大家庭共居。我们试图通过公证人提供的标示，来理解这 9000 个人的日常行为与举动。平均看来，我们的每个数据组都包括了稍多于 3 个的成员。这一平均数很低，因为单身汉和寡妇为数众多，大家庭数据几乎完全缺失，而且大家庭占比极低。有着 10～15 个成员的大家庭确实存在，但很稀少。

我们通过这些清单发现的巴黎家庭难道不是实际上相当现代的吗？平均成员少于 4 人，它们似乎是我们现代家庭的 18 世纪先驱，现代家庭正是以孤立和家中孩子数量少为特征的。

家庭关系

男人、女人和孩子们在同一屋檐下生活，分享着共同的喜悦和痛苦，日复一日，经历着同样的变迁，他们与父辈之间有着怎样的联系呢？他们共同的情感，他们的家庭意识是否给家庭带来了温暖的氛围呢？他们的不睦和摩擦是否引起了家庭内部的冲突呢？从清单开始回答这个问题像是一次冒险。但是如果同时使用遗嘱作为材料，通过动作、行为、选择住所的态度和职业，我们至少可以尝试了解这些家庭成员之间的关系。

夫妻关系

在前文中，我们已经说明了在那个时代，关于情感生活的资料是匮乏的。夫妻之间的情投意合，我们对此几乎一无所知。我们已经引用了鳏夫寡妇的例子，他们在伴侣去世的时候的悲伤被记载在清单中。有些夫妻给我们的印象是夫妻生活圆满：希望在一方去世之后，另一方能够摆脱经济困难，他们在公证人面前签订了共同捐赠协议，"愿意相互补偿对方，并且给予对方更为舒适地度过剩下的时日的方法"。在某些并不多见的案例中，夫妻关系彻底破裂：依照巴黎的习惯，分居之后，财产也不再是共有的。我们已经提及了女人被丈夫殴打的闹剧，而且她还怀孕了，她到了她父母那里去避难。她的车夫丈夫已经离开法国 9 年了。一位税务官的妻子在 3 年的婚姻结束之后才得到了财产分割的判决，她的丈夫给她一共 1000 利弗尔，这是她带来的嫁妆。她还取得并出售了丈夫的房产，得到了 351 利弗尔。[1] 这是男人在婚姻终结的时候常常要给的。在去世前，雅克·德桑特请求他的妻子的原谅，并委托兄弟夏尔告诉她："我的兄弟建议我和他的妻子说，这是看在她带来的痛苦的份上。"[2] 这样人尽皆知的闹剧还有农业包税人（le fermier général）拉利弗的，他决定和他著名的妻子埃皮奈夫人在结婚三四个月后就分割财产。[3]

家长与子女关系

我们的文章在论及这些档案的时候是最烦琐的。1744 年，高等法院的法官皮埃尔·卡迪纳德立下了一份遗嘱，这份遗嘱是父亲对子女的爱的证明："如果有哪条条文是涉及子女的，那这将是要执行的第一条。既然我对他们的爱是同等的，家中也不乏温暖，我相信你们会听从一位智慧的父亲的。我只希望阖家团圆美满，我的女儿们都长得很好，一位是修女，我对她们的爱是同等的。上帝为了让她不受尘世的伤害，把她带去了身边，我只能温情地告诉她，我对她和对另外两个孩子一样。"这位模范父亲对

1　D. Henrard, p. 46.

2　D. Durier, p. 288.

3　Y. Aubry, p. 85 – Yves Durand, *op. cit.,* p. 314, 317.

子女和女婿是这样深情，他补充道："我确信我的女婿蒙特雷沃先生人品好。"[1] 这种父亲对子女的柔情与家庭感情在 18 世纪茁壮成长。一幅关于家庭生活的版画展现了家长与孩子之间的情感纽带。18 世纪后半叶，彭斯的一幅铜版画描绘了孩子出生给父母带来的幸福。年轻的父亲站在画面中央，面带笑容，骄傲地将孩子抱给一位年老的妇女。新生的孩子睡在摇篮中，旁边是蹲着的母亲，袒露着乳房，刚刚给孩子喂完奶。另一幅版画《幸福家庭》是德·劳内 1778 年的作品，一位年轻女子正在给孩子喂奶，她的丈夫则站在后面，看起来和她一样幸福，一个老妇人手里拿着一本书，坐在他们旁边。18 世纪的一些版画的名字就突出了母性的情感：《妈妈》《好母亲》《善良的母性》等等。[2] 对孩子的兴趣也在让－保罗·普瓦松的未出版的著作中展现了出来：这个文本讲述了在 1782 年举办的一场家庭庆典，这场庆典在公证员皮埃尔－亨利·保米尔圣维克多路的家中举办，就在毛贝尔广场旁，以纪念他的父母结婚五十周年，他的父亲克劳德·保米尔是讷穆尔的商人、市政官与王家苗圃的经营者，他的母亲是卡特琳娜·加尼埃。这段叙述是他们的一个儿子，夏特莱的检察官路易·保米尔写下的，记录了歌曲、祝词，以及大人们对孩子的动作、玩耍和安全的关注，还原了孩子们的活动。他们的学业备受父母关心，取得的学业成果是值得庆贺的。最后，也提到了对他们健康的关心与母亲哺乳等。[3]

通过公证，我们知道父母对子女的关心表现在很多方面：一位鳏夫或寡妇如果再婚，会注意保障他们已有的孩子的未来。1747 年，一位来自拉穆埃特王家城堡的瑞士人在他亡妻的财产清单中就具体写明了"将用上述的共同财产来养育一位 13 岁左右的男孩"。同样，在帕西的一个酒商的

1　D. Villate, p. 156, 157.

2　A. Mathayomchan, p. 70 et 74.

3　Jean-Paul Poisson, La sociabilité des notaires parisiens à la fin du xvme siècle: l'exemple de maître Paulmier, in *Le Gnomon*, n°45, septembre 1985.

遗孀与丈夫的表兄再婚时，也说在未来，她的 3 个孩子，年龄分别为 13 岁、12 岁和 11 岁，将作为上述财产的第一顺位继承人，"由上述共同财产提供饮食、抚养、教育和抚养"[1]。一位铸造师傅安东·拉宾，在 1747 年去世，他的财产清单中提到了一份日期为 1718 年 10 月的契约，其中强调了他对女儿命运和教育的关心："向科贝尔的圣奥古斯丁修会的修女团体中高尚虔诚的女士们捐赠 575 利弗尔，使他们的女儿玛丽－玛德莱娜·拉宾可以进入学习而免收费用。"[2]父母有时会向即将结婚的子女提供经济援助，以帮助他们更好地开始其职业或婚姻生活。杂货商用其店面为其女儿提供嫁妆，以此给这对未来的夫妇提供经济保障，方便他们直接以未来妻子的父亲的名义从事杂货生意，直到未来丈夫的学徒期满为止。[3]1694 年，一位寡妇在公证人面前签署了一份放弃财产的契约，以补偿女儿提供的食宿。[4]有一位 1744 年去世的金匠商人，他把婚约放在家里，不仅把 15000 利弗尔赠给了他的两个女儿，还把 3000 利弗尔赠给了他的孙女。

儿童对父母的依恋也体现在了文献中。我们在上文看到，在有些情况下，已婚的子女有时为年迈的父母提供食宿。从对已婚或成年子女的住址及其职业的考察中，我们也看到了家庭关系的重要性。我们知道离开父母的子女的居住地址，他们往往与父母住在同一个社区、教区或街道。这样的例子有很多：1739 年去世的马鞍师傅让·夏尔有三个已婚的女儿，她们和他一样，住在圣奥诺雷的法布尔教区，另一个女儿住在圣奥诺雷的圣罗克教区。[5]1768 年，巴黎小有产者商人皮埃尔·布尔多的儿子也在圣日耳曼－奥塞瓦（Saint-Germain-l'Auxerrois）教区的贝尔丹普瓦路（Bertin-

---

1　A.-C. Capitaine, p. 33.
2　D. Villate, p. 156.
3　F. Merel, p. 125.
4　D. Durier, p. 292.
5　D. Villate, p. 156.

Poirée）有自己的住所。1778 年，同一教区另一位商人的遗孀住在圣日耳曼福斯街（rue des Fossés-Saint-Germain），他的两个女儿住得很近，一个住在蒙奈街，另一个住在梅吉塞里街[1]。根据克里斯蒂·勒格朗（Christine Legrand）的计算，61% 的屠夫、面包师、水果商人的子女与他们的父母住在同一个教区。[2] 在平常的家庭环境中，比如受雇挣钱的人的家庭中，父母与孩子在城市空间中的接近也加强了家庭联系。1732 年，皮埃尔·贝维尔、他的女儿和他做椅子的女婿，住在圣玛格丽特教区的郊区安托万街（Faubourg-Saint-Antoine）[3]。当孩子长大后与父母不住在同一条街或同一个教区时，他们一般会在邻近的教区定居，很少搬去塞纳河对岸。遇到这种情况，为了避免长时间的步行，孩子们最好选择住在离父母不远的街区。很少有子女离开右岸的主教镇玛德莱娜（Madeleine-de-La-Ville-l'Evêque）去圣日耳曼德佩区的郊区（Faubourg Saint-Germain-des-Prés）定居。[4]

　　家庭的紧密联结还体现在子女对职业的选择上。据克里斯蒂·勒格朗的统计，70% 的屠夫子女、68% 的面包师子女和 33% 的水果商子女选择了父亲的职业。在面包师的女儿中，有 6 个嫁给了同行业的男人，2 个嫁给了屠夫。在 6 个屠夫女儿中，有 3 个的丈夫是屠夫，1 个选择了面包师[5]。在商人和手工业师傅的圈子里，正如我们所看到的那样，他们成了某种商业贵族，很少有子女在结婚或工作时退出父母所在的行会。我们举一个例子，一个织带匠和一个纺织织带商，他们各有 1 个儿子、3 个女婿和 1 个孙子，无一例外都在从事父辈的行业。真正的行业王朝就这样形成了。我们已经提到了圣奥诺雷街的呢绒商德普拉家（les Desplasses），他们打着

1　Y. Aubry, p. 87.

2　C. Marais, p. 12.

3　C. Legrand, p. 26.

4　Y. Aubry, p. 88.

5　C. Legrand, p. 26.

"金太阳"（Soleil d'Or）的牌子，代代相传。父子或翁婿之间的合同似乎在呢绒商和袜商中很普遍，这确保了这些家庭之间的巨大凝聚力[1]。木匠师傅的家庭还有很多的行内婚姻：米利安·德坎（Myriam Descamps）发现有 3 个家庭各有 3 个孩子，还有一个有 4 个孩子的家庭，所有的孩子无一例外都是木匠，有 8 个家庭，其中一半的孩子从事父亲的行业，有一个家庭的 4 个孩子中有 3 个孩子从事同一行业，有 5 个家庭至少有 1 个孩子从事类似的活动。极少有木匠家庭没有后人从事木工行业。[2]众所周知，音乐家和乐器制造商的行业王朝是以音乐的品位建立的。在酒商、酒店老板、客栈老板或小酒馆老板的家庭中，子女未必忠于父辈的职业。克劳迪娜·科内鲁普（Claudine Corneloup）发现了几个例子：1755 年去世的戈内斯（Gonesse）的旅馆老板安托万－杜波依斯（Antoine Dubois）有 3 个儿子，他们是同一个行会的成员。长子还在戈内斯开酒店，次子在达马丁（Dammartin）开了一家酒店，最小的儿子本杰明先于父亲去世，他在博内伊（Bonneuil）一家小酒馆里工作。尼古拉－巴里尔（Nicolas Barrier）的儿子是安托尼的一个旅馆老板，1784 年在他父亲的旅馆旁边经营一家旅馆。[3]

在不考虑社会因素的行业中，子女不从事父亲的行业相对更频繁。大多数挣钱养家糊口者，比如鞋匠童工、铸造工、小饰品制作者、丝带制作者等，选择从事与其父亲不同的活动的原因或是希望社会地位上升，或者是寻求一种更稳定的职业，这更可能提高他们的生活水平[4]。家仆的子女也是如此。这一选择职业的标准，在很多情况下，和子女和父母之间团结的氛围并无多大关系。

1　V. Aronio de Romblay, p. 13 et 23-24.

2　M. Descamps, p. 14.

3　C. Corneloup, p. 128.

4　G. Rodier, p. 114.

同一家庭的成员之间似乎并不总是心平气和的，我们也有一些材料揭示了父母与子女关系的阴暗面。一位纺织行业的管事师傅取消了他 4 个女儿的继承权，并把遗产给了另外两位女儿和一个外孙。[1] 让·博丹·德·克利南库尔的遗孀，有 5 个在世子女的母亲，于 1704 年去世，她在一份自书遗嘱和手抄件中表达了对她的一个女儿的偏爱，也就是她最喜欢的里蒂埃夫人。她对仆人和朋友们做了特别的遗赠。尽管年老体衰，她还是自愿写下了所有这些安排，上面写了"不想要公平"。她已经预见到了另一个女儿的反对意见，所以在遗嘱的最后还指出："如果我的女儿克利南库尔觉得下面规定的东西让她不悦，她可以以任何价格处置余下的可以自由处置的东西。"这位可怜的女人一死，继承人就来论理了，并带来了公证人[2]……1659 年，一位母亲和她的两个孩子在清点夏特莱（Châtelet）的一名中士的财产清单时发生了冲突，寡妇认为有几件家具，特别是两张桌子和一张高柱床是她的，而孩子们则不承认。[3]

在有些情况下，子女缺乏孝心。一位商人遗孀的儿子，在母亲去世时，已经离开法国十七八年了，还偷了她的家具和文件。[4] 一位收废品人的大女儿在清点父亲的财产时没有出现，而估价人等了她十个小时。还有一个人去世后清点财产的时候，他的儿子和大女儿也不见了，这种情况下就需要律师、高等法院法官、国王顾问、夏特莱的国王检察官在场了。[5]1709 年，在拉图尔城堡的上尉米歇尔·德·兰贝斯（Michel de Lambesse）的财产清单中，他的长女和女婿宣布自己是财产的优先继承人，因为他们从未收到嫁妆[6]。

1　D. Durier, p. 293.

2　M.-J. Curis-Binet, p. 26.

3　D. Henrard, p. 6.

4　D. Durier, p. 292.

5　G. Rodier, p. 116.

6　M.-J. Guris-Binet, p. 25.

在清点财产的时候，子女有时会与岳父母、公婆争吵。一个巴黎有产者的儿子与岳母争吵，岳母拒绝将亡夫的财产与寄宿者的几件物品列上清单。[1]

从上面的例子，我们可以看到，金钱这个永恒的问题似乎总是这些家庭矛盾的根源。

大家庭成员的关系

我们看到，一些家庭中有旁系亲属、表亲与非直系晚辈。正如我们的一些记录所显示的那样，总体上，同一家庭的成员之间是紧密联系的。

1749 年去世的陶器商人夏尔·德·拉罗克（Charles de La Roque）的例子就说明了兄弟之间的团结。我们从他的财产清单中得知，他的哥哥路易·德·拉罗克是圣日耳曼郊区的一个酒商，碰上了一些法律麻烦，他为哥哥交了保释金，让他重获自由。[2] 有时侄子和侄女也会受益于姑姑或叔叔的慷慨。1753 年，旧货商人德尼弗朗索瓦·瑟提埃（Denis-François Settier）在遗嘱中给了他的 4 个侄子和侄女一笔遗赠，每个侄女得到 1000 利弗尔，每个侄子得到 5000 利弗尔。这个无子的将死之人对侄子们的未来很关心，在这份遗嘱立下之后一个半月，也就是他去世前 11 天，他又不太坚定地拿起了笔："我的想法是，在遗嘱里给卢梭孩子们遗赠，为了让他们可以好好找个工作，或者作为他们的生活费，他们写个收据就可以了。"[3]1705 年去世的一位大作家的遗孀，也很关心她的侄女和教女的培养，比如她给了其中一个侄女 30 利弗尔，让她"学一门技艺"。她也没有忘记她去修道院的堂姐妹们，她给她们送去了捐款，让她们要在修道院里为她祈祷。[4]

1　D. Durier, p. 292.

2　Y. Aubry, p. 89.

3　Ibid.

4　M.-J. Curis-Binet, p. 27.

教士照理来说是没有继承人的，他们通常会与他们的家庭和他们出身的群体相隔绝，但他们会有一些喜欢侄子，当作某种精神上的儿子。当他们选择遗嘱执行人的时候，会让这些侄子成为自己工作的接班人。如果这个侄子过早地死去，叔叔就没有人可以施展他的慷慨和爱心了。圣皮埃尔博福（Saint-Pierre-aux-Boeufs）的本堂神甫克劳德·勒卡荣（Claude Le Caron）在他的遗嘱中这样写道："我亲爱的侄子克劳德·蒂雷诺（Claude Thireneau）的去世，使我的家庭发生了巨大的变化。"安德烈·杜卢（André Tullou），圣贝努瓦（Saint-Benoît）的本堂神父，表达了他对侄孙的关怀：在他 1702 年的遗嘱中，他最后的想法是把一部分财产给他的侄女，她的丈夫刚刚离开了人世，她正带着 3 个孩子守寡。在她的丈夫去世前，这位神父已经决定给她一些遗产，此时，他又额外为她提供了 300 利弗尔的年金。他写道："我首先希望将其中的大部分用于我侄婿安德烈·杜卢的长子让·巴蒂斯特·杜卢（Jean-Baptiste Tullou）在巴黎继续学业。"这就是这位神父对教育的重视。托马斯·福尔廷（Thomas Fortin），他是利摩日人，在哈库特学院（collège d'Harcourt）当了 50 年的教授，他把由堂兄弟和侄子组成的福尔廷"家族"带到了首都。他的一个堂兄是同一所大学的第四校董，他的一个侄子是圣日耳曼－欧塞洛瓦小教堂的神父。在托马斯最后一次生病期间，所有家庭成员都住到了学院里，在他去世前的 3 个星期里，他们占据了匆匆收拾出来的房间。[1]

从亲属中选择监护人、代理监护人（subrogés-tuteurs）或财产管理人（curateurs），说明大多数家庭信任他们。如果父母早逝，原则上应该为子女提供一名监护人和一名财产管理人。监护权几乎都给了父母中健在的一方，但在母亲再婚的情况下，监护权往往转给继父。财产管理人必须从父母中去世的一方选择。代理监护人由家属从家庭内部或非常亲密的朋友

1　C. Ménez, p. 9 à 11.

中选出，负责在必要时更换监护人。在饮品商子女的代理监护人中，从家庭成员选出的，占近 41%：其中 36.5% 的人没有详细说明关系；选择叔伯舅父的占 27.5%，选择姐夫妹夫的占 18%，选择堂表兄弟的占 9%，选择祖父外祖父的占 9%。[1] 对于挣钱糊口的人和自由职业者来说，其子女的代理监护人中有 25% 是父亲或母亲家庭中的叔伯舅父。[2] 我们也注意到，总的来说，代理监护人从事的职业会与逝者相近，并且通常住在同一个街区。

但是，这种在死亡或逆境中把成员紧紧联系在一起的家庭精神，并不是所有家庭都有的。一位画家在 1705 年去世时，留下两个儿子，其中一个是神父，还有一个未成年的女儿和他一起生活。他在遗嘱中明确规定，两个兄弟不得向妹妹索取她在母亲去世时得到的那一点财产。毫无疑问，两兄弟与妹妹相处得并不融洽，因为他们的父亲还说："我劝告我的女儿要与她的哥哥们好好生活，需要听取他们的意见。"在另一户人家，巴黎一个资产者的妻子去世后，她子女的监护人是叔叔，当他看到房间里的封条被破坏后，拒绝在财产清单上签字。[3]

主人与仆人的关系

由于仆人进入了这些巴黎家庭的生活，我们会毫不犹豫地在家庭生活这一部分中专门讨论他们与主人的关系。我们将不用很长的篇幅讨论杰奎琳·萨巴蒂埃（Jacqueline Sabattier）优美作品的这个主题，我们将只强调这些关系的一个方面，即逝者与他们的仆人的友谊和信任的纽带，准家庭关系。主人对仆人的感激之情，有时甚至是爱护之情，表现在赠予上，不仅仅是钱财，也有赠予衣物和家什的，以表达对他们的关怀。在审计院工作的一位普通官员夏尔·拜里奥·德·维尔沙万，正如我们前文提到过的，他雇用了 8 个佣人，他通过遗赠昂贵的衣服来表达自己对佣人的感激之情。

1　A. Pakravan, p. 22.

2　G. Rodier, p. 112.

3　M.-J. Curis-Binet, p. 25-26.

这位官员 1744 年的财产清单中写道，他的遗愿得到了家人的尊重："关于所述的维尔沙万领主的旧宫装，他的衣服、夹克和马裤、帽子、假发、长袜、鞋子、晨衣，它们与剃刀一起，根据所述的死者的口头命令，当着贝约夫人的面，亲手交给了他的佣人弗朗索瓦·罗贝尔，也被称作圣让，作为所述的死者对他的奖赏，感谢从他开始服务以来，特别是在他最后一次生病时的熬夜服务和特别服务。"大约在同一时间，另一位地方官皮埃尔·卡蒂纳特对他的佣人也表现得特别慷慨："他跟了我三年，因为他是个聪明的孩子，在我看来他是很有感情的，他跟我在一起，不辞辛劳照顾我这个病人，他是带着感情来照顾我的。我应该给他一笔钱，这是他的聪明与他在 3 年中的正直以及他对我的感情应得的补偿，我给他一笔 150 利弗尔的终身年金，2000 利弗尔会立刻付清。"[1] 在这个例子中，与前面的一样，是疾病使主人与佣人紧密联系起来。

有些主人关心仆人的出路，希望给他们自由，保证他们有一个体面的未来。皮毛商人皮埃尔·戈布莱（Pierre Goblet）于 1705 年去世，他通过遗嘱"除了工资（gages，在此处指仆人的工资）外，一次支付给他的仆人 300 利弗尔的款项，使他与女婿和女儿不再有金钱来往……上述款项不应因他与他们（指女儿女婿们）的诉讼而被扣押，也不用于支付欠款，希望这些钱只为仆人一人所用，如果把钱放在仆人本人手中会有风险的话，就让我的孩子们和女婿们代管，在仆人需要时给他钱。"[2]。为了奖励他的良好和忠诚的服务，酒商安德烈·泰沃的一个佣人男孩在 1765 年主人去世时，从他的遗孀手中接过了 800 利弗尔作为回报，必要时还可以买下无子的雇主去世后的生意……[3] 瓦罗克伯爵在 1764 年写遗嘱时这样评价他的仆人："我从下诺曼底的卡尚教区招来一个叫让·杜雅尔丹的人为我服

1　D. Villate, p. 159-160.
2　M.-J. Curis-Binet, p. 54.
3　C. Corneloup, p. 46.

务已经有三个月了，他尽其所能为我做所有的工作，以最忠诚和细心的态度为我服务……如果在我死后，在他还在为我服务的情况下，将根据他为我服务的年限，将给他终身年金 20 利弗尔。"瓦洛克伯爵 1772 年的清单显示，仆人杜雅尔丹仍受雇于这一家族。[1]

多米尼克·维拉特发现的一份美丽而感人的文件表明，在某些情况下，主仆之间存在着真正的感情。与通常的关系相反，前者有时会从佣人的慷慨中受益。从 1748 年 3 月 7 日巴黎法警兼警察局长约瑟夫·朗尚的妻子玛格丽特·德基勒克去世后的财产清单来看，这对夫妇债台高筑，活着的丈夫濒临破产，因为他的部分财产已被卖掉。但以前家里的仆人已经买回了家具，留给了这位鳏夫。契约中列出了一份家具清单，标题为："让·马里昂留给朗尚先生的家具清单，这些家具是在朗尚先生的妻子玛格丽特·德基勒克小姐去世后购买的部分家具。将在他认为合适的时候或在他首次要求的时候卖给他。"让·马里昂解释说："朗尚先生仍然没有任何家具，甚至连一张床都没有，也是为了感谢朗尚先生和他的妻子在他为他们服务期间对他的恩情，他善意地把所有包括在清单中的家具和家用物品留给朗尚先生，……不需要向他支付任何租金，如果有必要的话，给他必要的折扣，甚至可以完全解除该义务。"

路易－塞巴斯蒂安·梅尔西埃很可能对那个时代充满了留念，在那时，"仆人是家庭的一部分；他们或许不被彬彬有礼地对待，但却更有感情；他们也知道这一点，所以更容易动情和感激"。这个时代在 18 世纪似乎并没有完全消失，主仆之间的关系并不总是像作家们所想的那样没有人情味，上面所举的几个例子就说明了这一点。我们甚至还遇到过这样的案例：一位面包师在妻子去世 4 年后，再娶了自己的女仆，也就是在盘点财产清

1　C. Rideau, p. 61.

单时的女仆。[12] 这个例子，确实发生在 1660 年，但即使在 17 世纪，这无疑也是一个极端的案例，因为人们一般都是根据他们的社会地位结婚的。

公证人保尔米耶家的家庭庆典的记载（尽管是在较晚的 1782 年），将一个包含了佣人的家庭圈子展现在了我们眼前。在这位公证员的父母结婚 50 周年庆典上，正如叙述者所写的那样，"所有的仆人都流下了喜悦和温情的眼泪……"。一位 86 岁高龄的老仆人参加了 50 周年庆典，并讲述了他参加的 1732 年婚礼的轶事。他认为自己是家庭的一员，公证员家里的所有活动他都会去参加。[3]

尽管文献只能给我们关于这些在家庭中生活的人们的十分有限的了解，我们还是试图重寻这些生活在两三个世纪前的巴黎家庭中的男女老少们的记忆。我们尝试着去感知这些家庭中的亲密之网以及他们的团结，是它们将家庭圈中的人们的人生紧紧编织在了一起。在漫长的寒冬中，尽管人们点起了火炉，墙壁挡住了寒风，室内仍然是寒冷与潮湿的，正是这种友谊与信任的氛围主导着家庭生活，家庭的炉火才让身心俱暖。生活也是由恩怨、摩擦和小争吵组成的，公证人以谨慎的方式将其记录下来。这些被估价人清点的房子，初看似乎是物品的储藏室，实际上，它们富有生命，浸润着那些在墙内生活过的人们的存在，他们曾经相爱、受苦，并被死亡带到另一个居住地……直到永远。

1　Louis-Sébastien Mercier, *op. cit.* Introduction et choix de textes par Jeffry Kaplow, p. 163.

2　D. Henrard, p. 30.

3　Jean-Paul Poisson, «La sociabilité des notaires parisiens à la fin du XVIIIe siècle: l'exemple de maître Paulmier», art. cit.

第二部分

巴黎的住宅：从垂直到水平

一座有 31 个房间的城市房屋里住着房主，一位侯爵遗孀及她的 10 个孩子，6 个仆人；在另一座有 11 个房间的房屋里，住着一位高等法院律师，他的兄弟，还有 2 个仆人；一个干草商人与妻子、2 个孩子及一个贴身女仆同住，他们租了一座 4 个房间的套房；一座房屋二层的某个单间被转租给一个单身女人；一个来自法兰西岛骑兵部队的骑兵与另一个骑手同住在王室的拉穆埃特城堡（Château de La Muette）的一个房间里；坎布雷学院（Collège de Cambrai）的校长住在校内一座有 5 个房间的套房；一位巴黎有产者死在一间带家具的房间里。以上这些从我们的大量数据中摘取出来的片段，展现了逝者家庭的居住方式、住宅类型及环境。我们会在接下来的章节中考察这三点，它们能帮助我们靠近 17—18 世纪的巴黎住宅。

第五章 住宅样式

2113 份清单（也就是样本总量的 75%）向我们说明了逝者的住宅状况。我们可以区分出 5 种不同的居住方式：房屋是房主的财产，租房，工作住房，集体住房，在他人家庭或带家具的房间中寄宿（见表 8）。

表 8 住宅状况（2113 位逝者）

类型	数量
拥有房产（Propriété）	296（14.0%）
向房主租房（Location）	1046（49.5%）
租房后出租的主租客（Location principale）	211（10.0%）
向主租客租房的次级租客（Sous-location）	372（17.6%）
工作住房（Logement de fonction）	91（4.3%）
公用住房（Logement communautaire）	56（2.7%）
寄宿（Pension ou logement dans famille）	41（1.9%）

房产

逝者中有 296 人（占总量的 14%）是房主。在 17—18 世纪的巴黎，拥有自己的住房并不寻常。不同于现代法国——每个人，无论是城里人还是乡下人，都希望有自己的家——17—18 世纪的巴黎人并不排斥租房。因此，甚至在首都或其远郊有房产的富裕家庭也通常仅仅是自己主要居所的房客。

这些房主从事何种职业呢？他们中有 243 人的社会地位或职业是明确可知的。我们将之分为 9 类（见表 9）。

表 9　房主（243 人）的社会职业类型

类型	数量
教士（Clergé）	2（0.8%）
贵族（Nobles，法官（magistrats）	28（11.5%）
会计（Comptables），金融家（financiers）	10（4.1%）
法律助理（Auxiliaires de justice），医生（médecins）	33（13.6%）
商人（Marchands），巴黎有产者（bourgeois de Paris）	73（30.0%）
行业师傅（Maîtres de métier）	72（29.6%）
专职人员（Gens de métier）	18（7.4%）
仆人（Domestiques）	2（0.8%）
军人（Militaires），适龄未婚女性（Filles majeures），杂类（divers）	5（2.1%）

租房

人们通常会租房居住，我们样本中住房状况可知的人中，1629 人（占总量的 77%）都租房。房客来自各行各业；有些富人购买或继承了一座或多座房屋，但甚至连他们也很可能不住自己的屋子，而将其出租。例如下述这位皮毛商人：1705 年，他拥有一座带马车入口和两座外围建筑的房屋，他把它租给一位铸币和财政官员（Conseiller Contrôleur des Monnaies），价格是每年 700 利弗尔，而皮毛商人自己住在一座更朴素的宅子里，年租 350 利弗尔。

租客分为三类：最多的一类共有 1046 人（49.5%），他们直接把租金交给房主。还有主租客，他们会租下一整座房屋，然后将其中的居所转租给不同的次级租客。主租客和次级租客共 211 人（10%）。

就像丹尼尔·罗什所说的那样，主租客往往是商人或行业师傅，因为他们要用的店铺可以开在租下的整栋房屋的某些房间中。如果我们相信梅尔西埃的话，那么主租客名声很坏，但其处境也给他们带来了某些不利："一个主租客是一个无情的债主，不管你在哪里，他都会找到你，但他自己受到房主的约束，如果房主欠房屋建造者的钱，建造者就会无力向收税人支付三种廿一税，接下来，收税人会使王室的付款命令如雨点般到来，因为这样做会使他们随后得到三倍的补偿。"[1]"主租客也被房主紧追着，房主要把收税人不可动摇的'二十分之三税'转嫁到他们头上。"

要成为一个主租客，必须要接受过基础教育并有一些会计知识。在几份这类人物的清单中得到认可的租金记录，时间范围长达数年。次级租客通常会占据 1 或 2 个房间，他们是地位低微的不具资质的工匠、适婚单身女性或仆人。

工作住房

样本中 4.3% 的居民由其雇主提供住处。根据玛丽－卡罗琳·库唐（Marie-Caroline Coutand）从清单中整理出来的结果，他们共有 50 人。这些人中更大一部分是住在其主人屋檐下的家仆，共 31 人。这些家仆或许是贴身女仆、马车夫、看门人、厨房工人或是贴身男仆；或许还有学徒期满的手工业者、学徒，以及商店伙计。大部分此类家庭或商店雇员住在空间很小的单间里——一个单独的卧室中很狭小的一部分、破屋（bouge）、隔开的小房间，或者阁楼，这些住处通常没有壁炉。最不幸的人甚至没有自己的一隅之地，他们睡在厨房或阁楼里，或是共享马厩上的房间，马车夫的情况就是如此。但是，仆人的居住条件由他们在家中扮演的角色及其

1　Louis-Sébastien Mercier, *op. cit.*, t. 10 p. 211, chap. DCCCXLVIII: «Payer son terme».

主人的社会地位所决定。

公用住房

另一种居住方式，公用住房，占样本总量的 2.7%，这几乎仅适用于教士的情况，他们或是住在本堂神父住宅，或是住在教士社群、教堂会众、大学中。

本堂神父（curés）及其副本堂神父（vicaires）常常在本堂神父住宅中有着相当宽敞的住所，其他依附于教区的教士有时住在一座共居房中，在那里，他们常常分得一个或两个房间。

年老或体弱的神父被庇护在圣马塞郊区的圣弗朗索瓦－德－撒勒（Saint-François-de-Sales）的教士社群中，这个社群是经由 1700 年 1 月路易十四所颁发的专利证书而建立的。样本中其他收留了神父的社群，包括圣尼古拉－杜－夏尔多内（Saint-Nicolas-du-Chardonnet）和圣马格洛瓦神学院（Séminaire et maison de Saint-Magloire），这是一所奥拉托里会建立的著名神学院；圣奥诺雷路上的基督教教义教父院（Maison des Révérends Pères de la Doctrine Chrétienne）；以及奥拉托里会住宅（Maison de l'Oratoire）。各类大学也提供了许多住所，不仅为显贵、教师和神学院学生，也为外省教士。

寄宿

我们文件中出现的最后一种住房类型涉及家庭中或有家具的房间（garni）中的寄宿者。这种类型很稀少，涉及样本中的 41 位（2%）巴黎人。首都当然有大量旅馆和带家具的房间，但是，这类暂住人口，这些选择短期内住在带家具的房间中的人，几乎不能算作公证人客户的一种典型来源。这些少数在这种住处中被死亡赶上的人们，几乎总是独居的。

至于寄宿在家庭成员处的巴黎人，随着大家庭传统开始衰落，这类人物的数量逐渐变得稀少。他们是与孩子同住的年迈父母，或者与旁系亲属或其他家庭成员同住的单身汉。在少数情况下，家庭纽带的强度能从居住类型中觉察出来。

第六章　巴黎空间中所见的住房外部

一位手艺人或是一个女孩住在巴黎中心的老房子三四楼的小单间里，坐落在圣奥诺雷郊区的庭院与花园之间的路易十四时代建造的宅邸中。在公证员邀请下，我们流连于这座城市，他们向我们展现着它与众不同的一面。道路是最不易被时间所改变的，沿着最古老的道路行走，我们可以依稀看到这些建筑的原貌。当然，外部环境已经发生了很大的变化，建筑本身也经历了不少改造，我们很难重现 17 世纪或 18 世纪的巴黎街道：狭窄、曲折、黑暗、嘈杂、肮脏，这就是那个时代的人眼中的首都街道。[1]直到大革命前夕，路易－塞巴斯蒂安·梅尔西埃也是如此描述市中心的街道的。外国旅行者无不指出，这些街道景观与巴黎的宏伟、美誉和古迹之美形成了鲜明的反差。根据尼古拉·德拉马尔（Nicolas Delamare）的《论治安》，巴黎的街道有 3 种，大的有 14 至 20 米宽，中的有 6 至 10 米，小的不到 6 米。17 世纪末，只有 30 多条街道的宽度超过 5 米，其他的街道都不超过 3 米。因亨利四世被刺杀而被人记住的费伦纳利街（La rue de la Ferronnerie），只有 4 米宽，1671 年才被拓宽。例如，甘坎普瓦街（Quincampoix）的宽度达到了 5.40 米，圣马丁街的宽度为 8.60 米。18 世纪，人们着手拓宽古老的道路，修通宽敞的新路。但直到 1783 年，政府才颁布了有关巴黎街道走向和开辟道路的法规。法律禁止开辟任何小于 30 英尺或 9.75 米宽的道路，次要街道要画定边线，边线之内不得建造建筑物，并首次根据建筑

1　Voir Arlette Farge, *Vivre dans la rue au XVIIIe siècle*, Paris, 1979.

材料和道路宽度规定了房屋的高度。[1] 街道旁边没有人行道，直到 1781 年，最早的人行道才在剧场路（rue de l'Odéon）上建起来。正如一位苏格兰园丁托马斯·布莱基（Thomas Blaikie）在 1775 年访问巴黎时所写的那样，"马车奔流不息，街道又狭窄，特别是在晚上去歌剧院或其他娱乐场所时，倒霉的行人们不得不冒着生命危险过街。你要穿过这些街道，有时要花上一个小时，如果你是步行的话，你得跑得快才不被会撞死，在每一个门前都要躲闪，生怕被马车的车轮碾死，因为马车夫习惯了极快地开车或转弯"[2]。

尽管 1637 年恢复了污泥税，国王也努力清洁和净化城市空间，但街道的污浊和不卫生状况不仅受到行人的谴责，也为启蒙时代的医生和卫生学家所诟病，尤其是在人口密集的街区[3]。

这些街道两旁的房屋的形态极为多样，这取决于它们的建造日期和它们在城市空间中的位置。在 15 世纪上半叶，巴黎房屋的结构还是中世纪的，但经历了 16 世纪后，巴黎的房子大多完全具有了现代的特征：当时所建的建筑在今天仍然为我们所熟悉，而不显得过时。城市建筑的转变始于 1607 年，当时彻底禁止了临街建造木骨架房屋，但直到 1667 年 8 月的法令才真正生效，该法令是在伦敦大火后几个月颁布的：禁止在街道上建造山墙，这意味着屋脊的方向要与街道的轴线平行，以及房屋的高度需要限制在 8 英尺或 15.60 米以下，这些都标志着巴黎建筑的根本变化。"这一年是一个转折点，"皮埃尔－德尼·布德里奥写道，"在 17 世纪末的 30 年间，工家法令、治安条例以及各项法规重新定义了巴黎城市建筑的结

1　*Paris, croissance d'une capitale,* Paris, 1961, Colloques, «Cahiers de Civilisation», p. 118.

2　Thomas Blaikie, *Diary of a Scotch Gardener at tke French Court at the End of the XVIII*[e] *Century,* London, 1931, p. 24

3　Voir Daniel Roche, *Le Peuple de Paris,op. cil.,* p. 103-104.

构与形态，这一直延续到了路易－菲利普时期”。[1]

让我们试着将巴黎空间中不同类型的房屋呈现出来。我们不能仅仅依靠公证档案，我们也会询问同时代的人：在日记中记录了对城市结构印象的外省或外国旅行者，出版了建筑艺术手册的建筑师，以及建筑行会的管事师傅，他们留下了各类关于城市房屋的报告。

追随公证人的脚步

尽管在公证人的陪同下参观房屋内部是一件很有意义的事，但跟着公证人在街上漫步，从一个死者的家走到另一个死者的家的过程却令人失望。死后的清单并未提供完整的建筑物外观信息，公证员和拍卖人只是进屋去对死者的财产进行清查。虽然正如我们所见，清单提到了教区、街道，有时还提到了其他标志性的信息，一般而言，契约可以使我们确定房屋的位置，但它给我们提供的关于住宅外观的信息很少。公证员对外观并不感兴趣，因为他们访问的目的并不在此。清单很少考虑房屋整体，除非涉及私家公馆。由于我们的死者大多居住在出租屋（maisons locatives）内，因此对其住所性质的描述往往比较模糊："依附于房屋的空间""房屋的部分和其他空间""庭院后的空间""某层的套房或房间"等。当死者一家住在独栋房屋中，这些描述会更加精确，在这些情况下，我们得以重建住宅的平面图。帕西的一位居民，是一位木匠和建筑承包商，他于 1765 年去世，死于一栋"位于格兰德街的大房子里，三层楼高，带大阁楼，屋顶是板岩和瓦片的，还有一个两层楼高的亭式阁楼，上面是阁楼，下面是马车门，庭院和花园"[2]。这些公证员在清单中只会关注有多少层楼、几个马车门、

1　P.-D. Boudriot, La maison à loyer, étude du bâtiment à Paris sous Louis XV, in Histoire, Economie et Société, 2e trimestre 1982, p. 227.

2　A.-C. Capitaine, p. 5.

几个庭院、几个花园，这当然是不够的。在房屋年龄方面，他们无意于了解，除非例外，建筑的年代在我们的材料中并不会出现。我们的学生分析了在房屋销售合同出现的数据，我们依此补充了一些信息。

我们如何从各种资料中知道逝者所居住的房屋的面貌呢？在房屋类型上，最古老的一类是由两座主楼组成的，由一条廊道连接。1663 年，在一位画家同时又是王室侍从的遗孀的清单中提到他们的房屋"有一条廊道，可以观赏庭院，连接了上述的房间"[1]。在每一座房屋的描述中，我们都能感受到房屋的复杂、重叠交错与古老。遗憾的是，我们并不知道这些房屋的年龄，只知道这类房屋在 16 世纪之后仍然存在。18 世纪初，巴黎高等法院律师让·勒梅尔在圣洛圣吉尔教区（paroisse Saint-Leu-Saint-Gilles）的新圣马格洛瓦路（rue Neuve-Saint-Magloire）上的房屋中去世，这座建筑保留到了现在，其中有两栋主楼，由一个走廊连接。

另一个古老的特征，让人联想到中世纪的建筑。那就是延伸出的山墙（le pignon en saillie）。1636 年在阿斯克拉侯爵的部队中的小号手米歇尔·德哈耶（Michel Deshayes）的清单中提到了延伸出的山墙；他的住宅包括一个房间和一间在三楼的陋屋，"它形成了房屋的山墙"，它位于圣尼古拉斯·德·尚教区的小库尔瓦利街[2]。17 世纪常见的一类住宅是由两栋独立的建筑组成，中间有一个庭院相隔，这种格局最终取代了廊屋[3]。1669 年去世的锁匠师傅尼古拉·巴比耶 1643 年在圣梅里教区维尼斯街购买的住宅由"两座主楼组成，一座在前，另一座在院子后面"。临街的建筑由底层的一间店面和阁楼组成，下面是一个地窖，院子里的主楼也有一个地窖，一楼有一个房间和一个厨房，二楼有一间卧室和一个小储藏室，三楼有一

1　D. Henrard, p. 24.

2　S. Lacoste, p. 45.

3　Madeleine Jurgens, Pierre Couperie, Le logement à Paris aux XVIe et XVIIe siècles, in *Annales*, 1962, p. 488.

间粉刷过的卧室和一个阁楼[1]。圣苏尔皮斯教区塞普尔克街的一些房屋，建于 1670—1680 年，布局类似，由相似的前后两座主楼构成。[2]

第三类是只有一栋主楼的房屋，一般位于道路与庭院之间。我们知道有具体年代的案例：一个木匠，他是行会的管事师傅，也算是巴黎的资产者，他的遗孀的房子，建于 1621 年至 1630 年之间，在圣救世主（Saint-Sauveur）教区的皇帝死胡同（Cul-de-Sac-de-1'Empereur）里，有"一个地窖，小客厅，两层楼的房间，一个在另一个楼上，还有小房间，上面有一个小阁楼，可以用梯子上去"，另外还有一个花园。

值得我们注意的是，与之前的模式相比，这种房屋是居住观念演进的代表：四层中的每一层都有着完全相似的厨房，这厨房让同一层的所有出租屋构成了一个整体。在我们通过公证材料研究的这些街区中，似乎有一座或两座主楼的不同类型的房屋都混在了一起。只有一座主楼的那种类型在 18 世纪占据了主导地位。正如一项关于从 1700 到 1750 年间巴黎新建建筑的研究中所显示的那样，这项研究根据公证文书中心保管处的预算表与销售合同揭示出，在两座主楼中间有一个庭院的那种房屋仅占当时新建建筑的 21%。[3]

那么，结合公证档案中得到的数据，我们可以得知楼房高度吗？根据一份 1632 年的预算表我们可以得知，厅的高度为 9 英尺，卢浮宫区（le quartier du Louvre）滑轮路（rue des Poulies）的四层楼房层高 8 英尺。考虑到梁柱、砖石和阁楼，这样的建筑高度估计至少有 15 米。[4] 但这些细节，在我们意料之内，并没有出现在清单中。我们也不能从档案中找到当时某

1　G. Neveu, p. 9.

2　V. Estève, p. 23.

3　Anne Lorain, *Les immeubles de rapport à Paris: 1700-1750*, mémoire de maîtrise, Paris IV, 1978 (sous la direction du Pr Thuillier).

4　D. Henrard, p. 24.

个出租房中确切住了多少人。17 世纪时，巴黎人通常住在三层或四层的房屋中，也有住得更高的。圣马丁路上的一栋楼房，我们在前文中提到过，是 1654 年建成的，其中有"五层楼，都有房间，还有阁楼"。在郊区的沿街房屋，比如在圣安东郊区的房屋，旁边都是菜园和果园，住的人也常常是园丁，这些房子就低矮多了，一般是平房。[1] 离得更远的环首都郊区的房屋，因为地广人稀，房子通常也更为舒适，户型较大而且楼层少。1755 年去世的安托万·杜布瓦是贡奈斯的一名旅店老板，他的房子只有两层，但是一楼就有 5 个房间，二楼有 7 个房间。[2] 我们要注意到，在近郊和郊区的居住条件是半乡村化的。这种高度和面积的差异，可以让我们区分市中心的房屋与环绕它的半乡村地区的房屋。此外，巴黎建筑的面积与样式是与地块（parcellaire）紧密相关的。作为城市变迁的根本要素，地块在 18—19 世纪的变化却相对比较小，老城区十分稳定。这一点在安德烈·夏斯特尔（André Chastel）指导的巴黎大堂区（Les Halles）城市建筑研究中得到了证明。[3]

在交通要道上，如圣德尼街、圣奥诺雷街和圣雅克街，地块之间的连结是最紧密的，从长时段来看，也是最稳定的。但是在次要道路上，地块就变化很快了。在 17 世纪，地块平均面积为 79 平方米，而在 18 世纪上半叶，地块面积大幅增长，平均达到 174 平方米。[4] 启蒙时代的推动者们通过将当时尽可能多的小块土地集中在一起，以扩大建筑面积，或者通过在外围收购大块土地，创造出更加宽敞的住宅，每层的房间呈水平分布。从 1700 年至 1750 年之间建造的房屋平面图可以看出，垂直型的房屋被水

1　M.-P. Zuber, p. 51

2　C. Corneloup, p. 28.

3　Françoise Boudon, André Chastel, Hélène Couzy, Françoise Hamon, *Système de Varchilecture urbaine. Le Quartier des Halles à Paris*, Paris, 1977.

4　Anne Lorain, mém. cit., p. 8.

平型的房屋所取代。在中世纪地块上建的两跨度（travées）的建筑，成了五跨度的房屋。外立面的宽度与其高度成反比：外立面越窄，建筑越高。在市中心的商业街上，在中世纪遗留下来的被分割成狭长形状的地块上，房屋向高处建造，人们需要垂直居住。离中心越远，建筑的空间就越大，便于横向扩展，人们可以水平居住。关于逝者居住的房屋的宽度和深度的资料很少。在这些材料中，我们可以知道它们由多少个跨度组成，或者街道上有几间房，以及是否坐落在街角。19 世纪建在塞普尔克大街上的房屋外墙有 2 到 5 扇窗户。正如其描述的那样，一些建筑显得非常拥挤。

房屋的进深与地块的形状就更加无从得知了，从档案中，我们只能知道宽度（largeur）。似乎在大部分情况下，进深补偿了外立面的狭窄。

档案也没有告诉我们建筑的材料。我们知道，在 1700—1750 年，用于建筑的材料一般有三类：木板，自 1667 年的法令以来，为了防止火灾，必须用石膏覆盖；石膏覆盖的瓦砾和石头，这是最常见的，也是最便宜的材料；最后是灰岩与石灰砂浆和沙子，用于贵族建筑和豪宅。

在这些浩如烟海的档案中，关于巴黎人的住房方面，我们只得到了零碎的、不完整的信息。但是，这却让我们想起了传统的巴黎，在 16、17 世纪，它一片片地在零碎的地块上建造起来，从遥远的过去一直到法国大革命，那都是一个保留着古老痕迹的巴黎。城市的近代化是从市郊街区的涌现开始的，从 1720—1730 年的这几年开始，在房地产投机和人口增长的推动下，市郊在 18 世纪的后半叶不断发展。但是，在我们的调查中，这些例子却不多。这也不足为奇，一方面，我们研究的家庭大多住在市中心；另一方面，很多在 18 世纪下半叶去世的巴黎人在同一面墙内生活了几十年，房屋的年龄或许与他们年龄相仿或者更大，一座房子的寿命会超过两个世纪。但是，因为没有空间来建筑新房，在 18 世纪，巴黎市中心几乎没有新建筑。当然，很多房屋年久失修，需要重建。但这一解决方案却常常不被采用，房东为了省钱，总是会翻修加高旧楼，在旧制度末年，当他们不希望房屋贬值或是成为破房子的时候，他们会这么做。那里挤满了劳动者和悲惨的外来者。我们的研究仅仅展现了启蒙时代房屋很有限的一面。

旅行者的印象

17、18 世纪，一些从外省或是外国来首都巴黎的游客在他们的游记中描绘了市区建筑的外观。这些游记并不能给我们提供确切而严谨的数字，但是却让我们看到了"游客"视角下的对巴黎建筑的整体印象。这些观察是主观的，常常在不同文本中重复，并且是片面不准确的，但这些观察并不会因此而没有那么有趣，因为这些观察是生动的，给我们带来了新的、他者的视角，这种视角是这些旅行者对城市建筑的审美带来的。

安托万·德·隆比斯（Antoine de Rombise）是一位文人，出生于海诺特（Hainaut），1634—1635 年他在巴黎度过了冬天，被这座城市及其郊区的人口规模和每栋房屋中居住的人数所震惊。[1] 英国人彼得·海林在 1656 年评论说，巴黎的建筑布置得很优雅、很统一，而且很高，从上到下都是窗户。[2] 另一位英国旅行家理查德·费里埃（Richard Ferrier）少校对房屋的高度感到惊讶，他写道，"这些房屋可以达到七层、八层，甚至九层，而且由于与之同高的建筑很少，所以显得十分不和谐"[3]。热那亚人让－保罗·马拉纳（Jean-Paul Marana），据推测是 1692 年《一个西西里人给他的朋友的信》的作者，他更关注巴黎的每一寸土地，特别是关注巴黎的喧哗与骚动、街上的泥泞，而非城市的宏伟与美丽。在房屋的高度

1　Antoine de Rombise, *Voyage à Paris (1634-1633).* Traduit par Paul Lacombc, Nogent-le-Rotrou, 1887.

2　Peter Heylin, *A survey of the estate of France,* London, 1656, p. 70.

3　Richard Ferrier, *The Journal of major Richard Ferrier, while travelling in France in the year1687,* London, 1894.

上，他坚持认为"这些房子似乎是由哲人而不是建筑师建造的，它们的外表如此粗糙；但它们的内部却装饰得精美"。[1] 一位英国学者马丁·李斯特博士 1698 年在巴黎住了 6 个月，与马拉纳不同的是，他对这座城市赞不绝口，他认为这座城市是欧洲最美丽、最伟大的城市之一，他形容这些房子"完全是用规整的石头建造的，或者是涂了一层石膏"。他写道："从本世纪初开始，有些房子是用砖或石料建造的，如在王家广场、太子广场（la place Dauphine）等，有些房子是用石膏建造的。但如今人们已经放弃了使用这种材料，少数地方的砖块被刷上了石灰，在圣日耳曼德佩修道院的一部分可以看到。到处都是高大雄伟的房屋。凡是显贵人家，都有马车门，也就是说，宽敞的门让马车可以通过，院子里有车棚。"[2]

18 世纪，旅行者为巴黎做了更多、更丰富的见证。当时，环游欧洲，或者说"壮游"蔚然成风，富裕的英国人和德意志人常常造访巴黎。一位法国军人，在 1719 年 10 月 1 日来到了首都巴黎，那时的巴黎正在经历劳（Law）[3] 的股票商业投机，各地的人们因此纷至沓来，发现巴黎是一个"从未有过的最美丽、最宏伟的城市"；他还写道，"除去泥泞和种种不便，巴黎真是最令人愉悦的住处了"。引起他注意的还有房屋的高度："一般都有四五层，有的甚至有六七层，那里什么都有，人潮涌动。"他还明确指出，"30 个人住在同一栋房子里，彼此互不认识"。[4]1732 年 8 月，在勃兰登堡选帝侯腓特烈一世宫廷中长大的德国人查尔斯·路易·德·波尔尼茨男爵在访问巴黎时指出，旅馆很少，房屋紧凑，很少有院子。他还看

1　Jean-Paul Marana, *op. cit.,*et Y. Bellenger, La description de Paris dans la lettre d'un Sicilien datée de 1692, in *La découverte de la France au XVIIe siècle,* 9e Colloque de Marseille, 25-28 janvier 1979.

2　Martin Lister, *op. cit.,* p. 23.

3　此处指约翰·劳，时任财政大臣，当时发行纸币，导致了法国通货膨胀。——译者注

4　Mémoires d'un soldat de l'Ancien Régime, in *Souvenirs et mémoires*, 1901, p. 365.

到"一栋房子里有五六户人家，而在伦敦，两户人家在一栋房子里的都很少看到"。[1]，德国雕刻家让·乔治·维勒（Jean-Georges Wille）来自柯尼斯堡，他在他的回忆录中向我们展现了他于 1736 年 7 月到达巴黎时的第一印象："我只看到了茅草屋和棚屋，排列混乱，这让我感到非常惊讶，这一面与我对巴黎的壮丽印象不符。然而，随着我的不断前行，我发现不仅有好房子，而且有漂亮的房子，尤其是靠近围墙的地方……"[2]

1765 年，英国旅行家威廉·科尔毫不吝啬地批评巴黎的建筑，他认为巴黎的建筑"非常平庸和卑劣，都是用石头砌成的，而且大部分都很高。很多低层都是普通的仓库和商铺，用劣质玻璃制成的窗户既不对称，比例也不和谐。当然这不包括那些空间宽敞的贵族公馆"。[3]另一位英国人托马斯·斯莫利特（Thomas Smollett）在大约同一时期的旅行报告中说："尽管法国人性格开朗，但房屋都很昏暗……而且巴黎的街道非常狭窄，房屋很高，每层楼都住着不同的家庭。"[4]1775 年在法国旅行的伦敦酿酒商和议员的妻子斯瑞尔夫人，在日记中也认为巴黎的房屋很高大，她写道："房屋高大到能产生回声，每一个声音都能回声，噪声令人烦躁不安。"她和她的同伴们一起住在雅各布街一栋"不仅体面，而且优雅"的房子里，她从窗口看到的是"不断的争吵、翻车、混乱"。[5]同年，英国著名陶瓷公司约西亚·韦德格伍德的股东托马斯·本特利到巴黎出差，扩展陶器出口，同时也从事商业间谍活动；他观察到了改变城市面貌的建筑热："虽然卢浮宫和城内大部分最大最宏伟的古迹都被忽视，沦为废墟，

1　Albert Savine, *Un séjour en France sous Louis XV, Lettres du baron de Pöllnitz*, Paris, 1909, p. 82.

2　Jean-Georges Wille, *Mémoires et Journal,* Paris, 1857, 2 vol., t. i, p. 58.

3　William Cole, *op. cit.,* p. 45-46.

4　Thomas Smollett, *Travels through France,* London, 1766, p. 88-90.

5　Mary Hyde, *The Thrales of Streatham Park. Journal of an eighteenth century family,* London, 1977.

虽然街道整体上看起来非常陈旧破败，但是，与此同时，人们却看到，到处都有正在建设中的宏伟建筑，仿佛一座新城市叠加在旧城之上。"[1] 新区和老区的对比也让一位英国旅行者震惊："尽管每天都有新的建筑拔地而起，首都向帕西和奥特伊延伸，街道还是狭窄而昏暗。正因为如此，也因为房屋的高度达到了六层、七层，甚至八层，尽管日照时间很长，但这些街道仍然脏得很。如果不按照警方的规定每天清扫，绝对无法通行。空气的自由流通被房屋阻断，空气污浊，时刻散发着恶臭，到处都是腐烂的脏东西，每个区都是如此。"他还补充道："在广场和新的街道，如国王街（La rue Royale），房子外观一致，都很漂亮。但在城市的其他地方，一种诡异的不平衡让观察者感到震惊。在一个贵族的公馆附近，补鞋匠摆着他那可怜的摊子，买蜡烛的人、染匠、一个屠夫的肮脏店铺就在太子府邸旁边。有身份地位的人的公馆所在的街道也并不是光鲜亮丽的。沉重的马车大门……通向一个环绕着三层楼房的幽暗庭院。"[2] 德国旅行家沃尔克曼也指出当时巴黎建筑在美学上的不平衡，他说，一座美丽的建筑时而出现在"数量多并且寒酸"的房屋的包围中。这些房子有五到六层，相比之下，郊区的房子只有一两层。狭窄蜿蜒的街道中间有一条水沟，很是昏暗，空气不流通，阳光很少，衣服晒在两栋楼中间。然而，作者承认，圣日耳曼郊区有更宽阔的街道和漂亮的带花园的宅邸，他很关注1750年以来城市的美化，当时扩大了林荫道，整修了路易十五广场，建造了新的房屋，拆除了建在桥上的房屋，等等[3]。大革命前夕，还有一个英国人，英国女王的顾问哈里·佩克汉姆，他形容街道"狭窄得不相称"，整体上，巴黎街

1　Thomas Bentley, *Journal of a visit to Paris,* 1776, University of Sussex Library, 1977.

2　«Sketch of a Trip to Paris in 1788», art. cit. in *The Gentleman's guide in his Tour through France,* 1797, p. 725.

3　J. J. Volkmann, *Nevesle Reisen durch Frank-reich, vorzüglich in Absicht auf die Naturgeschichte, Oekonomie, Manufakturen und Werke der kunst,ans den besten Nachrichten, und neven Schriften zu sammengelragen,* Leipzig, 1787-1788, 3 vol., t. 1, P. 153.

道的宽度还不如伦敦斯特兰德较窄的街道，房屋有六七层楼高，住着许多不同的家庭。他还说，不过，巴黎还有许多未建的空间，因为贵族的宅邸前面都有庭院，四周有高墙，而且大多有宽敞的花园[1]。最后，著名的俄国历史学家尼古拉·卡拉姆津在 1790 年 3 月到达巴黎，他描绘了当时的情形："不久，我们就进入了圣马丁郊区，但我们看到了什么呢？狭窄、肮脏、泥泞的街道，肮脏的房屋和衣衫破烂的人。但当我们来到塞纳河边时，景色完全变了。在那里，我们看到了宏伟的建筑，六层楼的房子，店里商品琳琅满目。"[2]

尽管这些游记的作者的国籍、文化和品位各不相同，但是我们可以找到这些观察中的很多共同点，它们构成了连贯的整体。通过这一系列的记述，同时考虑到文本的夸张，例如每栋房子的层数或居民人数，我们可以勾勒出巴黎的鸟瞰图：在市中心，黑暗而狭窄的街道两旁是高低不等的房屋，整体上给人一种高低不平、垂直的感觉，每栋房子大约住着二十多人；在圣马丁、圣安托万等郊区，则是低矮、破旧的半农村房屋。这是一座充满了对比的城市，出租房平实、狭窄的立面与贵族公馆的马车大门之间，高楼间的天井与宽敞的花园之间，18 世纪建筑热中的市中心与巴黎西部的新区之间都有着强烈的对比。

巴黎的这些特点，在旅行者的观察中比公证人更为明了，在路易—塞巴斯蒂安·梅尔西埃在大革命前夕的描述中可以找到，"房屋的高度"甚至是《巴黎图景》（*Tableau de Paris*）中一章的标题："我们看到，巴黎的房屋高度过高，必须加以限制，因为有些人居然把一栋房子盖在另一栋房子之上。高度应该限制在 70 英尺，不包括屋顶。某些街区不幸的市民

1　Harry Peckham, *A tour through Holland, Dutch Brabant, the Austrian Netherlands, and part of France...*, London, 1788, p. 152.

2　Karamzine, *Voyage en France, 1789-1790,* Paris, 1885, p. 76.

既没有空气也没有阳光……这一魔幻般的高度勒住了我们街道的咽喉。"[1]
在《巴黎和伦敦的对比》中，他还写道："巴黎的房子很高，许多是木结构的，还有一些是用石头砌成的。这简直是把居民与他们的怒火堆积起来，从地窖到屋顶，聚集了污浊的空气，在肮脏的街道上，要是没有瘟疫，才是匪夷所思的……"[2] 尽管路易－塞巴斯蒂安·梅尔西埃在这两部作品中努力用尖酸的笔触描述巴黎的老街区，但他对巴黎在旧制度末年的城市规划进步表示钦佩。"在四分之一世纪的时间里，城市的面貌有所改观，事情在变好：这是未来的好征兆，"[3] 他还说，"巨大的建筑拔地而起，像是用魔法建起的一样，新街区的建筑尽是华丽的府邸。人们疯狂地造楼，让宏伟壮观的气质成了这座城市的印记。"[4] 作者也经历了巴黎的变革："一五二零教堂（église des Quinze-Vingts）不在了，成了一片废墟。[5] 圣安托万门（porte Saint-Antoine）也不在了，无用而且妨碍交通；它被推倒了，如同圣奥诺雷门，会晤门（La porte de la Conférence）[6]。小夏特莱也不在了，它曾经为巴黎主宫医院挡风，也十分令人不悦地挡住了圣雅克路。塞纳河不再隐藏在丑陋的房屋中了，这些房屋曾经建在桥上；就在我动笔的这一刻，这些房屋已经倒下，或者正在倒下……城市在 25 年来发生了翻天覆地的变化。"[7]

1　Louis-Sebastien Mercier, *Tableau de Paris, op. cit.* t. XI, p. 3.

2　Louis-Sébastien Mercier, *Parallèle de Paris et de Londres*, Introd. et notes par Claude Bruncteau et Bernard Cottret..., Paris, 1982.

3　Louis-Sébastien Mercier, *Tableau de Paris*, t. IV, chap. CCCXLIII: «Places publiques», p. 136.

4　*Ibid.,* t. I, chap. LXXXVIII: «On bâtit de tous côtés», p. 277.

5　在法国大革命中，该教堂于 1790 年关停，1798 年作为国家财产被出售，之后教堂被毁。——译者注

6　1593 年巴黎围城期间，归附胡格诺派的亨利四世从这里派出谈判代表，在会晤之后，亨利四世放弃新教改信天主教，并称巴黎值得一场弥撒，会晤门得名于此。在 18 世纪 30 年代，因其导致拥堵而被拆除。——译者注

7　*Ibid.,* t. XI: «Il fait bon crier un peu».

　　这是两座城市在同一片土地上的共存，一座是在中心的古老的旧城，一座是环绕它的新城，在很多旅行者的笔下，与在路易－塞巴斯蒂安·梅尔西埃笔下一样，这就是 18 世纪 80 年代巴黎的面貌。

第七章 住宅的状况

跟随着公证人的脚步，我们可以跨过这些房屋的门槛，看一看居民们生活过的实际空间。使用清单提供的信息，我们可以跟随公证人经过这些房屋，从一个房间到下一个房间，从一层到另一层，了解每个房间的功能。最终，我们会寻找居住者在其居住过的空间里留下的痕迹，并试图弄清楚他们对自己的家的依赖程度。

住宅的构成

要获取这一时期巴黎家庭中的房间数量，清单是最宝贵的来源，它们提供了我们数据中 80% 的住处的内部构成信息。我们的计算涉及一座房屋中的 3 个主要房间（pièces principales）：私人房间（chambre），即卧室（chambre à coucher）或商店间（chambre-boutique）；大厅（salle）及其变种——餐厅（salle à manger），客厅（salle de compagnie）或沙龙（salon）；还有厨房（cuisine），或是作厨房用的私人房间。但是，需要注意的是，带有一个主要房间和一个附属房间（pièce annexe）的屋子也被视为两个房间的住处。这样的附属房间或许是一个破屋（bouge）、藏衣间（garde-robe）、小房间（cabinet），或者一个隔板间（retranchement），或是一个较远的房间，例如一个商店（boutique）、一个地下室（cave）、粮仓（grenier）或是工具棚（remise）。我们把这些住处归类为单间、两室或三室居所，四至七室的住宅，还有超过 7 个房间的屋子。

　　单间指的是一块四面墙之内的区域，不带有任何附属房间（即使是非常小的也没有）。这样的屋子有 698 间，其中居住着我们 31% 的样本家庭。（见表 10）这类房间大多被估价人称为"私人房间"。我们的文件也记录了一些商店间。1751 年，一个果商兼啤酒商与其妻女一同居住在圣奥诺雷郊区的某个屋子里，这个屋子不属于上述三种类型中的任何一种，仅由"商店及其附属区域"构成。一个"小小的隔板间"位于商店后方，这是这个家庭隐私的唯一庇护所。[1] 这些房间虽然狭窄，但是发挥着卧室、厨房、餐厅等多种功能，在某些情况下，甚至是工作场所。这样的住处的数量自 17 世纪直至 18 世纪下半叶，基本上都没有发生变化；此后，它们的数量不断增长，占据了我们样本中 1750 年后被清单记录的 500 个住处的 33%。

表 10　住宅（2268 处）中的房间数量

类型	数量
单间	698（31%）
2～3室住宅	960（42%）
4～7室住宅	446（20%）
7室以上住宅	164（7%）

　　我们对这些单间的大小有何了解呢？估价人有时候会表明它们是小型、中型还是大型，但从未指明其表面积。我们能从清单中获得的唯一可能有用的细节是以古尺（aunes，1 古尺约 1.17 米）为单位计算的"覆盖整个房间"或是"挂在房间里"的绒绣（tapisserie）。依据这些数字，我们只能获得关于这些房间尺寸的大致概念，因为没有关于门、窗户或壁炉宽度的信息。在最小房间里，绒绣覆盖的周长从 4 到 8 古尺不等，或 5 至

1　Y. Aubry, p. 44.

9.5 米。估价人记录的最长周长大约 15 古尺，或差不多 18 米，平均来说，绒绣覆盖的周长在 10 到 15 米之间。

这些单间通常位于一楼之上，虽然不一定是在最高层。基于 300 份清单的样本，我们了解了如下分布状况：28% 的住处在三楼，23.5% 在二楼，21.5% 在四楼，15% 在五楼，8.5% 在底楼，还有 3.5% 在六楼。第一眼看去，位于二楼（被视为最高贵的位置）的单间住宅相对较高的比重可能会令人惊讶。但是，对此有两种解释：一方面，住在这些房间里的并非全是更为贫穷阶层的成员（他们往往住在屋檐底下），另一方面，许多仆人得到了这里的房间，以便他们距离二楼或三楼的主人更近些。除非是看门人、园丁或洗衣女工，这些住单间的人很少住在底楼，商店的租客往往会安家在此。

谁住在这些狭窄的区域？ 17 世纪，这里的社会阶层分布相当广泛，但到了大革命前夕，这里的居民收缩到了工作阶层。1640 年前后住在圣尼古拉德尚教区的单间里的除了大量小店主和手工业者之外，还有神父、音乐家，一个外科师傅，以及一位王家供货商的遗孀。[1]

18 世纪 50 年代，居住条件很差的个人仍然包括从事食品贸易的小店主、糕点师傅、烘焙师、屠夫、水果商人，还有烤肉小摊贩。但酒商或饮料商的住所少有不宽敞的。与此相反，正如我们所见，有些巴黎有产者没有多少资源，他们会多人挤在单间里。至于家仆，无论他们是否与主人同住，大多数住在单间里。出师的学徒工、专职人员和没有合法资格的商人也是如此。在 1721—1761 年其家中状况被清单记录的 62 个散工与擦地板者中，44 位（70%）住在单间里。

我们自然会倾向于认为，住在单间必然是贫穷的标志，真是这样吗？为了弄清这一点，我们核实了被研究的时期中 300 位这类贫寒居所的居民

---

[1]　M. Landrier, p. 53.

的清单中的资产价值。在这类住处寒酸的人们中，84.5% 的资产价值低于 1000 利弗尔，65.5% 的资产价值低于 500 利弗尔；在后者中，有 18% 极度贫困，死时（无论死于路易十三时代，还是 1750 年后）留下的居所价值低于 100 利弗尔。这类单间住户中只有 15.5% 拥有超过 1000 利弗尔的资产。很有趣因而值得注意的是，最富裕的这部分单间住户，无论在 17 世纪初，还是 150 年后，都是独居者——未婚女性、寡妇，或者神父——偶尔也有夫妻。因此，似乎只有一小部分巴黎人可以声称，住在单间并不意味着他们生活痛苦。似乎可以假定，居所贫寒的人群中的大部分，尤其是一家人同居单间的人们，只是无力租赁更宽敞的住处。实际上，18 世纪期间，为了以最低价格获得遮在头顶的一片屋檐，他们要经历的困难一定是越来越多了，因为租金在不断上涨。于是，住房情况通常与财富密切相关：房间的数量与清单中的财物价值等比例增长。

正如我们的研究所揭示的那样，挤在狭窄空间中的人似乎并不多。在我们的数据中，单间住户往往是单身汉、寡妇或鳏夫，以及没有孩子的夫妻。但是，我们也发现了几个住在四墙之内单间中的有孩子的家庭。1662 年，一个厨子、他的妻子和他们的 4 个女儿（年龄分别是 7 岁半、6 岁、5 岁和 3 岁半），住在马莱区的当古莫伊路（rue d'Angoumois）一所房子的一个单间里。[1]1680 年，一个建筑师傅的家庭（包括父母和 4 个小孩），只有位于泊松尼耶路（rue des Poissonnières）上的一个房间可住，这房间里有一块 14 或 15 米长、3 米高的绒绣。[2]1709 年，一个制柜师傅，及其妻子和他们的两个孩子（年龄都在 4 岁以下）的居所只能是圣雅克－德拉布舍里教区十字街上一所房屋中的一个单间。[3]两个 6 人家庭，其中一个的家长是一个烟草商人，另一个则是马车夫，分别在 1740 年和 1742 年被

1　D. Henrard, p. 44.

2　G. Neveu, p. 31.

3　M.-J. Curis-Binet, p. 31.

记录下来，双方的居住条件近似，前者住在圣日耳曼－欧塞洛瓦的圣尼凯斯路（rue Saint-Nicaise）上，后者住在同一教区的圣路易路上。[1]最后，还有一个 1772 年的建筑工人的例子，他与妻子和 7 个孩子同居于圣保罗教区榆树码头（Quai des Ormes）的一个单间里。但是，那难道不是那一时期公证人的客户们中的一个少见的孤例吗？ 1770—1774 年间得到记录的圣保罗教区的其他 25 个单间居所中的每一间最多居住着 3 个人。18 世纪下半叶，拥挤在这些被公证人造访的贫寒家庭（像梅尔西埃描写的那样："整个家庭住在一个单间里。"）中似乎没有那么糟糕了。到 1750 年，这类居所的平均居住率在 2 ～ 3 人 / 间，这个居住率在 18 世纪末之前的这段时间里甚至还在下降，尤其是在最繁荣的街区：1740—1770 年间，帕西和奥特伊尔的居住率是 2.7 人 / 间，1761—1770 年间，圣埃蒂安迪蒙教区是 2.3 人 / 间，18 世纪后半叶，圣奥诺雷教区是 2.18 人 / 间，1770—1774 年间，圣保罗教区是 1.9 人 / 间，1768—1790 年间，圣日耳曼－欧塞洛瓦只有 1.5 人 / 间。当然，这些平均数是有偏颇的，实际数字一定更高些：最贫穷的家庭和数不胜数的居住条件很差的人们，生活在市中心的破烂建筑或是圣安托万和圣马塞郊区的贫寒住宅之中，他们几乎没有被我们的研究考虑到。另一方面，我们的单间居民样本规模因那些社会出身各不相同的人们而膨胀，这些人与家人一同寄宿，或是住在带家具的旅馆中，或是由雇主提供住处。而且我们本来还应该算上群体共居的牧师们。

我们住房样本中的大多数是两个或三个房间的住宅。我们也把有一个半房间（即带有附加空间的单间）的家庭算入其中：这类住宅共计 960 套，占样本总量的 42%。这类住宅中最优质的那些包括一个私人房间、一个大厅和一个厨房，而且一定还带有一两个附加区域，例如，破屋、藏衣间、小房间或隔板间，或者带有外设的附加区域，例如商店、地下室、粮仓或

1　G. Crorabez, p. 35.

是工具棚（remise）。这类住宅比单间要更高一筹。但是，有一个半或两个房间的住宅仍然是非常拥挤的，就像一些例子展现出来的那样：1675 年，一个建筑师傅、他的妻子，还有他们的 5 个孩子（年龄从 5 岁到 11 岁半）住在一个"带有一间附带的小屋的单间"里，这屋子位于圣尼古拉－杜－夏尔多内教区德拉路（rue d'Arras）上一所房子的二楼。[1] 某个马鞍商人家中有父母与 3 个小孩，1706 年，他们住在一个有两个房间与一间商店的屋子里。[2] 差不多在同一时期，一个十字褡刺绣者及其妻子与他们的 8 个孩子（年龄从 7 个月到 21 岁不等），挤在圣德尼路上一所房屋六层的两个房间与一间阁楼里。[3] 一个来自圣安托万郊区、死于 1760 年的园艺师傅与妻子和 3 个孩子共同居住在两个房间里。[4] 一个印刷商家庭的情况也是如此，1768 年，他们一家 5 口人住在圣埃蒂安迪蒙教区的七路街（rue des Sept-Voies）上的两个房间里。[5]

这类有两个或三个房间的居所的居住密度彼此差异巨大。某些有 5 个或以上成员的贫寒家庭住得极为拥挤，而商业世界的夫妻、单身人士、小店主，或者法院书记，则住得更为舒适。一位鳏夫的情况就是如此，他是巴黎高等法院检察官，1682 年独自居住在有两个房间和一个办公室的居所里。[6] 其他例子还有，一位酒商及其妻子，1708 年租住在有 3 个房间和一个地下室的房屋里；[7]1760 年，一个缝纫用品商有 3 个可居住的房间。[8] 此外，有 2 个或 3 个房间的住宅里还住着有仆人或没有仆人的单身女性。到 18 世纪中叶，在帕西和奥特伊尔，这类住宅的平均居住率是 3.8 人／间，

1　G. Neveu, p. 29.

2　M.-J. Curis-Binet, p. 32.

3　D. Durier, p. 90.

4　M.-P. Zuber, p. 58.

5　I. Landrivon, p. 37.

6　F. Roussel, p. 44.

7　M.-J. Curis-Binet, annexes.

8　M.-P. Zuber, p. 58

1750 年后，圣奥诺雷郊区是 2.5 人 / 间，18 世纪 70 年代，圣保罗教区是 3.3 人 / 间，同一时期，圣日耳曼－欧塞洛瓦和圣埃蒂安迪蒙教区是 2.7 人 / 间。

我们的样本中，共有 446 处住房内有 4 ～ 7 个主要房间，占总量的 20%。它们是一到两层的独立小型住宅，或者，更为常见的是，占据了住宅或套房的一部分。很有趣因而值得注意的是，随着房间数量的增长，各种各样的附属房间和外围房间也会增多，它们极大地扩充了居住面积。居住在这种住宅是富裕阶层的一项特权，包括官员、会计、律师商人、城市商业或手工业师傅，还有其他类似的人。据清单可知，所有这些人死后留下的财产通常都被估价在几千利弗尔。这些住宅里或许住着大家庭，也可能住着夫妻或单身人士。估价人常常提到家中有一两个家仆。1706 年，一个家具制造师傅偕妻子与 4 个未成年孩子住在一所两层住宅里，这住宅位于圣埃蒂安迪蒙教区的圣让德博韦路（rue Saint-Jean-de-Beauvais）上，包括 4 个房间，1 间厨房，1 个小房间，还有 1 个地下室和 1 间粮仓。[1] 差不多在同一时期，一个法庭秘书（greffier）兼城市保卫队官员（contrôleur du guet）与妻子和他们的 8 个小孩子住在一间 4 个房间的套房里，它位于圣洛朗教区的波旁路（rue de Bourbon）上一所房屋的三楼。[2] 这种情况下，空间短缺的情况非常显著，但是正如我们所见，在 17—18 世纪的巴黎，有这么多孩子的家庭其实很少见。

1750 年，一个来自国王住宅的雕刻师，其妻子和他们的 6 个孩子住在 7 个房间里，他们的住宅位于穆夫泰尔路（rue Mouffetard）上，还带有作坊和货棚。1772 年，一个成员 9 人（包括 2 个商店帮工）的缝纫用品商家庭住在 5 个主要房间、1 个极小的小房间、2 间阁楼、1 间商店和 1 间地下室里。但这些宽敞的区域却往往少人居住：18 世纪早期，一个骑士

---

1 M.-J. Curis-Binet, p. 34

2 D. Durier, p. 90.

扈从的遗孀与她的女仆共同居住在一所有 4 个房间的套房里，它位于圣德尼路上一所房屋的三楼。一个鳏夫［他是一个测量员管事师傅（veuf juré aulneur de toile）］与男仆共同居住在圣奥诺雷路上一所有 5 个房间和一间地下室的住宅里。[1]1740 年，一位高等法院民事登记处（Greffe Civil）的文书及其妻子、一个孩子和一个仆人住在福熙－圣日耳曼路（rue des Fossés-Saint-Germain）上的六室住宅里。与两个仆人一同居住的拉法雷元帅（Maréchal de La Fare）的住宅，也是 6 个房间。[2] 在圣保罗、圣日耳曼－欧塞洛瓦和圣玛德琳教区，这类住宅的居住率在 18 世纪下半叶相当低，大概在 3 ～ 3.5 人／间。

房间数在 7 间以上的住宅在我们的样本中占比极低，大概只涉及 164 位逝者（7%）。这些住宅可能是住宅、整栋建筑、整座居所、宅邸的一部分。它们只属于巴黎社会最高阶层的特权家庭，例如旧贵族，法官，政府官员，金融家，律师或是富商。清单所显示的这些人的财产（有时候只占他们所有财产的一部分）的价值，通常会超过 5000 利弗尔，在某些情况下可以达到非常可观的数量。对这类富裕家庭而言，享受着如此宽敞的居所（作为其主人，或是仅仅是房客），仅仅反映了他们高标准居住水平的一方面。其他表现其财富的标志有：拥有大量仆人，维护马厩，拥有艺术品或装饰物品，或是追求消遣或乐趣。

大量住宅中，最为优越的是几乎只为贵族、法官或金融家的家庭准备的居所（logements）和宅邸（hôtels particuliers）。通过大量相关研究，我们可以很好地了解这种高深精妙的、贵族化的环境，[3]而这并非我们研究的主要关注点。偶尔进入我们数据样本中的宅邸出现在关于某个公证公

---

1 D. Durier, p. 90.

2 G. Crombez, p. 88-89.

3 Citons, entre autres: Jean-Pierre Babelon, *op. cit.*; Michel Gallet, Demeures parisiennes, *L'époque de Louis XVI*, Paris, 1964.

司或是教区的细致记录中。这些领主住宅，尤其是属于公爵及其贵族同辈的那些，当然是面积巨大的，例如：圣保罗教区的樱桃园路（rue de la Cerisaie）上的克鲁基宅邸（Hôtel de Créqui）有 49 个房间，1638 年，雷迪吉耶雷公爵（Duc de Lesdiguieres）曾居于此。1665 年，旺多姆公爵（duc de Vendôme）在新圣奥诺雷路（rue Neuve-Saint-Honoré）上的住宅有 55 个房间。1688 年，乔尔梅路（rue de Chaulme）上的吉斯宅邸（Hôtel de Guise）有 51 个房间。[1]

18 世纪 20—30 年代开始出现于圣奥诺雷郊区的宅邸也是一样令人印象深刻，在尺寸和华丽程度上都是如此。1723—1724 年间，为孔达德元帅（Maréchal de Contades）建造的一座宅邸的表面积大约有 4000 平方米，带有庭院和花园，位于安茹路（rue d'Anjou）上。街对面正对着它的，是1726 年完工的为安托万·马津［Antoine Mazin，王家骑士，获得过"圣路易军人"荣誉（Militaire de Saint Louis），兼国王工程师与陛下建筑规划的总指导］建造的宅邸。这一建筑临街的正面非常大，有 22 扇窗户，不包括 6 扇地下室的窗户。底楼有 6 个门式窗，两侧各有两扇供车辆进出的门；二楼有 8 扇凸窗，屋顶还有 8 扇天窗。[2]

18 世纪期间，包税人们（fermiers généraux）在西部新街区（即圣奥诺雷郊区，林荫大道或蒙马特区附近的区域）所建造的城镇住宅的规模与华丽程度也同样广为人知。[3]

一个仆人至少与主人一样多的大家庭，通常会居住在这样的宅邸里。在圣让恩格瑞夫教区的双港路（rue des Deux-Ports）就有一个这样的 13 人

1　Jean-Pierre Labatut, *Les ducs et pairs de France au XVIIe siècle*, Paris, 1972, p. 302.

2　R. Chameau, *Contribution à l'enquête sur l'habitat parisien aux XVIIe et XVIIIe siècles, la rue d'Anjou-Saint-Honoré au XVIIIe siècle*, mémoire de maîtrise, Paris IV, 1985, p. 47 et Annexe VI, p. 69: planche portant les élévations des façades de l'hôtel Mazin sur la rue d'Anjou et sur la cour, provenant des an, Minutier central: CXVIII, 350 (devis et marché du 1er juin 1726).

3　Yves Durand, op. cit., p. 473

大家庭，其中 8 人是仆人。这就是雅克－奥诺雷·巴伦丁（Jacques-Honoré Barentin）一家。此人是国王议会顾问（conseiller du roi en son conseil），兼常任政令主管（Maître des Requêtes Ordinaires），以及大议会（grand Conseil）主席，他死于 1665 年。不算 5 个附属房间和 7 个外围房间，这座房子共有 14 个房间。让·杜·提耶（Jean du Tillet，死于 1668 年，国王议会和高等法院大法庭顾问）的城市住房位于圣保罗教区的新卡特琳娜路（rue Neuve-Saint-Catherine）上，其中有 14 个卧室、3 个大厅、1 间厨房、3 个小房间、1 个藏衣间、1 个家具储存间、1 个餐厅、2 个药房、1 个阁楼、4 间地下室和 1 个马厩。这座房子里似乎至少住有 20 人，包括 7 位主人。[1]1739 年德波纳克侯爵（Marquis de Bonnac）遗孀马德莱娜·贡陶·德比隆（Madeleine de Gontaut de Biron）死于一所有 31 个房间、住着 17 人（包括 6 个仆人）的房子。1742 年，查斯特卢斯伯爵（comte de Chastellux，国王军队的陆军中将兼鲁西荣省的陆军中将与指挥官）的宅邸有 16 个主要房间，还有 11 个过道间（pièces de dégagement）、5 个外围房间。这座房子里的 11 位居民分别是伯爵及其妻子，5 个孩子，还有 4 个仆人。

　　虽然这些贵族居所在我们的样本中并非完全缺席，但它们属于少数的例外。大部分 7 个房间以上的住宅都远未达到这种规模。死于 1705 年的皮货商皮埃尔·格布莱（Pierre Goblet），与他的 2 个孩子和 2 个仆人住在一座房屋中某个共有 9 个房间（不包括隔板间和 2 个地下室）的区域内，这座房屋位于圣日耳曼－欧塞洛瓦。[2]差不多在同一时期，一个帮助国王处理事务的人，他的妻子，以及 2 个仆人住在一座房屋的 10 个房间里，他们还拥有 1 个地下室，这座房屋位于圣索维尔路（rue Saint-Sauveur）。一位外省总督（contrôleur général）住在圣德尼路上一座带有木料间和阁

1　G. Neveu, p. 14.

2　M.-J. Curis-Binet, p. 30.

楼的 9 室住房里，此人是巴黎有产者和前任省总管级官员，他与妻子、1个成年孩子和 2 个仆人一同居住。[1]

这些宽敞的区域，不同于贵族的城市住房而偶尔会住客稀少：一位单身高等法院律师与 2 个仆人共同住在圣卢－圣吉勒（Saint-Leu-Saint-Gilles）教区的新圣马格洛瓦路（Neuve-Saint-Magloire）上的一座房屋中的 8 个房间里。他还拥有 1 个地下室和 1 间阁楼。在圣德尼路上一座带有地下室和阁楼的 16 室住房，1 位巴黎有产者，他的妻子与他们的 2 个仆人住在这里。[2] 在高等法院律师吉拉尔·德·索瓦松（Girard de La Soisson）的情况中，房屋也绝无拥挤问题，1765 年，他与兄弟和 2 个仆人一同住在圣埃蒂安迪蒙教区比佛尔路（rue de Bièvre）上一所房屋一二两层的 11 个房间里。1766 年，这条路上的另一所房屋里住着一位医生遗孀，她也与 1 位仆人相当宽敞地居住在 9 个房间里，这 9 个房间也分布在屋子的一二两层。[3]

许多旅馆主人，还有某些小酒馆老板、酒商和饮料商，都住得很宽敞，他们的职业要求他们为来往的客户提供寄宿。但是，他们的情况必须被单独看待。由于家庭空间和工作空间在这些家庭中紧密结合，很难确定哪些房间留归私人使用，哪些是商务区域。两种非常不同的空间构成了商务区域：一方面，商务区域包括位于地下室之上的底楼的商店或小酒馆房间；另一方面，它也包括更高的楼层上的为客户准备的带家具的房间。1744 年，圣马丁路上的特雷莎·莫尔旅馆（L'hôtel de Thérèse Morel）有 11 个带家具的房间用以接待住客。[4]1765 年，旅店老板克劳德·奥迪内（Claude Audinet）在靠近莫贝尔广场的帕维路（rue Pavé）上的住所有 17 个房间。[5]

1　D. Durier, p. 93.
2　Ibid.
3　I. Landrivon, p. 37.
4　C. Corneloup, p. 116.
5　I. Landrivon, p. 35.

记录于 1765 年的圣奥诺雷路上一位饮料商的妻子的死后清单列出了 9 个装饰豪华的卧室。1784 年，在另一位住在圣玛丽教区杰夫罗伊－安格文路（rue Geoffroy-l'Angevin）上的饮料商家中，有 18 个房间，其中每个都有床。[1] 在这样的家庭里，很难区分客房和家庭住房。虽然清单详细地列出了其他细节，但它几乎完全不能使我们明确这些从事待客行业的巴黎人的居住区域到底是怎么样的。这是职业与私人生活紧密纠缠的时代，这两种生活常常在同样的空间中展开。

巴黎人的住处并不仅仅包括我们试图计数和分类的这 3 种主要类型，还有大量的附属房间和外围房间。在这些住处里，最小的可用空间与角落都被加以利用，这些扩大了可用表面积的附属房间意义重大。它们可能在极小的住房里扮演着临时卧室的角色，或是在没有壁橱（placard）的屋子里作为储物空间。虽然它们的用处是附属的，但这些房间的尺寸彼此相差巨大，而且并非总是狭窄的。例如，几位估价人提到了"很大的小房间"（指办公室或书房）。这类附属房间位于楼梯下方，走廊里，一个主要房间的"旁边"或"后方"，用以称呼它们的词汇具有惊人的多样性，在此列出一些：小房间（cabinet）、前厅（antichambre）、藏衣间、闺房（boudoir）、书房（bureau）、隔板间、阁楼（soupente）、破屋、家具储存间（garde-meuble）、办公室、进门处（entrée）、壁凹（réduit）、顶楼小屋（galetas）、食品间（dépense）或是商店后房（arrière-boutique）。总之，我们注意到了 20 种以上的不同名称：这种多样性揭示出了这一时期居住情况复杂而混乱的结构。

每个住处的附属房间的数量通常与主要房间的数量关联紧密。1669 年圣奥诺雷路上一所房子的购买契约，就展现了附属房间（在这一情况下是藏衣间）如何像卫星一样分布在一个屋子周围：文件提到了房间后方的一个外围建筑，它有"3 个带有壁炉的大卧室——一个叠着一个，3 个其

1　A. Pakravan, p. 57.

他房间，更小些，用作前述大卧室的藏衣间"。[1] 两室或三室住宅的附属房间几乎不会超过 2 个，而四室或七室的屋子，当然还有更大的房子，则要有多得多的附属房间。圣马塞郊区住着一位售卖精致食物与酒的巴黎有产者，他死于 1732 年，在他的住处中，在 10 个主要房间之外还有 6 个小房间。在另一位来自同一郊区的酒商（1739 年，他住在穆夫泰尔路上）家中，8 个主要房间配有 6 个小房间和 1 个隔板间。[2]

外围房间的多样性与附属房间的多样性差不多是一样的：在这里，我们又能数出至少 20 个类型。它们的名称通常被用于描述它们的用途：商店、地下室、粮仓（grenier）、食品储藏室（cellier）、工具棚（remise）、货棚（hangar）、马厩、牛棚（étable）、谷仓（grange）、面包作坊（fournil）、温室（serre）、仓库（magasin）和工地（chantier）。这些外围房间比附属房间更加个性化，几乎都有特定用途，而且其中某些还与专门的社会职业类型或行业相对应。

在有清单记录的住宅中，有大约 21% 带有商店；它们只出现在商人和手工业者家中。其他类型的外围房间也有特定名称，它们往往与其他活动联系在一起，例如家具制造者的工地、画家的作坊、烘焙师的面包作坊（fournil）和上闩的房间（bluteric）、屠夫的熔油脂房（fondoir）和烫洗已宰动物的屋子（échaudoir），或者洗衣女工的排水区（bas à couler la lessive）。这类外围房间中的某些实际上是逝者的工作区。在那时候，它们的地点常常离家很近，在同一座建筑里，或是在同一个院子里。某些此类空间可能专属于某个社会群体。例如，马厩只会出现在最富裕的家庭中，那些以马作为交通工具的家庭，不过在以出租马匹和马车为生的人家中也会有马厩。相反，用于农业目的的区域，例如牛棚、谷仓、羊圈、鸡舍等等，

1　G. Neveu, p. 34
2　F. Dommanget, p. 68.

并非独属于农业从业者：一个死于 1683 年的巴黎有产者在自己巴黎市中心的院子（位于圣让恩格瑞夫教区的玻璃厂街）后面养了 6 头猪。为此，他拥有一个猪圈和一个干草棚。[1] 但这是比较少见的。通常来说，这类农业设施比较少见，只出现在郊区的半农业化边缘地带。

在最宽敞的房屋里，尤其是位于城市边缘、郊区或是周边村庄的那些屋子——在那里，都市气息没有被编织得那么紧密——外围建筑的数量是最多的。例如戈尼斯（Gonesse）郊区的金狮旅馆（l'hôtellerie du Lion d'Or），这是一座伸展开来的一层建筑，有 6 个外围建筑：1 个面包作坊（fournil）、1 个食品储藏室（cellier）、1 个粮仓，1 个马厩、1 个货棚，还有一个鸡舍（poulailler）。[2] 这样的附加建筑实际上对旅店老板和小酒馆老板来说是不可或缺的，而且他们的建筑物开门后通向院子和花园，这些也可以被视为一种露天的附加区域，夏季可以用来招待顾客。在帕西和奥特伊尔的 68 位其清单被我们所考察的居民中，有 72% 拥有外围房间，平均每个住处有 3 个。

由于缺乏空间，市中心的房屋很少像这些边远地区的屋子一样饰有外部建筑。

地下室是最为常见的不与住房主体相连的附加区域，阁楼紧随其后。它们几乎出现在所有住房中，无论地理位置和居民的社会与职业类型如何。样本中有 1/3（33%）的逝者拥有一个地下室。为一整栋房屋所列的清单常常会提到几个地下室的存在。例如，在法官让·杜·提耶家中，1688 年的清单列出了 4 个地下室："1 个地下室，1 个靠近酒窖的保险库，1 个位于前方的地下室和 1 个面对着它的小地下室。"根据一份 1669 年的购买契约可知，一座位于圣奥诺雷路上的房屋带有"2 个大而低矮的摇篮状地窖，

1　F. Roussel, p. 79.
2　G. Corneloup, p. 31.

另一个位于其上方的大地下室，还有一个在院子下面的保险库……一个开向圣奥诺雷路的出口"。

这种双层设计似乎非常古老，在 17 世纪期间变得越来越不常见了，到 18 世纪就更是如此。但是，根据 1670 年的一份租约可知，仍然可以在圣奥诺雷路一座大房子的副楼中看到这种设计："2 个有摇篮拱顶的地窖由一面带有楼梯的墙隔开，还有 1 个地下室在前述两个地下室的上方，以及一个位于院落下方的地下室。"[1] 正如我们所想的那样，地下室最常见于酒商、小酒馆老板和饮料商家中。根据清单，一位死于 1739 年的酒商位于寺庙路（rue de Temple）上的家中的第一个地下室通过楼梯通向商店，这个地下室又通向另外两个地下室，它们一个在另一个的后面。根据公证人的记录，在另一个住在福熙－圣日耳曼路上的酒商的房子里，第一个地下室后面还有第二个，更低一层还有另外两个。那些家中没有地下室的酒商们可能会在另一所房屋里租一个。让－巴蒂斯特·乔利（Jean-Baptiste Jolly）的情况就是如此，他住在圣埃蒂安迪蒙教区的波尔代路（rue Bordet）上，而在孔代路（rue Condé）租了一个地下室；迪迪尔·赫伯特（Didier Hébert）的情况也是如此，他住在圣马丁郊区路上，在离这里不远的罗伊小马厩路（rue des Peitites-Ecuries-du-Roy）租了一个地下室。[2]

阁楼（其中某些装了床，用作卧室）相比于地下室而言出现得不那么频繁。样本中有 15.5% 家庭有阁楼。之后，我们会看到地下室和阁楼如何发挥了储存家庭各种物品的仓库的作用。

经过对 2000 人以上的巴黎居所的考察，我们认为，梅尔西埃关于 18 世纪首都住房条件的判断应该再缓和一些。确实，正如之前的一个半世纪那样，单间是最贫寒的家庭的栖身地。市中心的破旧房屋（在这里，贫穷

---

1 G. Neveu, p. 40-41.

2 C . Corneloup, p. 56.

的工薪阶层挤在货真价实的贫民窟里）与西部街区的新建宅邸（在这里，最富裕的巴黎人过着优裕的生活）之间的差距，到旧制度末期确实变得越来越大了。

毫不夸张地说，巴黎居所确实非常狭窄：我们样本中 73% 的住处最多有 3 个主要房间。虽然尺寸是公认的小，但清单所显示出来的拥挤情况却并不过分。最富裕的阶层，尤其是金融界人士，并非唯一得益于启蒙进程的人群。在最能代表城市人群的中产阶级之中，居住情况也在 18 世纪期间极大地改进了。在社会地位和财富相同或近似的情况下，商人或行业师傅的家庭居住空间在路易十六统治期间无疑比路易十三期间扩大了。大革命前夕的平均居住密度大概是 3 人有 2 间主要房间。由于人们期望更为私密和舒适的生活，附属和外围房间数量激增，这也有助于扩大可居住生活区域。

但是，要明晰地了解那时巴黎住房情况，单单知道这些家庭有多少房间是不够的。接下来的几页中探讨的其他因素也不可忽视：毕竟，要理解个人生活方式，就必须要知道房间的位置和专门化程度，以及其住客安置房间的方式。

空间的组织

跟随公证人的脚步，我们并不总能轻易理解这些家庭的结构，从而重构他们的楼层平面图。因为这里有许多未被清单记录的事物，楼梯或斜坡之类的过道、通道（couloirs）、走廊（corridors）、长廊（galeries）、过道（passages），或是楼梯平台（paliers）几乎从未被提及。在最宽敞、最华丽的家庭中——宅邸或整栋建筑——走廊上或是楼梯平台上的一个大箱子、一把椅子，甚至一座钟都能间接透露此类通道的存在。但当缺乏这样的证据时，这类内部过渡空间的位置就很难确定，而且要搞清房屋内部构造也不容易。

但是，通过公证人词汇中的某些表达方式，我们可以大致了解各类房间的相对位置。这类词语之于我们，正如脚印之于猎人，它们引领我们在房屋中漫游。但是无论它们多么种类繁复、为数众多，从中透露出的空间信息也依然模糊不清。清单中最典型的常见表达是："紧邻"（"在紧邻于马车入口的一楼厨房里"），"紧挨"（"紧挨着卧室的书房"），"相邻"，"随后"，"相连"（"在与这个房间相连的房间里"），"在后方"（"在商店后方的厨房里"），"靠近后方"（"在靠近前述楼层后方的一个房间里"），"刚进去"，"面对面"，"在一侧"，"在下面"，"在上面"。

租约可以提供更确切完整的信息。一个居所被描述为"一家商店，店里有一扇活板门，它通向两个地下室中的一个，对面是一扇开向街上的门，一座木工楼梯通向楼上的房间，这楼梯形成了以一块橡木平板为顶的封闭空间，其上则是一间小阁楼。小阁楼和楼梯之后，有一个带2扇窗户、1个壁炉的房间，我们可以通过一扇位于庭院里的门看看外面或从这里离开这个房间"。[1]唉，这样详细的说明从未出现于清单中。一处居所的房间越多，要单靠清单数据明白它们的布局方式就越难。当然，单间就不存在这样的问题。

通过这些并不完整的信息，我们成功构建了这些城市住处布局的某些典型特征。"紧邻"、"紧挨"和"随后"频繁出现，这说明各类房间相互依存，因为照我们最初看待它们的方式，这些房屋似乎是一系列的房间。但是，这种第一印象或许因估价人忽视内部过渡空间的倾向而失真。

这类住房的另一个结构特征，尤其在18世纪，是附加区域的增加带

1　V. Paupert, p. 37-38.

来的重叠空间。居住者们试图创造一点隐私，或是把厨房之类的特定区域孤立出来，为此，他们用木板在大房间里隔出了厨房、小房间、阁楼、斗室（alvéoles）或隐蔽角落（recoins）。清单记录，在一位死于 1748 年的国王顾问兼短袍治安官（Lieutenant de la Robe Courte）家中，"前厅后有3 个小房间，被隔板隔开"，还有"一个紧邻这房间的隔板间"。一位染布师傅兼商人的清单（于 1746 年写成）提到了"商店里有个用隔板隔出的小间"，还有"商店里有个作厨房用的小房间"。

　　小房间和阁楼之外，还有给女仆或小孩子住的阁楼："卧室里的一间阁楼：一张小男孩的床"，或是"餐厅上方的一间阁楼……厨子们睡在这里"。[1] 稍后，我们会回过头来关注这些带有居民居住印记的内部安置。

　　那时候，巴黎住所中最引人注意和最基本的结构特征是，同一个家庭拥有的房间分散在几个不同的楼层中。这种垂直的组织或构造方式出现在样本中 1570 个有 2 个或 2 个以上房间的住所中（45%）。当然，在这方面不必考虑单间。房间常常不仅分布在 2 层楼中，而且还分布在 3 层乃至4 层楼中。我们知道样本中 475 个房间分布在多个楼层的住处的具体情况：其中大多数（62%）的房间分布在两层楼中，就像今天的复式住宅；24%住处的房间分布在 3 层楼中；10% 分布在 4 层楼中；差不多 4% 的住处的房间分布在 5 层、6 层，乃至 7 层楼中。这种安排源于当时地块的狭小——因此这类向高处延伸的房屋建立起来。一处住宅中房间越多，它们越有可能分布在几个不同的楼层中；因此，垂直分布往往与房间数量有关。

　　一些例子能帮助我们看清这种现代罕见的破碎补丁式的居住情况。1686 年，一位审计官（Procureur Tiers Référendaire）居住于圣让恩格瑞夫教区的让德莱斯皮纳路（rue Jean de l'Espine）上一栋房子的某部分，其中的房间分布在 4 个楼层上：1 个房间和邻近的厨房在底楼，1 个作书房用

1　D. Villate, p. 15-16.

的房间和 1 个附带小房间位于二层，另一个房间和附带小房间位于三层，还有 1 个阁楼在四层。一位制桶师傅兼搬酒工的家位于比艾特路（rue des Billettes），其中只有 3 个主要房间，1694 年此人妻子去世后，这些情况被清单记录下来。但是，这些房间分布在 3 个楼层上，加上地下室，就是 4 个楼层：厨房位于底楼商店后面，2 个卧室一个在另一个的上面，分别位于二层和三层。一个死于 1703 年的饮料商的住处位于圣安托万路上，其房间分布在 6 个楼层中：商店在底楼，1 个房间在二层，白天也可以被用作商店的附属，另一个房间在三层，2 个房间在四层，1 间厨房和 2 个房间在五层，还有一个私人房间与杂物间（débarras）在六层。[1] 在最后一个例子中，很有趣因而值得注意的是，厨房的楼层位置比较高。一个死于 1727 年的律师家住圣塞弗林路（rue Saint-Séverin），他家中厨房的楼层位置也很高。在那里，厨房位于四层，而 1 个房间、1 个卧室还有 1 个小房间则位于三层。一位死于 1730 年的律师杰夫罗伊－拉斯尼尔路（rue Geoffroy-l'Asnier）的家的布局更为复杂：1 间大厅、2 个房间、1 间前厅，还有 1 个小房间都位于二层，而厨房则在四层。[2] 在圣索维尔教区（Saint-Sauveur）的达尔纳塔路（rue Darnetal）的一个锁匠家中，孩子们住在四层，而父母的卧室和厨房在二层。[3] 一个死于 1766 年的帕西居民（他是一个开小酒馆的石匠商人）的家庭空间在他工作地的对面，位于"一座在他婚姻期间建造的房子或简易房"；一个"下面的"底楼房间被用作厨房，上面还有一个板子搭成的房间，街对面，还有一个被用作小酒馆的房间。[4]

从 20 世纪的目光看来，这些住处的结构显得很过时、不合理且不方便。想想在那样一个人们天天都要出去赚取食物、获得新燃料和从井里打水的

1　A. Pakravan, p. 53.

2　Mlle Vandertaelen, p. 19.

3　D. Durier, p. 59.

4　A.-C. Capitaine, p. 66

年代，上下楼梯多么麻烦，居民们每天都要为此付出多么大的精力、忍受多么大的麻烦吧。

考察这些复式住宅中不同房间的楼层分布情况时，我们发现，厨房——这通常是公证人造访的第一个房间——通常位于底楼，或不管怎样也是所有房间中楼层最低的。但是，正如我们所见，厨房也有可能位于最高层。大厅通常紧邻于底楼的厨房或商店，在某些情况下被估价人称为"低厅"或是"下面的"房间。卧室通常位于较高的楼层；仆人区常常位于最高层，有时候在阁楼上，要么就是在主人的卧室附近。

通常安置在更大房间旁边的小房间和藏衣间，还有前厅和其他附加空间，在所有楼层上都有分布。小房间不仅可以在房间之内"被隔板隔出"，也可以出现在商店中。1755 年，一个住在圣日耳曼－欧塞洛瓦的校舍河堤（quai de l'Ecole）的酒商的情况就是如此。[1] 阁楼可能位于卧室、厨房乃至商店的上方，配有一个木梯方便进出。至于商店和商店后房（arrière-boutique）、地下室和阁楼之类的其他外围房间，以及货棚、工具棚、马厩、柴房（bûcher）、温室（serre）之类的地方，则常常位于院子里搭建的外围建筑的底楼。

样本中 45% 的有 1 个以上房间的住处都是垂直分布的，但还有 55% 是水平分布的。在水平布局的住所中，大部分房间数量有限，很少超过 4 个。用现代的话来说，这些套房（appartement），相较那些房间遍布住宅楼各处的住所来说，无疑提供了要舒适和便利得多。实际上，它们并不被称为套房，那时候"套房"这个词的含义还和当今不太一样。1690 年，《菲雷蒂埃词典》（Dictionniare de Furetière）明确指出，一座套房是"一个由一座房子里几间连在一起的房间构成的住所"，来自拉丁词

1　G. Corneloup, p. 52.

"partimentum"。[1]1694 年，《法兰西学院词典》（ *Dictionnaire de l'Académie Française* ）将其定义为 "一种由几个房间构成的住宅"。[2]1709 年，里切莱提出了如下定义："私人房间，前厅和小房间。房间，私人房间和小房间。"[3]1752 年，《特雷武词典》（ *Dictionnaire de Trévoux* ）介绍了 "套房" 作为 "层" 的用法，百科全书中没有包含这一条："也可以被视为一层，例如 '他住在第一或第二套房（层）'。"[4]

一人居住、内部结构合理的生活空间，今后会被称为套房，它与垂直结构住房的那种补丁式的分布和复杂的组织构造截然不同。一位国王的顾问就住在套房里，此人 1684 年去世前一直与妻子、3 个小孩子和 1 个女仆共居于 4 个连在一起的房间里，这些房间全都位于玻璃厂路上的一座房子的二层，面对着院子，它包括 1 个房间，旁边还有个 "小些的房间"，1 个似乎用于睡觉和准备食物的私人房间，还有第二个小房间在它旁边。[5]这种水平部分的住房到 18 世纪 20—30 年代仍然很不常见。一位高等法院律师的遗孀 1743 年住在玻璃厂路上另一所房子三层的一座套房里，从这里可以看到街道和院子；她的家中有 1 间厨房，1 个前厅，1 个小房间，2 个私人房间，还有另一个小房间。1745 年，圣热尔韦教区犹太路（rue des Juifs ）上一所房子四层的一位单身女性的家中有 1 间厨房，1 个前厅，1 个私人房间和 1 个小房间。[6]某些情况下，商人可能也有幸住在与他们的商店在同一层的底楼居所中。圣保罗路上一个死于 1759 年的饮料商拥有一间私人房间和一个小房间，它们都与他的商店相连。另一个死于 1784

1　Furetière, *Dictionnaire universel*, Paris, 1690, 3 vol. in-40.

2　*Dictionnaire de l'Académie française*, Paris, 1694, 2 vol. in-40-

3　Richelet, *Nouveau Dictionnaire français*, Amsterdam, 1709, 2 vol. in-fol

4　*Dictionnaire de Trévoux ou Dictionnaire universel français et latin, Paris*, 1752, 7 vol. in-fol.

5　F. Roussel, p. 16-17.

6　Mlle Vandertaelen, p. 21.

年的饮料商的情况也是如此，他住在文明－圣卡特琳娜路（rue Culture-Sainte-Catherine）的一所底楼住房里，其中有 1 个私人房间、1 个小房间、1 段小走廊，还有 1 间商店。[1] 路易十五统治期间，4～5 跨度（travées）的大楼大量兴建起来，每座都位于 120 平方米的长方形土地上，其样式与皮埃尔－丹尼·布德里奥重建的那种一样。伴随着这种现象，水平样式的居所在 17 世纪发展起来，到 18 世纪，就占据了主导地位。

从清单中，是否可以看出这种垂直到水平的住宅结构的进化呢？如果我们只考虑 1750 年后起草的清单，房间分布在同一楼层的住所占总数的 60%，而不再是 17 世纪期间的 54%。考虑到 18 世纪建筑技术的变化，这一增长似乎微不足道。但是，这类房屋中大部分似乎是建于 18 世纪 20 年代之前的。清单显示，直到 18 世纪最后的二三十年，在富裕家庭居住的房屋中，现代类型的居住状况才明确出现。这类家庭展现出了一种预示着 19 世纪有产者套房的新生活方式。一个很好的例子是圣日耳曼－欧塞洛瓦教区的薰衣草路（rue des Lavandières）上皮埃尔·福贝尔（Pierre Foubert，王家外科学院的前任总管和财务主管）遗孀的家，她死于 1779 年。这里有 6 个主要房间，都位于同一楼层，而且用途分明——客厅、带接待厅的餐厅、卧室、厨房、厨师和女仆的卧室、一个通向这些房间的前厅（不通向厨师的房间，那是一个需要经过厨房进入的地方），还有一段连接厨房与餐厅的走廊（见图 5）。这实际上几乎可以被认为是一座现代套房了。如果仆人房被翻新成孩子的房间，再装上现代管道系统的话，这难道不正是一座配得上巴黎最好的区域，并且会立刻被抢购的很不错的套房吗？很明显，福贝尔夫人的住处见证了住宅方面的巨大进步，在过去，住宅或是由不同楼层的房间，或是由同一楼层上互不相连的房间构成。清单很少留意前厅、走廊或是通向所有可居住房间的大厅——有这类过渡空间，比房

1　A. Pakravan, p. 54.

间都连在一起要好，因为它们把房屋中的不同部分区分开来，并且保护了住客的隐私。这种 18 世纪逐渐出现的巴黎住宅新结构与 19 世纪的有产者套房完全一样，除了一点：在尤金·苏（Eugène Sue）的时代，仆人房不再靠近主人房，而是被安排在屋顶下方。

空间组织方式的进化也可以由一座整租房屋（ensemble locatif）的例

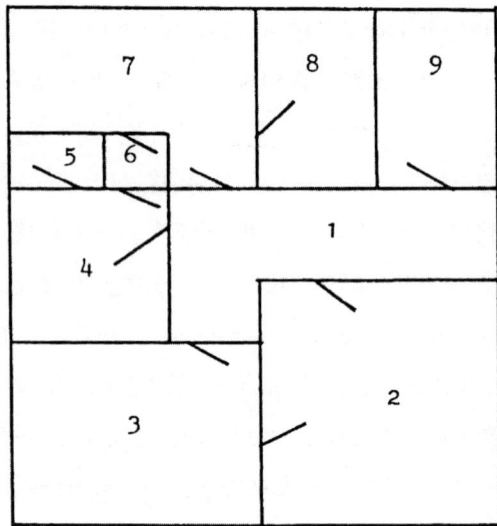

1. 前厅（Antichambre）
2. 客厅（Salon）
3. 卧室（Chambre à coucher）
4. 餐厅（Salle à manger）
5. 藏衣间（Garde-robe）
6. 过道（Passage）
7. 厨房（Cuisine）
8. 厨师房间（Chambre de la cuisinière）
9. 贴身女仆房间（Chambre de la femme de chambre）

图5　福贝尔夫人的住宅平面图

子得到解释。一位公民，制柜者克利埃（Clié），于 1792 年在一块他拥有的位于安茹－圣奥诺雷路（rue d'Anjou-Saint-Honoré）的土地上修建了这座房子。这座房子的结构和内部布局，都近似于 19 世纪的大楼（immeuble）（见图 6）。它的正面高 18.5 米，宽 23.5 米，是由位于 5 层楼上的 9 个突出结构构成的，在五层楼中：底楼留给 3 家商店，它们分别位于马车门的两侧；商店之上还有 3 层楼，以及屋顶之下的一层。每一层都被分为 2 间套房，每间占地 90 平方米。每间套房构成了一个自足的出租单元，包括 4 个房间——厨房、餐厅、客厅、带放床凹室（alcôve）的卧室——还有 1 段走廊和 1 间厕所。总之，这座建筑包括 6 个居所，此外还有 6 间位于屋

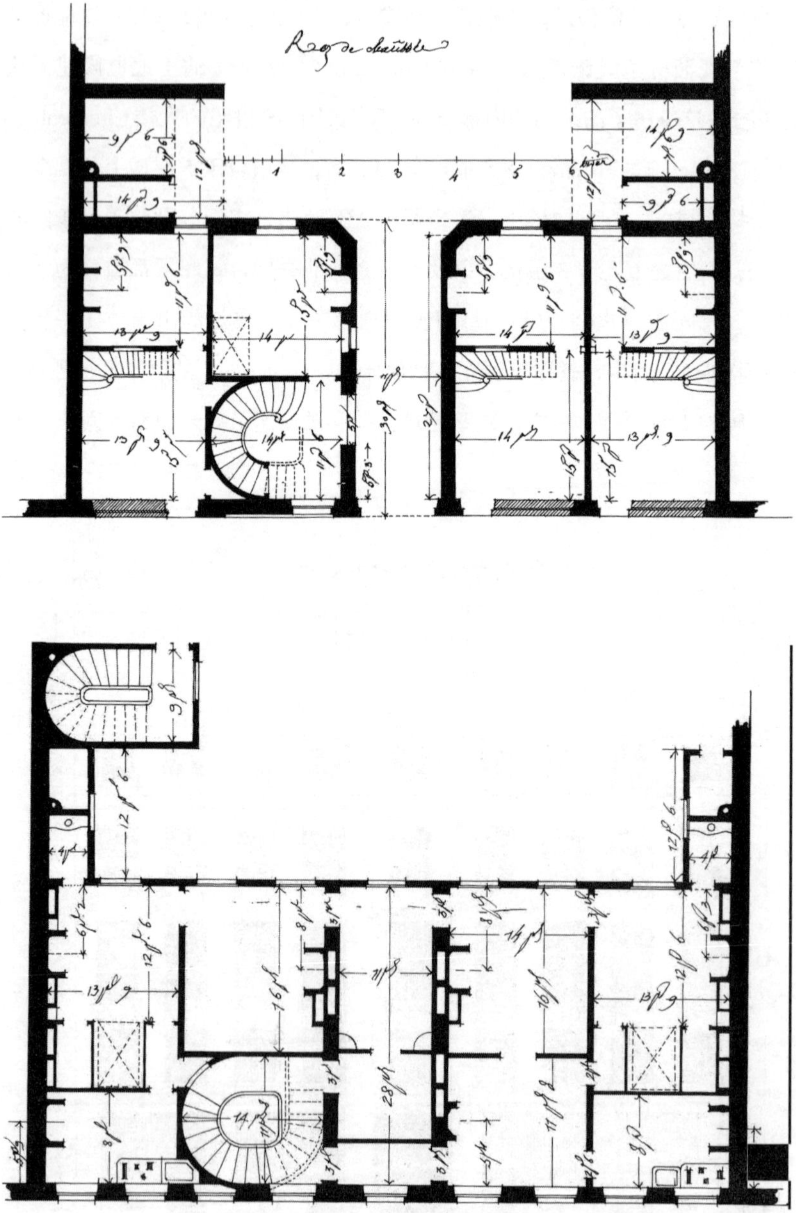

图6　克利埃位于安茹—圣奥诺雷路的住宅楼立面图与平面图（1792年4月）

顶下方那个楼层的仆人房。[1] 克利埃式建筑在大革命高潮期间建立起来，它不再按房间出租，而是按楼层。它标志着居住空间组织方式进化的巅峰，这一进化是从 18 世纪 20—30 年代的大飞跃和 18 世纪 70 年代以来的逐渐进步中浮现出来的。

这些住所的另一个结构特征关乎房间相对于街道和院子的位置。关于这一点的信息十分零碎，而且只包含 860 个房间的样本的价值显然有限。能看到院子的房间数量最多，占总数的 48.5%，能看到街道的房间占 39.5%。某些房间两样都能看到，还有 3.5% 的两样都看不到。总体而言，样本中 88% 的房间面对街道或院子。考虑到街道的狭窄和院子的拥挤，这些住处多半阴暗潮湿。

开向花园的门窗一般来说是宅邸、富人住处或半乡村居所的特权，在所有房间中只占 6%。有朝向院子和花园的开口的房间占 1.5%，而开向街道和花园的占 1%。由于估价人很少说明窗户的尺寸与数量，我们很难想象这些门窗的尺寸与透光能力。

清单指明了窗帘的数量，但这并不总是足以帮助我们确定房间里窗户的数量。例如，1663 年，在一个画家兼国王贴身男仆的清单中，估价人记录了 10 面红色哔叽（一种广泛应用于家具的羊毛材料）窗帘。但是，我们怎么知道这个房间里有 10 扇还是 5 扇窗户呢？少量为清单提供补充的文件包含了关于这些门窗的有用细节。例如，有一项可以追溯到 1632 年的对滑轮路（rue des Poulies）的一所房子所做的评估要求："应该完成窗户和半窗所需的细木工，第一、二、三扇窗户需要 6 块玻璃，其他的窗户按照其各自的高度，以及差不多 4 法尺半（约 1.49 米）的宽度定制玻璃，还有，每一扇半窗都需要 3 块玻璃。"很有趣因而值得注意的是，在这一评估中，正如在另一份 1614 年的评估中那样，来自院子的光线只通过半

1　R. Chameau, p. 43-44.

窗透入室内。[1] 一份 1646 年的雅克·图坦（Jacques Tutin）和尼古拉·巴比耶（Nicolas Barbier）之间的合约（关于后者位于前者院子里的房屋的"3扇凸窗"），说明了窗户的尺寸：在一个房间里，一扇巨大的"凸窗"宽 1.14 米，另一扇则大约 0.81 米宽；第三扇窗户把光透进底楼的小房间，它宽 0.89 米。巴比耶被合约要求安装"铁网"，即一种铁栅栏，还有一扇"睡窗"，也就是一面不能打开的玻璃窗。[2] 应该注意，这种"睡窗"阻碍了光线直接进入。那个时代，同样常见的是"所有房屋中较低的窗户都装有铁栏杆；这一定花了一大笔钱"，正如英国旅行家马丁·李斯特（Martin Lister）1698 年指出的那样。[3]

墓地路（rue du Sépulcre）于 1670—1680 年建起来的房屋展现出了几种窗户：古老的滑框式应用得最为广泛；每面玻璃窗都能独立开合的那种更少见些。带有一个扣栓的两面玻璃的框架模式引入于 17 世纪，逐渐变得更加常见了。人们更喜欢把这种窗户装在面对街道的，或是底楼的窗框中。有时候，清单会说明玻璃的数量，玻璃最多可达 24 块。[4] 直到 18 世纪，大窗户才得到普及，尤其是在临街的那一面：窗户变大了，玻璃上横梁的数量减少了，因此房间采光情况得到了改善。在用于出租的大楼（L'immeuble locatif type）中，每个楼层临街的那面都装有 4 个 1.3 米宽的窗户，其中每个都有 2 块玻璃板和 1 个扣栓，在二层和三层，每扇窗户有 4 块玻璃那么宽，8 块玻璃那么高。更便宜的滑框式窗户在 18 世纪开始消失了，它们只保留在（至少在圣奥诺雷郊区是如此）商店前侧、楼梯间和顶楼的窗户中。[5]

1　D. Henrard, p. 88.

2　G. Neveu, p. 22.

3　Martin Lister, *op. cit.*

4　V. Estève, p. 29-30.

5　L. Gresset, p. 131.

　　填充窗框的材料的选择也影响了照进家中的光线的量。18 世纪早期，所谓的"白"或透明玻璃并非唯一的材料；只能带来昏暗光线的油纸仍然会出现："橡木框中嵌入密封的纸"，或者"一扇 2 个嵌板的窗户，一块板嵌入了大玻璃片，另一块则嵌入了油纸"。为了弥补光线问题，某些房屋中还有安装了玻璃板的门或玻璃隔板。清单记录，某间院子里的厨房门上有 12 块玻璃，门上方还有一个装了 9 块玻璃的窗框，而且"门旁边，有一个很大的橡木窗框，其中装了 48 块玻璃"[1]。

　　透明玻璃也被称为"法式玻璃"，是 18 世纪最为常见的材料；它来自诺曼底低地的瑟堡（Cherbourg），1710 年，一个玻璃厂在那里的雷昂斯森林（forêt de Léonce）中建立起来。这种玻璃带有一种泛绿的色彩。无色玻璃只出现于最奢华的家庭中。在 18 世纪下半叶，靠近萨尔布吕肯（Saarbrücken）的孚日地区的圣奎林王家玻璃厂（la verrerie royale de Saint-Quirin）也为巴黎提供窗户玻璃。我们没有发现任何评估文件或合约提到 1694 年在巴黎附近的圣安托万郊区建立的玻璃厂。

　　虽然 18 世纪确实取得了技术进步，但巴黎家庭中的窗户还没有达到下个世纪工业革命带来的那种完美程度。一位住在德国卡塞尔的胡格诺后裔新教徒女性 1773 年造访巴黎时，以一种可能是夸张和有偏见的方式批评了这些窗户。"巴黎的窗户多可怕啊！不，自从挪亚洪水以来，就再也没人清洗过它们！而且，它们搭建得很糟糕，带有 2 法寸（5.5 厘米）宽的横梁，固定窗户的油灰也涂抹得很马虎，是的，很遗憾看到这些可爱的房子、上好的宅邸使用这种被屠杀过的脏窗户。"[2]

　　正如我们试图在此描绘的那样，在 17 世纪保持不变的巴黎住宅内部结构，到了 18 世纪 20 年代，受到了启蒙时代技术进步的深刻影响：家庭

1　D. Durier, p. 57.

2　Lettre d'une descendante des huguenots, une réfugiée protestante habitant Cassel, visitant Paris pour la première fois en 1773. in *La Cité*, 1904, p. 47-51.

内部空间组织得更有效率了，房间安排更合理，也更能满足对隐私和舒适日益增长的需要了，而且采光情况得到了改善。以上就是我们考察巴黎住房时发现的最主要的长时段革新。

房间的功能与专业化程度

无论可用空间有多少，无论内部安排是怎样的，住房都是每个家庭进行一切日常活动的空间。我们的理性组织观念，即将特定空间分配给特定家庭活动的观念，并不为路易十四的臣民所接受，而且直到启蒙后半期之前，都没有真正开始生根。跟随着公证人走进这些巴黎家庭时，我们注意到，每个房间很少只有一种用途。这种判断基于房间的名字，以及其中的物品。

私人房间或卧室出现于所有房屋中。它代表着居住区域的核心。它的重要性可以从一些数字中体现出来：主要房间中有 71% 是私人房间（chambres）；厨房（包括用作厨房的私人房间）还有大厅（les salles，可以指代餐厅、客厅和沙龙）分别占 17% 和 12%。每个家庭平均有将近 2 个私人房间。在 17 世纪的头脑中，私人房间有两种用途：睡觉和接待客人。法语词汇 "chambre"（私人房间）的含义比今天要模糊得多。当时的词典在这一点上很有启发性："用于放置床和睡觉的私人房间。一个用于饮食的高等私人房间。人们习惯用于待客的私人房间。" 1606 年，尼古如此说道。[1] 菲雷蒂埃提出了如下定义 [60 年后被《特雷武词典》（*Dictionnaire de Trévoux*）所接纳]："住所的一个要素，套房的一部分。这通常是睡觉和接待客人的地方。" 但是，早在 1694 年，"chambre" 在《法兰西学院词典》中就被说成是 "住所中通常用于睡觉的房间"。《百科全书》用

1　Nicot, *Thrésor de la langue française*, Paris, 1606.

一篇长文章来描述这种卧室，给出了它的大小、装饰以及床相对于壁炉和窗户的位置；带放床凹室的私人房间，壁龛（niche）中的私人房间，顶楼小屋（galetas）中的私人房间——通常为仆人准备，都得到了描述。《百科全书》中对卧室里椅子数量的评价十分有趣："没错，卧室的目的似乎表明，它需要的椅子数量比其他房间少，而且只有生病的时候，卧室里才会有许多人；但是，为了体面，卧室里应该有一定数量的椅子。"私人房间逐渐与睡觉场所同义，18 世纪，它被认为是一个休息和隐私的场所，不同于用来社交的房间。

私人房间的目的通常与居所的构成有关。在单间家庭中，私人房间是多用途的，不仅是睡觉的地方，也是厨房、餐厅和客厅。在最贫困的家庭中，它甚至也可能用作工作室。1677 年，一位校长及其妻子住在圣安托万郊区路上的一个房间里，公证人记录，这里有 9 张学校长椅、2 张小学生写字桌，还有一捆"相当陈旧的"小册子。[1]1771 年，一个出师的锁匠与妻子和儿子住在圣尤斯塔什教区的旧衣大商店路（rue de la Grande Friperie）的一个房间里，其中有"一块用作工作台（établis）的板子，上面有很多锁匠工具"。[2]

在带有厨房或好几个房间的家庭中，私人房间被同时同于睡觉和待客，或是单纯用来睡觉的概率差不多。无论在城市还是乡村，在路易十四统治期间，以及此前一个世纪，人们都偏好在私人房间内社交。在 1550—1560 年，一个名叫吉尔·德·古贝尔维尔（Gilles de Gouberville）的诺曼绅士，习惯于在他那位于诺曼底科唐坦半岛上的勒梅斯尼奥瓦庄园（manoir du Mesnil-au-Val）中的私人房间待客。[3]在 17—18 世纪的巴黎家庭中，逝者私人房间中的大量椅子表明这里是传统的社交场所（椅子的数量常常超过 20 把，1759 年，1 位国家财政部常任总管的家中实际上有 30 把）。

1　G. Neveu, p. 31.
2　C. Rideau, p. 49.
3　Madeleine Foisil, *Le Sire de Gouberville*, Paris, 1981.

在富裕的 17 世纪家庭中，私人房间甚至可以是礼仪性的房间，一个此类例子发现于国家议会的常任秘书（Secrétaire Ordinaire）兼财政总监（Direction des Finances）家中，1654 年，一间家具齐全的房间——而非逝者居住的房间——被装上了葬礼装饰。在一位死于 1666 年的财政秘书家中，有一间所谓的意大利式私人房间，其中有 24 把椅子和其他优质家具，显然没有人睡在这里。有时候，17 世纪家庭中的私人房间里也会有少量乐器。[1]

早在路易十四统治期间，一些特权人物的家也就已经表现出房间专用的模糊雏形。早在 1665 年，雅克-奥诺雷·巴伦丁（国王常任政令主管兼国王大议会主席）家中的私人房间看上去无疑是用于睡觉的，并且分配给了不同的个人；女孩子们（即仆人们）同住在一个房间里，而贴身女仆和男仆各有一间靠近主人的房间自住。[2]死于 1668 年的让·杜·提耶家中的 14 个私人房间的例子也展现出了这种私人房间转变为隐私的、个人的场所的变革。

这种房间专用模式逐渐深入到更贫寒的阶层中。1666 年，在一个私人马厩管家、他的妻子与两个小孩子共同居住的房屋中，二层的父母房和三层的儿童卧室很容易被区分开来。[3]但直到 18 世纪下半叶，房间才真正实现了专门化，在这一时期公证人文件中"卧室"（chambre à coucher）这一词语出现得更加频繁了。在圣日耳曼-欧塞洛瓦教区的 75 座住房中（关于它们的清单完成于 1768—1790 年间），49 座（65.5%）拥有真正的卧室。如果有足够的房间的话，孩子们也会有独立于父母的房间。除了逝者的卧室，公证人也常常注明一个家庭中"男孩子们的"房间，或是"小姐们的房间"。但是，值得强调的是，这种"私人房间"专门作为卧室的

---

1 D. Henrard, p. 66
2 F. Roussel, p. 48.
3 G. Neveu, p. 33.

情况与住处的大小以及居住者的数量有着密切关系。实际上，各种各样的实际需要和日常活动必须在可用空间中完成，因此可用空间也就决定了有多少空间可以派某种特定用场。

在私人房间之后，厨房是公证人最常提到的房间。在我们造访过的家庭中，45% 有厨房，或至少有一个房间（不管是私人房间、大厅、小房间或前厅）发挥着厨房的作用。这一比重在 1750 年后的样本家庭中也没有发生变化。这些家庭中不到一半有厨房，而四分之一只有一个用作厨房的房间。18 世纪，在许多词典中，一间名副其实的厨房被定义为一个准备和烹饪食物的地方，需要包括几个被《百科全书》说明的要素："一个用来烤制食物的大壁炉……另一个煮汤的壁炉，还有用来炖菜的嵌入型炉灶或方砖炉，一只烤箱（four）。"这些厨房装备被装在屋子里的墙上，它们当然从未被列入清单。但是，有时候，它们的存在会被官方任命的建筑专家记录在报告里。1777 年，一位公债管理者（trésorier des rentes）的屋子，一座位于克雷里路（rue de Cléry）的城市宅邸（l'hôtel de Ville），有一个装有如下设施的厨房："1 只烤箱，1 个带有通风罩的壁炉，上面有烤肉扦和挂锅铁钩，放有 7 只平炉的嵌入型炉灶，还有 1 个鱼锅，1 个带排水管的洗涤槽，其中流出的污水排入前述街道……"[1] 但并非所有的厨房都如此装备齐全。那些安置在私人房间、大厅、小房间或是商店后房的厨房，或许只有一个用来做饭的壁炉。

尽管我们会有相反的印象，但厨房并非总是只有一个用途。如果它是家中唯一一个供暖房间的话，它或许会被用作起居室（salle à vivre），或是仆人或孩子的卧室。在有两三个房间的家庭中，厨房里的桌椅显示出，这里就是家人们聚集起来吃饭的地方。尼古拉·德穆斯特耶［Nicolas

---

1　L. Gaveau, *La rue de Cléry aux XVII ͤ et XVIII ͤ siècles*, mémoire de maîtrise, Paris IV, 1985-

de Moustier，索邦博士，圣塞弗林（Saint-Séverin）的教区副本堂神父，死于 1699 年] 的厨房饰有绘画和宗教物品，还有一张坐卧两用长椅。[1] 拉图内尔城堡（château de La Tournelle）中的一位上尉（1709 年，他有一处职业住所），睡在自己的厨房里，虽然他家里有一个很大的大厅（里面没有床），2 个小房间，还有 1 间供孩子们居住的卧室。1704 年，在一个寡妇家中，厨房里睡着两个女仆。1707 年，在路易丝·罗布斯特尔（Louise Robustel，她是一位与丈夫分开的妇女）的住所中，"被用作厨房的前厅"也同时是女仆的卧室。[2] 厨房往往被饮料商用作工作场所，这显示出这一时期工作与私人活动多么频繁地相互重合。在一个包含 62 个饮料商的样本中，我们发现有 4 间厨房同时被用作饮料生产处和商店；4 个饮料生产处和 5 个商店间同时被用作厨房，还有一间在白天作厨房和商店用的卧室。[3]

留用于社交的区域包括各种大厅，例如客厅、餐厅和客厅，但不包括用作厨房、办公室或私人房间的那些。这类社交区域能够在样本中三分之一的住所中找到。最为常见的是，这类房间展现了这些贵族、法官、国王顾问、法律助理们，或是富商们实际上享有特权，因为他们能够住在如此巨大的宅邸中。仆人、专职人员或散工实际上对这类房间闻所未闻。这种房间在字典中通常被描述为很大、是房屋中最宽敞的一间。根据《法兰西学院词典》的说法，它是"整个套房中的首要房间，通常比其他房间都要大"，根据里切莱的说法，它也是"一个大而华丽的房间，人们通常在这里接待前来拜访或谈生意的客人"。《特雷武词典》也将大厅定义为"一座房屋中的一套套房的第一部分。它是好套房中最大的房间。"《百科全书》补充说："它通常也是装饰得最好的。"1776 年的一份《梳妆与时尚教程》（*Manuel de la Toilette et de la Mode*）表明，这样的房间是"人们接待访客

1　C. Menez, p. 43.

2　M.-J. Curis-Binet, p. 35.

3　A. Pakravan, p. 59

的华丽房间；墙上盖着三种颜色的缎纹布，家具包括盖着同样布料的座位
与扶手椅"。[1] 这些大厅几乎总是毗邻厨房，并且常常位于底楼，有时候，
它们也被称为低厅。在所有清单中，它们都作为功能确定的房间而出现：
家庭成员们在这里一起吃饭，消磨夜晚或是招待亲戚、邻居和朋友。正如
我们接下来要见到的那样，家具包括桌子，通常还有大量的椅子。这样的
装饰显示了这个房间是用于群体活动的。

在某些情况下，公证人的用词表现了各种大厅的特定用途。餐厅，
"房屋里那个人们吃饭的地方"——像里切莱说的那样，在路易十四统
治期间开始出现在贵族房屋之中，这是在模仿宫廷习惯。在 1660—1720
年的清单所记录的圣让恩格瑞夫教区的 82 所居处中，只有如下这些人的
屋子里有餐厅：阿德里安·班塞骑士（Chevalier Adrien Bancé），国王
常任政令主管的雅克－奥诺雷·巴伦丁先生，还有路易·安塞林（Louis
Ancelin），已逝王后家中的总管（contrôleur général）。[2] 直到 18 世纪，餐
厅也只出现在社会精英家中。我们的样本中有 68 位居民住在 1740—1770
年的巴黎和奥特伊尔地区，其中，只有布洛涅森林保卫军视察员和奥特伊
尔本堂神父家中有餐厅。[3]

1750 年后，有餐厅的巴黎家庭稍微增多了一些。但是，餐厅仍然是
少数人的特权。在 18 世纪后半夜的 500 个样本家庭中，只有 14% 的清单
提到了餐厅。每个街区中有餐厅的家庭所占比例都各不相同，这与它们处
在公证人记录中的何种社会等级有关：1770—1772 年，圣尤斯塔什教区
有 26.5% 的家庭中有餐厅，它们都出现在财产在 5000 利弗尔以上的家庭

1　Walther, *Manuel de la toilette et de la mode (Essai d'un petit dictionnaire des modes)*,
Paris, 1776, t. 1, 1er partie, p. 43.

2　F. Roussel, p. 50.

3　A.-C. Capitaine, p. 58-59.

中；[1]1768—1790 年，圣日耳曼－欧塞洛瓦教区有 22.5% 的家中有餐厅；[2]而在 1761—1770 年，圣埃蒂安迪蒙教区只有 10%。[3]同一时期，圣安托万郊区实际上完全没有餐厅。同样值得注意的是，在一些雇用了几位仆人的领主家庭中，不仅有主人房，还有一间给雇工们使用的公共休息室（salle du commun）。

客厅（salle de compagnie）或沙龙的进化方式与餐厅类似，不过时间更晚些。"沙龙"（salon）这个词在 1720 或 1730 年前并未出现于清单中。但是，17 世纪末，它确实出现在了《菲雷蒂埃词典》和《法兰西学院词典》中。在那里，它的含义是"一个大房间，非常高，且是拱形的，通常分为两层楼，或是有两个拱顶"。菲雷蒂埃补充说："客厅的样式源于意大利。通常而言，人们在客厅里接待大使。"虽然这个词在 17 世纪期间并不常用，但在富裕家庭中，这样的大房间在那时已经被专门留用于仪式或待客。这种我们之前谈到过的仪式性房间，或是位于二层的"高房间"，因此不会被街上的嘈杂或厨房的气味所影响；这类房间见于将近 17 世纪中叶时如下这些上层人士的住宅中：查尔斯·德·马乔（Charles de Machault），国家议会顾问兼财政部部长（le conseiller au Conseil d'Etat et privé et Direction des finances），还有雅克·加朗（Jacques Galland），国家议会的常任秘书兼财政部部长。通过其中大量的椅子，尤其是所谓谈话椅（caquetoires），以及游戏用品，我们得知这些空间都被用作客厅。

根据那时候人们所做的评估，这类房间的尺寸似乎非常大。一份关于一所寺庙路上某房屋的 1650 年文件明确要求："要在现在是 4 个球类游戏场（jeux de boules）的地方新建一个大房间。这个房间会有 11 脱阿斯（21.8 米）长，大概 7 脱阿斯（13.7 米）宽……墙（不包括地基）高 4 脱阿斯（8

1　C. Rideau, p. 51.
2　C. Marais, p. 44.
3　I. Landrivon, p. 39.

米），有必要的话还应该更高。"1632年的一份对滑轮路上某房屋所做的评估明确指出："横梁之下，房间的墙壁要有9法尺（3米）高"，而第二、三、四层和顶层都要有8法尺（2.6米）高。这些尺寸也被绒绣的高度所证实了，绒绣的大概高度是2.5～3古尺，或者2.3～3.5米。[1] 在18世纪，被称为客厅的房间还很稀少；实际上，样本清单中1750年后的500所住宅中，只有12%有客厅。它们就像餐厅一样是奢侈的象征，只有最富裕的阶层，即贵族或是有产者才能享用。

福贝尔夫人套房的楼层平面图（见图5）显示，有一间开向前厅的客厅，这前厅与餐厅被卧室隔开了。1768年，一位巴黎有产者缝纫用品商，让·马里克（Jean Mariquet），住在圣日耳曼－欧塞洛瓦教区薰衣草路上的一所房屋里（见图7），其中，底楼有靠近厨房的餐厅，二层有一间可容23人坐下的客厅（椅子的数量说明了这一点）。鲍达尔·德·范德西尔（Baudard de Vandésir）先生的宅邸价值超过5万利弗尔，其中甚至有2个客厅，一个夏季用，一个冬季用。[2] 一位死于1782年的前包税人，拉里夫·戴皮内（Lalive d'Epinay），在绍萨伊路（rue des Saussaies）上的家中不仅有一个客厅，还有一个台球室。1774年，德菲利纳侯爵（Marquis de Féline）位于主教城路（rue de la Ville-l'Evêque）上的宅邸中有一个餐厅，一个大客厅和一个小客厅。[3] 在最豪华的家庭中，这些客厅里有精致的家具、绒绣、贵重的画，还有其他珍贵物品。死于1744年的查尔斯－于格·拜洛特·德·维尔查万［Baillot de Villechavant，审计法庭的常任主管（Maître Ordinaire）］家中有价值超过3000利弗尔的财物。

这类有专门用途的房间，无论是餐厅还是客厅，都展示了生活方式的变化。但是，到大革命前夕，巴黎中产阶级还仍然对它们一无所知，因为

1　D. Henrard, p. 56.

2　C. Rideau, p. 52

3　Y. Aubry.

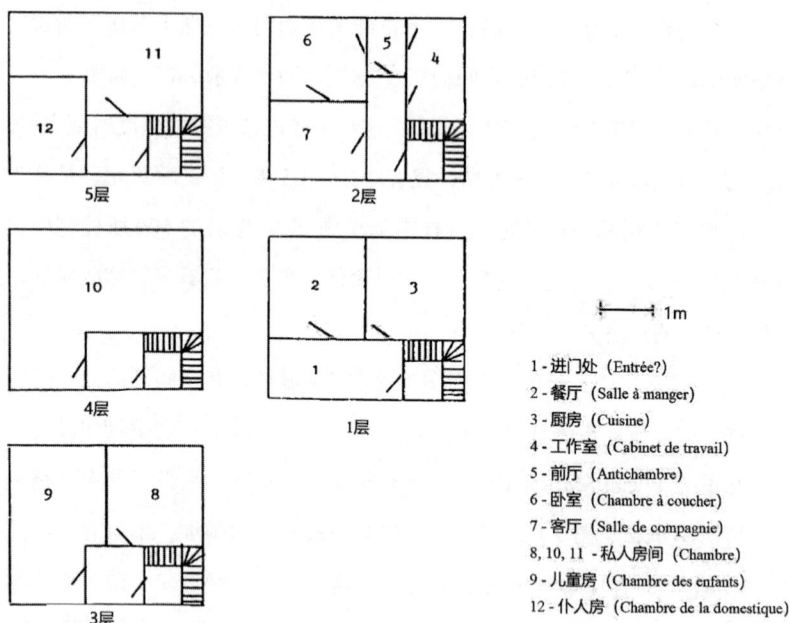

1 - 进门处 （Entrée?）
2 - 餐厅 （Salle à manger）
3 - 厨房 （Cuisine）
4 - 工作室 （Cabinet de travail）
5 - 前厅 （Antichambre）
6 - 卧室 （Chambre à coucher）
7 - 客厅 （Salle de compagnie）
8, 10, 11 - 私人房间 （Chambre）
9 - 儿童房 （Chambre des enfants）
12 - 仆人房 （Chambre de la domestique）

图7　巴黎有产者缝纫用品商让·马里克（Jean Mariquet）住宅平面图（1768.4）

它们只会出现在城中最奢华的住房中。

　　附属房间，尤其是公证人最常提及的那种，例如，小房间、藏衣间或是前厅，是否有明确用途呢？它们也像主要房间一样被 18 世纪的专门化潮流影响了吗？在《法兰西学院词典》中，小房间是一个工作、私人使用或储存物品的地方："一个隐蔽的地方，用于工作或私人谈话，或是放置文件、书籍及其他东西——取决于住在那里的人的职业与性格。"《里切莱词典》（*Dictionnaire de Richelet*）专门说明："这是一个普通房屋里的隐蔽处，通常由隔板围出。"而且和《特雷武词典》一样指出，它还有别的用处，就是厕所："响应自然需要的秘密场地。"

　　小房间往往"临近"一个私人房间，或者位于其"旁边"或"背后"，偶尔还会在一个主要房间"旁边"，在这些家庭中，它似乎是一个与某主要房间连接着而又分隔开的地方。它的多重用途在估价人对其中家具的描述中表现出来。在法官让·杜·提耶家中的小房间是一个真正的书房（cabinet d'étude），因为其中有一张书桌、几块绒绣、镜子、画作（tableaux）和书籍。在一位死于 1680 年的裁缝师傅家中，在卧室里由木板隔出一个很小的小房间，这是逝者"自己工作"的地方。[1] 这样的房间通常配有适于书房的装饰，包括一张书桌（bureau）或写字台（secrétaire）、写字桌（table à écrire）、"用来写东西的桌子"（table en écritoire）、便携式写字台（écritoire portatif）、阅读架（pupitre）、书柜（bibliothèque）和放书的搁板架（tablette à livres）。

很有趣因而值得注意的是，藏书室和办公室在这些家庭中很罕见，甚至在最大的图书拥有群体教士们那里也是如此。最讲究舒适的阶层十分关注小房间里的装饰，并偏爱珍稀物品，就像他们对客厅那样。德特伊斯内尔侯爵夫人（Marquise de Traisnel）在小房间里放着撒克逊瓷器；皮埃尔·卡蒂纳（Pierre Catinat），高等法院顾问，在小房间里收藏青铜小雕像。虽然这里并非一个真正的工作空间，小房间在某些家庭中似乎是一个反思、沉思，或许还有属灵修行的地方——如果这里有宗教物品的话。某些小房间里有壁毯、帘子和坐卧两用长椅（lit de repos）或优质扶手椅，那些家中其他空间都全面开放、不能隔离自己的人们在此放松、获得隐私。

18 世纪这种增加私人用房间数量的倾向也表现在一种新的小房间——闺房（boudoir）的出现上，这主要为女性准备。根据《特雷武词典》的说法，这个词指的是"一个小小的壁凹，一个非常狭窄的小房间，靠近个人居住的私人房间，情绪不佳时可在此避人耳目地赌气〔'闺房'（boudoir）正是从'赌气'（bouder）演化而来〕"。这个词语并未出现在百科全书

1　G. Neveu, p. 34-35.

中。我们发现，18 世纪 70 年代为社会地位较高的家庭制作的清单中，这个词至少出现了几十次。无论是在德菲利纳侯爵夫人家中，还是在拉格朗日骑士大人（Chevalier Seigneur de La Grange）位于圣奥诺雷郊区的家中，闺房都带有壁炉或暖炉，有窗户透光，装有优雅的五斗橱、单柱桌和简单的椅子，还装有壁炉架（manteaux）上方的装饰和镜子，它们与《特雷武词典》中描述的那种壁凹毫无相似处，而更像是一间优雅的小房间。拉格朗日先生家中的闺房似乎是一个音乐室，因为其中有一架古钢琴、一把吉他和 2 个乐谱架。小房间也常常用来储藏意想不到的各类物品：绒绣、厨房用具、内衣、外衣、书籍、家庭文件、餐具、食物、梳妆用品等等。这些东西被放在橱柜、大箱子、首饰盒（cassettes）、餐具架、木箱（bahuts）、五斗橱或是置物架上。一个小房间也可能是仆人或孩子的卧室。

作为一所住宅中最不引人注目的区域，小房间也可以发挥"厕所"的作用，其中放有"带着陶制便桶"的坐厕椅（chaise de commodité）。在 18 世纪 60 年代的样本中，我们找到了 2 个作厕所用的小房间，还有一个带有英式便桶的。直到 18 世纪下半叶，厕所和浴室才出现在少数幸运的家庭中。我们应该强调这种处理生理需求的房间有多么稀少：样本中，1750 年后的家庭只有 6.5% 有这类房间。无论被称为厕所（lieu d'aisances）、浴室（cabinet de toilette）还是盆浴间（cabinet pour les bains），这类小房间都是启蒙时代的创新，也是直到工业革命之前都未渗透到中产阶级中的行为模式变迁的标志。稍后，在讨论房屋用水时，我们会提及卫生问题。17 世纪期间，小房间都是一种多用途的房间，但到下一个世纪，我们就可以看到它转变为清洁身体的私密空间的倾向。

另一种显然与小房间用途相同的附属房间（除了工作区域之外），是藏衣间（garde-robe）。有时候，它也被称为破屋（bouge，指一个狭小拥挤的空间）；它是一个休息、梳妆或储存物品的私人空间。"临近卧室的小型房间，用来放置衣物，或是给贴身仆人夜间休息。在有产者住宅中，'藏衣间'指的是一个靠近大房间的小型房间。'藏衣间'也可以指便桶或厕所。"《菲雷蒂埃词典》与《特雷武词典》如此解释。虽然藏衣间几乎总是位于私人房间后方，但它也可以位于大厅或是小房间中。它似乎并不是总有窗户，这使它像是一个壁凹或是隔板间，而非真正的房间。作为储物区，藏衣间并不仅用于储存亚麻，也可能像小房间一样被用来放垃圾。一位死于1746年的单身女性的藏衣间里除了一些私人物品之外，还有一些马枪、11公斤的"带子和绳索"，以及一张诺阿耶（Noailles）枢机主教的肖像。当藏衣间被用作仆人房时，有时候会有帆布床（lits à sangle）。而"清洁椅"或带有陶罐、锡盆和排水管的坐浴盆的出现，标志着藏衣间可能也曾作为厕所或浴室用。[1]但是，在有浴室的住宅里，藏衣间也可能只是一个"私人的"空间；1755年，一位单身妇女的套房中有一个卧室、一间厨房、一个浴室和一个藏衣间，藏衣间里有一张坐厕椅、一张床头柜和一只带有锡制"水钵"的便盆。[2]启蒙运动期间，这些附属房间数量不断增多，并逐渐专门化，更好地保护了人们的隐私。在巴黎上层社会，某些密闭空间越来越多地被留作满足基本生活需求。

前厅（antichambre）是另一种常常被公证人提及的附属房间，它同样值得我们细细探究。《特雷武词典》用这个词指称"一种位于套房中的主人房或主卧前方的房间，来访者的仆人必须止步于此"。前厅只出现在最富裕的家庭中，其内部装潢与大厅基本上没有什么区别：根据清单，其中有数量不等的椅子、桌子、偶尔还有赌桌。某些前厅的装修品位很好，有画作（tableaux）、壁毯（tenture）和壁炉镜（trumeau，贴在壁炉上方）；另一些前厅则比较空荡。在房间众多的宅邸里，前厅用作等候室（salle

---

1 D. Villate, p. 77-78.
2 Y. Aubry, p. 47.

d'attente），而在小些的住宅里，它被用作一个大厅，房屋的主人在此接待熟人，与他们聊天或是一同在桌边赌博。前厅也可以发挥主要房间、私人房间或大厅的附属部分的作用，或是储物空间，事实上它也是一条通道。位于大厅或餐厅前方的前厅里往往杂乱地堆着大件家具，例如橱柜、餐具架或是橱柜底盘（bas d'armoire），用来收纳餐具和桌面亚麻，那里往往还有一个"用来洗手的小蓄水池"。[1]

　　无论用作等候区、会面室或仅仅是进门处（虽然"作为进门处的房间"很少见），通往住宅中不同房间的前厅——正如福贝尔夫人家中那样——代表着居住空间组织形式的明确进步。虽然特伊斯内尔侯爵夫人的情况在1746 年比较少见——她有 3 个前厅，每层一个——但在 1750 年后，这种安排越来越常见于巴黎商人和有产者家中。1768 年，一位巴黎缝纫用品商有产者，让·马里克（Jean Mariquet），在圣日耳曼－欧塞洛瓦教区的薰衣草路上有一所五层楼的住宅，他与他的妻子、4 个孩子和 1 个仆人住在这里，这里也是每层楼有一个前厅。这座房屋的平面图显示，二层的前厅通向卧室，卧室又连接了客厅和工作室。

　　18 世纪中叶之后，前厅逐渐出现了，这使得日常生活空间被安排得更好，与之同步发生的，往往是住宅房间的专门化。很有趣因而值得注意的是，在福贝尔夫人的套房和让·马里克的房子里，房间都有专门功能：虽然后者的房间以传统方式垂直分布，十分狭窄，但它无疑代表了一种在那个时期非常现代化的内部空间组织形式。餐厅位于一层，在厨房隔壁，而二层则既有隐私空间——通向前厅的卧室和工作室，也有装潢豪华的客厅，里面有 23 把椅子。卧室位于较高的楼层，每位家庭成员，以及仆人，都有自己的房间。[2]

1　D. Villate, p. 60
2　C. Marais, p. 80.

家庭空间和工作空间中都出现的房间专门化，可以从另一个例子中表现出来——一位住在蒙马特路上，死于 1748 年的饮料商的住宅。这座房屋中的每个房间都有明确用途，例如厨房、实验室、卧室、客厅和浴室。[1]这些例子揭示出，到了 18 世纪中叶，中产阶级上层之中的房间专门化革命已经在进行中了。我们应该注意到，在大革命前夕，至少在商人和手工业师傅之中，家庭生活和职业生活仍然在同一屋檐下展开。但是，某些家庭明显希望把私人空间与工作空间区分开来。一位死于 1760 年的饮料商（他住在巴黎大堂区）把住宅的第一层用来做生意，而第二层留归私用。[2]

在清单中，没有一所房屋的房间专门化程度高于圣奥诺雷郊区的宅邸——建筑专家的报告显示了这一点。仆人用的房间与私人套房被明确区分开来。在建于路易十五统治末期的韦尔盖宅邸（l'hôtel de Vergés）中，仆人区位于半地下室，这里不仅有地窖，还有厨房、食品储藏室、办公室、公共休息室（salle du commun）、水仓（两个）、洗衣间（lavoir）和炭仓（charbonnier）。这类住宅中的厨房总是位于一层的餐厅下方。在有条件的情况下，仆人的房间离私人房间尽可能地近；其他情况下，仆人房间会位于院子里的公共区域上方。1782 年，在韦尔盖的宅邸中，"马厩上方用于给马梳毛的"房间中有"一个出口，这里装着一扇木制活板门，用于查看马厩"。一位看门人的住处位于马车入口处的通道里。

这座宅邸的一层分为一间大套房和几间小套房：门厅（vestibule）套房：卧室上方，是一个冬季客厅，其后，是"一个带壁炉的房间"，这是一个私人房间，附有英式厕所和盆浴间。这房间后方，是一个带着用于洗热水澡的平炉的房间。楼梯井通向一个夹层，这里有"3 个毗邻的房间，还有一道长廊（galeries），这个长廊位于一层的卧室附带藏衣间上方的一座大

---

1 A. Pakravan, p. 59.

2 Ibid., p. 60.

型阶梯两侧，为夹层里的 3 个房间供光"。

二层"被安排为 2 间套房，一间是主要的，其中有前厅、集体客厅、藏书室（bibliothèque）、小房间、卧室、作藏衣间用的橱柜间（chambre à armoires），还有一个英式厕所；第二间套房中有 1 间前厅，右侧通向起居室，左侧通向带放床凹室的卧室"。主套房与第二间套房共用前厅，两间套房里的房间也是互通的。

最终，在阁楼层上，有"11 个相互连接的房间，中间有一道通向院子的走廊"，仆人住在这里，这里还有一个厕所。4 个仆人住的房间（包括刚才提到的那个给马梳毛的房间）占据了院子右翼建筑的夹层。[1] 这个家庭中各种空间的精巧分布（我们几乎可以说它拥有超前的舒适度）展现了对秩序的追求，以及启蒙时代标志性的对隐私和个人幸福的渴望。

虽然具有精英化的独特氛围，圣奥诺雷郊区的这栋住宅仍然吸引了我们的注意力，而且，跟随着真正的专家们参观这所房屋，我们获益良多——因为这座威名远扬的住宅实际上代表了某种模式。根据一小部分的清单可知，这种模式在家庭内部建筑结构和舒适度方面的创新缓慢地传播开来，逐渐被吸纳到城市有产者的家中。这种巧妙的家庭空间功能区分使人免于额外运动、疲惫与拘束，但它只造福于少数特权阶级。虽然房间专门化方面发生了进步，大革命前夕的大部分巴黎人实际上既没有餐厅也没有客厅，既没有前厅也没有浴室。他们继续以传统方式居住，生活在功能重叠的空间里。

居民留在家中的印记

我们试图重构其内部构造的这些家庭，通常来说很拥挤、十分不便，

---

1 L. Gresset, p. 76 à 85.

某些情况下还很不适合完成日常活动，因此居住者们通常会在其中留下安装额外装置和改造的痕迹。巴黎人改造住宅的动机包括节约空间、保护家庭成员隐私，或是为某个房间确定明确用途。居民们所做的改造并非总能在清单中体现出来。公证人提供了居民去世后某个特定时刻的家庭内部状况；因此，通过售卖条约、租约或是其配偶的死后清单再看一眼这个家庭的状况，会使我们获得更多信息，因为我们可以据此对比同一空间在两个不同时刻的状态。我们发现的少量住宅改造实例都发生在18世纪。那时候，住宅改造伴随着日益增长的对拧在一起的大房间的反感，以及对更为私密的空间和功能专门化的偏好。

经历过内部改造的住宅既可能属于小手工业者，也可能属于贵族。圣安托万郊区一位死于1761年的袜厂工人在两个私人房间之间安装了一个小隔间（cloison），它由"13块隔板构成的墙壁和6块玻璃构成的门"组成。[1]一位死于1786年的散工与妻子一同住在圣日耳曼路上的一个单间里，此人试图创造一种数个房间构成的套房的印象：他使用隔板和木门，造出了一个分成两个小房间的放床凹室。[2]

在社会阶梯的另一端，德菲利纳侯爵位于圣奥诺雷郊区的宅邸经历了重大改造，我们对比1772年的一份租约和1775年的清单，可以得知这一点。租约的一项条款规定，"现在闺房后面要建起一个小房间，就建在现在是阳台的地方"；这一房间侧翼的扩建并非微不足道，因为这样的话，这个小房间就会"有4扇窗户照明"。小房间里，还有一个"更小的浴室"，它通过"一块波希米亚玻璃板"采光。两年半后，清单提到，房屋侧翼有一间藏书室和一个小房间。德菲利纳侯爵很可能是希望退入一个与自己的私人房间相连的地方，或是在这里安静地独自一人工作或阅读。这位侯爵

1　M.-P. Zuber. p. 60.

2　C. Marais, p. 39.

还把花园后方一个本来用作马厩的亭子改成了"两间小套房"，其中一间"给一位画家居住"。最后，侯爵还交换了一间办公室与一间厨房的位置，这厨房里装有各种必要设备，例如，烟囱和"装厨房废水的污水池"。[1]

　　虽然，像这位侯爵那样的大型改造显然是少见的，但文件中提到的大部分创新都表现出一种对独处、隐私，以及房间的专门化的需求。1717年，一位分发盖章公文的官员的死后清单列出了房屋经历的几处改造："2个冷杉木框和玻璃板隔出的隔间，2扇门，其中1扇带有玻璃板，它将厨房与大厅区分开来，房屋侧面还有一个小隔间，作食品柜用，这些都是为了逝者的舒适而做出的安排。"这位官员家中也安装了其他的隔间和门，用以把不同的卧室区隔开来，并把卧室与书房区隔开来。[2] 在几位贫寒的神父家中，小房间是从原先的房间里分隔出来的：一位来自圣梅达尔（Saint-Médard）的神父死于1701年，他家里的私人房间中有一个用镶在框中的玻璃板隔出的小房间；一位特遣神父，坎布雷学院（Collège de Cambrai）院长，其私人房间的情况于1706年被记录在清单中，这个房间里装有"由6块冷杉木板和1扇门构成的隔间"；据公证人1733年的记录，在另一位神父（他是教堂圣器管理员）家中，有一个"装在走廊里的"隔间。[3]

　　其他居民会在厨房或商店里安装一个睡觉的地方。在圣安托万郊区一位死于1767年的木商家中，厨房上方建有一个阁楼，仆人睡在那里。[4] 对比1765年的租约和1769年的清单可知，在圣奥诺雷郊区某位饭店老板（traiteur）的家中，在此期间只有一个房间经历了改变：商店后房（arrière-boutique）成了一个大厅，并且加盖了一个放了简易床的阁楼（这里无疑是给帮手住的）。一个死于1785年的陶器商人在商店后房安装了"一

1　Y. Aubry, p. 52-53.

2　L. Duschenes, p. 97.

3　C. Ménez, p. 42.

4　M.-P. Zuber, p. 60.

个冷杉木放床凹室……一个挡住这一凹室的隔板"。

在某些例子中，房间在未经改变的情况下变换了用途。圣奥诺雷郊区的一位水平很高的大理石石匠（死于 1739 年）将拉马德琳路（rue de la Madeleine）上的一个私人房间改造成了"私人房间和厨房"，并把他的两个小房间中的一个改为自己通往院子的卧室。一位名叫让-巴普蒂斯特·杜马泽尔（Jean-Baptiste Dumazelle）的骑士扈从的房屋从 1778 年的租约和 1782 年的清单比较来看，经历了某些变化：租约提到"二、三、四层那些带有壁炉的房间"，但没有专门提到它们的名称；因此，租客将二层的临街房间作为自己的客厅，而把其他房间改成带有作浴室用的藏衣间的私人房间和带有浴缸的前厅。在三层，我们发现了一个前厅和一间仆人房。租约提到的四层的仆人房，在清单中是三层上方的阁楼。整个底层用来做饭和进餐，这里的前厅则被改成了办公室。[1] 房间用途的明显变迁在这一时期非常频繁，这时候，房间专门化还处于初期阶段。我们已经考察了私人房间、前厅、小房间和其他房间被用作厨房的情况。

居民们的改造对象并不局限于私人空间。工作空间也依照各类居民们的想法经历了改造。一位陶器商人于 1745 年租下了圣奥诺雷郊区路上一处两座楼构成的建筑中的 4 间商店兼住宅；他在两间商店之间建了一扇门，"拆掉了后一间商店的壁炉……并且扩大了它的进门处"，这是为了扩大空间，或许还为了更好地服务顾客。一位名叫让-热内·加洛佩（Jean-René Galopet）的家具制造者死于 1755 年，他为一个货棚安上了屋顶，以便储存他的货物。他家庭的未清偿欠款列表中有一项很有趣，他欠一位木匠兼修屋顶工人 372 利弗尔，因为对方为圣奥诺雷郊区他住的那所房屋做了某些工作。[2]

1　Y. Aubry, p. 54-55.
2　Ibid., p. 54-57.

从这些各种各样的例子中可以看出，巴黎人的居住空间非常灵活多变。在改造房间和改变其用途之外，他们也常常使用纱门和可折叠家具，需要的话，这些东西能从一个房间搬到另一个房间，我们稍后会考察这一点。居民们以各种各样的方式将家庭空间私人化，由此，房屋可以适应他们的私人需要，并以各自相应的方式满足每个人对隐私和舒适度提升的要求。我们很钦佩他们适应自己居住条件的能力，无论住在怎样的地方，他们都能有技巧地安排空间或家具，以使之适应自己的生活方式。这不正是一种生活的才能吗？

巴黎人对改善日常生活空间的布局的兴趣，是否表现出对稳定的家的需求呢？考察过住房情况后，一个问题产生了：城市居民们有多依赖自己的家呢？清单在这一点上没有提供多少信息。只有通过考察某座房屋的产权证或是一系列租约，我们才能获得准确的数据，但这样的研究超出了我们探究的范围。某些线索能支持我们的这种感觉：总体上来说，巴黎人依赖自己的家，至少是依赖自己的街道或街区。布商、家具制造者或印刷商和出版人的家庭通常一代又一代地居住在同一所房屋里，至少是在同一条街道上。一份关于离开父母的孩子们住址的考察显示，他们住在离父母很近的地方，通常在同一个街区或教区，有时候在同一条街上，但很少会在塞纳河的对岸。一份关于搬家的研究显示了这种扎根于某条街、某个街区或城市的某个部分的状况。商人们如果有多个商店，它们的距离会很近。由于大部分人的交通方式是步行，那时候的距离概念与当今不可同日而语。

清单提到的少数地址变化通常在有限的半径内展开：一个街区，一个教区，一条街，一片楼群甚至是一栋楼。城市生活总体上属于定居模式，这似乎是维护习俗、靠近家人和维系客户群的愿望的一部分。即使当一个家庭搬了几次家，它也很少会越过塞纳河。以拉格朗日先生为例，他与妻子在婚后的 20 年间至少搬了 3 次家，都在右岸：圣尤斯塔什教区的迈耶路（rue du Mail），同一教区的克雷里路，最后是主教城路（rue de la Ville-l'Evêque）。诺根伯爵夫人（Comtesse de Nogent）的一个仆人在从 1739 到 1763 年的 24 年间搬了 5 次家，但他也始终忠诚地留在右岸：他结婚时，住在马莱的布什拉路（rue de Bouchera）；两年后，他仍然在马莱，此时住在圣热尔韦教区的圣路易路上；几年后，他住进了圣罗克教区的寺庙路；去世时，他与妻子一同居住在圣奥诺雷郊区大路的一个单间里。[1]

或许是因为刚刚来到首都，没有可拜访的亲朋，某位来自日内瓦克勒兹的工人的儿子，以及与他类似的人，轻松地变换着住址，甚至会从一个街区搬到另一个，他们的流动性比一代代人都扎根于同一教区的巴黎人大得多。这种搬迁背后的动机是对居住条件要求的下降，还有配偶去世后的处境变迁。[2] 寡妇尤其面临着经济困难，无论社会地位如何，她们都常常要搬家，例如，玛格丽特·杜蒙（Marguerite Dumont）在丈夫德拉巴尔骑士（Chevalier de La Barre）于 1727 年死后就搬了家。一位高等法院和国王议会中的律师的遗孀的情况也是如此；律师于 1733 年去世后，她搬离了圣让恩格瑞夫教区布尔－提堡路（rue Bourg-Tibourg）的房子，住进附近的玻璃厂路上的一间套房里。[3]

清单没有提及将家庭或个人与住宅连接起来的情感，也没有提及维系家庭的情感纽带。但是一所住宅，有时候是从父母那里继承来的，曾是家庭生活中标志性的喜剧和悲剧事件发生的场所；它难道不会带着这些记忆的痕迹吗？看看这些例子吧：1650 年，一位巴黎有产者蜡烛商死在他的房子里，之前，他的第一任妻子及孩子中的 3 个都死于此；1662 年，一位优秀的建筑工人死在自己的住宅中，这房屋是他父亲在半个世纪前（1614 年）购买的位于布列塔尼路（rue de Bretagne）上的一块土地上建造的。虽然

1　Y. Aubry, p. 81-82.

2　P.-D. Boudriot, p. 10.

3　Mlle Vandertaelen, p. 71.

居民对住宅的依恋之情不会出现在清单中，但头上有一片屋顶的安全感常常会在其他公证文件中表现出来。

一位烘焙师傅死前非常关注他的妻子此后能否住在家中。他在 1657 年的遗嘱中显示了这一点："希望并命令，玛格丽特·菲利普（Marguerite Philippe），他的妻子，在接下来的两年里住在他曾住过的房屋里，而且她在这两年间要有房屋的全部使用权。"玛丽·居约内（Marie Guyonnet）与她的第二任丈夫皮埃尔·布鲁内（Pierre Brunet，一位巴黎有产者）的婚约体现了同样的对住处的关切（这是一种真正普世的关切）。婚约规定："布鲁内先生在有生之年，都会住在居约内女士居住的房屋的头两间私人房间里。"一位能力很强的锁匠无疑非常依恋他家于 1622 年在马莱的布列塔尼路上建起的房屋，这里挂着写有"金树"（Arbre d'Or）的牌子。无论如何，1633 年，他得到了属于他的 3 个兄弟的部分，成为整座房屋的主人。在 1648 年去世之前，一位国家秘书兼财政秘书非常关心自己的财产将被如何分配，并想知道，"一所他通过 1622 年 12 月 6 日签订的合约购买的、完全为他所有的房屋及其附属建筑，在他死后是否会按照高贵或普遍的原则分给他的孩子们"。[1]

这些 17—18 世纪的巴黎人与住宅的关系似乎确实与 20 世纪的巴黎人大相径庭。现代巴黎人倾向于以实用的、功能性的话语评估自己的住宅，考虑表面积、厨房和卫生设施、楼层，还有朝向。正如我们所见，他们在前工业时代的祖先们拥有一种可敬的能力，即能够应对住宅的缺陷，将之安排得适合自身需要。他们似乎与自己的住宅保持着一种更为私人化的关系，无论其舒适程度如何，而当今的都市居民则住在不具姓名、设施齐全的集体套房中，这些套房位于租金低廉的楼群中，或是奢华的摩天大楼中，或是在建于 19、20 世纪之交的有产者历史建筑中。

1　D. Henrard, p. 41-42.

　　作为家庭生活的环境，这些住宅也为职业活动提供场所，并见证了从生到死的种种生命里程碑。这些巴黎人的住处并非一个封闭的、孤立的世界：它们向外界开放，不能与街道和教区的生活断裂开来。那时候的日常生活往往在与邻居、客户、商人、手工业者的各种关系中展开，外溢到整条街上。教区内部也有很紧密的纽带：大型仪式，洗礼、婚礼和葬礼都将整个社区的人聚集起来。周日的布道，还有宗教节日的每一天，以及游行，将教区成员凝聚在信仰中，工厂工人群体的兄弟情谊也起到同样的作用。坚固的纽带由此出现在人群之中，他们坚定地扎根于街区，正如乡下人扎根于自己的村庄。我们试图通过造访诸多家庭而重现的那种住宅内的温暖，正反映在街道和教区的温暖气氛之中。

第三部分

家中的私密生活

　　我们跟随着公证人走过这些住宅时，发现了惊人丰富的物品世界：一个变化多端、形态多变的宇宙，它包含着许多不同的东西，十分生动。在历史学家看来，死亡留在这些房屋中的静止的、凝固的世界是引人入胜的，因为它引人进入这些巴黎人日常生活的核心。银器、首饰和亚麻（它们是最常被清单单独列出来的物品）之外，大量构成了私人生活背景的各类物品，通常被估价人列在他们为每个房间的物品所做的记录中。这些物品沉默地见证了居民的日常行动，以及构成了所有存在者生命之网的快乐和悲伤。作为实用物品，它们代表着这些家庭中的居民们每天重复着的最为细微的、实际的、常见的行动。

第八章　家庭空间中的日常行动

我们将要在此分析的日常物品，与最基本、最原始的生命机能联系在一起，例如睡觉、吃饭、与他人联系、储存物品，或是用双手劳作，它们是一种已经丧失，而本文在此试图复兴的物质文化留下的最显眼的人造物。它们拥有一种无与伦比的能力，能够唤回我们祖先私人生活的秘密。虽然本质上是实用物品，但它们对主人的价值并不仅仅是物质的；它们可能包含着记忆——关于所爱之人，某个快乐事件，生命中的里程碑。我们应该铭记，那个时候的社会深刻地尊敬物品，全然不像我们一样热衷于丢弃用过的、损坏的或是过时的物品。在研究生活方式时，我们应该时刻牢记这种对物品的感情。随着我们对这些家庭的了解的加深，我们也更能体会到这种感情。

睡觉

床（lit）就像房屋中的房屋，它和壁炉（cheminée）是家中的两个活动中心。床通常被帘子（rideaux）封闭起来，它不仅仅是睡觉和休息的处所，在这些供暖不足、冷风穿过的房间里，它也是一个堡垒。大量家庭住在过度拥挤且缺乏隐私的房间中，在此，床也庇护着婚姻隐私。在这个时代，每个人都生于和死于所爱的人们之间，床是出生和死亡的场所。见证了家中快乐与悲伤的事件，床带我们走向家庭隐私生活的核心。

不同于当今，当时的床并非意在使人们舒适，它充满魅力（un objet de prestige），带有一种象征性的情感价值。这是一件宝贵的家具，在家中的重要性可以追溯到罗马帝国时期。它的重要性被死后清单中估价人的相关描述的长度与细节性所证实：平均看来，有7～17行字用于描述床，包括其构成，从木床架（bois de lit）到枕头，从马鬃床绷（sommier de crin）到帘子和床框（châssis），当然还有床帐（housse）的颜色，床绷（sommier）、床垫（matelas）、被子（courtepointes）、枕头（oreillers）或是长枕（traversin）的材料。

床通常被放在面朝窗户的位置，越来越少见于壁龛或放床的凹室中，它是估价人在一个房间中首先记录的物品。它出现在所有的住宅中，最常见于私人房间，虽然，就像我们将要看到的那样，它也会出现在大厅、小房间、阁楼，甚至是厨房或商店中，而且可以被塞进意想不到的窄小区域，例如一个隔板间、一段过道里或是楼梯下方。公证人自然最关注逝者，即家中男主人或女主人的床。床在这个社会中的重要性也体现在指代不同类型的床的丰富词汇中。我们记录了大约30种指代床的术语（见表11）。

表11　清单中出现的主要的床的名称

主床（带帘子的、一般由家中男女主人使用）：
高柱床（A hauts piliers）
低柱床（A bas piliers）
私生子小床（Bâtard）
双生床（Jumeaux）
滑轮床（A roulettes）
圆柱床（A colonnes），又名扭柱床（A piliers tournés）或古董床（A l'antique）
陵墓床（En tombeau）
王冠床（A l'impériale），意大利床（A l'Italienne）是王冠床的一种
女公爵床（A la duchesse）

波兰床（A la polonaise），它的一个变种是土耳其床（A la turque）
罗马床（A la romaine），也叫顶盖床（A baldaquin）
附属床—给孩子睡的床：
儿童床（D'enfant）
摇篮（Berceau）
柳条篮（Manne）
附属床—折叠式便携床：
帆布床（A sangles），又名锯木架床（Baudet）或伸缩床（Démontable）
支架床（Sur tréteaux）
行军床（De camp）
土床（De sol），本文中未出现
草垫（Paillasse）
坐卧两用长椅（De repos）
长睡椅（lits de salle）
睡椅（Banc à couche）
双侧帘床（A deux dossiers）
英式床（A l'anglaise）

　　这些巴黎人家中的床是哪种呢？考虑到术语问题，我们应该明确指出，在我们知道的含义之外，"床"（lit），也指一种用人字斜纹布（coutil）包羽毛制成的床垫。同样常见于清单中的"床体"（couchette，couche），通常指的是木床架（bois de lit）。但是，与"床体"同义的"床框"（châlit）已经过时，17—18世纪的公证人很少使用这个词。

　　我们已经提到过饰有帘子的床。在这类床中，最常见的是高柱木架床或低柱木架床。我们考察了3000张被详细描述过的床，其中既有主要床，也有附属床或休息用具，由此，我们估计，挂了帘子的床占总数的72.5%，高柱床和低柱床共占63%（19%高柱床，44%低柱床）。这两种

床之间的区别体现在支柱[piliers，也叫圆柱(colonnes)或支杆(quenouilles)]
的高度上，高柱木架床在 17 世纪和 18 世纪早期更为常见，但在 18 世纪
30 年代左右逐渐让位于低柱木架床。现代人会惊异于床的构成要素的复杂、
丰富与多样，因为他们已经习惯了很简单的床。

　　估价人详细地描述了支柱床的构成要素。一张装饰完善的木架床包括
一个床凹（enfonçure），即小型板条（lattes）和帆布带（sangles）构成的
一种结构，有时候还会有一张盖着灰布的马鬃床绷，一张草垫（paillasse）
和一张或更多的床垫（matelas），一个褥垫（lit），一个长枕（traversin），
一到两个枕头（oreillers），一张或更多的毯子（couvertures），有时
候还有压脚被（couvre-pieds），还有填了羊毛或棉花的有里衬的被子
（courtepointe）。床帐（housse de lit）或围帘（tour）也由几种要素构成：
数条与床柱等长的窄帘(bonnes graces ou rideaux étroits)；一块背景布(fond
ou ciel)；帐檐垂布（pentes），即水平环绕帐顶一圈，以掩盖横杆（tringles）
的长条（bandes），有些情况下这类垂布是一整条，另一些情况下则是成
对的；一块侧帘（dossier），即垂直放在床的较长侧的织物；一个底部床
帘（soubassement），即一块罩住床的下半部分的饰帘（garniture），最后，
还有围绕整张床的帘子。如果帘子被挂在横杆（tringles）上，它就可以被
拉着滑来滑去；它有时也被挂在床帐上，此时它就不能移动，而只能被一
根系绳卷起。带床帐的床（lits en housse）在 17 世纪 70 年代格外流行，
亚伯拉罕·博斯（Abraham Bosse）的年代浮雕作品尤其突出了这一因素。

　　值得注意的是，虽然并非所有巴黎人都有装饰完善的床，但大部分床
铺都是封闭的。木床框上的装饰物形成了数量惊人的层次，这些层层叠叠
的布和帘子围住了整张床，它实际上将我们祖先们的铺位变成了货真价实
的堡垒：帷幕（tenture）构成的保护罩使床成为一个对抗冰冷与寒风的堡
垒；依靠那些围绕四周的厚重帷幕，床铺也是一个对抗鲁莽视线的堡垒。

床构成的封闭空间是一个安全的避难地，一个保护美梦的温暖的、毛茸茸的巢，它显然曾是房间里的某种内心的庇护所：用法国哲学家加斯东·巴什拉（Gaston Bachelard）的话来说，它的形象是一个巨大的摇篮，或是一个母性的宇宙。[1]

公证人记录了另一些带帘子的床，它们的帘子是支柱床帘子的变种。各种床铺之间的区别通常在于尺寸，或是柱子、背景布或帷幕的形状。我们发现，17世纪文件中提到过"私生子小床"（bâtard）：正如"私生子"（bâtard）这一术语表明的那样，这是一些带帘子、装饰得像一张大床的铺位，但实际上它们尺寸更小。一些双生床（lits jumeaux）———种18世纪早期的发明——也出现在估价人的记录中。我们也应该提及低柱滑轮床（à roulettes），这类床很容易在房间之间移动。

所谓圆柱床（colonne，或扭柱床），也被称为"古董床"（antique），有圆形、带凹槽的支柱，而高柱或低柱床通常带着方形或斜面的支柱，而且几乎总是没有其他装饰。这些圆柱床，和一般的支柱床一样出现于16世纪。

陵墓床（en tombeau）在18世纪最初十年也非常流行，陵墓状的橱柜和写字台也一样流行。这些带有高度不同的支柱和一个顶盖的床的框架并不是平的，而是以很大的角度倾斜着。

另一种立柱模式是王冠床（à impériale），自16世纪以来就流行于法国，而且直到路易十六统治末期，也依然很流行：这种床带有一个有穹顶（dôme）的帐篷（pavillon）——它使人想起皇冠的轮廓。

女公爵床在路易十四统治期间被引入，这种床被一个台子抬高，带有斜顶和一直垂到床底的帘子，但由于床尾没有柱子，它并非全封闭。

18世纪后半叶，数量惊人的床铺样式浮现出来。它们优雅昂贵，深

1　Gaston Bachelard, *La poétique de Vespace*, Paris, 1938.

受首都富裕阶层的青睐。清单显示，它们存在于最高雅的家庭中。所谓的波兰床［出现于女王玛丽·莱塞恩斯卡（Marie Leszezynska）时代］有 3 条床边（chevets），4 根圆柱，还有 1 个四面的穹顶。波兰床的一个变种是土耳其床，它带有 3 条弯曲的床边，这种床在 1755—1785 年非常流行。最终，我们还要提一下清单中的另外两种床：意大利床，这是王冠床的一个变种；还有罗马床或顶盖床，这种床一般床头靠墙，背景布不是朝向较窄的床侧，而是向着较宽的床侧。

我们把附属床归入第二类，它占本文考察的 3000 张床的 23%[1]。这是家中男主人或女主人的床之外的床，通常用来给孩子、仆人和访客使用。它们比上面提到的那些更简单，没有帘子。

就像其他抚养孩子时用到的物品一样，儿童床（d'enfant）通常被叫作小铺位（petites couchettes）、摇篮（berceau）或柳条篮（manne）——很少被公证人提及。我们注意到，1642 年，国王顾问西蒙·普拉斯特里尔（Simon Plastrier）家中，有"一张高柱儿童床，装有草垫，一张白羊毛毯，两个小枕头，里面填着羽毛，床上挂有帷幔"。[2]

没有支柱的床通常被公证人记录为"简易床"（simples couches）或是"装饰过的床"（couchettes garnies），而没有进一步的细节。很有趣因而值得注意的是那些折叠式便携床（lits pliants et portatifs），根据情况和时间的变化，它们会从一个没有被专门化的房间挪动到另一个。最常见的是帆布床（lit à sangles，也被称为锯木架床，lits à baudets），它带有折叠式便携床架（châssis），帆布带（sangles）从架子一侧绑到另一侧，将之撑开。17 世纪，人们也称这种床为伸缩床（démontables）。我们也注意到了行军床（lits de camp），根据 1694 年的《法兰西学院词典》可知，

1　第一类即上文谈到的带帘子的主要床，占本文考察的 3000 张床的 72.5%。——译者注

2　M. Landrier, p. 74.

"它们的床腿和支杆可以被折叠起来或是被拆掉，由此，人们要运输这种床时，其床框可以被装进小包裹里"。而某些仆人则只好在没有木床架的草垫（paillasses）或床垫（matelas）上凑合。

我们的研究区分出的第三种床是那种坐卧两用的；它们仅占总数的4.5%。它们就是坐卧两用长椅（lits de repos），或称低床（lits bas），不带帘子和帐篷（pavillon），放在一个私人房间或是小房间里，用以休息。长睡椅（lits de salle）也出现在 17 世纪的清单中。18 世纪 40—50 年代，两种新的坐卧两用长椅开始出现了；双侧帘床（lit à deux dossiers），带有一个两端轻微弯曲的侧帘，还有所谓的英式床（lit à l'anglaise），带有 3个侧帘（dossier），这是长沙发（canapé）的前身。[1]

作为关于这一时期床铺主要类型的宝贵信息的来源，清单也给出了卧具的木材、织物与颜色的种类。最常提到的木材种类是胡桃木、山毛榉木和橡木。胡桃木是样本中最为常见的，50% 的床都是由这种木材制成的。清单列出的其他木材类型还有冷杉木、桤木和上漆木材与未上漆木材。床帘和帷幔由类型多样的织物制成：我们至少能找出 15 种织物，其中哔叽明显最为常见。最常见的颜色是绿色，然而红色，尤其是富裕家庭中的深红色，在 17 世纪很受珍视，到 18 世纪也是如此，其他不那么常见的颜色有蓝色、黄色、棕色、灰色、紫色和白色。估价人记录的其他更加赫赫有名的，或无论如何是更奢侈的织物包括：带蓝白花枝（ramages）或大图案的毛丝混纺布（Indienne）——常用于制作被子；暹罗布（siamoises），一种丝绵混合织物，带有彩色条纹（rayures）——用来制作顶盖（baldaquins）和床帐；饰有花朵的阿布维尔缎纹布和科斯（Caux）条纹（rayé）缎纹

1　除了曾经引用过的 17—18 世纪的大词典，在床这方面，我们还参考了如下作品：Henri Havard, *Dictionnaire de l'ameublement et de la décoration depuis le XVIIe siècle jusqu'à nos jours*, 4 vol., Paris, 1887-1890; Guillaume Janneau, *Lits de repos et lits*, Paris, 1977; Charles Oulmont, *La maison, la vie au XVIIIe siècle*, Paris, 1929.

布——用来制作拱顶（dais）和帘子；用来包裹床垫或制作背景布的缎子；纱线和羊毛制成的凸花厚缎，带有小图案，用来制作帘子；更不用提丝绸（soieries）、塔夫绸（taffetas）和其他印有花朵或花枝的棉质平纹布了。无论朴实或精致，这些通常装有色彩鲜艳新奇的饰带、荷叶边（falbalas）或流苏（franges）的布料，为立柱床提供了优雅的装饰。估价人的描述体现了装饰床铺的重要性（尤其是在18世纪）。以下是一些例子：1张低柱床，带有"以黄丝绸饰带为里衬的绿色哔叽制成的两道窄帘和背景布"；[1]1张低柱床，带有"2面大帘子，2道窄帘，位于两侧的倾斜靠背，大背景布，还有3个底部床帘，这些东西都是绿丝带镶边的绿哔叽制成的"；[2]1张低柱床，挂有帘子，这帘子是"绿色哔叽的，带有1个侧帘，还有1块配有可旋转横杆的方形背景布，大大小小的帐檐垂布，2面床帘、2道窄帘和3条饰带，它们都是用同一种米兰交际花式的柠檬黄哔叽制成的"；[3]"1张低柱床，女公爵式，印花白丝绸制成的侧帘和王冠式顶盖，帐檐垂布和帘子都是绿色哔叽的，被子由蓝色印花毛丝混纺布制成，带有白丝绸长条"；1张高柱床周围的帘子是"红色哔叽的帐檐垂布和床帘，用丝绸流苏做装饰"；"1张低柱床……女公爵式，红色缎纹布制成的床帘、窄帘和帐檐垂布，王冠式顶盖，2个金银镶边的红色塔夫绸侧帘，褥垫（lit）是毛丝混纺布制成的"；[4]1张陵墓床，其床帐"材质是土耳其蓝的哔叽，由2道帘子、2道窄帘以及1个柠檬黄饰带镶边的背景布构成"。[5]

英国游客马丁·李斯特于1698年造访了巴黎，他忍不住赞叹了"天鹅绒，深红色缎纹布，或是金银织物的床"。[6]这些床上的床帐往往饰有

1　I. Landrivon, p. 59.

2　D. Villate, p. 33.

3　M.-P. Zuber, p. 66.

4　D. Durier, p. 199.

5　C. Corneloup, p. 67.

6　Martin Lister, *op. cit.*, p. 23.

大量装饰品：我们注意到蓝色背景上的金黄色（aurore）丝绸饰带；一张铺着淡蓝色滑面羊毛布（calamande）的床，饰有白色与金黄色的带子；白丝带镶边的猩红（écarlate）哔叽床帐；"黄水仙色棉丝混纺织物制成的"饰帘（garniture）；淡黄色（chamois）的缎子制成的金边饰帘；杏黄色塔夫绸背景布，带有蓝色缎纹布帐檐垂布；深红色（cramoisi）缎纹布床帐，饰有仿金饰带和黄丝绸细绳。卧具的色彩丰富多样，还运用了相似色和对比色，这一切都令人爱慕；想象一下，它们能够怎样地以这些鲜艳的色调提亮那些昏暗的家宅啊！在大部分雅致的住房中，卧具色彩与椅子、窗帘和壁挂帷幕（tentures murales）相匹配，我们将会在讨论房屋装饰时提及这些。

　　清单中对卧具（literie）的描述也非常详细。床垫，罩有蓝色或白色、方格或条纹花样的平纹布，来自蒙比利亚（Montbéliard）或佛兰德斯的平纹布，以及绒布（futaine）或缎纹布，其填料则是羊毛、废棉（bourre）、羊毛下脚料（bourre lanice），以及某些种类的粗羊毛（grosse laine）。长枕和枕头总是被描述为"包在人字斜纹布（coutil）中，填料是羽毛"。毯子（couvertures）大部分是白羊毛的，极少情况下是绿色或红色的。其他可用于制作床上的额外毯子的材料有：棉、平纹布、塔夫绸、法兰绒（flanelle）或毛呢（ratine）。但是，卧具的色彩并不丰富：白色、绿色、黄色、蓝色，还有一些印花。压脚被（couvre-pieds）是一种稀有物品，所用材料包括通常印有花朵的棉布、斑点平纹布（toile piquée）、丝绸或塔夫绸。

　　被子盖住了整张床，一直垂到地面上，它使用的材料有棉布、平纹布、哔叽、塔夫绸、凸花厚缎、缎纹布或缎子，很少是丝绸或滑面羊毛布的。其颜色通常鲜亮，往往带有印花。被子的颜色并不一定要与床罩相配，但人们往往追求其与帘子的颜色相互和谐，形成对比。绿色哔叽饰帘（garniture）往往配以黄色或白色的平纹布被子，或是印有花朵的棉布面被子；黄丝绸帘子可能会与方格平纹布被子配在一起，蓝色哗叽帘子则与棕色平纹布被子相配。[1]

在清单上，床单（draps）很少与床上用品列在一起，因为它们与家中亚麻制品一同被记录。无论逝者的社会阶层如何，这些床单都经常被描述为"已被磨损，十分破旧""劣质的""不成样子""打了补丁""宽度被更改过"，甚至是"几乎无法使用"。床单可能是由家用平纹布（toile de ménage）、平纹黄布（toile jaune）、公用平纹布（toile commune）、平纹粗布（grosse toile），或是用印花平纹布（toile de cretonne）或阿朗松平纹布（toile d'Alençon）制成。主人们的床单与仆人不同，仆人床单的尺寸很少被给出，而孩子们的床单则几乎从未被提及。一张床单的售价往往很高，在 10 利弗尔到 50 利弗尔之间，取决于其状况、布料类型与尺寸。枕套（taies d'oreillers）也与家用亚麻一同被估价，它们由平纹白布、方格或条纹的平纹薄布（mousseline）制成。值得注意的是，床单会被用来遮盖长枕，有时候，估价人还会指出，床单和枕套刚被洗过，或是"刚从洗衣女工那里拿回来"。

清单对床铺大小的描述，不如它们对其构成部分的描述那么详尽。真实尺寸很少出现，清单往往以"大床"、"小床"、"私生子小床"或"双生床"这样的词来描述床的尺寸。我们发现被记录的少量具体尺寸都是低柱床的。最常见的低柱床显然是 1.14 或 1.3 米宽，可供两人睡下。单人床大约 82 或 98 厘米宽。床铺长度很少被给出，不过它们显然比现代的床更短，因为我们的祖先一般来说比我们矮。

某些家庭的清单中提到了梯凳（marchepied），它们带有两三节台阶，以便人们爬到床上去。这使我们意识到，这一时期层层垒起的床垫、羽毛褥垫（lit de plume）和毯子比我们习惯的床铺要高得多。在这方面，一位

1　D. Villate, p. 37.

来自库伦·德·哈德威克（Cullum de Hardwick）家族的英国游客的说法非常有趣，1782 年 8 月，他从萨福克造访了巴黎："床被抬到了一种不方便的高度，甚至是腿最长的人都需要一把椅子协助上床；人们实际上真的要爬到床上去，这并不是因为床本身高度惊人，而是因为上面叠满了各种垫子：你的身体下方，有一个床垫，然后是一个薄羽毛褥垫，然后是另一个床垫，最下面是一堆粗糙的褥草（litière grossière）或是装满稻草的袋子（sac rempli de paille）。这些床拥有夏季的甜蜜温热和主人的疏忽所能带来的一切缺点。除非有最精心的养护，否则床单就会永远潮湿：但是，我必须公正对待法国人，承认他们通常会维持床铺与亚麻桌布的清洁。"[1]

估价人所做对这些床铺的评估彼此差异巨大，甚至对同一种床也是如此，例如高柱床或低柱床。它们的价格范围跨度巨大：从一张几利弗尔的帆布床（lit à sangles），到价值 1000 利弗尔及以上的奢侈品。带帘子的床的价格通常在 50 ～ 300 利弗尔之间，平均价格是 100 利弗尔。低柱床比高柱床更贵。这种评估通常是基于这些床的状况、所使用的木材，尤其是围绕着床的各类帘幕的贵重程度。床几乎总是家中最贵的家具，它通常是贫寒家庭中唯一有价值的物品，而且实际上是穷人的奢侈品。

一个家庭的收入越低，买床的支出就显得越惊人。床的价值可能会占到清单记录的财产总价值的 1/2，正如下面两个例子所能说明的那样：1699 年，某国王军队陆军中将的贴身男仆的低柱床，被描述为"胡桃木制，装有床凹（enfonçure）、草垫（paillasses）、马鬃床绷和一个装满羽毛的人字平纹布长枕，还有一个羊毛床垫，白羊毛毯子，绿色哔叽床帐，这张床还带有侧帘和背景布，斑点塔夫绸被子，带荷叶边的围帘，以及帐檐垂布和帘子"，这张床被估价为 400 利弗尔，而此人的财产总价值是 811 利

---

1 Cité par Michèle Sacquin, *Voyageurs anglais en France et voyageurs français en Angleterre*, thèse de l'Ecole des Chartes, Paris, 1978, 3 vol.

弗尔。[1]1770 年，某位单身妇女的总资产仅有 55 利弗尔，但她有一张高价低柱床，带有饰帘，价值 30 利弗尔，约占总资产的 60%。[2]这些当然是特例，但一张价值占家庭总财产的 15% ～ 30% 的床并非罕见，大部分散工与擦地板者的情况都是如此。1721 年，一位在海关工作的散工死时留下了 963 利弗尔的财产，其中包括一张价值 200 利弗尔的床，它带有蓝色哔叽床帐和一条红点绿里衬的被子。[3]

床在比较贫困的阶级中一般是一件重要财产，无论逝者的职业是什么。关于这一点，有大量的例子：一位出师的制柜学徒工的死后清单提到了一张价值 80 利弗尔的床，这数字占他总资产的四分之一。[4]1755 年，法兰西近卫团（Gardes Françaises）军团中的一位外科医生住在圣马塞郊区，他的床被估价为 150 利弗尔，而他的总资产价值 571 利弗尔。[5]18 世纪 70 年代，一个鞋匠助手（garçon cordonnier）和他的妻子住在一个单间里，他们有"一张低柱床，其床凹带有横杠，一张平纹粗布包裹的草垫，三个填满羊毛下脚料的方格平纹布床垫，一个褥垫，一个长枕，两个装有羽毛的人字平纹布枕头，一条被子，一个毛丝混纺斑点布压脚被，饰有丝绸饰带的绿色哔叽床帐"，这张床总价值是 180 利弗尔，占了他们总资产的四分之一。[6]

在大部分贫困家庭中，一家之主只能凑合睡在一张很简易的床上，其价值低于 20 利弗尔。1762 年，一位住在圣安托万郊区的袜工遗孀拥有"一张低柱床，带有褥垫和长枕，一张羊毛小床垫，一张旧毯子，两扇围在床周围的绿色哔叽旧帘子"，这张床价值 15 利弗尔；虽然非常寒酸，

1　M.-C. Coutand, p. 67.

2　C. Rideau, p. 83.

3　G. Rodier, p. 49.

4　P.-D. Boudriot, p. 35.

5　F. Dommanget, p. 73.

6　V. Paquet, p. 90.

但它占了他们 45 利弗尔总资产的三分之一。[1] 一位旅店老板的床价值仅有 20 利弗尔，他于 1754 年去世时，床的价值占他总资产的四分之一。[2] 一位贫困的油漆匠的总资产价值是 35 利弗尔，他有一张"低柱床，带有床凹，一个草垫，装有羽毛的人字平纹布长枕，一条绿色旧塔夫绸被子，穿越了雕刻过的涂金木床架的侧帘，一张白平纹布包裹废棉制成的小床垫，价值 4 利弗尔"。[3] 一位贫穷的擦地板者的妻子 1751 年去世时只留下了 31 利弗尔的资产，她与丈夫和一个小孩子睡的是"一张低柱床，有两个草垫，一张填了废棉的旧床垫，一个长枕，两张旧毯子，其中一张是粗呢（bure）的，两面方格平纹布帘子，这张床总价值 3 利弗尔"。[4]

最富裕的逝者拥有最奢侈的床，其价格远高于平均水平。1772 年，在外科师傅路易·热尔韦（Louis Gervais）家中，估价人记录了两张主要床，每张都是低柱床，4 法尺（1.3 米）宽，带有用带子束紧的背景布，带有一个皮革床绷（sommier de cuir），两个羊毛床垫，一个褥垫，一个长枕，一个羽毛枕头，还有带有侧帘和帐檐垂布的王冠床式床帐，这张床被估价为 1000 利弗尔。[5] 一张被估价为 1200 利弗尔的波兰床出现在于 1775 年开列的拉格朗日先生的清单中。另一位圣奥诺雷郊区居民，富裕的德菲利纳侯爵，死于 1774 年，他有一张"土耳其床，带有四根圆柱"，以及"木轮"（roulettes de bois），还有"一整套三色缎纹布制成的床帐"，这张床的价值也是 1200 利弗尔。[6] 1772 年，某位骑士扈从兼国王顾问有一张类似的涂金木床，这张床的估价高达 2000 利弗尔，但这个数字仅占此人总资产

1　M.-P. Zuber, p. 68.

2　C. Corneloup, p. 64.

3　M.-P. Dumoulin, p. 119.

4　G. Rodier, p. 48.

5　M.-P. Lefèvre, p. 72.

6　Y. Aubry, p. 69.

的 6% 以下。[1]

最贫困的巴黎人睡在寒酸的床上，最富裕的人则有华贵的床，但是，正如这些例子展现的那样，床并不是展现富裕程度的良好指标，它只能展现出最穷和最富的人。在床这一方面的花费并不总是与总资产额成固定比例，随着资产的增长，这一比例倾向于下降。在贫寒的手工业师傅或甚至是男仆的家中，与在富商或律师的家中，常有价值相仿的床。但在每个社会阶层中，床都在房屋里占据了首要位置，不仅是在物理方面，也是在心理方面。

在某人死后，床是最受觊觎的物品，因此必须在遗嘱中特别说明，它会用于回报某位邻居或仆人的关爱，或是作为一种友谊的赠品。1730 年，圣雅克－杜－奥帕（Saint-Jacques-du-Haut-Pas）的神父让·德穆兰（Jean Desmoulins），在遗嘱中留给"诺埃尔·勒布朗德（Noël Le Blond），他生前最后 20 年间的仆人，那张他（仆人）所睡的床，以及床上的两张毯子和饰帘，以及两条床单"。这位神父单独向 3 位仆人中的一位做出这种举动，是在展示信任与感激，还有真切的友谊——在 18 世纪，"友谊"还是非常严肃重要的。[2]

关于床的最后一个问题：人们在怎样的状况下睡觉？ 17—18 世纪的每个巴黎人都有自己的床吗？这是一个棘手的问题，因为我们的文件在有关某住处中居民的人数方面语焉不详。除了一些仆人的清单（其中没有提到床，因为床是属于主人的），每个家庭的清单中都至少有一张床，平均来说，每个家庭有 2～3 张床。一些学生试图对比床的数量与居民的数量，由此算出了床铺的使用率。数字通常是较低，尤其是考虑到夫妇通常睡在一张床上的话：在 17 世纪 40 年代的圣尼古拉德尚教区，路易十四统治期

1 C. Rideau, p. 83.
2 C. Menez, p. 48-49.

间的圣让恩格瑞夫教区的家庭中，以及 18 世纪音乐家或歌手的家中，每张床平均睡着 1.25 个人；18 世纪 60 年代的圣安托万郊区，这个数字是 1.4，在饮料商家中，每张床平均睡着一个人。

因此，似乎在 18 世纪后半叶，每个人都有自己的床，至少在巴黎相对富裕的阶层中是这样。但是，平均数往往会遮盖现实，在许多住房中，床的数量与居民人数之间的比例很难确定，因为床的数量与居民数量并不对应。关于夫妇，我们应该注意的不仅是他们自己的床，还有他们的卧室，因为他们的社会要求："先生的房间"与"女士的房间"要分开。

至于孩子，17 世纪期间，他们通常两人睡在一张床上，极少数情况下是 3 人一张床，甚至在不贫穷的家庭中也是如此。一位巴黎有产者制帽师傅在 1663 年去世时，拥有一座他以 1 万利弗尔买来的房屋，其中的卧室里只有一张高柱床和一张低柱床；但这位手工业者及其妻子有 3 个女儿，那时候的年龄分别是 14、11 和 7 岁。根据估价人的记录，与妻子和 6 个孩子共同居住的建筑师傅皮埃尔·梅西耶（Pierre Messière）于 1662 年去世时，家中有 4 张床供 8 人睡，包括逝者房间里的一张高柱床，小型临近房间里的一张低柱床，更高一层楼上的一个用作厨房的房间里的一张高柱床，以及与之毗邻的破屋里的另外一张小床。在这里，皮埃尔·梅西耶是自己房屋的主人，他出租了房中的某些房间。虽然最富裕的家庭中的孩子都有自己的床，但他们住在同一个房间里。这就是国家议会和财政部的常任秘书雅克·加朗的两个成年儿子（年龄分别是 19 岁和 17 岁）的情况，这位秘书死于 1654 年。[1] 至于那时候的小孩子，他们有时候与父母同睡一张床——虽然文书们反复警告，小孩可能会因此窒息而死。孩子长大后，通常睡在一张折叠床上。

18 世纪期间，房屋舒适度进步了，挤在床上的情况变得越来越不常见。

1　D. Henrard, p. 63.

在贫寒的大家庭中，床铺并不总是必然为隐私之岛。一些例子显示了这一点：在一个死于 1740 年的散工家中，6 个人（包括 4 个孩子）睡在 3 张床上，其中 1 张得到了完整的装饰。1744 年，另一位散工遗孀（她养育着 7 个 6～15 岁的孩子）的住宅里只有两张床；其中只有一张用帘子围住。1761 年，根据估价人的记录，另一个散工家庭的 6 个人（包括 4 个孩子）只有两张床。[1]1775 年，音乐家让－乔治·布鲁纳（Jean-Georges Bruner）的情况甚至更加不舒适。他家中有一对夫妇和 3 个小孩子，但只有一张床。[2]由于这一时期把小孩子交给保姆带的情况仍然很常见，所以我们想知道，在某些情况下，父母是否与后代一同居住。实际上，到 18 世纪 70 年代，单人床在巴黎越来越常见。1770—1773 年，在圣埃蒂安迪蒙和圣尼古拉德尚教区，61% 的家庭中的床都是单人的。1770 年，一位贫穷的床垫梳理工（cardeur de matelas）与妻子和 3 个孩子同居于蒙田－圣热纳维埃夫路上的家中，这里，每个人都有自己的床。[3]

在最富裕的家庭中，估价人有时会发现大量的床，其数量与家人的数量并无关系。1639 年，巴黎大学派往兰斯的信使有 25 张床供 10 人睡。[4]在王室音乐常任主管马林·马莱（Marin Marais）家中，有 10 张床供 2 人睡。[5]王太子殿下的鲁特琴制作师傅路易·格桑（Louis Guersan）与妻子有 6 张床可睡。[6]这些床是已经长大离家的孩子们的吗？还是为了接待亲戚和客人？

当然，毫不意外的是，旅店老板、酒商或饮料商的财产中包括大量的床，他们基本上要日常接待过夜的客人。1751 年，在德尼·卢梭（Denis

1　G. Rodier, p. 48.
2　I. Petitclerc, p. 79.
3　V. Paquet, p. 86.
4　M. Landrier, p. 76.
5　F. Dommanget, p. 71.
6　Petitclerc, p. 79.

Rousseau）与安妮·鲍昆（Anne Bauquin）开在雷伊路（rue de Reuilly）的小旅馆的二层，两个房间里摆着 11 张床：它们都是简单的床，带有草垫、羽毛褥垫、一张毯子和一个长枕。1733 年，在圣马丁郊区的白十字旅馆（l'hôtellerie de la Croix-Blanche），有几张摆在一个房间里的床，但其中至少一半装有哔叽帘子。在旧衣大商店路上，让·科斯特罗伊斯（Jean Costeroust）租出了 11 个带家具的房间，只有 2 个为租客提供了带有绿色或白色哔叽帘子的低柱床；其他房间只有带一个草垫、一个床垫、一个床罩和一个长枕的简单的床。[1] 一位死于 1765 年的饮料商妻子的清单提到了 9 张床，其床帐各不相同，其材质要么是黄色或绿色哔叽，要么是蓝白色暹罗布，要么是毛丝混纺布（Indienne）。1784 年，另一位饮料商拥有 18 张床，他也应该也是将之用于接纳寄宿客人的。[2]

除了在后面一些年代里，在城市或圣日耳曼代普雷郊区，或是王家宫殿区里那些最奢华的旅馆，这个时期的小旅馆几乎从不为旅客提供单独的房间。几位 17 世纪，甚至 18 世纪早期的外国游客的评论佐证了这种缺乏隐私的状况，他们住在一个有几张床的房间里。虽然启蒙时代的住房条件有所改善，但共享卧室的习惯直到 18 世纪早期也依然保留在巴黎旅馆中。这一时期的英国游客对此十分惊异。一位英国游客在《绅士的法国旅游指南》（*The Gentlemen's Guide in his Tour through France*）中记录了他分别在 1814 和 1816 年进行的两次法国旅行："可能的话，拥有自己的床，以及自己的卧室——这对于游客来说是很重要的；因为大陆地区很常见的做法是把三四张床摆在一个房间里，游客一定要极其小心，以避免被同住一房的人所骗。"

到 18 世纪末，单人床和单人卧室数量的增长，表现了隐私与舒适方

1　C. Corneloup, p. 115 et 65.

2　A. Pakravan, p. 86 et 88.

面的巨大进步。可以被帘子封闭起来的高柱床与低柱床的传播标志着这一进化的开端。随着隐私概念本身永久性地安身于人们的态度与习惯之中，床逐渐可以被简化，并去掉床帐。但是，出于同样的原因，它们也丧失了庇护所的地位——以及一部分的魅力。

备餐

准备食物的地方——无论是厨房，一个用作厨房的房间，还是一个公共休息室——都是家中的女主人或其仆人的领地，而且总是以壁炉（cheminée）为中心。和床一样，壁炉也是家庭的核心活动中心。壁炉不仅是温暖和光明的来源，也是做饭的首要场所。由于与房屋的砖石结构结合在一起，它并不被计入逝者的物品清单中，但是，它的存在被烧火工具显露出来，例如柴架（chenets）、铲子（pelle）和火钳（pincettes），这些东西通常是房间里最先被估价的东西。一系列烹饪必需用品聚集在壁炉周围。其中有些用来做饭，有些用来盛饭。

柴架用于把木柴（bûches）放在固定的位置上，并将它们抬离地面，从而使它们更好地燃烧。柴架带有几个放烤肉扦（broches）的装置。几份清单提到了烤肉架（hâtier），这是一种大型柴架，带有在烧烤过程中放置烤肉扦的钩子。它的顶部通常放着某种金属篮，用来加热大平盘和小锅。烤肉扦架（landier）也带有钩子，常与烤架弄混，在清单中可能被称为"用来旋转烤肉扦的柴架"，或是"有 V 形凹槽的柴架"。反烧架（contre-rostier）或反烤架（contre-hastiers）——带有几个用来承载烤肉扦的嵌钉的大型柴架——在 17 世纪 50 年代之后似乎更加少见了。烤肉扦，一种一头尖的金属长杆，可用来将烤肉的每一面转向火。最常见的烤肉扦是手持烤肉扦（broche à main）或烧烤烤肉扦（broche à rôtir），它们由烤肉扦架上的钉子撑在火焰上方，可以用手转动。1667 年斯特拉（Stella）的一幅著名版画，《冬日农场的夜晚》（*La veillé à la ferme pendant l'hiver*）中，一个小男孩在转动着放在烤架上的一根穿着烤肉的烤肉扦。同时，他的母亲也坐在地上，与他相邻，正在给孩子换尿布，而其他家庭成员则各自做着各自的事情。

带螺丝或滑轮的烤肉扦是估价人所描述的一种旋转烤肉扦（tournebroche）的一部分，即"一种带曲柄的烧烤装置，装有带石砣的链子和细绳"，或是"一种带细绳、平衡物和石头的烧烤装置"。这是一种更为复杂的机械，相对于简单的烤肉扦，明显是一种改进，因为它使我们不必用手旋转，并且通过机械提供了更规律的转动。17 世纪，它流传得更为广泛了，但是在最富裕的家庭之外仍然罕见。烧烤装置的一种配件是铁或黄铜制成的滴油盘（lèchefrite），它被放在烧烤扦下方，用来盛装烧烤过程中肉滴下的汁水和油。

挂锅铁钩（crémaillère）是壁炉的传统标志，它被挂在一个带有 V 形凹槽或是齿痕的支架或是环上，嵌入了烟囱下方的墙面。锅的把手挂在铁钩上，位于炉火上方。这里有的锅的类型可能会包括无处不在的带有盖子的红铜炖锅（marmite）、小锅（chaudron，也有可能是用来烧热洗锅水的，例如"洗碗小锅"），或是"大锅"（coquemar），或烧水壶（bouilloire）。要拿起挂在挂锅铁钩上的容器而又不被烫伤，就要用到一种名叫"铁手"（main de fer）的铁质把手或钩子。但是，18 世纪期间，挂锅铁钩用得越来越少了，到 18 世纪 70 年代尤其如此。1761—1770 年，圣埃蒂安迪蒙教区中 30% 的家庭装有挂锅铁钩；1770—1772 年，圣尤斯塔什教区 28% 的家庭装有挂锅铁钩；同一时期，莫贝尔广场周围的街区的居民中有 19% 的家庭装有挂锅铁钩；1768—1790 年，圣日耳曼－欧塞洛瓦教区有 17.5% 的居民有挂锅铁钩；而 1770—1774 年的圣保罗教区中，则有 13.5% 的家庭。圣安托万郊区中的贫寒家庭中，有 50% 在 1760—1762 年仍然有挂锅铁钩。

这种东西几乎完全从饮料商的家中消失了，在他们的 62 份清单中，只有 3
份提到了挂锅铁钩。

挂锅铁钩越来越多地被三脚架（trépied）取代了，这种支架由 3 条腿
及其上的一个圆环构成，上面可以放炖锅、小锅、大锅和长柄平锅（poêles）。
到 18 世纪 70 年代，圣尤斯塔什教区有 43% 的家庭，圣日耳曼－欧塞洛
瓦教区有 50% 的家庭，圣安托万教区有 71% 的家庭，圣埃蒂安迪蒙和圣
尼古拉－杜－夏尔多内教区有 73% 的家庭，以及圣保罗郊区有 79% 的家
庭拥有三脚架。这种物品的变种，即三角支架（chevrette），用来把锅直
接撑起在炭上。壁炉区域另一种古老的烹饪工具是烤架（gril），它出现
在大部分家庭中，无论它们有多么贫寒。

大量各类厨房用具被放在壁炉前的地板上，从烟囱架下方的钉子挂下
来，或是放在附近的搁板上。它们的数量与用途的多样性都很惊人，即使
在最贫寒的家庭中也是如此。除了前面提到的烹调用具之外，我们还要提
一下最为普遍的锅的组合：有柄深平锅（casserole）的形状和尺寸各异，
有圆的，也有带尾部的（à queue），但它们不如小锅或长柄平锅（poêles）
那么应用广泛。后者无处不在，并且有不同的用处，它可以用来煎蛋，炒
栗子，做果酱、糖浆、果泥，最常用的功能是煎炸。短柄小平锅（poêlon）
也应用广泛，它的边缘很高，把手很短。

其他出现在许多厨房中的用具以其多样性著称，正如一张各种勺子
（cuillères）的列表展现的那样：吃饭勺，调味勺，砂锅（pot）和短柄
小平锅用的勺子，撇油和煮沸时用的勺子，吃果酱、咖啡和浓汤用的勺
子。厨房用具的清单列出了各种物品：锅盖（couvercle），在大平盘中推
动油炸食物的小铲子（friquet），漏勺（écumoire），滤锅（passoire），
剁肉刀（couperet），切菜板（hachoir），厨房用大刀（grand couteau de
cuisine），用来研磨盐和辣椒的研钵（mortier），杵（égrugeoir），漏斗

（entonnoir）、天平（balance），等等。在这一系列用品之外还可以加上使用没那么频繁、更加专业化的物品，它们代表着一种留给装备最完善的厨房的舒适生活方式。举一些例子，鱼锅（poissonnière）、馅饼模具（tourtière）、阉鸡锅（chaponnière）、华夫饼模具（gaufrier）、烹制水果用的钟形罩（cloche à cuire les fruits）、煨肉锅（daubière, braisière），还有凹面锅盖（couvercle concave）——它能够盛装木炭或滚水，用来蒸两个热源之间的食物，更不用提胡格诺壶（huguenote）了，这是一种很厚、密封良好的炖锅，新教徒用它们在禁食日煮肉，这样就不会有气味向邻居泄露他们的行径了。

正如形状与用途各不相同，这些物品的材质也各异。通过考察居民们拥有的用具，我们可以追溯一整套揭示其生活方式与财富水平的等级体系。必需用品往往是铁质的，穷人的厨房用具几乎全都是铁的，因为它比铜更便宜。黄铜制品完全没有出现在这类家庭中。黄铜实际上用在大量家庭物品上。在路易十四统治期间的仆人家中，要用火的工具，例如柴架、铲子、火钳和烤架，还有三脚架、长柄平锅、烧烤扦和滴油盘，都是铁质的，但滤锅、短柄小平锅、漏勺、小锅和炖锅通常都是黄铜的。这些家庭中铁质物品的总价值很少超过3利弗尔，铜质物品的价格则在2～10利弗尔之间。具体价格取决于它们的数量。某些柴架带有铜把手，而柴架的价值按如下顺序依次上升：全铁的是30索（sol, 20索=1利弗尔），如果带有"黄铜把手与镶边"的话，其价格可以达到5利弗尔。[1]

18世纪贫穷手工业者家中的厨房用品通常包括3～4件铁制品，5～6口黄铜的小锅和炖锅或有柄深平锅。铜制品在18世纪期间变得越来越贵，逐渐从更为贫穷的家中消失了，它们主要被铁所取代。18世纪50年代后，

1　M.-C. Coutand, p. 63.

在散工家中，铁制品比铜制品出现得更频繁。[1]

虽然从最贫穷的家庭到最富裕的家庭都拥有一样的厨房基本工具，但厨房用具的数量与多样性随着社会阶层的上升依次增长。考虑到 18 世纪标志性的物品积攒现象，最优质的厨房有时候会有数量惊人的铜制品，黄铜或是最贵的红铜。这就是救济法院（Cour des Aides）顾问拉格朗日先生的情况，1775 年，公证人为他位于圣奥诺雷郊区的家做了清单：25 个有柄深平锅，17 只锅盖，2 个圆形的、1 个椭圆形的有柄深平锅，4 个馅饼模具，1 个果酱平锅，7 个带锅盖的炖锅，1 个带锅盖的煨肉锅，1 个鱼锅，两个砂锅勺，1 个漏勺，3 个撇油脂勺，1 个大锅（coquemar），还有 1 个洗物大锅（chaudière à laver），这些东西都是红铜的，总价值 222 利弗尔。[2]想象一下这些闪闪发光的铜锅吧，它们的颜色温暖鲜亮，照亮了壁炉高处的两侧墙壁，它们位于格外优质的厨房里，这里是厨师让一巴普蒂斯特·马尚（Jean-Baptiste Marchand）的疆域。

以下是更能代表一般家庭的例子，1765 年，一位酒商家中的铜质厨房用具有 3 个小锅，2 个短柄小平锅，1 个滤锅，1 个洗物大锅和 1 个漏勺，总价值 40 利弗尔。[3]1770 年，一位缝纫用品商不仅有炖锅，还有 2 个煎炸用长柄平锅和 3 个铁锅盖，一大一小 2 只小锅，一大一小 2 只短柄小平锅（poêlon），1 个漏勺和一大一小 2 只砂锅，这些东西都是铜质的。[4]

通过阅读对这些壁炉附近的家用物品的描述，我们得以重构家庭主妇准备食物时的日常行动。主妇或她的仆人跪在、蹲在壁炉前的地面上或坐在一把矮椅上，把一口锅举在火上，转动烧烤扦，望着烹制过程中的食物。18 世纪后半叶舍尼（Chenu）创作的一幅名为《平静的家庭》（*Le*

1　G. Rodier, p. 52.

2　Y. Aubry, p. 71.

3　C. Corneloup, p. 6g

4　C. Marais, p. 56.

Paisible Ménage）的版画展现了一位这样坐在壁炉前矮椅上的妇女，她把一口平底锅举在火上；她的孩子在身旁玩耍，而她的丈夫，一只手拿着一个空篮子，另一只手拿着一支点燃的蜡烛，可能准备到地下室去。在房间中间，一张折叠桌一半覆盖着一张桌布，上面摆着一只浅盘和一把勺子。[1]

随着新的烹饪方式的出现，变化在 18 世纪期间发生了：食物的准备不再与壁炉密不可分，传统行动被新的流程所取代，现在厨子可以站起来工作了。这种进步之所以可能，是由于新的热源逐渐出现在巴黎家庭中。在 18 世纪上半叶，平炉（réchaud）逐渐被广泛使用，这是一种空心大平盘，立在三只脚上，借助一个把手或两只手柄补充燃料，烧的是热炭，是仅次于壁炉的第二热源。厨房通常配有两个平炉，用来做饭或加热食物。某些旅馆主人有一系列此类工具：1744 年，皮埃尔·塞利耶（Pierre Scellier）家中有 8 个平炉，特雷莎·莫尔（Thérèse Morel）家中也有 8 个平炉，1738 年，旅馆主人玛丽—珍妮·布隆代尔（Marie-Jeanne Blondelle）的厨房里有 10 个平炉。[2] 这种烹饪方式一直持续到 18 世纪 70 年代，我们发现那时候的一位糕点师傅的壁炉附近既没有三脚架，也没有挂锅铁钩，但他有两个铜质平炉。[3] 当时，还有木柴或炭加热的嵌入型炉灶（fourneau），《百科全书》将其描述为"砖石建筑中的一种砖结构，大约 3 法尺（1 米）高，平炉就被封在这里，炉灰从这里落入下方的一个拱形区域"。

嵌入型炉灶有几种类型：带 2 个平炉的便携式嵌入型炉灶，带有 4 个铸铁平炉的砖嵌入型炉灶，石膏嵌入型炉灶，用铁加固过并捆扎好的嵌入型炉灶，带有 2 个平炉的砖石结构嵌入型炉灶，嵌入型铁皮炉灶。[4] 但嵌入型炉灶的使用并不广泛：20% 的旅店主人、小酒馆主人和酒商有某种嵌

1 A. Mathayomchan, p. 66.
2 C. Corneloup, p. 70.
3 V. Paquet, p. 75.
4 C. Corneloup, p. 70.

入型炉灶；1768—1790 年，20% 的圣日耳曼－欧塞洛瓦教区成员有嵌入型砖炉灶或嵌入型铸铁炉灶；17% 的莫贝尔广场住户，还有圣安托万 69户居民中的 3 户，到 1760 年已经有了嵌入型炉灶。很难得知这种砖石结构物品的价格，就像评估方砖炉（potager）的价格那么难——它是墙上的一块凹处，菜肴在这里得到煨煮，因而清单不会对它加以记录。

比嵌入型炉灶更罕见的是镀锡厨灶（cuisinière de fer-blanc），这是 18世纪 50 年代出现的一种新发明，仅现于富人家中。它是石质的，外面封有锡壳，可以移动。1768—1790 年，它们出现在 17.5% 的圣日耳曼－欧塞洛瓦教区居民的厨房中。在 18 世纪 60 年代的圣埃蒂安迪蒙教区，估价人提及的这类厨灶只有 2 个，出现在律师雅克·吉拉尔·德·索瓦松（Jacques Girard de La Soisson）和博士让·卡巴耶（Jean Cabaille）家中。最终，我们应该注意，一种以上的烹饪方式在 18 世纪 70 年代已经出现在少量家庭中：一种便携烤箱（four de campagne, four portatif）出现了。简而言之，在 18 世纪 70 年代，新的家务技巧逐渐得到了应用，但到 18 世纪末，这些辅助的做饭热源还没有将古老的壁炉淘汰掉。

在有真正厨房的住宅中，除了清单所记录的壁炉周围的种种用品与工具之外，还有某些家具。这些家具通常体积较小，主要是实用性的，包括橡木、胡桃木、冷杉木或白木制成的桌子、座位和储物家具。桌子通常放在支架（sur tréteaux）上，或者可折叠。某些桌子被称为"厨房桌"，少数情况下也被称为切食物的桌子，由坚硬的木材制成。此类桌子中的另一些被称为"餐桌"，长度可达 2.6 米。座位数量众多，但价格低廉，几乎总是以稻草为底座。各种座位包括椅子（chaises）、梯凳（escabelles）、长椅（bancs）、脚凳（tabourets）、小凳子（placet），偶尔还有扶手椅（fauteuils）。准备食物时，桌椅对主妇来说非常重要。桌子用来切割、准备和摆开食物；有座位的话，主妇就可以坐下做饭，避免长期弯腰带来的疲劳和炉火上方工作带来的红色面庞，得以稍事休息。一幅名叫《聚精会神的厨子》（*La Cursinière surveillante*）的版画表现了家庭主妇在厨房中的日常活动：一个年轻妇女坐在壁炉附近一张铺了桌布的桌边，桌上放着两只野鸡和一把刀，她正忙于处理山鹑肉。[1] 我们会在讨论储物家具时，考察用来储存厨房用品和碗碟的家具。

巴黎人饮食习惯一瞥

用厨房里的这些用具准备的食物是什么呢？那些日子里，巴黎人吃什么菜呢？清单提供的关于 17—18 世纪巴黎人饮食习惯的信息非常稀少，除了饮料、食物储备之外，几乎没有提及任何东西。大部分食品柜，或者胡桃木或橡木制的小橱柜带有黄铜丝网，里面都是空的；橡木腌肉桶也一样空荡，它通常由钥匙锁上，可以装大约 25 千克盐。甚至在死后不久就编纂的清单中，食物储备也可能很少，这并不令人惊讶；我们不能忘记，在人造冷藏技术发明之前，易腐食品的储存是一个大问题。食品商大量出现于街区中，实际上每条街上都有。因此，可能大部分家庭主妇通常会每天在离家最近的店里购买日常用品。虽然缺乏食物储备，但通过观察他们的用具与碗碟，以及欠商人的债务，我们仍能大致了解这些巴黎人吃什么。

最基本的主食是面包，它们被放在通常是冷杉木制的面包柜里，或是放在面包袋或食品柜里。逝者家中最常见的债务是"面包供应"。其总量可以很大，在 50～200 利弗尔之间。一位死于 1745 年的画家在"面包供应"上欠债 243 利弗尔，而其财产的总价值是 556 利弗尔。[2] 在 17—18 世纪，

1　A. Mathayomchan, p. 70.

2　M.-P. Dumoulin, p. 89.

巴黎人的日均面包供给量往往很高，在 500 ～ 550 克之间。[1] 这意味着旧制度晚期标志性的面包价格上涨对于更贫困的阶层来说要痛苦得多，他们被迫转向其他谷物，放弃富含蛋白质的食谱，转而以碳水化合物为主。在那些面包很少家制的年代里，清单中有阁楼里储藏的小麦和面粉的，实际上只有面包店和糕点店：1667 年，一位烘焙师傅家中有"9 塞普提（septiers，1 塞普提 =10 蒲式耳）的面粉"，其中每塞普提价值 10 利弗尔，总价值90 利弗尔；1676 年，另一位烘焙师傅家中有"4 塞普提生面粉和烤过的面包"，其价值被评估为 36 利弗尔。[2]

考虑到厨房用具的多样性，我们可以想象，食谱也是类型各异的。人们烹煮汤与肉汤，这从汤盘（soupières）、汤碗（jattes pour la soupe）和碟子（assiettes），还有汤勺（或称煮物勺）、用来喝肉汤的带把杯子（tasses）和长柄大汤勺（louches）的存在中显现出来。短柄小平锅用来煮稀粥，这是小孩子和穷人最基本的营养。吃肉的证据是储存肉类的多种用具，例如腌肉桶，或是"挂肉的钩子"；还有用来切、剁、去皮和烹饪肉的用具，例如烤肉扦、旋转烤肉扦、滴油盘和烤架，以及储存肉的用具，包括炖炒肉的勺子。新鲜的优质肉会被放在烧烤扦上烤或腌制；质量不那么好的肉会用小锅或炖锅做成炖菜。羊肉和羊羔肉，与牛肉和牛犊肉一样流行。马丁·李斯特说："至于肉类，质量较高的牛羊肉与我们的不相上下，不过还不能说比我们的好。而他们的牛犊肉鲜红粗糙，根本比不上我们的；我相信，在英国之外，欧洲没有一个国家能把牛犊肉做得这么好。"[3]

一本食谱书在宫中非常流行，即《王室与有产者厨师》（Le Cuisinier roïal et bourgeois），其作者据说是某位利摩日的马西洛（Massialot de

---

1　Fernand Braudel, *Civilisation matérielle, économie et capitalisme*, Paris, 1979, t. 1: Les structures du quotidien, p. 106.

2　G. Neveu, p. 44.

3　Martin Lister, *op. cit.*, p. 144

Limoges），它出版于 1691 年，描述了 19 种烹饪羊羔肉与羊肉的方式、13 种牛肉做法和 12 种牛犊肉做法。[1] 人们以培根或火腿的形式消耗猪肉。1657 年，一位陶工师傅有 "腌肉桶中的半只猪"，价值 6 利弗尔。1664 年，一位酒商的地窖里藏有 "75 磅腌猪肉培根，每磅 5 索，7 只火腿，价值 10 索"。[2] 由于存在相应的制作工具，以及长柄平锅或滴油盘之类的烹饪工具，我们可知，巴黎人的餐桌上也会有腊肠和黑香肠。巴黎人也非常喜欢家禽与野味。只有最富裕的人家中才会有阉鸡锅，这是一种用来烹制阉鸡的锅。在《王室与有产者厨师》中，有 23 份鸡肉食谱、17 份阉鸡与肥鸡食谱、9 份火鸡食谱、8 份兔肉食谱和 7 份野兔肉食谱。[3]

圣安托万和奥特伊尔郊区周围的半农村区域中的少量居民拥有家禽养殖场，其中有鸡、公鸡、鸽子、兔子、火鸡和鸭子。肉类、家禽和野味也会被做成馅饼里的肉糜，富裕的家庭有专门的馅饼烤箱（fours à pâté）来制作此类馅饼。家中壁炉不适于烹制肉类的巴黎人不得不购买成品熟肉。某些逝者，包括 3 个画家，留下了 30 ～ 60 利弗尔的 "肉类供应" 欠债。[4]

虽然最贫寒的家庭可能每周只吃一次肉，甚至是只吃一次腌肉，但 1750 年后，巴黎的肉类总消耗量在每人每年 50 ～ 60 千克之间。[5]17—18 世纪的大部分社会阶层的肉类消耗似乎都大致如此，因为我们甚至在最贫寒的家庭中也见到了烤肉扦、滴油盘，还有烤架。估价人也注明了欠屠夫的款项：1772 年，一位鞋匠师傅欠他的屠夫 96 利弗尔。[6] 在此，这种情况再次发生了——巴黎居民比法国其他地区的居民更有特权。梅尔西埃似乎在抹黑巴黎人的饮食习惯："有产者喝下汤或稀粥，里面加了通常已经变

1　François Bluche, *La vie quotidienne au temps de Louis XIV*, Paris, 1984, p. 16g.
2　D. Henrard, p. 49.
3　François Bluche, *ibid.*
4　M.-P. Dumoulin, p. 89.
5　Fernand Braudel, *op. cit.*, p. 165.
6　M.-P. Lefèvre, p. 104.

质的肉，因为购买宅邸、小旅馆和修道院这类大房子的人拿走了所有好面包。一切不富含脂肪的食物的烹饪方式都非常不健康，而且为了增添风味，人们总是撒下过多的胡椒粉。"[1]

鱼肉可以被煮在鱼锅（这是一种富人用具）中的浓汤里，或是在锅里炸，这里使用的鱼肉可能是新鲜的、烟熏过或是腌制过的，它可以在大斋期及一年中其他禁欲日中取代肉。鱼主要来自塞纳河及其支流。海鱼在巴黎十分昂贵，几乎总是不新鲜的。如果根据《王室与有产者厨师》中的菜谱来判断，人们常吃的淡水鱼有梭子鱼、鲤鱼、鳗鱼、丁鳜和鲈鱼。

鸡蛋比肉或鱼便宜些，是食谱中的主要成分。"这是一种富含营养的优秀食物，健康人和病人，富人和穷人都可以吃"，《有产者厨师》（*La Cuisinière bourgeoise*）说——这是一本 1753 年的烹饪书。[2] 我们发现了煎蛋锅和煮蛋杯，由此可知，鸡蛋通常被做成鸡蛋饼或煮至半熟，而且还可以用众多其他方式加以烹制。某些巴黎周边居民养了一打母鸡，因此在一年中的大部分时候都可以享用额外的鲜鸡蛋。根据《有产者厨师》的说法，"这些鸡蛋也能缓解胸中的辛辣"。一位陆路运货人家中有一打半的母鸡在家院中啄来啄去，一位酒商在阁楼上养了 12 只母鸡、1 只公鸡和 1 只阉鸡。[3] 圣安托万郊区的一个园丁也有 12 只母鸡和 1 只公鸡，它们在他家中的院子和花园里自由地闲逛。[4] 在清单有记录的帕西和奥特伊尔地区的 68 座房屋中，有 138 只鸡。1772 年，估价人在圣尼古拉－杜－夏尔多内教区的一位果商家中找到了价值 3 利弗尔 12 索的 100 个鸡蛋。[5]

清单中很少有蔬菜的痕迹。但在圣安托万郊区，一位酿酒人的粮仓里

1　Louis-Sébastien Mercier, *Parallèle..., op. cit.*, p. 74.
2　*La Cuisinière bourgeoise, suivie de l'office...*, Bruxelles, 1753, p. 305.
3　M.-A. Bianchi-Boulanger, p. 27.
4　M.-P. Zuber, p. 83.
5　V. Paquet, p. 79.

有"6 蒲式耳去年收的豌豆，4 蒲式耳大蚕豆，2 蒲式耳菜豆"，其总价值为 12 利弗尔。[1] 一位奥特伊尔的居民也种菜豆。巴黎周边半农村区域的贫寒家庭可以在自家花园里种植果蔬，从而改善生活状况。我们注意到了沙拉碗（saladiers）、沙拉篮（paniers à salade），一些装米的碗，还有炒栗子的长柄平锅的存在，这说明沙拉、大米和栗子也出现在巴黎人的菜单中。

人们通常用黄油和油来烹制肥肉。黄油锅（pots de tallevane），或称仆人锅是一种储存黄油的特殊食具，出现在一些厨房中。更明确地说，公证人偶尔会提到"6 磅（2.7 千克）黄油，腌制过且融化过"，或是"11 磅（5 千克）融化的黄油"。黄油的两种主要储存方式是腌制和融化。黄油被放在陶罐里，摆在桌上，"放在调味瓶架上的一系列调味瓶之中"。盐，作为一种为各类菜肴调味、赋予它们风味的调料与香料是不可或缺的：它在腌肉桶里用来储存食物，在盐盒里用来做饭，或是被装在佐料瓶中放在桌子上。研钵和杵一同使用，用以将盐碾成颗粒。估价人也提到了醋瓶和醋桶。醋与油和芥末（储存在芥末罐里）混合在一起，就是沙拉调味汁，它就像所有调味汁一样，被放在味碟里。其他用具还有胡椒瓶、磨胡椒机、香料盒、橄榄勺和木制研钵（带有铁质或石质的杵，用来捣碎香料和蒜）。

干酪很少在清单中留下痕迹：干酪沥水架（égouttoir à fromage），某些格鲁埃（Gruière）干酪，还有一块布里圆干酪，这就是我们发现的所有相关信息，可能还能加上一些干酪账单，包括一份 20 利弗尔的布里圆干酪的账单。在巴氏灭菌法发明之前，牛奶是一种极易腐败的食品，它的存在只能从一些牛奶碗和牛奶锅透露出来，包括 1760 年在圣安托万郊区的一位养畜农夫家里发现的"16 只牛奶锅，还有 7 个牛奶陶罐"，这位农夫有 7 个小孩，还养着 6 头奶牛。[2] 另外还有 6 头其他的牛也得到了估价，

1　F. Merel, p. 65.

2　M.-P. Zuber, p. 83.

其中 1 头在一个运输车夫（voiturier par terre）家中，另外 5 头属于奥特伊尔的居民。但这些是孤例。来自城市中心的人们并不自己给牛挤奶：他们从挤奶工人那里买奶。一位画家的妻子甚至在丈夫疾病的最后阶段欠了一位牛奶女工价值 15 利弗尔的鸡蛋与牛奶。[1]

巴黎人很爱吃甜食，这从大量的果酱锅、水果盘、水果与糖浆锅，还有烹制水果的蒸锅可以看出来。由于在城市的市场中找到新鲜水果可能很难，水果通常是做熟后吃的。对这类甜点的嗜好反映在《有产者厨师》中，里面有 30 种制作水果酱的食谱。生吃时，水果被放在桌上的篮子里。某些清单提到了在果商处的欠债。以一位死于 1650 年的蜡烛商为例，他有一座位于一片果树中的小房子，他要求一部分租金以水果支付，即，"3 篮樱桃，每篮 10 法斤，50 只梨"。[2]

人们也很喜爱糕点，我们能从只见于富裕家庭的专门烹饪用具中得知这一点：1650 年，华夫饼模具，空心松饼模具（poupelinier，这个厨具出现在《有产者厨师》中），甚至还有一只带铜盖的烤箱（这是一种用来制作小杏仁饼的工具），都出现在战时临时总特派员（Commissaire Général de l' Extraordinaire des Guerres）艾尼昂·德博雅奈（Aignan de Beauharnais）家中。[3] 18 世纪期间，糖的消耗量逐渐上升。大革命前夕，巴黎人对它的消耗达到了每人每年 5 千克，[4] 这一点，清单可以间接或直接地加以证实，其中记载的物品包括：糖面包，几磅红糖，糖碗，还有磨糖机。就像盐一样，糖也被主妇们广泛用于食物储存。

清单提供的关于饮料消耗的信息，远远多于固体食物，因为饮料的储备量更大。我们在此不考察水的问题，下一章会涉及水。酒，一种很普

1　M.-P. Dumoulin, p. 89.

2　D. Henrard, p. 54.

3　*Ibid.*

4　Fernand Braudel, op. cit., t. i, p. 192.

遍的饮料，在几张清单中都占据了重要地位。储备酒通常需要地窖。虽然大量社会与职业阶层的人们都备有酒，但贫穷和居住条件差的人却不然。21% 的家庭中备有酒（为了避免扰乱结果，我们将酒商、旅馆和小酒馆主人以及饮料商等都从数据中删去了）。提到酒窖的清单占比低于 33%。酒被储藏在长颈大肚瓶里、酒瓶里，或是通常被叫作酒桶的木桶里，或是在大酒桶（queue）或管子（pipe）里——这两种容器也是度量单位，一大酒桶（queue）大概比一大桶（muid）稍多些，相当于 54 塞普提，一管子则相当于一个半大桶。巴黎的大桶是最常见的度量单位，它相当于 36 塞普提，等于 2.88 升。大酒桶与管子装满了酒，排列在库存丰富的地窖里，在那里，它们位于木制酒桶架（这是一种巨大的方形横梁，能过避免水汽腐蚀酒桶，并方便人们把酒抽出来）之上。

虽然人们更愿意把酒储存在地窖里，家中的其他地方也可以藏酒。1661 年，弓箭手查尔斯·勒里奇（Charles Le Riche）去世时，房间里有 0.5 大桶的干红葡萄酒。1659 年，一位丝绸商人家中有 2.5 大桶的勃艮第干红葡萄酒，它们被储存在"高处的仓库"里。至于特遣牧师弗朗索瓦·吉勒贝尔（François Guillebert），他把"1.5 大桶的勃艮第优质干红葡萄酒"与木材和炭一同储存在一间位于"通往四楼的路上"的破屋里，而他的房屋则位于圣阿沃耶路（rue Sainte-Avoye）。[1] 估价人记录的其他储存处还包括食品储藏室、院子、阁楼和商店后房（arrière-boutique）。被储藏的酒类的数量差异巨大，从一打酒瓶或长颈大肚瓶，到几大桶或大酒桶。我们应该记住，巴黎人的平均酒类消耗量通常很高，在 17 世纪中叶达到了每人每年 150 升。[2]

法国最著名的葡萄酒出现在巴黎人的地窖中。最珍贵、最昂贵的是勃

1　D. Henrard, p. 51.

2　Jean Jacquart, Les paysanneries à l'épreuve, in Pierre Léon, *Les hésitations de la croissance 1580-1740. Histoire économique et sociale du monde*. t. 2, Paris, 1978.

艮第葡萄酒。其他声望很高的酒，例如香槟，还有 18 世纪末的波尔多酒，以及麝香葡萄之类的甜酒，也填满了这些家庭的地窖。

优质葡萄酒的价格往往超过了许多人的购买能力，它们只出现在最富贵的餐桌上。清单记录，在死于 1772 年的外科医生路易·热尔韦（Louis Gervais）家中，有"150 个装满红酒的长颈大肚瓶，都是勃艮第优质葡萄酒"，以及 "12 瓶来自格拉夫（Graves）和伯恩（Beaune）的红酒"，它们总价值 110 利弗尔。[1] 国王的音乐总监有 600 瓶勃艮第葡萄酒，价值 330 利弗尔，此外，他还有 18 瓶波尔多酒，两瓶半的塞浦路斯酒，以及 80 瓶装了半瓶的马拉加酒。[2]

酒类支出可能会非常高。一位富裕的有产者服装商的地窖，在 1716 年被估价为 888 利弗尔，这相当于他整个家中财产的 40%。[3] 我们见到的最昂贵的酒窖之一属于商赛尼茨侯爵（Marquis de Champcenetz）；1775 年，它价值 2752 利弗尔。[4] 酒瓶数量越多，葡萄酒的种类也就越多。拉格朗日先生［救济法院（Cour des Aides）顾问，死于 1775 年］的酒窖被估价为 2644 利弗尔。其中主要是勃艮第葡萄酒，有 130 升装在木桶里，还有 300 瓶欧赛尔红酒。西南酒的代表是格拉夫和伯恩的白葡萄酒。还有白夏布利酒，香槟和埃罗红酒。其他酒类还有地中海加度酒——包括 400 瓶马拉加酒、塞浦路斯酒、马姆齐甜葡萄酒和阿利坎特酒。这里有 9 张带孔的木板，用来放置酒瓶，它们会被放在"三只老木桶"里清洗。[5] 许多别的优质葡萄酒也出现在清单中，有些来自勃艮第，其他酒则来自卢瓦尔河谷。

大部分人储藏的都是巴黎或奥尔良附近的普通红酒。尤其在 17 世纪，

1　M.-P. Lefèvre, p. 99.
2　I. Petitclerc, p. 148.
3　V. Aronio de Romblay, p. 11.
4　C. Marais, p. 85.
5　Y. Aubry, p. 72.

人们广泛购买法兰西岛当地产的葡萄酒，这类酒的价格比葡萄产区那些著名葡萄酒要低得多。路易十四统治期间，来自巴尼奥莱和楠泰尔的酒都是每大桶 30 利弗尔，埃斯尼耶尔（Asnière）酒则是每大桶 32 利弗尔，而同一时期的勃艮第酒则要每大桶 45 利弗尔。估价人并非总会注明最常见的酒的产地，他往往简单地记下它是红葡萄酒、白葡萄酒还是干红。显然，许多巴黎人并不是在市场上买酒的，而是在巴黎边缘地带有几英亩（1 英亩大约是 40 平方米）的葡萄，由此可以酿酒。这样的普通酒的保存方式不同于勃艮第，它们的酒精含量更高。在让·阿梅洛（Jean Amelot，大议会第一主席）1644 年的清单中，估价人记录了他的遗孀的说法，她"已经把酒卖掉了，因为它坏了"[1]。

虽然我们样本中四分之三的巴黎人都没有储存酒，但仍然不能说酒仅仅是一种有地窖的特权阶级才会储存的饮料。在巴黎这样有大量酒商的城市，每天买酒再方便不过了。实际上，对于一般人而言，去征税壁垒之外的乡村小酒馆可以说是一种时尚。梅尔西埃急忙强调了储存在城市地下室中的雅致葡萄酒和小酒馆里的普通酒的区别："前一晚喝过了小酒馆的酒，我感受到了同一城市酒窖所提供的极为不同的味道。品尝勃艮第葡萄酒（Romanée），以及来自圣维旺（Saint-Vivant）、希多（Cîteaux）、香贝丹（Chambertin）、圣乔治或格拉夫的白葡萄酒和红葡萄酒吧；闻一闻来自罗达（Rotat）、塞浦路斯、帕卡雷特（Pacaret）、萨摩斯（Samos）、马尔瓦齐（Malvoisie）、马德拉（Madère）或马拉加（Malaga）的葡萄酒吧。"[2]

比葡萄酒少见得多的其他酒精饮料，很少出现在清单中。在旅店主人与饮料商的地窖之外，很少有地方储存啤酒，苹果酒就更少了。烈性甜酒和其他烈酒到 18 世纪末，已经变得越来越常见，正如我们从这一时期如

1　D. Henrard, p. 50.
2　Louis-Sébastien Mercier, *op. cit.*, t. VII, p. 225.

下用具的出现中看到的那样："处理烈性葡萄酒的平炉"，"喝潘趣酒的大碗（jattes）"，还有玻璃杯（verres），平底大口杯（gobelets）或甜酒瓶，它们都被列在清单中。少量白兰地、果酒、黑加仑甜酒、甜果汁饮料、柠檬和橘花或番樱桃烈性甜酒，还有洛林甜酒也出现在清单中。

新的饮料，咖啡、茶与巧克力，在18世纪期间变得前所未有的流行，这种风尚得到了清单的证实。追随宫廷的范例，巴黎人到18世纪30—40年代变得热衷于咖啡，如下这些用于储存、准备或品尝咖啡的用具表现了这一点：咖啡盒或咖啡罐（通常是锡制的）；用来烘焙咖啡的咖啡平锅；磨咖啡机，有时候会被描述为"带有铁质曲柄，以及一个盛装流出的咖啡的盒子"；咖啡烤箱；咖啡壶——有时候也被称为黎凡特壶、东方壶或马赛壶，一般来说，它们的材料是锡、红铜、石或银，还有咖啡勺和咖啡杯。实际上，人们会用长柄平锅烘焙咖啡豆，然后将其碾碎，将两勺咖啡粉倒进一品脱水（它被加热到有十个泡泡浮上水面的地步）里。一间1746年的有产者厨房中有一切必需品：一只烤箱，一个研磨器，还有3个咖啡壶。同一年，一位酒商的妻子有"一只小小的、洛里昂（原文如此）款式的小咖啡壶"。

由于价格，只有很富裕的人才买得起银质咖啡壶：1748年，萨文侯爵（Marquis de Savine）有一个。相反，铜质和锡制咖啡壶的价值仅有几索。[1]清单很少标明容量，虽然偶尔会提到"三条腿的银咖啡壶，可装8杯咖啡"，[2]或是2个"每个能装12杯咖啡"的咖啡壶。[3]在富裕的家庭中，会有优质的喝咖啡用具：伊丽莎白·高格（Elisabeth Gaugé），一位死于1775年的单身妇女，拥有"印度瓷制成的四个杯子和杯托"。[4]

1　D. Villate, p. 53-54.

2　B. Guiblain, *La vie dans les foyers parisiens*, mémoire, 1979, p. 35.

3　M.-P. Dumoulin, p. 90.

4　G. Marais, p. 58.

咖啡储备很少见，只出现在富裕家庭中：1739 年，德波纳克侯爵有 192 磅（87 千克），价值 345 利弗尔 12 索，也可说是每磅 36 索。[1]差不多在同一时期，神父兼神学博士皮埃尔·玛丽·德·拉·科朗塞勒（Pierre Marie de La Collancelle），将"16 磅生咖啡"储藏在"一个建在墙中的橱柜"里。[2]1775 年，在拉格朗日先生家中，一个装在沙龙壁炉旁边的橱柜里装有 9 千克的"莫卡咖啡"（"caffé moka"）——这是一种最为优质的咖啡，还有 6 张"咖啡餐巾"（"serviettes à café"）。[3]这就是极致的精致。并不只有最富裕的巴黎人沉溺于咖啡这种提神饮料。1768—1790 年间，圣日耳曼－欧塞洛瓦教区有 37.5% 的成员，以及 1770—1772 年间圣尤斯塔什教区 33% 的成员拥有咖啡壶。这一物品甚至在 1760—1762 年间更为贫穷的街区，圣尤斯塔什郊区，也为 15% 的居民所有。

茶远不如咖啡那么流行，似乎只是社会中受教育程度最高的阶层的趣味。但是，开始于 18 世纪 20—30 年代的饮茶风尚，确实在少量清单中留下了痕迹：锡制茶盒，装茶的有盖小罐和碗，陶瓷、红铜、白黏土或更为罕见的银质茶壶，还有茶杯与茶具。就像咖啡壶那样，银质茶壶也常常估价极高，似乎是一种奢侈品。这两样物品常常出现在同一家庭中，以萨文侯爵为例，他家中的银茶壶价值 140 利弗尔。陶瓷茶壶也一样局限于最富裕的家庭：1746 年，在德特伊斯内尔侯爵夫人的工作室中，有"4 个陶瓷茶杯"和"6 个带茶托的小茶杯，日本瓷制成"，还有一个相配的茶壶。[4]茶叶储备几乎是不存在的。但我们应该提到英国绅士亨利·塞耶斯·约翰逊（Henry Sayers Johnson），他死于 1772 年的圣奥诺雷郊区，他拥有半

1 G. Grombez de Montmort, p. 38.
2 M.-D. Bost, p. 67.
3 Y. Aubry, p. 72.
4 D. Villate, p. 52.

个锡盒的茶叶。[1]

如果我们观察逝者清单中茶壶的出现频率，18世纪末的饮茶习惯似乎范围很小：在圣尤斯塔什教区，60个家庭中有10家拥有茶壶；68位音乐家的家中，10家有茶壶；在圣埃蒂安迪蒙郊区，60个家庭中有5家拥有茶壶；在圣日耳曼－欧塞洛瓦教区，75个家庭中只有1家拥有茶壶。

至于巧克力，这种饮料是在奥尔良公爵摄政期间变得流行的，但它似乎并不广为巴黎人所享用，这从清单中甚少提及巧克力壶这一点可以得知。正如咖啡壶和茶壶，巧克力壶也由锡、红铜或银（在富人家中）制成。萨文侯爵又一次提供了巧克力壶的例子，这是一个巴黎白银壶，总价值188利弗尔10索。[2]能够证明人们享用巧克力的其他证据，巧克力杯与研磨器，也很少见。我们还注意到德波纳克侯爵家中的巧克力储备——此人在咖啡之外，还有价值50利弗尔的9千克巧克力——以及皮埃尔·玛丽·德·拉·科朗塞勒神父的情况，他有"4磅条状巧克力"，还有生咖啡以及"7条共重30磅的糖"。

一种很有诱惑力的想法是，根据上面这些例子，可知享用茶、咖啡或巧克力的，总是同样的某些家庭。而这些美味饮料在大革命前夕还尚未进入大部分巴黎人的饮食习惯之中。虽然咖啡到18世纪后半叶更加常见了，茶和巧克力仍然是奢侈品。法国人并不认为茶、咖啡或巧克力类似于葡萄酒，也不像我们现在这样对这些饮品都漠不关心。与密友一同喝咖啡、茶或巧克力，愉悦品尝这些装在优质瓷器中的异域饮料——此类文明化的享受使我们瞥见了一种新的生活方式，它以家庭隐私和幸福为核心，在启蒙时代逐渐发展起来。

1　Y. Aubry, p. 72.

2　D. Villate, p. 52.

社交

与家人或朋友一同进餐，在壁炉旁与亲戚或邻居闲聊，群聚起来玩十五子棋（trictrac）或打牌——这些都是家庭社交核心的基本惯例。分析与这些行为模式相关的物品，无论是家具、桌椅还是餐具，我们都能瞥见这种共同生活，并重构家人或朋友们聚在桌边或壁炉前的情景。样本中的少量巴黎人——他们几乎总是独自生活——并不在家里吃饭，除非被城中的饭店老板邀请到家里，因为他们没有厨房用具，也没有餐具。这些人住在带家具的房间里，或是与家人、主人一同居住，或是住在宗教修会中。但是，除了这种人，大部分家庭中都有大量与宴饮交际相关的物品，从家具到碗碟杯盘。

试着想象了备餐和饮食的过程后，我们要尝试追随家庭女主人摆餐桌时的行动。家中成员在哪个房间里吃饭呢？如果家中只有一个房间，或是有专门的"餐厅"或"仆人餐厅"，那就没有什么疑问了。在其他情况下，要知道这一点就更难些，因为正如我们所见，房间的非专门化在那时十分常见。那时候，似乎厨房总是带有一张或更多桌子，没有大厅的家庭通常就在这里吃饭。大厅作为社交空间的地位已经被讨论过了，但这里并不总有桌子，椅子可能也很少，而私人房间中的桌椅则很充足。

或许进餐区域也会根据客人的数量或季节的变化而变化：在冬天，只有家人一同进餐时，就在厨房，这是最温暖的房间，或许因此成为被偏爱的进食地点。有客人且天气很好的时候，大厅或是私人房间——这里比厨房更宽敞，装饰得也更好——会成为就餐区域。但人们吃饭的地方首先是由其住宅大小决定的。能专门留出一个房间来吃饭，确实说明房屋比较宽敞。随着空间的扩展，房间越来越专门化，18世纪70年代，出现了区分备餐区与进餐区的倾向。这一时期，清单记录的住在莫贝尔广场的家庭

中有 37% 都将餐具与厨房用品分开存放。后者会被放在壁炉附近，放在
作厨房用的房间，而碗碟通常被储存在餐厅、前厅，甚至是卧室中的餐具
架上。[1]

　　大量折叠桌（table ployant）使我们意识到，进餐地点并非总是固定
的，至少在 17 世纪和 18 世纪早期如此。这一时期，大部分住宅中的房间
的功能仍然不明确。在大部分家庭中，都有大量的各类桌子：平均看来，
我们样本中每个家庭有 3 ～ 4 张桌子。甚至在散工的单间里，平均下来每
个家庭也有 2 张桌子。接待顾客的旅店主人、小旅馆主人、酒商和饮料商
之中，平均每人有 11 张桌子摆在大厅、厨房、商店、小酒馆房间、咖啡
馆或是餐厅中。[2] 折叠桌是最常见的：它们或许会被称为"可折叠的""其
框架或桌腿可折叠的""放在可折叠底座上的""有折叠式框架的"和"放
在支架上的"——它们也可能只是用作桌子的平板。这些桌子，折叠后被
放在角落里，只在吃饭时间支起来，它们非常适用于拥挤的、满是家具的
住宅。因此，摆桌子实际上意味着在摆放桌子之前，先把桌子支起来，使
之立在桌腿、支架或撑板（一种小型托架）上。这样的可移动桌子通常由
冷杉木（一种很轻、容易携带的木头）制成。估价人有时会专门说明：较
大的桌子是厨房做菜或吃饭用的。

　　桌子最常用的木材是冷杉木、白木、橡木、胡桃木、山毛榉木和榆木。
桌面用料并不总是与桌腿相同。大理石桌面可能配以胡桃木桌腿，或是涂
金木桌腿。咖啡桌实际上通常采用大理石桌面。著名的饮料商皮埃尔·亚
历山大（Pierre Alexandre）有 66 张桌子，全都是大理石桌面的。[3] 据清单描述，
它们的桌脚有蜗形脚半靠墙的、弯腿的，也有扭转的、方形的、可折叠的、
包铁皮的、用螺旋柱做的、仿古的。在某些情况下，清单也指明了桌面形

1　V. Paquet, p. 84.

2　C. Gorneloup, p. 74.

3　A. Pakravan, p. 119.

状：最常见的形状是正方形或长方形，但也有圆桌与椭圆桌。它们的大小，通常被描述为小、中等或大，几乎总是不明确的。有时候清单会说明桌边有几个座位："六人桌""十二人餐桌"，在一位宴会承办者家中，有一张"桌面分为 8 块板子，可坐 60 人"的桌子。

早在 17 世纪，某些桌子就已经装有"折叠桌板，可以从桌子两头打开"，这预示着 1750 年后家具制造者们研制出来的真正餐桌。我们发现，1660 年，国王顾问兼常任政令主管（Maître des Requêtes Oridinaires），森林法院的路易·吉拉尔（Louis Girard de La Cour des Bois）家中有一张这种桌子。巴黎家庭中的许多桌子都是实用的；它们朴素而日常，估价往往很低：带有折叠冷杉木桌面的桌子价值通常低于 10 利弗尔。那些大理石桌面的桌子更贵些，在长度小于 1 米的情况下，其价格可以达到 30 利弗尔。而更大、更优质的大理石桌的购买价可达 70 ~ 80 利弗尔，甚至更高。

桌子周围会有座位，其中椅子为数众多，还有长椅、脚凳，偶尔还会有扶手椅。通常会有大量的坐式家具挤在这些巴黎人家中，无论其社会阶层如何——平均来说，每家都有一打座位。椅子无处不在，侵占了私人房间、厨房与大厅。它们的价值通常很低。大部分座位由稻草或藤条编成。如下木材大量被用于生产椅子：白木、胡桃木、桦木、榆木、桤木、山毛榉木，偶尔还有冷杉木和橡木。椅子里通常填有废棉或马鬃，并且覆盖着割绒织物、缎纹布、毛丝混纺布（Indienne）、哔叽、暹罗布、羊毛、平纹布等制成的织物，在最富裕的家庭中，材料还包括乌特勒支天鹅绒、缎子、丝绸，甚至戈贝林（Gobelin）绒绣、刺绣或匈牙利刺绣。有时候，椅子旁边还会有无靠背座位、脚凳，以及小凳子（placet）——它们几乎总是盖着布，还有可以轻松移动的折叠椅。这些与椅子一同出现的座位在 18 世纪似乎走向了消亡，一同消亡的，还有白木或橡木制的长椅和梯凳，它们也很少出现在厨房或商店之外的地方。

椅子的价格根据样式与使用的木材和织物而变化。一张 18 世纪中叶的稻草椅的平均价值低于 1 利弗尔，一张填充满了的椅子价值 3 ～ 5 利弗尔，一张脚凳价格在 15 索到 1 利弗尔之间。[1] 实际上，放在桌子周围的家具主要由椅子构成。公证人有时候会专门指出"桌边的椅子"或是"桌边的谈话椅（caquetoires）"，或甚至是"鹦鹉椅"（perroquets），这是一种带靠背的折叠椅，通常与桌子一同使用。

摆好桌椅之后，女主人或她的仆人就会从装亚麻的橱柜里取出桌布（nappe）和餐巾（serviettes），盖在桌子上。桌面亚麻制物大量出现在清单中，它们往往质量很高：例如，一个橱柜里有 22 打餐巾。这些物品是妻子嫁妆的一部分，其中有类型众多的织物和图案。桌布与餐巾是由普通或镶边的威尼斯或佛兰德斯平纹布制成的，素白色或带网格。它们也可能是由印度麻纱（basin des Indes）、大麦粒布（grain d'orge，质量普通的羊毛织物，带有大麦粒图案）、山鹑眼布（œil de perdrix）、缎纹布或棉制缎纹布（damassé de coton）制成的。虽然清单往往会对织物进行描述，但桌布的尺寸往往只会被描述为小、中等尺寸、大，桌边座位的数量也只有少数情况下才会被给出。在一份清单中，我们看到了 3 块平纹黄布桌布，2 块印花平纹布（toile de cretonne），1 块大麦粒布桌布，它们都用于八人桌。另一份清单中，有 11 块山鹑眼布桌布，3 块大麦粒布桌布，它们都用于十五人桌。[2] 17 世纪期间，桌布偶尔会被哔叽桌毯或土耳其桌毯取代，拉封丹寓言中的一位精于世故的城市小人家中就有这种桌毯：

> 在一块土耳其桌毯上，
>
> 放着主人的桌子。

1　B. Guiblain, p. 67.

2　*Ibid.*, p. 37.

在这张现在覆盖着桌布或桌毯的桌子上，家庭主妇放下了各种刀具，然后从餐具架（buffet）或橱柜中拿出了碗（écuelles）、盘子（assiettes）和其他桌上餐具。盘子——其中某些专门用来盛放汤或甜点，在 18 世纪为碗提供了补充。估价人在大部分情况下用语都非常简洁，并不会详细描述餐具，只是说，"砂锅（pots）、大平盘（plats）、盘子和其他用具"，或是"不值得进一步描述的物品"。

但是，这些物品的材质通常会被说明。18 世纪期间，尤其到了 19 世纪，日常餐具是锡制的。材料可以通过重量来确定，庄园管家区分了每千克 20 ～ 30 索的"响亮的锡"（étain sonnant）和白镴（étain commun），后者要更便宜，在路易十四统治期间价格是每千克 15 或 20 索。"响亮的锡"这一术语用来描述一种被重熔和刨过好几次的金属；通过这些反复的操作，这种金属能发出很响亮的声音。白镴是一种新的锡，由 15% 的铅和 6% 的黄铜熔铸而成。清单从不会给出具体的白镴制品的列表，公证人写出的文件只会反复提到"白镴用具"或是"白镴制成的锅、大平盘和其他用具"。根据估价人所做的解释，响亮的锡制成的餐具包括盘子、碗、盛汤的带把手的碗，桌上装水或酒的大柄小口酒罐（pichets）、盐瓶（salières），还有芥末罐（moutardiers）。

即使是最常见的釉陶（pièces de faïence），在 1720 年之前都还没有出现在巴黎人的桌子上。在那之前，陶瓷（céramique）还没有成为大部分人日常生活的一部分，陶器，例如锅、大平盘和带把杯子（tasses），都是壁炉周围的装饰品。但是，18 世纪 20—30 年代起，陶瓷制造业的发展，使得巴黎人家中的陶器数量成倍增长。易碎但不贵的盘子和其他陶器都出现在了巴黎人的桌上。它们的数量足有几打，即使在相当贫寒的家庭中也是如此，某些画家的清单说明了这一点：路易·布歇（Louis Boucher），其总财产在 1750 年达到了 640 利弗尔，他有 24 件陶器；弗朗索瓦·勒罗伊（François Leroy），死于 1746 年，他留下了 1500 利弗尔，还有 77 件物品，"大平盘、瓦罐、盘子、沙拉碗，还有茶托"；富裕的吉尔斯·特维诺（Gilles Thevenot），其财产在 1748 年超过了 8000 利弗尔，拥有 48 个陶盘。公证人注明了陶瓷材料是普通的还是优质的。在另一位死于 1744 年的绘画师傅家中，有 7 个大平盘和 36 个盘子，它们是"裂开了一部分的普通陶器"，而 1730 年，"20 件陶器，其中有优质的，也有普通的"，出现在了安德烈·德拉里维埃（André de La Rivière）家中的清单上。

陶器质量很少会被给出。1734 年，绘画师傅艾萨克一西蒙·雷布尔（Isaac-Simon Rebour）有 2 个大平盘、2 个盘子和 1 个蓝白陶的沙拉碗，还有 12 个白陶（faïence blanche）盘子。1724 年，查尔斯·苟（Charles Go）的 18 个盘子是白陶制的。1729 年，在奥尔良公爵夫人的油漆匠家中，有 2 个"佛兰德斯土"制成的锅，还有 12 个"荷兰陶"的盘子。[1] 这种新的餐具，由棕色、白色黏土或石料制成，比银质或锡制的餐具要便宜得多。其中大部分都是诺曼底与法兰西岛的陶器商店，或者甘蓝桥（Pont-aux-Choux）那里于 1743 年建起来的巴黎工厂生产的，到了这个世纪末，产地加上了巴士底附近的罗盖特街（rue de la Roquette）的工厂。

1750 年后，锡制品逐渐从餐桌上消失了，陶器则变得无处不在，使得最贫寒的家庭也能够积攒起大量的餐具。在盘子之外，整套餐具也必须包括大平盘、汤碗、酱料碟、大口水壶、沙拉碗、煮蛋杯、罐子、果盘、瓦罐、水壶、冷却罐（rafraîchissoires）、糖碗、杯子和茶托等等。但由于陶瓷用品使用更为广泛，公证人开始成批成批地为它们估价，并满足于仅仅简短地记下，"一批不值得描述的陶器"，或许是"24 件陶器与陶制大平盘、盘子与其他家庭用具，不值得进一步描述"。

瓷质餐具十分少见，它们只属于最富裕的家庭。清单中提到了瓷器的

1　M.-P. Dumoulin, p. 91-92.

各种类型，包括：塞夫勒（Sèvres）、蓝白（blanche et bleue）、圣克劳（Saint-Clout）、鲁昂、荷兰、中国、日本和印度。很有趣因而值得注意的是，来自圣克劳的瓷器赢得了马丁·李斯特的喜爱，此人在1698年承认，他"看到了圣克劳的瓷器，并从中获取了极大的愉悦，因为我承认，我无法将我在那里看到的瓷器与最优质的瓷器区分开来"。尽管他还加上了一句，"圣克劳的陶瓷价格过高了"。[1]在拉格朗日先生（他是救济法院的顾问，很富裕）家中，来自尚蒂伊，德累斯顿和日本的瓷质餐具储存在工作室的橱柜里，无疑是在餐桌上使用的。[2]在不那么富裕的家庭，人们的瓷器数量有限，它们主要是装饰性的，放在壁炉架上展示，或是只用来喝咖啡或茶。

　　银器呢？众多来自各个社会阶层的家庭都有银质餐具，但在何种程度上能说它们出现在了巴黎人的餐桌上呢？拥有一整套包括盘子、大平盘、各类容器、刀具和杯子在内的餐具，是一种只有最富裕的家庭才能承担的奢侈。西蒙·普拉斯特里尔在1642年去世前任国王议会顾问兼王家常任总管，他一定每天都使用那些总价值超过3000利弗尔的银器，因为他没有其他的餐具。[3]弗朗索瓦·高达尔（François Gaudart）的情况也是一样，他的一整套奢侈银质餐具在1698年被列入清单，其中包括2打盘子、2个盐瓶、2个大口水罐、1个醋瓶和1个糖盒，更不用提还有刀具了。[4]邦西骑士（Chevalier Bancé）的银具在1689年被估价为14300利弗尔，1694年，路易·安塞林（Louis Ancelin）（他是已逝王后的家庭总管）的银具价值13200利弗尔，这些都显示出银具在其知名主人的餐桌上的显赫地位，这些主人的社会阶层使他们不再用锡制餐具吃饭，平民才会如此。在18世纪，查尔斯－于格·拜洛特·德·维尔查万、德特伊斯内尔或弗朗索瓦·弗朗

1　Martin Lister, *op. cit.*, p. 128.

2　Y. Aubry, p. 71.

3　M. Landrier, p. 126.

4　F. Roussel, p. 128.

科尔（François Francoeur）侯爵夫人的餐桌上也放有奢侈的银具，包括盘子与有脚玻璃器皿，它们一定曾在夜晚的烛光中闪烁，形成了一种耀眼的美丽背景。

在富人之中，奢华的晚餐是雅致生活方式的一部分。但是这种模仿宫廷的精致晚餐与社交艺术并未渗入中产阶级。在有产者和做生意的家庭中，大平盘、盘子和有脚玻璃器皿都不是银质的。实际上，出现在他们餐桌上的唯一银器，是刀具和平底玻璃杯。在更贫寒的家庭中，刀具是锡制的。另外，虽然吃饭用勺的使用到 16 世纪已经非常普遍，但我们应该记得，叉子出现得更晚些。出现在 17 世纪清单中的叉子数量很少，因为那时候用手抓吃肉是很常见的。路易十四自己就用手来吃家禽炖肉。直到 18 世纪，叉子才在有产者中被频繁使用。刀的使用与勺子和叉子相比，不那么频繁，它们的稀缺性引发了一个问题：每位客人都像在乡下那样，使用自己总是带着的刀吗？还是说桌上放了一两把刀，供所有人使用？有时候，清单会对刀柄进行描述，估价人提到的材质有象牙、兽角、玳瑁，他尤其会关注银质刀柄。

主妇摆好餐具与刀具之后，就会将水杯、装水或酒的罐子放在餐桌上。玻璃杯的形状和材质都很独特，有如下几个名称：平底大口杯（gobelets）、无脚金属杯（timbales）、玻璃罐（vases）、贡多拉杯（tasses gondolles）（据《特雷武词典》解释，这是"喝水的容器，长而窄，不带高脚和把手，因其与威尼斯贡多拉的相似性而得名"）。喝水的容器可以带有高脚、被切割过，其材质可能是锡、银、玻璃，或者在少数情况下，是水晶。最后，主妇会把酒和水倒入锡制或陶制的罐子，或是普通玻璃以及水晶制成的长颈大肚瓶（carafons，carafes）。

虽然清单提供了桌上用品的大量细节，但它并未提供进餐的过程。或许图片在此可以帮助我们。虽然亚伯拉罕·博斯（Abraham Bosse）致力于表现路易十三时期的低等贵族与富裕的有产者新教徒，但他的两幅版画对我们来说仍然很有趣，它们的标题分别是《饭前祷告》（*La Bénédiction de la table*）与《有活力的精神》（*L'Esprit en la virilité*），都展现了家庭进餐的情形。第一幅版画中有一位父亲和一位母亲，他们并排坐在一张很大的长方形桌子周围，被他们的 9 个孩子围绕着。他们紧握着手，正在进行餐前祷告。站在桌子一端的另一个孩子与一个仆人也加入这一集体祷告。这种背诵餐前祝福经（bénédicité）的活动无疑持续到很晚近的时候，至少在更基督教化的家庭中是如此——我们可以想想夏尔丹（Chardin）1740年所作的那幅表现同一主题的著名画作（tableau）。

在亚伯拉罕·博斯的版画中，我们会看到盘子摆在每个家庭成员面前，而堆满了食物的大平盘则放在铺着桌布的餐桌中间。但是，玻璃杯排列在一个餐具桌（desserte）上，冷却罐（rafraîchissoir）中的长颈大肚玻璃瓶则被放在地上。在当时，在富裕家庭中，每一位饮酒宾客一个接一个把空杯交给仆人。直到 18 世纪 60 年代，人们才逐渐有了把玻璃杯和酒瓶放在餐桌上的习惯。在博斯的第二幅版画《有活力的精神》中，我们实际上可以看到仆人站在主人的座位后面，一只手里拿着一只玻璃杯，地上还立着一个酒瓶。这个情景描绘了面对面坐着的父亲和母亲，他们身边围绕着 3 个小女儿和她们的家庭教师。在放桌子的房间里，有一个带帘子的床铺，柱子顶上装饰着四束羽毛——这提醒我们，房间在那时还远远没有专门化，即使在富裕的家庭中也是如此。

在关于进餐的仪式之外，清单也强调了社交活动的其他方面。接待客人的家具不仅包括餐桌和椅子，还有扶手椅与其他座位，它们位于大厅或私人房间里，靠在墙边或围着壁炉。我们需要再次强调这些住宅中椅子的丰富性，正如我们先前所见，平均每位逝者都有一打椅子。这显示出社会生活在这些家庭中有多么重要。在所有社会与职业群体中，椅子的数量几乎总是比居民的数量多得多。虽然拉格朗日先生的情况显然是极端例子，他家里有 10 位居民，39 个房间（包括仆人区），173 把椅子，但孀居的奥利维耶（veuve Ollivier）夫人的情况却并不罕见，她把 10 把椅子和 5 张扶手椅塞进了她独自居住的安茹路上的一个单间。[1] 某位鲁特琴制造师傅兼商人也是独居的，他家中的两个主要房间分别有 14 和 21 张座位。[2] 散工和排版工通常住在单间里，他们平均每户有 8 把椅子。在最贫寒的家中，最常见的椅子是稻草椅（chaises paillées），然而扶手椅也会出现：我们发现，1754 年，一位海关搬运工家中有 7 把扶手椅。在画家之中，平均每家有 15 把椅子，如果只考虑住单间的那些，平均数就是每户 10 把。在圣马塞郊区，带壁炉的房间平均每间有 10 把椅子。

基于清单记录的 17—18 世纪的 7000 张座位的样本，我们计算出，每 100 个座位中，有 63 把椅子，23 把扶手椅，14 张其他类型的座位——脚凳、无靠背折叠座位、软垫长凳（banquette）或长沙发（canapé）。应该注意，在 17 世纪上半叶，扶手椅与其他通常所谓的"带扶手的椅子"之间的区别并不清晰。1635—1649 年间，在圣尼古拉德尚教区的家庭中，扶手椅只占所有座位的 16%。更古老的样式，例如梯凳、做成特殊造型的凳子、马鞍凳（selles）、长椅、古董椅或带扶手的椅子始终存在于这一时期。我们也发现了所谓的裙撑椅（chaises à vertugadin），穿了带荷叶边的长袍或裙撑的女性能够舒服地坐在上面。虽然这些家庭中并没有真正的扶手椅，但是，大量座位无疑是存在的。1643 年，一位神父在私人房间里安置了 6 把胡桃木裙撑椅，一把带扶手的椅子，它的扶手上盖着绿色哔叽。[3]1657 年，一位巴黎有产者的大厅里一张扶手椅也没有，虽然此人并不穷。清单记录了 11 个座位包括 6 只脚凳、2 把折叠椅、1 张带扶手的椅子和 2 把小椅子。

1　Y. Aubry, p. 58-59.

2　I. Petitclerc, p. 76.

3　M. Landrier, p. 98.

同一时期，皮埃尔·加根（Pierre Gargan，国王顾问兼财政总监）的大厅里也没有扶手椅，虽然这里有 12 把盖着绒绣的椅子，以及 12 只脚凳。

但是，在路易十四统治期间，与一般的椅子区分开来的扶手椅成了一种渗透社会各阶层的风尚。我们发现，1665 年，在一位石匠师傅家中有 6 把高背椅——它们可以被称为路易十三式的，4 把扶手椅，1 把小椅子，还有 6 张谈话椅（caquetoires）。[1] 最后一种椅子在 17 世纪非常流行，被叫作"低椅"，根据菲雷蒂埃的说法，这种椅子曾经用于"让人在壁炉附近坐下，闲适地聊天"。出现在这一时期的家庭中的路易十四风格的高背扶手椅是实心而柔软的物品，轮廓笨拙，没有雕出或贴上附加装饰。但是，它们的木材有时会涂金或上漆，在最富裕的家庭中，关于装饰的品位在家居装饰品使用的织物质量中显示出来——凸花厚缎、天鹅绒、锦缎、带小点的绒绣，在用色方面，它们与床帘和窗帘相配。无背、盖了布的座位在 18 世纪初仍然很流行，这无疑是因为女性的裙子仍然很宽松。

差不多同一时期，估价人注意到了一些沙发（sofas）和长沙发（canapés）。根据《特雷武词典》的解释，沙发是"一种坐卧两用长椅，带有 3 道侧帘，近期，法国人开始使用它"。清单以同样的方式描述了 18 世纪早年的一张长沙发："一张很大的胡桃木长沙发，长 6 法尺（约 2 米），内垫由马鬃制成，以带点绒绣镶边，带有一个小床垫和两个长枕，以白色镶边缎子为背景布，附有绒绣围成的隔间，侧帘和两个扶手上盖着以相似方式镶边的同一种缎子"，其价值是 150 利弗尔。[2] 所谓的职业扶手椅——一种很宽的高背扶手椅，带有装了软垫的侧翼，也可以追溯到路易十四统治期间，它出现在一些家庭中。一种类似的样式，舒适扶手椅（fauteuil de commodité），被菲雷蒂埃定义为"一种填充过的椅子，带有读写台和一

1　D. Henrard, p. 65.

2　D. Duiier, p. 143.

种可升降的靠背，人们可以睡在或靠在上面"。这种椅子不能与装有陶瓷桶或盆子的厕所扶手椅或厕所椅相混淆。

18 世纪早期的家庭中，还有其他类型的座位："女王"扶手椅或"女王椅"，它们是直背的，还有床缝扶手椅，这是一种很窄的椅子，能够塞进床边很窄的地方。后者是为探病的客人或是孩子床边的妇女准备的。床缝扶手椅只出现在私人房间中，显然在 1750 年后就不再使用了。1736 年，一位绘画师傅的私人房间里有 "4 把床缝扶手椅，它们使用了雕刻过的、弧形的木材，填满了马鬃，盖有绒绣，旁边还有 2 只脚凳"。[1]

路易十五和路易十六统治期间，扶手椅在家具世界中获取了较高地位。随着开始于路易十五时期的木工与制柜技术的进展，扶手椅产品进化了，其样式也更为多样。笔直僵硬的线条让位于轻盈、安逸的样式。灵感源于德博兰父子（des Berain, père et fils）的画作，由摄政时期的装潢艺术家和装饰设计者所设计的弧形、弯曲的形状，涂金或精致地上了漆的木材，还有织物颜色与木材色调的微妙和谐，都赋予了这些椅子以一种明显的优雅风格。

更大的舒适性进一步增进了它们的优雅。气派与安逸是携手并进的，这些新样式都刺激了社交艺术的发展。其中最为舒适的是简便椅（bergère），它出现在 1725 年左右：这种长长的、贡多拉形的扶手椅有一个有填充物的圆形后背、侧翼、扶手，还有垫了方形靠枕（carreau）的座位。某些简便椅被称为"忏悔室"风格。大约 20 年后，就在 1750 年前，小扶手椅（cabriolet）出现了，这是一种优雅的椅子或扶手椅，带有拱形的后背和弯曲的腿。这些新的、非常时髦的座位出现在最富裕的家庭的清单中，这些家庭在 18 世纪末拥有一个或以上的接待厅（salle de réception）：1775 年，作曲家艾吉迪欧·罗穆阿尔多·杜尼（Egidio Romualdo Duni）有 1 把简易椅、

1　M.-P. Dumoulin, p. 100.

12 把小扶手椅，还有 12 把女王椅。1787 年，弗朗索瓦·弗朗科尔侯爵夫人拥有的华丽而昂贵的家具包括 12 把简易椅、4 把小扶手椅，还有 1 把"忏悔室"椅。[1] 在拉格朗日先生的餐厅里，有 4 把小扶手椅，还有一打椅子，在隔壁奢华而有品位的客厅里，有 12 把小扶手椅盖着刺绣绒绣，还有 2 把盖着乌特勒支天鹅绒，此外，还有 8 张尺寸较大的女王扶手椅和 1 张三人长沙发。这最后 3 样物品都盖着戈贝林绒绣，"上面绣有花和动物"。[2]

其他作装饰用的，以及为人提供舒适的座位出现在最雅致的住宅里，例如长沙发及其变种，土耳其式长沙发（ottomane）和沙发（这些名字会使人想起东方，东方的吸引力贯穿了整个世纪），长椅，长沙发与坐卧两用长椅。这些座位是用来休息、阅读和放松的，它们也适用于谈话时向女子献殷勤。这些价值很高的家具都是富人的财物，它们表现了对舒适的关注，对奢侈的喜爱。1764 年，作曲家让－菲利普·拉谬（Jean-Philippe Rameau）有一张两人位的长沙发，[3] 一位至 1772 年去世时仍然单身的高等法院律师的客厅里有一张土耳其式长沙发，他的卧室里有一个可供人躺下的长沙发，餐厅有张小小的坐卧两用长椅。[4] 在拉格朗日先生的住宅中，底楼的客厅装有三人位长沙发，这并不是唯一一个有此类物品的房间，因为二层的沙龙也有一个类似的，此外还有 21 个以上的其他座位。

至于用来制造这各类座位的木材，它们与用来制作餐桌椅的不同，不过餐桌椅与各类座位都不用冷杉木或杨木——它们被留给更普通的家具。我们应该强调胡桃木的主导地位，这是一种很容易处理和雕刻的木材，其次则是山毛榉木——这种木材很受椅子制造者的重视，因为其质地是有弹性的。桦木、桤木和榆木似乎都不那么常见。估价人很少说明木材实际上

1　I. Petitclerc, p. 73-74.

2　Y. Aubry, p. 59.

3　I. Petitclerc, p. 75.

4　V. Paquet, p. 105.

是怎么被使用的，虽然偶尔也会提及这个问题，例如注明椅子、扶手椅或脚凳使用的木材被扭曲过或是雕刻过。公证人提到的朴素型椅子，其木材仅仅被扭转过而没有被制成某种特定直径，也没有被塑形过。不像椅子，扶手椅很少带有稻草座位，但是带藤条座位的那种在 18 世纪初期非常流行。

在讨论餐桌周围的椅子时，我们已经提到了各种用来覆盖座位的织物。虽然在 18 世纪后半期的高雅家具上，盖布使用的材质非常多样，但人们确实偏爱这四种：缎纹布、割绒织物、乌特勒支天鹅绒和刺绣绒绣。我们接下来考虑装饰问题时，会观察到这些盖布的丰富性，人们通常会选择素净或明亮的颜色，以此与其他家具相协调，还会使用花朵、叶片的印花，或是条纹，这些都表现出了启蒙时代标志性的美学进步。

公证人记录在清单中的其他家具和物品，例如游戏桌和室内游戏，展示了巴黎人的社交方式。与家人或邻居一起打牌、下十五子棋或是跳棋，都是很流行的消遣方式。但是，这样的娱乐只属于最具特权的阶级，他们有闲暇时间。通过被估价的游戏桌与各种游戏物品，清单让我们知道了有多少家庭可以负担得起这些家庭消遣。在 17 世纪与 18 世纪早期，室内游戏在巴黎家庭中仍然罕见，因为据清单记录，样本中只有 8% 的家庭有这类东西。另外，它们的种类也很局限：有许多副纸牌、皮克牌、方形牌（quadrille）、影子戏（hombre）、"三条"（brelan），以及十五子棋和跳棋。这一时期的公证人很少提及其他类型的游戏，比如一副蛇梯棋（jeu de l'oie）、一副十五子棋戏（jacquet）、两张台球桌（deux billards），还有一套滚球游戏（jeu de boules）。所谓的游戏桌，不用说，是用来打牌的，通常被描述为"胡桃木制，盖着绿布"。1709 年，查尔斯·德·巴尔贝齐埃侯爵（Marquis Charles de Barbezières）有一张这种桌子，它带有细木镶嵌，腿和小扶手椅一样。[1] 十五子棋游戏板通常是 15 块板子、杯子、骰子、

1　M.-J. Curis-Binetj p. 63.

背景布和短桩一同被估价的。

清单中的游戏物品通常被列在大厅的物品中，它们也可能出现在小房间里，财政总监皮埃尔·加根家就是如此，1657 年，他的小房间里有"2套十五子棋，其中一套覆盖着中国木材"。[1]有游戏的人几乎毫无例外都是社会精英，最富裕的人甚至会拥有好几套游戏。1706 年，富裕的书商弗雷德里克·雷奥纳尔（Frédéric Léonard）有 1 套十五子棋，带有游戏板和杯子，它被放在他家中的"游戏室"里，这里有"2 张盖着绿色哔叽的桌子，一套摆在可以站着玩的高度的滚球游戏——这是小型版本的那种，盖着绿色哔叽，带有 13 个象牙滚球"，以及"玩轮盘赌（portique）的八边形桌子"。[2]二层的另一个房间里有一张很大的台球桌，盖着绿色哔叽，带有"球与球杆"。[2]总之，这是一个无与伦比的游戏场所，甚至在咖啡馆和饮料商的房屋中都无以匹敌。菲雷蒂埃的《有产者传奇》（Roman bourgeois）中的某个段落提到了有产者太太卢克莱斯（Lucrèce）的姑母组织的游戏玩家聚会，其参与者都是律师："饭后，我们在桌上放了两副牌，一副十五子棋……当她（家庭主妇）赢了的时候，她会拿来一个馅饼和一个千层酥面团（poupelin），还有一杯家制果酱，这是给客人的甜点，它们取代了晚餐。"[3]

室内游戏在 18 世纪期间越来越流行了，此时，越来越多的人开始玩室内游戏，它们也进入了中产阶级家中，例如商人和城市行业师傅，同时，它们也仍然坚守于最富裕的家庭。18 世纪 40—50 年代，皮克牌桌这样浮华的家具偶尔也会出现在散工家中，根据我们的计算，18 世纪 20—90 年代期间，公证人造访过的家庭中，有 22% 拥有各类游戏物品。18 世纪估价人记录的游戏的类型比 17 世纪多得多。在纸牌、十五子棋、跳棋

1　Henrard, p. 60.
2　M.-J. Curis-Binet, p. 63.
3　Furetière, *Roman bourgeois*, Paris, 1666, p. 918.

和台球之外，还有多米诺、国际象棋、骰子、滚球撞柱游戏，以及用冰球和桶玩的游戏。在大部分情况下，游戏桌是用来打牌的：最常见的是方形牌（quadrille）游戏桌，它是方形的，一次可供四位玩家参与。[1] "三条"，是一种 2～5 人玩的扑克，我们只发现了很少的用来玩这种游戏的五边形桌，因此，它算不上是巴黎人最喜欢的游戏。

这类桌子大部分位于大厅，它们是由樱桃木或山毛榉木制成的，盖着一层绿色的（红色和蓝色更为少见）布或毯子。某些折叠桌或滑轮桌（à coulisses）的价值低于 10 利弗尔。其他还有外表更加奢华优雅的桌子，例如，1753 年，一位酒商的客厅里有一张小型方形牌桌，它的牝鹿形桌腿上饰有圭亚那产原木细线（filets de bois d'amarante），其价值高达 100 利弗尔。在这些桌子周围还有椅子：另一位死于 1784 年的酒商的客厅里，有 2 张方形牌桌，带有 8 把盖着棉缎的椅子。1765 年，在另一位酒商雅克·梅林（Jacques Merlin）的住宅中，客厅里有一张盖着绿布的小皮克牌桌，周围围绕着 3 把带有羽毛靠枕和刺绣绒绣的扶手椅。[2]

便携游戏与其包装盒一同被估价，它们在很大程度上似乎是奢侈品，根据公证人的描述：1 副方形牌游戏（quadrille）带有珍珠母制成的 4 个小盒子和卡牌；1 副乌木制十五子棋游戏，带有乌木与象牙制成的牌，银杯和骰盅，都装在皮袋里，它的估价是 32 利弗尔。后一套游戏的主人在 1744 年是巴黎刑事司法部（Châtelet）的一位公证人。一个带有 "24 个象牙与乌木制成的棋子" 的棋盘被估价为 12 利弗尔，1747 年，它出现在一位金器和珠宝商人的家中。[3] 在巴黎，需要宽敞空间的台球游戏的稀缺程度，在启蒙时代与在路易十四时期一样。一位死于 1751 年的纽扣制造师傅有

1　B. Guiblain, p. 70.

2　G. Corneloup, p. 80.

3　D. Villate, p. 99.

一张台球桌，盖着绿布，带有 2 根台球杆和 2 个象牙球。[1] 圣安托万郊区的一位死于 1760 年的缝纫用品商在一个通向家中花园的货棚中安置了一个台球室。[2] 最后，我们必须看看前包税人拉里夫·戴皮内（Lalive d'Epinay）的房子，这座房子位于圣奥诺雷郊区的绍萨伊路（rue des Saussaies）；1782 年，这房子里有"一张盖着旧绿布的橡木小台球桌，带有 3 个象牙球，9 根球杆"，可以被"白木底撑上的 6 个白镴蜡烛台"点亮。[3]

只有在最富裕的家庭里，聚集在主人身边的客人们才能从几个游戏中进行选择。1751 年，一位布商有 2 个带绘画并上了漆的方形牌盒子，还有 1 套乌木十五子棋游戏——由一块板子、象牙和乌木骰子与一只兽角杯组成。[4]1770 年，一位高等法院律师也有几套游戏："桌上有一套十五子棋，带有象牙与乌木的条块"，还有一套跳棋。[5] 至于富裕的拉格朗日先生，1775 年，他能够为客人提供 8 张游戏桌，包括 2 张皮克牌桌，2 张方形牌桌，还有 4 张十五子棋桌，它们都放在房屋底楼的前厅里。[6]

在许多现代家庭用来看电视的时间，我们的祖先进行了集体活动。那时候，人们明显习惯于群聚，大量椅子证明了这一点——他们聚在桌子周围一同吃饭，或是聚在壁炉周围，在愉快的聊天中度过夜晚。在最富裕的家庭里，人们围绕一套游戏聚集起来。我们可以描绘出那种人类的温暖，那种生气，那种在死亡敲门之前，社交习惯带入这些家庭中的愉快而彼此分享的气氛。在这样一个毫无舒适可言的世界（在这里，被爱的人总是很容易生病或死亡）中，团聚的简单快乐难道不是艰苦日常生活最好的解药吗？

1 V. Aronio de Romblay, p. 115.
2 M.-P. Zuber, p. 137.
3 Y. Aubry, p. 76-77.
4 V. Aronio de Romblay, p. 115.
5 V. Paquet, p. 138.
6 Y. Aubry, p. 76.

物品储存

在这些巴黎家庭中，人们把公证人记下的各类物品（厨房用具、餐具、亚麻、布料或其他物品）储存在哪里呢？我们的法国祖先是如何解决物品收纳这一古老问题的呢？通过估价人提到的各类物品，我们可以试着了解物品如何储藏，相关习惯如何进化。

正如我们惊讶于这些巴黎人拥有的桌椅的数量，每个家庭中也堆积起大量储物家具，甚至每个房间里都堆了许多储物家具。在路易十三时期与大革命前夕，平均每个家庭有 6 件这种家具。无论住房类型和家庭财富状况如何，这些数字都差不多。这一平均数不仅考虑了大件家具——大箱子（coffres）、橱柜（armoires）、餐具架（buffet），还有面包箱（huche）、腌肉桶（saloir）和食品柜（garde-manger），以及搁板（tablettes）之类的储物平面。虽然储物家具的位置仍然未知，但它们无疑提供了大量空间。1723 年，一位富裕的袜商有 6 个橱柜和 3 个大箱子（coffres）。1730 年，在一位来自戈贝林工厂的国王绒绣制造者的私人房间里有 5 个橱柜和 2 只大箱子（coffres）。[1]1755 年，一位橘子商与妻子和孩子一同居住在有 3 个私人房间和 1 间厨房的房屋里，他的私人房间里装了一大一小 2 个五斗橱（commode）、1 个胡桃木橱柜、1 个小橱柜或书箱、1 套纸板抽屉和 2 个白木小橱柜，在床之外，还有 1 个摇篮与 2 把椅子。[2]虽然我们不知道这些房间有多大，但很容易推测，家具如此堆积起来，人们的活动空间就没有多少了。

大箱子（coffre）或者说拱顶箱（coffre-bahut），在 17 世纪的巴黎家庭中处处可见。这种物品通常质量中等，但容易移动，这是一种可以放在

1　F. Dommanget, p. 78.

2　C. Legrand, p. 139.

家中任意位置的大箱子。通常，它外裹黑皮革，带有锁和钥匙。它有许多种形状，圆形、长方形或正方形。如果它的盖子（couvercle）是圆形的，就往往会被加上"拱顶（bahut）"的前缀，或许这种箱子也很像一个行李箱（malle）。实际上，估价人有时会将它描述为"是拱顶的形状"或是"拱顶式"。有些大箱子放在支脚上，例如一个"方形的拱顶箱，裹着黑皮革，放在胡桃木支脚上"。形状是板条箱（caisse）的大箱子也会被用作座位。清单很少提到"保险箱"（coffres-forts）或是装信件、珠宝或银器的首饰盒（cassettes）。

实际上，清单记录的所有17世纪与18世纪头10年的家庭都至少有一只大箱子，里面摞着亚麻和餐具。大箱子是频繁旅行与搬家的标志，使人想到巡回法庭的时代，到启蒙时期，它们逐渐被象征着稳定的橱柜取代了，尽管并未完全从巴黎人家中消失。作为一种源自农民的传统家具，实际上也因为其机动性，人们对大箱子（或许是从祖父或曾祖父那里继承来的）有情感寄托，尤其在较为贫穷的阶层中。

在无力购买一个或以上的橱柜，或是五斗橱这类新潮物品的家庭中，大箱子仍然占据着重要地位。它的价值实际上通常比橱柜低，在5～10利弗尔。相比之下，一个胡桃木橱柜的价格会在20～50利弗尔之间。1723年，一位烘焙工拥有的唯一一件储物家具是"带胡桃木支脚的方形拱顶箱"。[1] 在一位死于1725年的小酒馆主人的私人房间里，大箱子是除了床之外唯一的家具。[2] 例如，一位猪肉屠夫及其家人1723年居住的私人房间里有一个价值5利弗尔的拱顶箱，还有一个价值60利弗尔的橱柜。1724年一位谷物商人的情况也是如此；在她的住宅里，有一个双门胡桃木大橱柜，价值45利弗尔，还有一个很大的方形拱顶箱，价值8利弗尔。[3]

1　F. Dommanget, p. 78.
2　C. Corneloup, p. 78.
3　F. Dommanget, p. 79.

但是，到了 18 世纪 40—50 年代，大箱子开始从私人房间和大厅中消失了，至少在较富裕的阶层中是这样，它被降格置于厨房里，有自己的专门用途。我们看到，1738 年，一位旅店主人的家中有一只橡木大箱子和一个面包箱，1755 年，一位戈尼斯（Gonesse）郊区的旅馆主人的面包坊里有 2 个用来储存面团的大箱子。[1] 这种类型的大箱子可能会与腌肉桶、食品柜与面包箱被分为一类，有时候被列在厨房、办公室与商店后房的物品清单中，尤其常见于郊区或周边村庄那些半农村家庭。到 18 世纪 50—60 年代，所有巴黎家庭中的大箱子都涂了漆。在圣安托万郊区，甚至到了 1760 年还有将近 20% 的家庭仍然拥有大箱子或拱顶箱。

传统的储存方式不分类，只是简单地把东西堆在一起，橱柜取消了这种方式，代之以一种更具逻辑性、更有条理的系统。在 17 世纪初，橱柜已经与大箱子共同出现在许多家庭之中。例如，它出现在清单记录的圣尼古拉德尚教区 1635—1649 年间 77% 的住宅之中。那时候，橱柜通常被描述为"一对大橱柜"，也就是说，它带有双门，"胡桃木制，还有 4 个能用钥匙锁上的小门（guichets），以及 2 个可滑开的抽屉（layettes）"。橱柜几乎总是带有小门，小门也被称为百叶窗（volets）或小窗（battants），主门上通常会有一扇小门，更常见的是，有一对小门，还有一到两个抽屉，某些情况下还有栏杆柱（balustres）——两头窄中间宽的小柱子，用以支撑搁板。橱柜可能会饰有顶部檐板（corniche），这里可以用来展示陶制或瓷制的精致物品。从估价人的描述来判断，橱柜的形状在 17—18 世纪几乎没有演进。这是一件坚固而巨大的家具，胡桃木或橡木制，少数情况也可能是山毛榉木或冷杉木制的，橱柜（不像大箱子）通常是一件优质物品，是家中的一件关键家具。它通常是一位年轻妻子嫁妆的重要组成部分。一般来说，它被放在逝者的私人房间里，内部放了各类物品，首先是衣服

---

1 G. Corneloup, p. 78.

或家用亚麻这样的私人财物。

　　橱柜内容纳的物品通常种类各异，很少具有条理，我们对 18 世纪初的教士家庭的调查揭示了这一点。在一位死于 1704 年的奥吞学院（collège d'Autun）教授的家中，估价人发现了一只装有 11 本小书的橱柜，里面还有衣服、衬衫、长裤、浴袍、睡帽、袜子和拖鞋，当然还有枕套了。1705 年，另一位教士家中的"带两扇可上锁的门的大橱柜"里也积聚了各类物品：用于礼拜仪式的服装，例如教士长袍、大礼服、长白袍和白色罩衣，还有私人用于家用的亚麻，1 套梳妆用品，2 把勺子和 1 个锡制盐盒，还有一些书。[1] 由于与大箱子属于同一时期，这类橱柜似乎坚持了多用途家具的风格，看起来像个杂物柜。

　　估价人实际上用来称呼橱柜的各种词语，都表露出其功能："书橱"（"en bibliothèque"）式橱柜顶上装了黄铜线，还带有两道小帘子；"食品柜"（"en garde-manger"）式顶上也有黄铜线网，以便空气流通；餐具橱柜（armoire à vaisselle）里则有几块搁板（tablettes）。我们也应该注意到一种小房间式的橱柜，它比一般的橱柜多了很多抽屉。最终，"无底橱柜"（armoire sans fond）或是"橱柜前部"（devant d'armoire）用来描述一种"固定在墙里"、"位于墙中"或是"嵌入墙"的橱柜，人们挖开壁炉附近的一面墙，把它放进去——简言之，这是一种壁橱（placard）。[2]

　　随着大箱子逐渐过时，橱柜的时代到来了，18 世纪期间，橱柜进入了大量家庭之中。只有最贫穷的家庭才没有橱柜，而是用大箱子作为唯一的储物家具，勉强凑合。1721—1761 年间，橱柜出现在 83% 的散工与擦地板者的住宅中。在最贫寒的家庭中，它的平均价格是 24 利弗尔。在一位死于 1738 年的散工家中，有 6 个橱柜。1739 年，3 个橱柜出现在另一

1　G. Ménez, p. 35 à 37.

2　P.-D. Boudriot, p. 38.

位散工家中。对于财产总价值通常低于 500 利弗尔的穷人们来说，橱柜是财富的象征，其价值占到他们住宅总价值的 10%。[1] 一位贫穷的画家在1711 年去世时，只留下了价值 282 利弗尔的财产，但他的房间里有一个被估价为 35 利弗尔的橱柜，还有另一个更便宜的小橱柜，它与一个拱顶箱一同被估价为 3 利弗尔 10 索。[2] 这些橱柜的价格差异很大，取决于木材、尺寸与形状。白木橱柜只值几利弗尔，从未超过 20 利弗尔，而较大的橡木橱柜可被估价为 80 或 90 利弗尔。

由于体量庞大，内置搁板与抽屉，橱柜的储物能力很强。但它1.67 ～ 1.82 米的高度所需要的天花板空间，并不是每个家庭都能提供的。正是因此,主人们常常会切断橱柜的上部,剩下的部分被叫作"橱柜底"(bas d'armoire),它只保留了四个小门（guichet）中的下面两个，于是看起来像一个餐具架（buffet）。这些橱柜底价格便宜些，频繁出现在这些家庭中，通常会是唯一的储物家具，除非家里还有一个完整的橱柜或一个大箱子。

餐具架是另一种用来储存餐具或食物的家具，近似于橱柜底，但更为少见。通常来说，它们很矮，橡木制成，偶尔也用胡桃木或冷杉木。一个餐具架被描述为 "4.5 法尺（约 1.5 米）高的橡木餐具架，带有两个小窗（battants）和一个大理石顶，价值……36 利弗尔"。这样的大理石顶非常少见。[3] 餐具架可能会包括两部分，或是顶上带有多层置物架（étagères）。例如，1751 年，散工艾德梅·格拉多（Edmé Gradot）的餐具架分为两个部分，包括"拱顶形的黑皮革大箱子，上面配有 2 扇带黄铜丝网的小窗（battants），下面有 2 扇实心小窗，这几扇窗都可用钥匙锁上"。它被估价为 24 利弗尔。[4] 餐具架常常出现在贫寒的家庭中，位于厨房、商店后房或是大厅。

1　G. Rodier, p. 58.
2　M.-P. Dumoulin, p. 103.
3　B. Guiblain, p. 59.
4　G. Rodier, p. 59.

碗橱（vaisseliers）出现在 18 世纪的少量家庭中，它们是小型餐具架，顶部通常装了用放餐具的置物架。碗橱的各种类型有：碗柜（dressoir à vaisselle）、碗碟柜（buffet porte-vaisselle）还有碗橱底（le bas d'armoire en vaisselier）。

装饰性的家具只出现在最富裕的家庭中，它们也可用于储物。早在 16 世纪就已经出现的陈列柜（cabinet），是一种带着几个门与抽屉的餐具架，用来储存珍贵物品，例如银器、首饰或是文件。它通常由乌木之类的外国木材制成，价值可观：例如，1642 年，国王顾问西蒙·普拉斯特里尔有一个"带 6 个抽屉的日耳曼式乌木陈列柜"，价值 300 利弗尔。[1] 正如估价人的笔记表明的那样，陈列柜可能是一体的，也可能分为两个部分，其中一个摞在另一个上面。在后一种情况下，下面的部分可以是单条支脚，或是像上面部分一样是一个真正的小橱柜，带有小门和抽屉——"底部带 2 扇百叶窗和 2 个抽屉，顶上带有 10 个抽屉和 1 扇百叶窗"的陈列柜，或者也可能是"柜脚弯曲，上有 9 个抽屉与 1 扇小门"的陈列柜。[2] 在 18 世纪期间，陈列柜可能饰有当时流行的中国风图案。1753 年，一位酒商妻子有一个这种柜子，"以中式风格涂漆"。[3] 由于它通常是奢侈的家具，人们偏向于把它放在屋子里的某间主要房间中，也可能放在小房间里。但是，到 18 世纪末，它已经完全过时了，被写字台和书桌所取代，我们接下来会看到，这两样物品曾风靡一时。

出现于 17 世纪末的五斗橱是一件贵重物品，直到 18 世纪 20—30 年代，都只有社会精英才会拥有。在世纪之交的贵族成员的两座宅邸中，我们发现了一个用上漆的木头制成的五斗橱，还有一个有细木镶嵌（marqueterie）。这种家具的尺寸比橱柜小，适合比上个世纪更为私密的家庭。自路易十五

1　M. Landrier, p. 101.

2　D. Durier, p. 142.

3　C. Corneloup, p. 79.

统治时期起，五斗橱就一直所向披靡，逐渐挺进所有的巴黎家庭中。获得了带有"方便"之意的名字，五斗橱名副其实，它占据的空间只比大箱子多一点，但构造比较合理，占地面积小，内部空间利用率高，能够把物品安置得有条理得多。

五斗橱有许多种形态：摄政式（Regency）或陵墓式（tombeau）最为常见，带有短腿和3个摞在一起的大抽屉；最上面的抽屉也可能被2个"半抽屉"取代。其他类型被叫作复古式（ancienne）或藏衣间式。五斗橱的首要特征是它所使用的奢侈木材。人们可以只用胡桃木或（少数情况下）用橡木或山毛榉木制造五斗橱，也可以用异国木材制成的贴面或细木镶嵌（marqueterie）造出雅致的细木工家具。实际上，稀有而昂贵的木材将五斗橱与其他家具区分开来：玫瑰木（bois de rose）、紫心木（bois de violette）、黄檀木（palissandre，一种来自圭亚那的名贵深色木头）、印度木材、桃花心木（acajou）。细木镶嵌可能由圭亚那产原木或玳瑁制成。五斗橱带有红铜或青铜的装饰，其形状像是手、手柄（poignées）、苹果、花蕾或是锁孔，它的顶部由朗格多克、布列塔尼或阿勒颇的大理石制成，颜色从白色到坎帕尼亚绿、酒色或带红点的都有，这是一件优雅而精致的家具，人们骄傲地在接待厅里展示它。

虽然五斗橱最终进入了所有社会阶层，最奢侈昂贵的那种仍然是富裕家庭的特权，一位死于1720年的缝纫用品商有一个带铜饰的紫心木五斗橱，带有3个抽屉，其中一个被分成两半，它价值100利弗尔。另一位巴黎有产者缝纫用品商的五斗橱由黄檀木制成，带有红铜小人像，以及大理石顶，1740年，它被估价为50利弗尔。[1]1773年，在一位骑警队前任首席书记官的家中，有一个"陵墓式的五斗橱，黄檀木制成，带有2个大抽屉，2个小抽屉，有手形装饰、锁孔、彩铜包脚，以及大理石顶"，它被估价

1　V. Aronio, p. 78.

为 72 利弗尔。[1]

在更贫寒的阶层中，五斗橱——由当地木材制成，没有装饰品——价格不会这么高。1751 年，一位贫寒的擦地板者家中的五斗橱"由胡桃木制成，带有 2 个大抽屉，3 个小抽屉，可以用一把钥匙锁上"，价值 16 利弗尔。同一年，在另一个擦地板者的家中，"带有 3 个大抽屉，2 个小抽屉，可用钥匙锁上"的五斗橱价值 18 利弗尔。这些散工与擦地板者的简易五斗橱的价格差异不大，通常不会超过 20 利弗尔。1721—1761 年间，这类辛勤劳动的人们之中大约有 43% 拥有五斗橱。1738 年，散工皮埃尔·法夫雷（Pierre Faveret）有 3 个五斗橱。[2] 某种失序似乎主导着此种家具的内部，就像在橱柜中一样，这一点可以从一位巴黎教区的副执事［他也是圣埃蒂安德沃修道院（l'abbaye de Saint-Etienne de Vaux）的神父］的例子中看出，他把一张画、剃须盆、磨糖机和圣水钵放在同一个五斗橱内。[3]

在 18 世纪，没有什么装饰性家具像五斗橱一样受到普遍欢迎。小衣橱（chiffonnièrs）、墙角柜（encoignures）、写字台（secrétaires）、书桌和书橱总体来说都很少见，只被列在少量富裕有产者家庭的清单中，小衣橱由叠放的抽屉构成，高度各不相同（取决于抽屉的数量），不过它通常都很窄。这是一种 18 世纪的发明，起初是用来储存刺绣品和针线的。这种结合了五斗橱与写字台的储物方式的雅致物品并未广泛出现。它可能带有木制贴面，饰有铜制线脚。

墙角柜的形状像一个小型长方形橱柜，通常采用单扇门，放在房间角落里。这种家具通常是成对的，围绕着一个样式相同的五斗橱。例如，在某位骑警队前任首席书记官的家中，有"2 个墙角柜，玫瑰木，带有两扇小门，顶部都是大理石制，总价值 362 利弗尔"，还有一个之前描述过的

1　V. Paquet, p. 100.

2　G. Rodier, p. 56-57.

3　M.-D. Bost, p. 61.

黄檀木五斗橱。[1] 这些小件家具的装饰性大于实用性，也出现在音乐家的家中：1753 年，在小神父修道院（Petit Pères）的一位风琴手家中，有"2 个带两扇百叶窗的墙角柜"，还有"2 个带大理石顶的墙角柜"；1755 年，在一位王室常任音乐总监的住宅里，有"一个带贴面的墙角柜"；1764 年，"2 个樱桃木的墙角柜"出现在拉谬（Rameau）家中，而 1772 年，意大利作曲家艾吉迪欧·罗穆阿尔多·杜尼有"2 个墙角柜，其中有 4 块搁板"。[2]

　　用来书写和收藏文件（以免被打探的目光看到）的写字台（secrétaires）到 18 世纪中叶也开始出现了，它有多种形态：陵墓式，斜坡式，橱柜式，还有"五斗橱形"的。有时候，它会饰以金色铜饰，上覆大理石，带有一块活动的板，可以用作写字桌。写字台内部装有文件格、抽屉配件，还有带墨水台的文具盒。在一些家庭中，它还伴有一个保险箱，通常被放在私人房间或小房间里。它用到的木材包括胡桃木、贴面木材、玫瑰木、紫心木、黄檀木和桃花心木。拉谬有 5 张写字台，材料有贴面木材、玫瑰木和黄檀木，还有 2 个文件柜（serre-papiers），用来储存文件。作曲家艾吉迪欧·罗穆阿尔多·杜尼有两个写字台，一个是橱柜形的，玫瑰木制的，另一个是陵墓形的，紫心木制的。[3]

　　其他与读写活动相关的家具，例如书桌（bureau）和书橱（bibliothèque），在 18 世纪期间不断增多，不过当然只出现在有限的知识分子家庭之中。书桌似乎被用作储存单位——它带有 2～6 个抽屉，也被用作工作桌（table de travail）。菲雷蒂埃将它定义为"带有几个抽屉或搁板的桌子，商人或学者在这里写作、储存文件"。某些教士有好几张书桌，位于住宅中的不同房间里：一位死于 1720 年的司铎有 3 张书桌，其中一张放在私人房间里，另一张位于前厅，最奢侈的一张放在一个小房间里。我们发现，1706 年，

1　V. Paquet, p. 100.

2　I. Petitclerc, p. 54.

3　Ibid., p. 50.

一位索邦博士的家中也有 2 张书桌，1732 年任圣雅克－杜－奥帕本堂神父的让·德穆兰也有 2 张，还有一些别的家庭也有 2 张书桌。这些家具的抽屉有时候是真正的"一把抓"。一位估价人发现，在路易·福尼耶神父（Abbé Louis Fornier）的书桌抽屉里，有"3 双旧的黑羊毛长袜，1 套梳妆用品，1 个梳子盒，1 张绿布地毯，2 顶假发，4 双短棉袜，4 双针织布底靴，还有 3 双平纹细布长裤"。[1]

这些书桌的价值差异很大，取决于使用的木材——胡桃木、细木镶嵌或是商品木（bois de rapport），较少见的橡木或带铜饰的涂黑梨木。书商弗雷德里克·雷奥纳尔有几张书桌，1706 年，它们的价值在 30 ～ 50 利弗尔之间。但切梅洛伯爵（comte de Chemerault）1709 年拥有的"玳瑁细木镶嵌制成，带有几个红铜抽屉"的奢侈品，价值可达 100 利弗尔。[2]1728 年，一位巴黎高等法院律师有 5 张书桌，包括一张价值 60 利弗尔的黄檀木桌。在同一所房屋内，还有 3 个书橱，其中一个巨大的胡桃木书橱带有 8 扇小窗，价值 80 利弗尔。[3]

有书房的人通常也有书橱。虽然教士们很少会拥有书橱，但他们通常还是会把书籍储存在合适的家具中，比如放书橱柜（armoire à livres）或书橱式的橱柜（armoire en bibliothèque）。最传统的书橱分为两部分：下部带有两扇实心门，上部装有玻璃或是黄铜丝网，里面衬有帘子。

如果说，到后来，大箱子、橱柜与五斗橱一样，都成了典型的收纳家具的话，豪华家具，以及文化人用的家具，则只属于巴黎人口中有着文化或经济特权地位的那一小部分人。这样的家具从一个侧面体现了社会差异化。这些贵重的新家具由 18 世纪的巴黎高级细木工制成，见证了启蒙时代精致优雅的装饰品位。虽然它们确实能提供额外的储物空间，但在最优

1　C. Ménez, p. 38.

2　M.-J. Curis-Binet, p. 46.

3　F. Dommanget, p. 80.

雅的住宅中的精美细木镶嵌家具，其装饰性显然超过了实用性，它们成了接待厅背景的一部分。[1]

家具数量不足以满足储物需求的住宅还配有搁板架，它们通常被称为餐具搁板架（tablettes à vaisselle），或是放碗碟的平板（planches à mettre vaisselle），或是放书的搁板架（tablettes à livres）。冷杉木、白木，偶尔还有胡桃木制成的置物架摆满了拥挤住宅的每个角落，以储存物品。它们有时候会被装在橱柜底的上方，最常见于厨房。虽然 18 世纪家具的数量增多了，搁板架在贫寒的住宅中仍然非常常见，甚至在 18 世纪 50 年代之后也是如此。搁板架用途多样，在 1760—1762 年，它们出现在圣安托万郊区 60% 的住宅中。在某些住宅里，清单还记录了成套的抽屉。[2]

如我们所见，在这样一个主妇需要在靠近地面处准备食物的时代，将物品储存在地板上似乎很常见，尤其是厨房用品或是食物，它们常常被放在壁炉周围，至少在装备不那么齐全的家庭中是如此。这一时期的版画展现了这些以壁炉的做饭功能为核心的习惯。18 世纪，洛朗·卡尔（Laurent Cars）的一幅版画名叫《好妈妈》（La Bonne Mère），其中展现了一位忙于照看孩子和做饭的母亲；我们看到地板上有一个烧炭的平炉，顶上放着装了一只大木勺的炖锅。皮埃尔·艾芙琳(Pierre Aveline)的 1735 年版画《漂亮的厨师》（La Belle Cuisinière）描绘了一位把鸡蛋放在围裙里，正在做饭的年轻妇女：各类蔬菜放在壁炉周围的地面上，一口小锅挂在壁炉上。[3]

随着允许厨师们站着做饭的烹饪新方式的出现，这种将物品储存在地面上的习惯逐渐消失了。随着大箱子被橱柜所取代，相似的转变也在发生：

1　Sur les meubles en général, outre Henri Havard, *op. cit.*, cf. Pierre Verlet, *L'art du meuble à Paris au XVIIIe siècle*, «Que sais-je ?», Paris,1968, et *La maison au XVIIIe siècle en France Paris*, 1966; Geneviève Souchal, *Le mobilier français du XVIIIe siècle*, Paris, 1962.

2　M.-P. Zuber, p. 93.

3　A. Mathayomchan, p. 64-65.

人们不再趴在地上储存物品，而是转向了垂直储物方式，他们利用可以和站立的人一样高的直立储物家具。储物习惯的变化（我们试图通过人们使用的物品把握它们）使人们更省力、更舒适，也更有条理，这正是启蒙精神的特征。

家庭私密空间中的职业生活

这个世界富含公证人帮助我们发现的大量物品，展现出了这一时期家中的工作生活与私人生活紧密交织的关系。专职人员们生活在彼得·拉斯莱特所谓的"失落的世界"里，他们实际上并不"通勤"至作坊、商店或是书房；他们的职业活动通常与家庭生活在同一屋檐下展开，至少也会是在邻近的空间之中——同一个街道或是街区。某些行业，例如屠夫或洗衣女工，需要生活空间之外的专门改造过的空间，而其他职业则很大程度上侵占了家庭空间。正如我们所见，房间的非专门化是如此常见，通常与之一同发生的，就是工作对住宅空间的侵占。在其行业所需空间不大的较贫穷手工业者家中，这两种空间相互交叠。

通过被估价的职业工具与商品，清单尤其能够展现出职业与家庭空间的相互渗透。在今天看来，日常生活中的这种渗透令人惊异，但在当时，大量社会与职业群体的人们显然都是如此。不同活动领域的实际例子可以帮助我们了解这种旧制度社会中如此典型的行为。

在餐饮业中，雇主有专门营业场所，其大小取决于他们的营业活动——制造、经销，或两者同时进行。18世纪，每个烘焙师傅至少需要2个房间：面粉通常储存在粮仓(grenier)里；他们在一个上闩的房间(bluteric)里磨面，面包作坊（fournil）里有揉好的面团和烤箱，用来做面包。最后，面包在商店里售出。虽然这些区域都专门化了，但并不总是与生活空间区分开来。

在某些区域，生活空间分散在工作空间的各处，这对于大多数行业师傅来说都是必要的。有时候，商店，甚至面包作坊都被用作家庭厨房。职业空间里偶尔甚至会有床——通常是留给店里的帮工男孩的。1743 年，在店主普盖先生（Sieur Pouget）的家中，商店既是面包作坊，又是厨房，里面还有一张床。[1]

大部分饮料商不仅在饮品店售卖饮料，也招待顾客在此享用它们，这些人往往拥有充足的商业空间。就像面包师们那样，他们的私人空间与公共空间也是相互重叠的。如果厨房不是商店本身，则它有时候开向商店，或是商店里的一个隔板间。在一位死于 1775 年的酒商家中，我们发现了一个"用作厨房的零售店铺"，里面有一个柜台和一些桌子，但也有做饭所需的用具。1755 年，另一位酒商有一个商店和一个用作厨房的小酒馆。[2]在咖啡馆主人之中，厨房是最常用的为客户准备饮食的"处理室"，估价人如此记录："用作处理室的厨房"。这个准备客人点餐的区域，有时会被说成是"用作厨房"。想一想 1720 年在白天将卧室作为商店间而开放的贫寒咖啡馆的主人吧。[3]

在装饰方面，画家们很少在专门的"作坊""实验室"（laboratoire）或是"用来调色的房间"里工作。除非有必要在住宅外工作，他们中大部分人都会在住宅里画画。例如，死于 1744 年的克劳德·帕坦（Claude Patin）在一个"用作厨房或作坊"的房间里画画。光是通过清单，我们很难确定没有作坊的画家们在哪里工作。他们的工具通常放在私人房间里。罗伯特·布尔乔亚（Robert Bourgeois）的绘画工具放在私人房间和厨房里。其他工具出现在大厅、小房间或是外围房间（dépendances）里。雅克·比松（Jacques Bisson），1737 年住在一个单间里，他把工具储存在地下室里；

1　C. Legrand, p. 178.

2　C. Corneloup, p. 47.

3　A. Pakravan, p. 111-112.

另一位艺术家的工具放在院子里的食品储藏室中；清单显示，吉尔斯·特维诺（Gilles Thevenot）拥有的"职业需要"的物品与工具放在几个"院子后方建筑二层的几个用作仓库（magazin）的房间"里。[1] 那么，这些手工业者似乎将工作与日常生活混合在一起。

这种相互渗透也出现在细木工师傅（maîtres menuisiers）之中，虽然他们总体来说拥有更充足的职业空间：样本中从事木工行业的人中，82%在商店里工作，有时候商店还带有商店后房、货棚、柴火间，或者，在少数情况下，还有作坊。由于工具要占据空间，这些手工业者需要大量的空间，而且通常把完成的家具订货储存在家中房间里。例如，估价人常常注明，"在二层的私人房间里发现的货物"。家具制造师傅让·布科（Jean Boucault）在 1737 年拥有一个商店和一间小仓库，清单列出了地下室，甚至还有卧室里找到的货物。在他自己的家具之外，还有 24 把扶手椅，6 个有待填充的扶手椅框架，以及 6 把椅子。在另一位细木工师傅的住处中，二层的两个私人房间被用来储存 98 件家具，包括 36 张桌子、8 张单柱桌、24 张扶手椅、12 把椅子、9 只脚凳、1 张床，还有 8 个床架。并非所有木工师傅都有这么多空间。1716 年，克劳德·迪东（Claude Didon）与妻子和两个孩子一同住在一个单间里，这单间同时是商店、私人房间与厨房，这里还有 3 张工作台。皮埃尔·杜兰（Pierre Durand）也必须与妻子和孩子凑合住在一个商店间里，而他的学徒睡在粮仓里的一个铺位上。[2]

在纺织业领域，缝纫用品商就是某种商业贵族，他们常常享用着与私人套房相分离的明确职业空间，即使这两种空间位于同一座建筑中，且相邻。1740 年左右，富裕的巴黎有产者缝纫用品商的典型家宅包括 1 个商店、1 个仓库、1 个厨房，还有 1 个位于底楼的餐厅，位于二层的仓库与小房间，

1　M.-P. Dumoulin, p. 160-161.
2　M. Descamps, p. 54 et suiv.

三层的主人区域——包括前厅、大厅、主卧与孩子的房间，还有 1 个前面带 1 个小房间的私人房间，四层还有储物空间，五层则是 3 个供雇员居住的小房间。[1]

在衣料与缎带商人之中——他们的命运没有缝纫用品商那么安适——工作空间与私人空间总是相互交错的。1668 年，衣料和缎带商耶利米·勒普雷斯特雷（Jérémie Le Prestre）住在两个房间里，其中一个用作厨房，位于房屋的四层。他将另一个五层的房间用作职业用途："12 个高经织布机，配有相应用具"，6 个各有用途的转轮，"一个纺锤，一对线卷"，最后，"2 对黄铜天平，装有铁梁，16 马克（marc）重的铜铲，还有一个试金天平"，这个房间里被隔板隔开的角落里有一张低柱床，还有 3 个床垫，相当于一个卧室。虽然他有工作室，耶利米·勒普雷斯特雷仍然将他价值 2090 利弗尔的货物储存在住宅四层的一个房间里。[2]1751 年，另一位衣料和缎带商将货物储存在家中全部的 4 个房间里。[3]雇工也在单间里做些计件工作，一位布料纺织行会成员拥有一台织布机和一些工具，这些都放在他的房间里。[4]

在服装行业，内衣经销商和布商一样，只出售商品而不生产它们，他们拥有与私人套房相区分的工作空间。但是，工匠们通常在家中工作。1668 年，在一位服装剪裁师傅的家中，"一个小橱柜"靠近用作厨房的"走廊"，走廊里不仅有一张床，还有一张"用于服装剪裁的工作台"。[5]1721 年，裁缝师傅德尔佩什（Delpèche）将自己的前厅作为作坊。另一位同时期的裁缝则在厨房里工作，那里有两张支架（tréteaux）支起的工作台。[6]

1　V. Aronio de Romblay, p. 86.
2　G. Neveu, p. 56.
3　V. Aronio, p. 79.
4　D. Durier, p. 266.
5　G. Neveu, p. 55.
6　V. Aronio, p. 79.

一位缝纫用品商兼纽扣制造者的情况也是如此，他的厨房里有两张橡木工作台，还有两个白木转轮。[1]

　　无论从事何种行业，许多手工业者都会在家中工作，正如下面例子显示的那样：一位死于 1632 年的乐器制造师傅只有一个商店间，其中被估价的物品包括了他的工作用具——锯子、刨子等等——还有用来制作提琴和鲁特琴的用品与一卷卷的琴弦。[2]1679 年，一位镜子商住在一个私人房间和一个破屋里，他将"1 张带桌子的冷杉木工作台"和另外 2 张"用于职业活动的桌子"安装在破屋里。11 面镜子和"2 令纸"也出现在此处的清单中。[3]在一位装饰温度计和气压计的珐琅师傅家中，厨房也是一个作坊：除了 1 张橡木柜台、1 些工具、1 张工作台、1 个风箱及相关用品之外，这里还有"2 个大型贴金箔木边双气压计、12 个大温度计、3 个单气压计、5 个小温度计、珐琅和玻璃制成的小雕像和管子、3 包珐琅和玻璃制成的管子……温度计用玻璃"。[4]17 世纪 70 年代，一位制桶师傅住在两个房间里，其中一个放着他的工作用具，"1 个线卷，2 个转轮，还有绕线车"。[5]1688 年，在另一位制桶师傅兼葡萄酒搬运工家中，商店是整个家庭的活动中心，这对夫妇的床则是商店后房的主要物品。[6]

　　至于服务业，我们已经强调了要区分用于私人生活与接待客户的房间有多么困难。这些空间实际上紧密交错，估价人的记录也展现了这一点。在旅店和小酒馆主人的住宅中，常常有同时用于接待顾客和充当厨房的房间。小酒馆是一个向外部开放的空间，似乎是半公共与半私人生活的核心，在这里，酒馆主人消耗了大量时间跟顾客们混在一起。顾客似乎与主人及

1　D. Durier, p. 265.

2　S. Lacoste, p. 55.

3　G. Neveu, p. 56.

4　D. Durier, p. 268.

5　G. Neveu, p. S5-S6.

6　F. Roussel, p. 86.

其家人共用一张桌子。不像手工业者的摊位或小商贩的商店——这都是简单商业关系的场所，旅馆、旅店和小酒馆本质上是用来扩展社交、为过路人提供食宿的。[1]用于保护家庭隐私的空间很少出现在清单数据中。这一活动领域中，家庭活动和商业活动相互交错的程度最为惊人，而且显然也最为常见。

并不只有商人和手工业者的工作与家庭空间相互交错。同样的习惯也出现在今天所谓的自由思想者或知识分子之中。法律人士（hommes de loi）和学者实际上在家中思考案件和接待客户。一位死于 1703 年的法警兼动产估价人（L'huissier et priseur de biens meubles）的家中有一个办公室，这是一个带书桌的小房间。1686 年，一位高等法院的审计官（Procureur Tiers Référendaire）的小房间要大些，里面有桌子、置物架和书。这位官员有两个文书帮忙，他会让他们住在安置成卧室的粮仓里。[2]

最后，让我们来拜访凡尔纳德（La Vernade）领主让－克劳德·普拉斯特里尔（Louis-Claude Plastrier），他是一位住在夏特莱（Châtelet）的公证人，1744 年，他的办公室位于圣安托万路上一所房屋的底楼，在这里，他是主要的房客。办公室本身由一个"中等大小的"铁炉供暖，这里还有一个山毛榉木书桌，还有一张带有可用钥匙锁上的抽屉的胡桃木桌，以及为房客准备的橡木长椅和稻草椅，还有一个带有 4 个小窗（battants）的橱柜。这位法律人士还有一个胡桃木的文件柜（serre-papiers），用来给文件分类。一张绿布地毯和一张带有黄色百合花的蓝色羊毛绒绣给这个严肃的家庭增添了装饰性的色调。这个办公室经由一扇玻璃门通向一个小房间（cabinet），里面有一个壁炉，壁炉上方是一对镜子，还有"带铃的摆钟"（pendule à sonnerie）。小房间里还有一张带弯腿的书桌和一张胡桃木扶手椅，它们

---

1 C. Corneloup, p. 47 et suiv.

2 F. Roussel, p. 88.

都覆盖着摩洛哥山羊皮，另外还有 6 把藤椅，1 张带镀金铜边的乌木写字桌，还有一块书橱式的搁板架。绿色塔夫绸窗帘点亮了这个房间，这里的物品包括了 340 本"处理不同的实际话题"的书。我们无法知道这两个房间仅仅是这位公证人的工作区域，还是偶尔也会用作家庭空间。[1]

　　我们已经从大量社会职业分类中引用了这几个例子，以此来强调前工业时代与今天不同，工作生活与家庭生活之间是没有真正的断裂的。商人在商店中的活动，手工业者在摊位上的活动，或是官员在办公室里的活动，在那时几乎都习惯性地融入了家庭日常生活之中。通过空间的统一，工作成了日常生活中最普通和常见的活动的一部分。在这样一本讨论私人家庭生活的书中，通过公证文件（例如，商业活动、工具和职业用具的清单，还有学徒合同）来考察工作世界，是不合适的。我们仅仅把注意力放在日常生活中工作与家庭任务之间的关系上。

　　虽然空间的同一是这两个领域相互渗透的主要表现，但这并非其唯一表现。由于伴侣和孩子们频繁地参与到家中男主人所从事的行业中，家庭与职业世界之间的纽带也因此加强了。虽然几乎所有文件都未提及妇女的工作，但无疑，许多妻子多多少少会积极参与丈夫的工作并与他合作，许多寡妇接管了已逝配偶的生意，我们由此看到了这种合作的表现。在做家务和看管孩子的同时，妻子们常常会在商店和作坊里帮一把手，这很容易，因为两个区域之间仅有几步路的距离。儿子或女婿的合作，常常体现在他们同时从事他们父辈的行业，这种一代到下一代的职业连续性，以及同行业家庭之间的通婚，在那时候很常见。

　　正如彼得·拉斯莱特展示的英国的情况那样，手工业者或店主的家庭，无论在伦敦还是在巴黎，都是家庭生活与工作共同体的中心。这或许是业已消失的前工业世界的主要特征之一。

1　D. Villate, p. 84.

第九章　家中的便利生活要素

　　舒适（现代意义上的物质享受）的概念并不为我们的祖先所知，"舒适"（confort）在 17—18 世纪的法国含义不同于当今，甚至在 19 世纪早期，它的含义也不同。对菲雷蒂埃来说，它是"一个意指'帮助'的古老词话"。《特雷武词典》重复了这一定义，并加上了同义词，"安慰、宽慰、鼓励"。这种古代含义持续到了后来，因为在《法兰西学院词典》的 1822 和 1835 年版中，我们仍然能找到"舒适"的一种含义是，"帮助，援助"。直到 1863 年的《利特雷词典》（Dictionnaire de Littré），我们才在传统定义之外找到了它的现代含义："一切构成生活中的物质舒适与便利的事物，这层含义是在英国被赋予的，然后这一转变过的词义又回到我们这里。"然后，是"舒适性"（confortabilité）这一名词，和"舒适的"（confortable）这一形容词。在工业革命之后，舒适或便利概念的含义自英国穿越海峡而来，在那里，这种含义的出现要比法国早几十年。

　　相比之下，"幸福"（bien-être）在 18 世纪获得了它的现代含义。菲雷蒂埃将它与"出生和教育"联系在一起，在《特雷武词典》中，它指的是"一个生活舒适、在自己的处境中什么也不缺的人的生活状态"。幸福的第一条件是满足人类身体基本需求的物品，例如温暖、光明和水，一切维持良好的健康与生活的必要条件。在工业革命带来生活方式的根本变迁之前，巴黎人如何处理这些取暖、照明和水供应的问题呢？由于清单提供了大量信息，我们可以从中得到至少一部分答案。

取暖

壁炉是做饭的地方，也是社交的中心，但它同样是热量的首要来源，而且除此之外还可以照明。作为家庭生活的象征，火在那时候的语言中是壁炉前的地面和家的同义词。壁炉，由于其多重用途，是家中极具吸引力的地点。虽然估价人并没有直接描述其重要性，但他们记录其要素的认真程度表现了它的重要性，在一个房间中，他们总是最先记录它，并且很详细：柴架、铲子、火钳，偶尔还有风箱（soufflet），这些东西有时候会被一个普遍的词语统称，即"炉火"（feu）。这些附件的价值总体上很小，很少超过 4 利弗尔。

传统工具之外的其他物品有时候会暗示房间中有壁炉：屏风，或者挡火屏风，这是用来抵抗火焰的热量的；"前部"（devant）可能是挡住出口，避免冷空气进入的一幅画或一块板子，不再使用的壁炉会用到它。一块放在壁炉前方地面上的布，壁炉架（manteaux）上的陶制或瓷质装饰品，放在檐板上的一面镜子或壁炉镜（贴在壁炉上方），还有烛台，这些都是壁炉装饰品。壁炉有时候会被框在山毛榉、橡木、涂色木头或是大理石制成的壁炉架中，这种架子可能会有两扇门，用来关上壁炉口，挡住冷风。还有挡火板（garde-feu）——这是一种铜质或铁质的网格，放在壁炉炉膛上方；还有壁炉栅栏（garde-cendres），用来接住炉灰；烤架，与柴架结合使用，能够托住燃烧的木头；灭火罩（l'étouffoir）或钟形罩（la cloche）用来灭火；最后，铸铁盘（la plaque en fonte）或炉背铁板（contrecoeur）能够保护壁炉炉膛的背面，储存热量。

利用这些不同的物品，我们继续计算每个住宅和每个房间中的壁炉的数量。我们的结果是，这一时期，平均每个家庭大约有 2 个壁炉，每 2 个房间有 1 个壁炉。单间住宅几乎总是有壁炉，而最宽敞的住宅的相关配备则相应较差，一些 18 世纪早年的例子显示了这一点：一位内衣经销商那占据了两座建筑的巨大住宅里有 21 个房间，但估价人只记录了 4 个壁炉。

冬天的温度达到历史最低水平时（1709 年就是如此），这些建筑中的气温一定已经到达了冰点。这里不仅有大量房间，还有许多走廊、小房间和小仓库。在富裕书商弗雷德里克·雷奥纳尔的优质宅邸中，19 个房间只有 7 个壁炉。一位皮毛商人所住房屋共 9 个房间，其中只有 3 个壁炉。[1]从一所住宅到另一所，壁炉的数量相差巨大。1632 年，一份关于滑轮路上一所房屋的评估规定：

> 需要制作5个壁炉架，1个在大厅，另外4个分别在4个私人房间里，这些壁炉架要由石膏和碎石膏块制成，上下都以木构件装饰，都要与相应的壁炉炉膛相配，这些炉膛应该是大块赤陶土制成的砖石结构，壁炉架的外壳按惯例制作，宽4.5法尺（约1.5米）。[2]

由于壁炉炉膛技术的进步，取暖条件在 18 世纪 20 年代期间新建的房屋中得到了巨大的改善，多炉膛烟道被采用了。

在一所路易十五统治期间兴建的大楼（immeuble）中，每个房间都有壁炉。梅尔西埃记录，事实上，"今天，贴身女仆有自己的壁炉，家庭教师有壁炉，管家有壁炉"。[3]大量起草于 18 世纪 30 年代及之后的清单提到了这些供暖很好的住宅。1760 年左右，圣罗克教区的某位居民住在一所有 15 个房间的房屋里，这里有 14 个壁炉。同一街区的 6 室住宅通常有 5 个壁炉。[4]一位死于 1738 年的散工租了 13 个房间，其中每一个都有壁炉。[5]

---

1 M.-J. Guris-Binet, p. 35.

2 D. Henrard, p. 87.

3 Louis-Sébastien Mercier, *Tableau de Paris, op. cit.*, t. 1, p. 39, chap. XXIII: «Des cheminées».

4 G. Piot, p. 109.

5 G. Rodier, p. 50.

到 18 世纪中叶，某些旅馆也几乎是每个房间里都有壁炉：1751 年，在路易·菲利耶（Louis Filliet）的旅馆里，10 个房间共有 9 个壁炉。1738 年，旅馆主人玛丽－珍妮·布隆代尔（Marie-Jeanne Blondelle）的 14 个房间里有 12 个壁炉，1744 年，特雷莎·莫尔（Thérèse Morel）的 16 个房间共有 14 个壁炉。但舒适程度在不同住宅内差异巨大，甚至在 18 世纪晚期也依然如此。让·科斯特罗伊斯（Jean Costeroust）在 1775 年经营着一家小旅馆，这里只有 2 个房间有热源——商店与一个私人房间。其他 14 个房间，家具齐全，通常挤有 3 张床，可内部并无壁炉。[1] 在圣奥诺雷郊区最奢华的住宅中，几乎每个房间都有壁炉。唯一没有壁炉的房间通常是藏衣间，或是由暖炉供暖的房间。[2]

虽然壁炉出现在这些新建筑的每个房间里，但更古老的房屋的壁炉配备就没那么好了。这影响了我们的研究结果：只考虑 1750 年后的清单，我们发现，平均每 3 个房间有 2 个壁炉。但甚至在大革命前夕，我们的巴黎祖先总体上拥有的壁炉数量仍然少于房间数，因为只有一小部分房间是新建的。公证人造访的大部分房屋可能可以追溯到路易十五统治之前，正如我们已经看到的那样，因此，它们也就没有被供暖技术的进步所影响。传统的带壁炉的房间是厨房，以及逝者的私人房间。大厅也通常由壁炉照明，但其他房间就很少有供暖设施了。但是，确实有例外。1620 年对某所房屋所做的评估实际上要求"上述房间中的某个藏衣间里应该有一个壁炉，这样是最好的"。[3]

18 世纪，随着壁炉数量的增长，它们的供暖能力也提高了。18 世纪 20 年代之后兴建的大楼不再设置带有很宽的垂直管道的巨大烟囱，而是代之以更窄更深的炉膛、更低的壁炉架，以及弯曲的烟囱。到 18 世纪中叶

1　C. Corneloup, p. 59.

2　L. Gresset, p. 95.

3　D. Henrard, p. 86.

之前，倾斜的管道已经被广泛采用。这种新设置有两个好处：更好地抽走烟气，从而减少冒出的烟。大量旧房子里带直烟囱的壁炉实际上是一种悲惨的取暖方式，只能利用 6% ～ 12% 的低热量，还会冒烟。18 世纪初，用金属盘（plaque métallique）加大反射面，从而减少热量散失这一操作还比较少见，即使在最富裕的家庭也是如此。这样的取暖技术，或用那时候的话来说，用火技术（mécanique du feu），在 18 世纪 70 年代越来越多地被采用了。在 1771 年出版的《建筑课》（Cours d'Architecture）中，雅克—弗朗索瓦·布隆代尔（Jacques-François Blondel）给出了几个模型。这里的铁质模型里包括了小配件："套房里应该配备带铸铁饰物的壁炉，其大小应该足以覆盖壁炉架的边缘，由五个金属盘组成。"[1]

以这种方式装配好，并且配有弯曲的烟囱的壁炉，效率更高了，有时甚至可以用来为两个相邻的房间供暖。清单中，壁炉架上方的镜子的位置更低，也更窄了，由此可见，这种按照新技术设计的壁炉出现了。有着上过色的护墙板（panneaux peints）、镜子，以及陶制或瓷质的装饰品，18 世纪壁炉融入了房间的装饰之中，正如我们要看到的那样，成了房间的必备要素之一。

虽然在操作上获得了进步，但明火仍然是一种平庸的取暖方式，正如德国游客日耳曼·沃尔克曼（German Volkmann）1787—1788 年在巴黎时所强调的那样："对于一个习惯了中等温度的德国人来说，壁炉不那么让人舒服……离得太近，就感到灼热，而且眼睛刺痛；在其他地方则十分冰冷。"[2]

在德国和北方的国家，人们更偏爱另一种取暖方式，暖炉（poêle）。这件物品到 18 世纪中叶才出现在巴黎家庭中：18 世纪 40—50 年代之前，

1　P.-D. Boudriot, *La construction locative parisienne sous Louis XV*, thèse cit., p. 132.
2　J.-J. Volkmann, *op. cit.*, t. i.

它仅仅出现在清单中少于四分之一的家庭中，而且直到 18 世纪 60 年代，才真正开始与明火抗衡。暖炉总是因安全原因而被轻视，或是单纯因偏见而被排斥，它的成功要到来得晚些。似乎有心理原因在阻碍人们接受暖炉，梅尔西埃的著名段落可能就说明了这一点："暖炉和壁炉之间的差异多么大啊。看见暖炉，我的想象力就死去了，我变得悲伤，而且忧郁。我更喜欢尖锐的寒冷，而非无聊的、温和的、看不到的热；我喜欢看到火；它会点亮我的想象力。"[1]

虽然我们可能会认为这位作者有些夸张，但这种观点似乎能够展现巴黎人对代代重复的传统行动的依恋，这类行动与炉膛中的火相连——照管火的行动与社交的姿态，正如我们所见，将家人和朋友聚集在壁炉周围。根据日耳曼·沃尔克曼的说法，"法国人毫不迟疑地说，火陪伴着他们，因为他们花了许多时间生火"。这位习惯暖炉的德国游客轻蔑地加了一句，"任何找不到更好的度日方式的人都值得怜悯"。[2]18 世纪 70 年代，明火仍然是大部分家庭的首要取暖方式，这是因其象征性的价值，而非其产热能力：1768—1790 年间，圣日耳曼－欧塞洛瓦教区只有 40% 的家庭有暖炉，1770—1772 年间，圣尤斯塔什教区只有 35% 的家庭有暖炉，同一时期，圣埃蒂安迪蒙和圣尼古拉－杜－夏尔多内只有 17% 的家庭有暖炉。

但是这种新的取暖方式更加便宜：暖炉的平均花费，是 10～20 利弗尔，几乎任何人都负担得起，其产热能力也高于壁炉，而且燃料消耗更低。但是贫寒与富裕的家庭都很晚才采用这种早在 16 世纪就已经进入德国、瑞士和尼德兰等国家的取暖方式。1760 年，一位住在圣安托万郊区的已出师的家具制造学徒工将暖炉作为唯一热源，1770 年，一位散工与妻子的家中，大厅由暖炉供暖。在许多情况下，暖炉都伴有壁炉，而且暖炉似乎都只用

1　Louis-Sébastien Mercier, *op. cit.*, t. X, p. 182, chap. DCCCXXXVI: «Cheminées».

2　J.-J. Volkmann, *op. cit.*, t. 1.

来满足最需要取暖的时期的需求。在拥有几个房间而壁炉数量不足的家庭里，暖炉可以不用炉膛而加热房间，例如可以加热餐厅、前厅、小房间，偶尔也会用来为私人房间供暖。但在优质的接待厅里，壁炉仍然保持着其温暖与威望，并不能被暖炉取代。

据清单记录，1772 年，教士尼古拉·勒贝格（Nicolas Le Bègue）的餐厅里有这样的装备。[1] 同一年，外科医生路易·热尔韦（Louis Gervais）的前厅和某位缆绳制作散工的小房间里也出现了暖炉。[2] 暖炉的高效并未被富裕的德菲利纳侯爵忽视，他在自己的宅邸订于 1772 年的租约中表达了这种愿望："第一个前厅与餐厅之间的空隔间内，应该有一个暖炉，以此加热两个房间；这个暖炉上面应当盖一个大理石搁板。"[3] 暖炉频繁出现在商店里，尤其是饮料商的店内。

我们研究的结果证明，梅尔西埃关于暖炉的话说得没错："它们的缺陷在于，它会使我们战栗；它们只应该出现在前厅里，在我们吃饭的地方，在懒汉们去遮掩自己缺乏职业、躲避寒冷的咖啡馆里。"[4] 在 62 份饮料商的清单中，46 份（74%）提到了暖炉，这件物品也被列在 80% 的商店的清单中。那 26% 的没有暖炉的饮料商要么死于这个世纪上半叶，要么并没有商店。估价人记录的第一只暖炉出现在 1748 年饮料商雅克—乔治·古盖（Jacques-Georges Gouget）的清单里。[5] 在旅馆与小旅馆主人、小酒馆主人和酒商的住宅里，有专门用来接待客户的房间，他们之中有 37.5% 的人有暖炉。1765 年，一位酒商家中有 2 个暖炉，用以为 5 个壁炉提供补充。同一年，在另一位酒商，让·兰松（Jean Lanson）的住宅里，两个带轮子

1　V. Paquet, p. 69.

2　P. Lefèvre, p. 87.

3　Y. Aubry, p. 63.

4　Louis-Sébastien Mercier, *op. cil.*, t. X, p. 183.

5　A. Pakravan, p. 80.

的陶制暖炉出现在清单中。在另一位死于 1784 年的酒商的房子里，3 个壁炉为 10 个房间供暖，还有 3 个铸铁暖炉为提供补充，由此将热源加倍了。[1]

这些暖炉是什么样的呢？清单记录中，它们由各种不同的材料制成：铸铁的，铁皮的，陶的，上釉的、涂漆的或是带大理石花纹的陶土的。暖炉有方有圆，甚至可能是钟形的。它们偶尔会装有轮子，总是装有铁皮管。

虽然在 18 世纪下半叶，设计得更好的壁炉在增加，许多巴黎家庭还使用一个或更多的暖炉，供暖问题在大革命之前的巴黎仍然没有解决。虽然首都要比乡村与外省城市更先进，但其居民似乎仍然没有足够的装备来应对 1693、1694、1695、1709 和 1740 年那些黑暗冬季的刻骨寒冷。不过当然，过度敏感的现代巴黎人和其他城市居民总是在过度供暖的套房里生活，因此倾向于根据 20 世纪晚期的舒适标准进行判断。

为了加强御寒能力，我们的祖先们有几种策略，使用各类装炭的配件作为补充性热源。最常见的是火盆（braseros/brasiers），以及黏土或金属制成的镂空脚炉（chaufferettes）。出现在一半以上的家庭中的铜制长柄暖床炉（bassinoires），或者热水袋（moines, bouillottes）是用来加热床铺的。还有用来加热亚麻用品的柳条筐（paniers d'osier），里面装着铁皮平炉或是小锅（chaudron），它们和许多用来熨衣服的铁块一样，放在壁炉旁边。

富人家中的壁挂帷幕（tentures murales）或细木护墙板（boiseries），还有厚厚的窗帘、床帘和门帘，以及可折叠屏风，似乎并不仅仅是装饰性的。它们挡住了冷风，并且将壁炉火焰散发出的小小温暖留住。最终，在室内和床上穿温暖的衣服是抵御寒冷的另一种方法。在我们所考查的大部分藏衣间中，清单都列出了晨袍、睡衣和睡帽。审计法庭的常任主管，让·弗朗索瓦·德·盖内戈（Jean François de Guénégaud）有"一件蓝黄底色，布满小松鼠的晨袍，由金银缎带镶边"，其价值被评估为 150 利弗尔。一

1　C. Corneloup, p. 59-60.

位死于 1658 年的战时常任特派员（Commissaire Oridinaire des Guerres）的晨袍被描述为"柔软哔叽，缀满羊羔皮"，其估价是 25 利弗尔。一位同年去世的公证人穿着"深红色天鹅绒睡袍，缀满羊羔皮"，由此凑合着在夜间获得不充足的温暖，这件衣服价值 10 利弗尔。1659 年，一位面包师傅也在藏衣间里放了一件"皮毛夜袍"。[1] 直到 1750 年后，暖炉进入家中，巴黎人才敢在睡觉时少穿一点衣服。他们也可以把床帐去掉而不必担心会在漫漫长夜里瑟瑟发抖。随着暖炉的普及，人们的习惯和生活方式开始转变，越来越接近于 19 世纪的模式。

这些热源使用何种燃料呢？根据某些清单中，估价人所记录的食物与炭的储备，我们可以知道答案。但大部分家庭里都没有任何燃料，只有 35% 的家庭有燃料储备。如此多的家庭都缺乏储备，这似乎很令人惊讶。这无关乎清单起草的季节，无论如何，无论外界气温怎样，人们一定要做饭，这就意味着一年中的每一天，他们都要生火。

这种燃料缺乏或许可以由死亡与公证人的到来之间的时间差加以解释。但是，首先，这似乎是因为缺乏储存如此大块的材料的空间。实际上，我们知道，只有三分之一的住宅有地下室，而且差不多也有三分之一的巴黎人住在单间里。18 世纪期间，木材十分昂贵，且其价格还在不断上涨，这使得穷人无法大量购买它们。燃料供应在富裕家庭中最常见，数量也最多。许多家庭或许每天购买燃料。从一本 1716 年出版的巴黎游客手册中，我们得知，卖木柴的货场在许多地方都能找到，圣安托万门，圣伯纳尔门（Porte Saint-Bernard），还有沼泽地（la Grenouillère）；新木材，柴捆和柴把可以被拿到拉图内尔河堤（quai de la Tournelle）、校舍河堤（quai de l'Ecole）和格列夫河堤（quai de la Grève）。废木料有时候也可以在港口和专门场地买到，它们比其他木材更便宜。至于炭，人们可以在格列夫广

1　D. Henrard, p. 87.

228

场上购买到。[1]

在有燃料储备的家庭中，燃料通常放在外围房间里，主要是地下室，其次是粮仓、柴房、作坊、阁楼，有时候还会在院子里。少量木材和炭可能也会被放在有人住的房间里，估价人如此记录："在一个小橱柜里，有八分之一瓦伊（voie，1 瓦伊 =2 立方米）的新木材……在一个用作厨房的小房间里，有 20 根新木材，还有 8 个柴把……在一个小房间里，有四分之一瓦伊的木材，以及 4 蒲式耳煤粉。"[2]在某位任国库守卫的巴黎有产者（死于 1748 年）的家中，有一块贝加莫（Bergame）绒绣"用来盖住木材和炭"，它被列在前厅的物品中。[3]

取暖会用到各类木头。木材种类从不会被明确记录——虽然很显然通常是橡木，更少见的是山毛榉木、鹅耳枥木，甚至酸橙木（面包师傅常用这种木材）。但是这些木材储备的形式几乎总是会被标出：能浮在水面上的木材（由河流运输）最为常见。这种木材来自勃艮第，具体而言，是来自莫凡（Morvan）地区的群山之中，1726—1787 年间，这里平均每年提供 25 万立方米浮木，占巴黎木材需求量的一半。[4]这是用来熬巴黎人的"汤"的木材，梅尔西埃写道：

> 来自 40 里格以外，用不着货车或船。人们把它们扔进水流，它们就与河水一起下游；勤奋的双手将这些长长的、能漂浮的木材绑在一起，它们能被绑得很严密。将这些浮木劈开，就是另一件工作了。人们，仿佛生活在齐臀深水中的灰暗两栖动物，浑身滴着脏水，将这些湿木头一条一条地背在背上，以作为接下来的冬天的燃料。[5]

1　*Le voyageur fidèle, ou le guide des étrangers dans la Ville de Paris, op. cit.*, p. 351.

2　Mlle Vandertaelen, p. 26.

3　D. Villate, p. 114.

4　Andrée Gorvol, *L'homme et l'arbre sous l'Ancien Régime*, Paris, 1984, p. 553.

5　Louis-Sébastien Mercier, *op. cit.*, t. VII, p. 85, chap. DLXVII: «Bois à brûler».

这种浮木活动实际上需要几个连续的步骤。木材上标注了木商的签名，毫无秩序地在水流中漂浮。然后，人们将它们叠在一起，等待 6 ～ 8 个月至其风干。一经风干，它们就会被排成一列。一列木材由几段围成一圈的树桩围起来，像是某种两三个人在划的 45 米长的独木舟。为了让这些成列木材更容易漂浮，人们修建了水坝以形成水库和峡谷，从而抬高水位。从木材被放到水面上，到它们抵达巴黎，大约要花两年时间。"河水带来的木材，"梅尔西埃继续说，"叠成房屋一样高的木堆，会在三个月之内消失。你看到它们被堆成立方体或三角体，这会挡住你看周围环境的视线：它们会被测量，搬走，锯开，然后燃烧。"[1]

浮木因其更差的燃烧品质而被与新木区分开来，因为浸在水中的经历使它变得透水了。它的价格也比新木低：到 18 世纪中叶，1 瓦伊浮木价值 10 ～ 12 利弗尔，而 1 瓦伊新木则是 12 ～ 16 利弗尔。新木由船运来，不必浸在河水中，然后被切割成木材条。估价人也会采用许多别的形容词来形容燃料木材：燃木——以某种方式切割过，以便更好地燃烧；锯过的木头；柴堆——其中每一根都是 144 厘米的木条；枯枝柴捆（cotret）——这是一把两头都被某种线（清单称之为"hares"）绑住的木片或枝条；粗柴捆（falourde）———一把切割过的木杆或由细浮木构成的粗枝；最后，还有木刨花。

18 世纪 70—80 年代的巴黎，"木材消耗十分可怕"，但根据梅尔西埃的说法，炭的流行程度要低得多。正如他所说，"煤，虽然近期得到了完善，但仍然只在铁匠铺被采用"。虽然价格很低（18 世纪中叶，每瓦伊 5 ～ 6 利弗尔），产热率高，炭的使用仍然远不如木材广泛，似乎仅仅是一种补充性的燃料，用来点燃平炉（réchauds）、脚炉（chaufferettes）或火盆（braseros）。在记录中，它只出现在储存了木材的家庭中。清单从

1　Ibid., t. I, p. 39, chap. XXIII: «Descheminées».

未说明燃料是煤炭还是木炭。在巴黎出售的炭可能是地下煤（houille），18 世纪，人们在塞纳河低谷处［靠近现在的缪罗（Les Mureaux）］挖煤。至于木炭，其最佳产地是尼弗奈高地（le haut Nivernais），因为这里有山毛榉树林。[1]虽然质量极佳，但煤炭似乎需要人们格外小心：它素有危险之名，容易造成窒息。而且它也会冒烟，散发出一种难闻的气味。

　　虽然燃料的数量在每个家庭都各不相同，但很少是充足的。计量单位是瓦伊，1 瓦伊 =2 立方米。我们在此指出，1 立方米的木材可以用来生 10 次火。只有非常富裕、住房很宽敞的家庭，才会大量储存这类大块材料。1660 年，国王顾问兼常任行政令主管，森林法院的路易·吉拉尔家中储存着"30 瓦伊柴堆和 2000 个柴把，分别价值 390 利弗尔和 110 利弗尔"。同一年，审计法庭的审计员在家里储存着"8 瓦伊新柴把"，价值 90 利弗尔。[2]只有最具特权的阶层才有途径和空间储存如此大量的燃料。梅尔西埃抓住了 1783 年 3 月的某个场合来展现富人们奢侈的消耗，他们因此带来了一场木材短缺：

> 同一所房屋中的厨房、前厅、客厅，还有 20 个私人房间都在吞噬木材。人们忘记了木材要花费什么。对一个独立收入有 10 万利弗尔的人来说，毫无意义地烧掉 200 瓦伊木材有什么关系？他知道如此挥霍，就如同在购买又摧毁他呼吸的空气吗？这意味着大量贫寒的家庭必须用 2 瓦伊木材勉强凑合，因为富人们烧掉了他们的木材份额。[3]

　　在大部分家庭中，燃料储备都不会超过四分之一、二分之一，或四分之三瓦伊。面包师傅出于行业需要，要储存更多燃料，平均是 5.5 瓦伊。

　　1　1981 年 3 月 10 日，出席肖努组织的研讨会中关于木柴的圆桌会议时，戈尔沃尔（Andrée Gorvol）提出了这一点。

　　2　D. Henrard, p. 49.

　　3　Louis-Sébastien Mercier, *op. cit.*, t. VII, p. 85.

公证人记录的其他计量单位包括"一捆"（le corde），对木材来说，这相当于 2 瓦伊，炭的计量单位则是蒲式耳或大桶。18 世纪早期，柴捆和柴把是按照"每份 104 根"贩卖的，这样一份的价格是 4 ～ 5 利弗尔。最小的木材储备是一打板子和一些柴把与木柴条，足以让火燃烧一天。

虽然在 20 世纪的观察者看来，这一时期巴黎人的取暖条件非常原始，但应该注意，至少到 18 世纪下半叶，情况极大地改进了，那时候，每个房间都有一个热源。我们也应该强调，在针对寒冷的斗争中，启蒙时代的巴黎似乎有很大的特权；法国其他地区的居民们，尤其是乡下人，并未受益于如此丰富的取暖设备。

照明

当我们想象这一时期的巴黎住宅，至少是城市中心的住宅时，画面是阴沉的，甚至在太阳出来后的良好日照条件下也是如此。虽然清单并未提及这些房间中门窗的数量与大小，自然光似乎只能很困难地进入大部分家庭，这是由于周围建筑的高度，以及街道和院子的狭窄。只有开向花园的房屋——总体来说这种房子很少——还有 18 世纪 20—30 年代之后建造的新建筑，带有更多的窗户，才能真正利用自然光和阳光。

随着 18 世纪玻璃制造技术的进步，大玻璃板开始取代了一块块的平纹布、油纸（papier huilé）或小玻璃板，由此改善了光线质量。但是，虽然夏天可以依靠阳光生存，巴黎人在晚秋和冬季怎么办呢？那时候太阳在下午就会完全落下。在有壁炉的房间里，炉火不仅可以用来做饭和取暖，也是一种光源。虽然火焰的光彩足以照亮一场炉边谈话，或是一顿家庭共餐，它显然不足以供人读写或是做针线活。

对这些巴黎家庭的造访，让我们了解了其中居民们能使用的不同的采光方法。虽然不同住宅的情况大不相同，但总体上，灯是很充足的：平均数在 17—18 世纪很稳定，在 18 世纪 50—60 年代稍有增加，是每户 5 盏灯。就像所有的平均数一样，这一数字掩盖了巨大的差异。许多家庭，而且并不一定是最穷的那些，似乎在完全没有光源的情况下凑合生活。这是否出于公证人的疏忽呢？还是说这些居民，或许是单身人士，用没有支撑物的蜡烛勉强过活？或者，在仆人的情况下，灯是不是属于主人或房主呢？相比之下，其他住宅，尤其是那些有几个房间的住宅，有大量的灯：我们发现，1639 年，兰斯大学的王家信使家中有 28 盏灯，1649 年，一位香料商人有 22 盏灯。[1]1706 年，弗雷德里克·雷奥纳尔家中有 32 盏灯照明，1708 年，一位缝纫用品商家中有 23 盏灯。[2]1746 年，德特伊斯内尔侯爵家中大概有 44 盏灯，[3]1755 年，一位酒商家中有 34 盏。[4]

当然，这些例子都是住宅宽敞的富裕家庭。但平均每个房间灯的数量（每 2 个房间有 3 盏灯）似乎并不比房间更少的贫寒家庭多许多。良好的照明并非总是富人的特权。例如，散工在这方面就与更高的社会阶层并无不同，因为他们平均每家也有 5 盏灯。实际上，在一位死于 1738 年的散工家中，公证人发现了大约 20 盏灯。[5]有 4～6 盏灯的单间并非罕见——这个数字相对较高，代表了 1760 年前后圣安托万郊区家庭平均拥有的灯的数量。

这些灯具在大部分情况下都与许多其他物品一同被估价，它们的价格取决于其材质。但是，最常见的照明工具非常廉价：放在某个壁炉上的 3 个烛台和 2 个托架被估价为 2 利弗尔 10 索。[6]蜡烛台的价格可以从 12 索

1　M. Landrier, p. 69.

2　M.-J. Curis-Binet, p. 48.

3　D. Villate, p. 127.

4　C. Corneloup, p. 62.

5　G. Rodier, p. 64.

6　G. Crombez, p. 64.

到 8 利弗尔不等。不是很有钱的一般人，例如散工，尝试通过更好的照明条件来模仿富人。

光源分为两种，移动的和固定的。移动光源更加常见，有许多种类型。我们发现，大部分厨房灯都是移动的。为了做饭，厨房一年到头总点着火。每位家庭成员晚上都会用炉膛里的余烬点亮自己的蜡烛。因此，厨房似乎是一般用来储存灯的地方。这就可以解释，为何到清单起草时，其他房间里完全没有灯，因为人们早上的第一件事就是把所有的蜡烛台拿到厨房里。

基于 8000 盏移动与固定灯的样本，我们计算出了不同照明物出现在清单中的频率（见表 12）。带有一两个分枝的蜡烛台（Chandelier）明显是最常见的，占了样本的 63%。烛台通常是由黄铜或镀银铜制成的，其材料也可能是红铜、镀金铜、青铜或是彩铜，铜铅合金、铁，偶尔也有银、白镴或木。清单描述它时，往往会一同描述蜡烛圈，那是一种用来放蜡烛的中空小圆柱。这就是最基本的照明方式，也是最便宜的，每个家庭首先会选取这些方式。在最贫寒的家庭中，蜡烛台是唯一的光源，正如 1754 年的某位小旅馆主人的悲惨住处中的一只黄铜蜡烛台展现的那样，1749 年的某位小酒馆主人及其妻子和孩子所住的私人房间与厨房的情况也是如此。[1] 估价人会注明某些蜡烛台的用途，例如，"商店蜡烛台"、"柜台蜡烛台"、"小酒馆蜡烛台"、"办公室蜡烛台"、"床边蜡烛台"或"梳妆台蜡烛台"。

表 12　各类照明用具在样本中的出现频率

光源	出现频率
移动光源：	
蜡烛台（Chandelier）	63%
枝状烛台（Flambeau）	15%

---

[1] C. Corneloup, p. 62.

光源	出现频率
带柄小烛台（Martinet）	5%
台灯（Lampe）	3%
提灯（Lanterne）	2%
简易蜡烛托（Bougeoir）	1.5%
夜灯（Veilleuse/Veilloir）和装饰性烛台（Girandole）	1%
固定光源：	
固定烛台（Bras）	9%
分枝吊灯（Lustre）	0.5%

枝状烛台，或为大蜡烛准备的大枝状烛台，占了照明工具样本中的15%，通常被放在餐桌或游戏桌上。与蜡烛台相似的枝状烛台通常是铜质的；银质枝状烛台会与餐具和玻璃用品一同估价，它是财富的象征，与某种生活水准密不可分。萨文侯爵有12个枝状烛台，其中两个"各自的分枝分别分布在两个烛台托盘上"的，总价值417利弗尔，还有另外4个"圆形"和"雕刻过的"蜡烛底托，价值超过790利弗尔。[1] 枝状大烛台是富裕家庭的藏品，显然带有一种贵重的光环，正如王家科学院秘书，圣朗贝尔（Saint-Lambert）的让－巴普蒂斯特·杜阿梅尔（Jean-Baptiste Duhamel，死于1706年）的清单显示的那样。这位文书的家人告诉估价人，两个立在壁炉上的银质枝状烛台并不属于逝者；它们"是他的侄子借给他的，因为他喜欢"。[2] 在提供光线的功能之外，银质枝状烛台也发挥着装饰作用，单纯因为看着它就很愉快。

其他照明方式在家庭清单中出现得远没有那么频繁。带柄小烛台是一种黄铜或铁质的平坦蜡烛支架，带有很长的把手，以便使用者举起来照亮

1　D. Villate, p. 126.
2　C. Ménez, p. 60.

前路，它们偶尔会出现在商店或贫穷家庭中。1740 年，一位在小麦港口有自己的商店的市场搬运工将 4 个带柄小烛台放在店里。[1]1734 年，一位马车夫居住的两室住宅有一个铁质带柄小烛台照明。[2] 一位圣安托万郊区的木工师傅 1761 年去世时，也只有一样照明设备：一个黄铜带柄小烛台。[3]

人们很少会使用台灯［包括一种油灯（lampion）在内的所有台灯只占灯的总数的 3%］。它们以油为燃料，通常被放在一个铜铅合金或是白镴支脚上。它们可能会带有 4 个、6 个或 8 个合金、锡制或白镴的储油装置，周围环罩着玻璃套管。它们的缺陷在于，会散发出气味和烟，而且必须要小心照管，也就是要关注油的高度，并在灯还在燃烧的状态下拔出并修剪灯芯。

提灯（占总数的 2%）用于特定的不常见目的，锡制，带有装了玻璃的开口，通常用于照亮一间商店、一段楼梯，或是一个地下室。这种灯可以用一种镀金的铜结构，永久性地挂在天花板上，并且还装有玻璃板和蜡烛。1744 年，查尔斯－于格·拜洛特·德·维尔查万（审计法庭的常任主管）的清单提到了一个 "带有滑轮的楼梯提灯"，它被估价为 30 利弗尔。[4]

一些巴黎人使用简易蜡烛托（占所有照明设备的 1.5%），其形状像是没有支脚的小型蜡烛台，由一个能撑住蜡烛的环或把手构成。最终，还有两种移动灯偶尔会被使用：夜灯和装饰性烛台共占 1%。前者锡制，与台灯或提灯相似，它名副其实，会在夜里提供光明。多枝烛台，这是一种带有许多分枝的烛台，有时候会饰有光彩夺目的水晶，而且不仅仅是一种光源，也是一种装饰品。只有在最富裕的家庭中，才会有这种照明设备。2 个镀金、饰有水晶的多枝烛台，价值 150 利弗尔，以及另外两个镀金的

---

1 G. Rodier, p. 64.

2 G. Crombez, p. 64.

3 M.-P. Zuber, p. 73.

4 D. Villate, p. 122.

铜烛台，都在弗雷德里克·雷奥纳尔的大量照明设备之中。[1] 德特伊斯内尔侯爵夫人的两个多枝烛台被描述为"由带金叶子的铜制成，边上饰有杏仁状水晶"，价值 120 利弗尔。[2]

这些便携灯（éclairage portatifs）占到巴黎人家中光源总数的 90%。它们的移动性意味着，它们可以在家中的任何房间或建筑中使用，这样，日落后的行动就更容易了。除了一些银质的蜡烛台和枝状大烛台，这类灯具并不象征财富。而且，它们的多样性实际上促进了文化的发展：晚上有灯，意味着人们从太阳的节律中解脱出来，获得了工作、阅读、写作的时间，人们得以进行学习。这些便携光源的优点在于，人们可以在需要的任何地方使用它们，可以把它们放在桌上、五斗橱上或是壁炉架上。18 世纪开始出现在最有教养的家庭中的那些小小的、形状优雅的单柱桌（guéridon）的目的就在于将光源抬高，使之照亮房间的一部分，由此方便阅读。这种高而窄的家具由一个很大的支脚和一个小小的圆形或椭圆形表面构成。某些最漂亮的单柱桌表面饰有红铜花纹，其中最常见的便宜款式，是"由涂黑的木头制成的，有着中国风格"。

虽然随身蜡烛台（chandeliers baladeurs）为日常生活带来了很大便利，但是它们也带来了真正的火灾隐患（尽管它们的托架通常是金属的，在这方面，金属比木头更受偏爱）。让－加斯帕·多尔弗斯（Jean-Gaspard Dolfuss）是米卢斯市在 1663 年 10 月派往巴黎的使者，他带了 8 名随从，去更新路易十四与 13 个瑞士行政区和联盟城市之间的联盟条约，他的情况就很能说明问题。这位旅客在圣马特路（rue Sainte-Marthe）路附近的名叫小田野路（rue des Petits-Champs）的小路上的佛兰德斯旅馆（l'hôtellerie de Flandre）落脚，与他临近的一个房间在 11 月 13 日凌晨 3 点着火了：

1　M.-J. Curis-Binet, p. 48.

2　D. Villate, p. 121.

一个年轻人……与房屋侍者一起……在卧室里熬夜喝酒玩游戏；他把蜡烛靠在墙上，蜡烛在他睡觉时掉了下来，点燃了他的草垫。邻居们被稻草燃烧的气味惊醒了，并发出警报。两个住在隔壁房间的外国人醒了过来，砸开了门；墙壁，床，一切都被烧掉了。[1]

在 17 世纪较为罕见的固定灯在下一个世纪开始扩散，伴随着壁炉架固定烛台（bras de cheminée）——尤其在富人之中——的流行。这种光源在样本中的全部光源中占 9%，它们带有两个，乃至三个分枝，由镀金的铜或彩铜制成，被放在住宅中最奢华的房间里的壁炉镜（贴在壁炉上方）两旁。它们可能饰有瓷质、水晶或是珐琅制装饰品。这类配件的成功，与镜子的流行密切相关，镜子能反射光，从而提亮整个房间。1746 年，德特伊斯内尔侯爵夫人有"一对单枝铜质蜡烛托，带有涂色珐琅制成的花叶装饰，边上装着镀金铸铜蜡烛环"，价值 15 利弗尔，还有"2 个各带有 2 个分枝的蜡烛托，由英国水晶制成，边上有铜质蜡烛环"，价值 12 利弗尔。用普通铜制成的此类蜡烛托人人买得起：2 个小小的壁炉架蜡烛托（带有彩铜蜡烛环）价值 50 索。[2]

很少见的分枝吊灯（占所有光源的 0.5%）是真正的奢侈品，只出现在非常富裕的家庭中。它们似乎标志了让-雅克·德博雅奈（Jean-Jacques de Beauharnais）——此人是宫中的政令特派专员（Commissaire aux Requêtes）——家中的极致优雅，在那里，1646 年的清单描述："一个私人房间里，吊灯从天花板上垂下，带有 12 个分枝，由罗波尔蒂（Robertet）制作"。它重 43 马克 6.5 盎司，银质，价值高达 1720 利弗尔。20 年后，在财政秘书罗兰·格鲁因（Roland Gruyn）的家中清单里，估价人用到了"分

1 E. Meininger, *Voyage en France fait en Van 1663 par Jean-Gaspard Dolfuss* (traduit de l'allemand), Mulhouse, 1881, p. 29.

2 D. Villate, p. 126.

枝吊灯"这个词，以此来称呼两盏吊灯，其中一盏带有 8 个分枝，由水晶制成，价值 400 利弗尔，另一盏带有 6 个分枝，也是由水晶制成，价值 80 利弗尔。[1] 分枝吊灯在 18 世纪更为常见，但带有水晶垂饰的它仍然是一件展示品，火焰的光芒在此与一千点闪光共舞。这就是德特伊斯内尔侯爵夫人拥有的吊灯的样子："一座六枝吊灯，金叶边框，饰有杏仁形的水晶滴"，价值 300 利弗尔。

评估这些照明设备时，人们经常会将几件附件也算入其中：蜡烛环底（binet，一小片金属，中间有一个点，它被放在蜡烛环里面，用来托住蜡烛，使它能够烧到底），还有护眼板（garde-vue，一片纸、硬纸板、金属、瓷板或是磨砂玻璃板，用来做灯罩，以防止光线刺伤人们的眼睛）。剪灯芯的剪刀，这与其剪刀盒不能分离——也出现在各个家庭中。合金或铜制成的圆锥形蜡烛熄灭器也出现在一些家庭中，用以熄灭火焰。至于点火工具，清单只会偶尔提到它们。在一位神甫家中，一个"形状如同手枪"（en forme de pistolet）的打火机被放在一个五斗橱底部。[2]

光源的丰富程度与估价人在清单中记录的极少量蜡烛与灯油的储备根本不成比例：实际上，所有家庭中只有 4% 拥有灯油，这些是最为富裕的家庭，他们有最多的照明设备。最多的灯油储备可达 100 磅（45 千克）或更多，平均每磅价值 5 ～ 7 索。骑士让·德·舒瓦齐（Chevalier Jean de Choisy），奥尔良公爵殿下掌玺大臣（chancelier et garde des sceaux de feu Mgr le duc d'Orléans），1660 年甚至储存了 500 磅。同一年，金融法庭的一个审计员家里有 100 磅灯油。[3] 1744 年，查尔斯—于格·拜洛特·德·维尔查万（审计法庭的常任主管）的宅邸中，有同等重量的完成了塑形的蜡

1　D. Henrard, p. 90.

2　M.-D. Bost, p. 46.

3　D. Henrard, p. 90.

烛，价值 32 利弗尔。[1] 如此大量的蜡烛储备似乎非常少见，因为通常的储备都不会超过 14 千克。1648 年，一位高等法院律师有 11 千克动物油脂蜡烛；[2]1657 年，国王顾问兼财政总监皮埃尔·加根藏有 6 千克；[3]1705 年，某位布商有价值 60 利弗尔的 9 千克蜡烛；[4]1744 年，一位旅馆主人有 14 千克；[5] 等等。蜡烛可能储存在箱子或是板条箱里，估价人有时候会注明：2 个白木蜡烛箱，装有 14 千克的成形蜡烛，它位于地下室；[6] 某律师的地下室里就有一个冷杉木板条箱里装了 2.5 千克蜡烛，价值 2 利弗尔 10 索。[7]

石蜡蜡烛比动物油脂蜡烛更贵，很少出现在清单里。只有富人才能够储存这类蜡烛：1648 年，某位国王顾问兼秘书家中有 15 千克石蜡蜡烛，价值 24 利弗尔 16 索；1657 年，某位高等法院顾问家中有 20 千克石蜡蜡烛，估价为 49 利弗尔 10 索。[8]

这种有限的石蜡与动物油脂蜡烛的储备，使我们好奇，估价人是否会忽略数量不大的蜡烛储备。人们或许每天购买蜡烛。如果一个巴黎人的蜡烛用完了，并由于缺乏储备而生活在黑暗中［如同一首摇篮曲《在月光下》（Au clair de la lune）所唱的］，他总是可以轻易在"巴黎大堂每周三和周六的蜡烛自由市场上购买蜡烛，在那里，蜡烛的价格比杂货店里划算"。根据《巴黎游客指南》（Guide des étrangers dans la ville de Paris），"圣安托万和圣洛朗郊区和其他地方也有蜡烛工厂，动物油脂蜡烛市场每周四在牛犊老广场（la vieille place aux Veaux）上开市"。[9] 在家中用动物油脂

1　D. Villate, p. 128.
2　M. Landrier, p. 70.
3　D. Henrard, p. 90.
4　M.-J. Curis-Binet, p. 44.
5　C. Corneloup, p. 106.
6　B. Guiblain, p. 50.
7　G. Crombez, p. 64.
8　D. Henrard, p. 90.
9　Le voyageur fidèle..., op. cit., p. 350.

制作蜡烛的活动，似乎并不普及，这一点由清单中蜡烛模具微不足道的数量反映了出来。

虽然最贫穷的家庭实际上被迫剪掉灯芯，像乡下人一样依靠壁炉中燃烧的木材的火勉强过活，大部分巴黎人，无论处于何种社会阶层，都有数种照明方式。但是，拥有大量、多样而美丽的光源，仍然是非常富裕的人的特权。只有在他们的奢华家宅中，灯才真正成为固定光源，并因此获得了装饰性。它从使用物品进化成了享乐物品。我们那家庭中和都市环境下的当代世界，已经被 20 世纪早期的照明革命深刻改变了，煤气、汽油和电力被引入，我们几乎无法理解灯在传统社会中的高贵地位。但我们可以想象凡尔赛宫或其他王室住宅的那种奢华的照明，以及主要节日期间出现在首都的明亮光芒。由于其绚烂光彩，对于即使在白天也生活在半黑暗中的大部分首都居民而言，灯具有着格外巨大的吸引力。能够反射分枝吊灯光芒的镜子的流行，壁挂式蜡烛托，还有多枝烛台，都彰显了 18 世纪不断增长的对灯的兴趣。

与这种不断扩展的房间人造光源并肩前进的还有自然光穿透力的提升，自然光可以通过更大的窗口、技术制作更高级的玻璃透入。在同一时期，灯也开始照亮巴黎的街道，这是由于市政权威采取的一些措施。公共道路照明的新措施也投入了使用：起初是 1745—1766 年的反射灯（réverbères），然后是烧油的台灯（les lampes à huile）——它们取代了 1770 年的 8 千盏蜡烛提灯，最后是 1783 年的带油罐油灯（lampes de Quinquet）。另外，为了改善街上的空气流通与日照，1783 年 4 月 10 日的法令规定了一道详细的公共街道政策，由此将街道的宽度与建筑物的高度联系在一起。在当时的人们眼中，大革命前夕的巴黎无疑是光之都市（ville lumière）。

水与卫生

我们现在已经习惯于装备完善的家宅，在这里，我们只需要按一下水龙头，就可以得到水流，因此我们已经很难想象这种液体对于我们的祖先而言有多么宝贵。我们是否能理解为了获取、储存和消耗水而付出的日常努力呢？清单并不太能满足我们这方面的好奇心。但是，它们确实列出了各类存水和各类家庭用水设备（用于喝水、做饭、做家务、个人清洁）的类型、储水量和流行程度。

蓄水池（fontaine）在夏尔丹之类艺术家的作品中被不朽化了，这里储存着家中的主要水源储备。更常见的是，它被描述为红铜制成，带有盖子（couvercle）和旋塞（robinet），放在橡木支脚上的容器。有些蓄水池会由环形的木头、铅、陶器或石器制成。虽然这是一件储水的必要物品，但清单中只有 68.5% 的家庭拥有它。蓄水池是一个大容器，其容量几乎不会少于 1 瓦伊，或 30 升，它通常出现在厨房里，偶尔也在商店里。不同类型的蓄水池容量差异很大：最常见的大小是 1 或 2 瓦伊，但有些可以达到 6 瓦伊，也就是 180 升或更多。我们的样本中有 650 个蓄水池，估价人注明了它们的容量，计量单位是瓦伊或桶（seaux，等于半瓦伊或 15 升），我们计算了住宅可提供的水量。最常见的是能储存 2 瓦伊（或 60 升）水的家庭，占总数的 32%；25% 的家庭可以储存 45 升水；17.5% 的家庭储水量在 75～90 升；16% 的家庭储水量在 30 升以下，9.5% 的家庭可以储存 130 升及以上。每个家庭的平均储水量大概可达 65 升。

这些蓄水池的价值因尺寸的不同而有差异。18 世纪中叶的一组样本中，有价值 18～20 利弗尔的 1 瓦伊蓄水池，价值 25 利弗尔的 2 瓦伊蓄水池，还有价值 30 利弗尔的 4 瓦伊蓄水池与价值 40 利弗尔的 5 瓦伊蓄水池。铺有沙子的蓄水池更贵，因为铺沙能滤水并提高水质：一个铺沙的 2 瓦伊红铜蓄水池，带盖子、旋塞和橡木支脚，价格可达 35 ～ 40 利弗尔。覆盖着柳条的石制蓄水池在 18 世纪的穷人之中传播开来，它们的价格更便宜："一个能装 2 瓦伊水的蓄水池，材质是柳条覆盖的石器，带有合金水龙头，支脚是弯桤木"，价格是 12 利弗尔。[1] 蓄水池很贵，只有在富裕的家庭中，才会见到大容量或是为数众多的蓄水池。一个格外大的蓄水池，能装 15 桶水（225 升水），庄严地挺立在雅克·加朗的厨房里，1654 年，他是国家议会和财政部的常任秘书。[2] 据清单所列，1740 年，在拉法雷元帅家中的厨房里，有一个铺沙红铜蓄水池，带盖子和旋塞，立在其木制支脚上，估价是 80 利弗尔，另一个红铜蓄水池大约能装 2 瓦伊水，被估价为 28 利弗尔。[3] 一位酒商有两个蓄水池，它们的总容量是 9 瓦伊或 270 升。[4]

　　估价人注明了许多其他储水容器，它们出现在没有蓄水池的时候，或为其提供补充。这些容器包括普通水桶（seaux），其材质有红铜、铁、彩陶（faïence），还有包铁皮或带圆箍的木桶，制桶工业出产的其他各类木桶(seaux de tonnellerie, de boissellerie)、小木盆(baquets)、大盆(bassines)、箍边桶(barils cerclés)、脸盆(cuvettes)或是"用来储水"或"作蓄水池用"的粗陶壶（pots de grès）。这些各类便携用品，不像容量巨大的蓄水池，不仅意在储水，无疑也可以方便人们用它从井边或泉边提水回来，以便日常使用。

　　储存在这些各类容器中的水从哪儿来呢？清单很少提到井，以下这个例子是例外情况，1646 年，一份对某药学博士兼帝师的财产所做的估价显示：在食品间里，有"一个铜质滑轮，在井上使用，还有为粗线准备的螺

1　B. Guiblain, p. 21.
2　D. Henrard, p. 83.
3　G. Crombez, p. 66.
4　C. Corneloup, p. 83.

栓和铁把手：40 索"。[1] 但是，涉及这些巴黎人的其他文件，例如贸易、售卖合同或租约，能为我们提供院子里可能有井的信息。一位死于 1678 年的木制品行会管事（juré mouleur de bois）的遗孀位于圣马丁路上的房宅是 1655 年购买的，它包括"一个院子，里面除了有前面提到过的房屋建筑外，还有一口井"。一位烘焙师傅的情况也是如此，1680 年为他的家宅制作的清单，还有 1669 年的售卖合同，都将它描述为带有"在前述主要建筑后方有一个院子，那里有一口井"。[2] 我们知道，墓地路（rue du Sépulcre）上的每座房屋都有井，但这些井已经被破坏了。

井可能是私用的，也就是只供一所房屋使用，也可能是公用的，两三所房屋共同使用。例如，玛丽·居约内（Marie Guyonnet）与她的第一任丈夫乔治·马塞林（Georges Masselin）在 1632 年购买的房屋有"一个里面有一口公用井的院子"。[3] 无论私用还是公用，井都为其使用者提供了日常的集体生活。一位烘焙师傅对于自己在 1694 年购买的房屋附带的院子与水井，只有四分之一的使用权。但这些井通常已经干涸或是被污染，其中的水以其平庸质量而臭名昭著，甚至可能是有害的。虽然造井时已经做好了预防措施（例如在井上铺满加铅的赤陶土），实际上，井并非总能免于污水坑的渗透，这个坑也在院子里。

井被污水沟渠渗入污染的问题，在邻居之间引起了频繁的诉讼，建筑专家的报告都将其记录了下来。甚至时髦的圣奥诺雷郊区的居民也没能避免这种邻里妨害的问题，一个例子能够展现这一点：拉沃帕利埃侯爵（Marquis de La Vaupalière）1790 年召集的专家们——他们是起诉孀居贵妇布特伊子爵夫人（Vicomtesse de Breteuil）的原告，这位贵妇的宅邸位于侯爵的住宅旁边——声明：

1　D. Henrard, p. 81.

2　G. Neveu, p. 46.

3　D. Henrard, p. 81

我们曾经用泵从井里抽水，而且我们发现，它黏稠、泥泞、肮脏恶臭，在这样一种状态下，我们无法考察井的内部，它已经被封上了。因此，我们要求拉沃帕利埃先生的包工头将盖在井上的石头移开，并将它所在的小房间的门始终敞开，由此让臭气挥发，我们就可以继续进行我们的任务了。[1]

巴黎人也可以从都市蓄水池中取水，17世纪中叶，有35个这种蓄水池，一个世纪后，有65个，根据神父埃皮利（Expilly）的说法——"蓄水池的数量应该增加10倍"。在这里被分派的水是从塞纳河、普莱－圣热尔韦（Pré-Saint-Gervais）和贝勒维尔（Belleville）取来的。亚捷（Arcueil）高架渠在17世纪早期被重建了，以从伦吉（Rungis）带来泉水，1698年，它引起了英国游客马丁·李斯特的爱慕，对此人而言，"亚捷高架渠是巴黎及周边地区最宏伟的建筑之一，值得一看。这条高贵的由大块石头造成的运河从15英里以外把水带到巴黎"[2]。蓄水池为巴黎的许多不同街区供水，来自高架渠和水泵的水则通过赤陶土或木制管道进行再分配。

城市某些地区的居民比其他地区更幸运。例如，那些住在寺庙街区的人们有5个公共蓄水池可用，分别位于圣阿沃耶（Sainte-Avoye）、帕拉迪（Paradis）、雷绍德（l'Echaudé）、维伊－德利埃特（les Vieilles-Haudriettes）和白幔（Blancs-Manteaux），还有"北边的泉水"作为补充，即贝勒维尔（Belleville）和梅尼蒙坦（Ménilmontant）。卢浮宫街区的水供应是由著名的撒玛利亚水泵（pompe de la Samaritaine）实现的，这个水泵1608年由弗兰德斯人让·林特勒（le Flamand Jean Lintlaer）建在第九桥的桥墩下，它每天能抽出20法寸（55厘米）或400立方米的水，这些水被放在圣日耳曼－欧塞洛瓦修院的蓄水池里。圣雅克门或天文台水塔是

1　L. Gresset, p. 149.

2　Martin Lister, op. cit., p. 154.

亚捷渡槽的中点，它为卢森堡街区供水。1672 年，圣母桥下建了 2 个水泵，它们可以抽 3000 立方米的水。虽然 17—18 世纪城市当局采取了许多措施来为巴黎提供多处蓄水池——既可公用，又是都市布局中的一种装饰，但首都仍然处于长期缺水中。18 世纪后半叶，人们的用水量增长了，在《百科全书》的时代，人们提出了几个方案来缓和这种短缺，但并不是都实现了。

1762 年，法兰西学院成员德帕西约（Deparcieux）提出了如下方案——以运河和渠槽将水从伊夫特（Yvette）运来，但这个计划由于资金原因而失败了。1771 年，瓦切特兄弟（frères Vachette）在塞纳河的船上装了水泵，以此来把水抽进巴士底广场、波旁宫广场和康菲朗斯河堤（quai de la Conférence）的水库中。这种水会以每箱（大约 2 大桶）2 索的价格卖给送水人。但是这一领域的真正先驱是普里埃兄弟（frères Perier），他们遵照了英国工程师的先例，安装了一种将水带入家中的系统，这在那个时代是一种大胆的创新。普里埃兄弟的水供应公司，一个资本联合公司（société capitaliste），建立于 1778 年，其资本是分为 1200 份股份的 144 万利弗尔。在 1781 和 1785 年，这个公司安装了 2 个蒸汽水泵（pompes à feu），一个装在夏洛，另一个装在大凯卢，以此来生产巴黎订购者需要的水。1785 年，这个公司吞并了瓦切特兄弟（frères Vachette）开办的竞争企业，1788 年，它被收入政府麾下，成立了巴黎水资源王家管理局（Administration Royale des Eaux de Paris）。虽然一年中每天 1 大桶的水的总价很合理，是 50 利弗尔，但 1788 年，普里埃兄弟每天只发出 900 大桶的水。[1]

巴黎的主要供水者是搬水人，他们挨家挨户卖水，价格是每瓦伊 2 索，或是每立方米 3～4 利弗尔，这个费用不包括消费或爬楼梯的额外收费。"2

1　关于这个问题，可以参考如下古代作品：Jacques Hippolyte Ronesse, *Vues sur la propreté des rues de Paris*, s.l., 1782, et J.-A. Dulaure, *Nouvelle description des curiosités de Paris*, Paris, 1785. 以及如下近期研究：Jean Bouchary, *L'eau à Paris à la fin du XVIIIᵉ siècle*, Paris, 1946, 以及 Jean-Pierre Goubert, *La conquête de l'eau*, Paris, 1986.

万个搬水人，"梅尔西埃写道，"搬着 2 满桶水，从早到晚，从一层走到七层——偶尔还会更高。如果搬水人很健壮，他每天大概能搬 30 趟。"[1] 欠搬水人的债务偶尔会出现在清单中：某位巴黎有产者 1707 年去世时，欠搬水女孩 20 索，这是"她一个月的工钱"。[2] 搬水人也会卖水给过路人，正如威廉·科尔（William Cole）1765 年所见的那样："我在第九桥上见到人们背着巨大的铜质水桶，上面带有公鸡图案，他们卖水给过路人。"[3] 在富裕的家庭中，仆人们要从井中、河中或是泉水处取水。1760 年前后，数学家德帕西约估计，每个巴黎人每天大约消耗 20 升水。1775 年左右，根据经济学家维克多·里克蒂·米拉波（Victor Riqueti Mirabeau）的说法，这个数字是 10 升。[4]

这些巴黎家庭用水做什么呢？水和酒一样，是常见的饮品。它被装在白镴或陶制的水罐中，或是（我们已经见过这种例子）厚玻璃／水晶制成的长颈大肚瓶中，出现在巴黎人的桌上。但作为大部分巴黎人饮用水的塞纳河水，被认为并不健康，对于不习惯它的人来说尤其如此。1698 年，马丁·李斯特评价说：

> 河水对来自各地的外地人（他们不是真正的法国人）来说都是有毒的，只有对巴黎本地人不是如此。河水会导致腹泻，有时还有痢疾。我认为，许多池塘的水被用来补充布利亚尔运河，这些水经由水闸被放进了塞纳河里，这是河水毒性的部分来源。但谨慎的人会用沙子过滤水，河水从中渗过，就是清澈的了，凉爽可口可以饮用。至于来自"水城堡"（亚捷的水）的泉水，没有这一问题；但是却十分容

---

1 Louis-Sébastien Mercier, *op. cit.*, t. I, p. 90, chap. XLIX: «Porteurs d'eau».

2 M.-J. Curis-Binet, p. 44.

3 William Cole, *op. cit.*, p. 42.

4 Jean-Pierre Goubert, *op. cit.*, p. 50.

易导致结石，这是一种在巴黎非常常见的疾病。[1]

15 年后，游客们对于塞纳河水的糟糕质量有着类似的看法。威廉·科尔（William Cole）认为：

> 它就像临近布里斯托尔的赛文海峡（dé troit de la Severn）一样浓稠泥泞：喝这样的水是不行的。此外，他们说它非常有害健康，会造成肾结石，而且还会带来腹泻，尤其对外国人。因此，他们会在桶与各类容器里装满清水，以夸脱和加仑为单位贩卖，价格高昂。[2]

根据日耳曼·沃尔克曼的说法，塞纳河水是塞满淤泥、散发着臭气的垃圾坑，可以把各类废弃物丢在这里。它会让外国人患上腹泻。相比之下，人们认为伊夫特的水很干净。

英国与德国游客并不是启蒙时代唯一相信巴黎水对其居民的健康有害的人。这已经成为水文学和地理学学生们的一种科学兴趣，安托万·洛朗·拉瓦锡（Antoine Laurent de Lavoisier）这样的化学家在 1783 年对此加以分析。在 18 世纪晚期，水也是相信健康与环境密切相关的医生们的关注点。值得注意的是，在同时期，根据高等法院的 1780 年决议（6 年后执行），圣英纳森坟墓（cimetière des Saint-Innocents），巴黎人的大型墓地，由于健康和卫生原因而被永久关闭了，坟墓被迁到城市边缘的蒙特鲁日（Montrouge）。[3]

被启蒙的人们也很关心健康，由此，他们产生了一种观念，塞纳河水应该被医治。人们在期待增加可分配水量的同时，也很希望提高水质。

1　Martin Lister, *op. cit.*, p. 154.

2　William Cole, *op. cit.*, p. 41.

3　关于这个问题，可见 Madeleine Foisil, Les attitudes devant la mort au XVIIIᵉ siècle: sépultures et suppressions de sépultures dans le cimetière parisien des Saints-Innocents, in *Revue historique*, 1974, p. 303.

在圣路易岛的顶端，人们安装了一种水力机械，以此净化塞纳河水，那时候，河水由装在马车上的印有国王军队标记的木桶运输。工程师夏朗阁先生(sieur de Charancourt)发明的泉水净化装置，被安装在米拉莫因河堤(quai des Miramiones)，还有小麦港口和校舍河堤(quai de l'Ecole)。[1] 最富裕的巴黎人拥有铺沙的水箱，由此提高水的纯净性。圣塞弗林(Saint-Séverin)的本堂神父让·皮内尔（Jean Pinel），甚至在 1751 年使用了一种能过滤水的石头。[2]1745 年，某位马尔科先生（sieur Marque）想到了把沙层换为多孔砂岩的办法，他将这一装置称为过滤石（pierre filtrante）。关于此，梅尔西埃写道：

> 我们一定要在家里净化塞纳河水，以使它清澈干净。20年前，我们喝水毫不留心。从家庭使用煤气之后，酸碱和盐度才进入视野中……我们已经考虑过了化学家们的说法……我们开始分析水，我们今天喝下一杯水的时候，会想一想——而我们粗心大意的祖先并不这么做。[3]

水也用于做饭，尤其是烹饪蔬菜。相关容器有大水壶（coquemar，一种带钩子的大水壶），圆盖大肚壶（marabout，一种很大的烧水壶），开水壶（bouilloire，我们可以称它为茶壶），还有用来在壁炉上烧水的大锅。其他要用水的家务，只在一些清单中的有限物品中表现出来：洗碗有铸铁洗物大锅（chaudière），洗杯子的水箱，还有锡制沥水架（égouttoirs en étain）；洗衣服有洗衣盆（cuviers），小木桶（baquets），铜质洗物大锅，木桶，柳条篮，洗衣粉罐（pots à lessive），起泡滚筒（rouleaux à savonner），还有铁杆与一些马鬃粗绳，这些东西都出现在某个用来洗晾

1　J.-A. Dulaure, *op. cit.*, p. 200.
2　M.-D. Bost, p. 69.
3　Cité par Jean-Pierre Goubert, *op. cit.*, 3. M.-P. Dumoulin, p. 122. p. 173.

衣物的院子里。考虑到洗衣工具的稀缺——当然，除了样本中某些有洗衣女工的家庭——城市居民们似乎并不像有更多空间和水的乡下人那样在家洗衣服，至少不会在家里洗大件物品。这一工作落在了洗衣女工身上，她们通常住在靠近塞纳河，尤其是奥特伊尔或帕西附近的郊区，这一点可以从她们顾客的欠债列表中看出：1707 年，某位巴黎有产者欠洗衣女工 7 利弗尔，[1]1721 年，一位绘画师傅兼镀金工人欠一位住在布洛涅的家用亚麻清洗工 53 利弗尔 10 索。[2]

而且，公证人记录的某些声明彰显了洗衣女工在清洗家庭衣物方面的地位："这些衣物是该寡妇声称在亡夫去世后从洗衣女工那里收到的"，或者"其次，是该寡妇声称在所有物品已经密封之后，从洗衣处退回的衣物"，或是"这位马丁先生（Sieur Martin）声称，他拿走了衣物……从洗衣女工那里拿走了送洗衣物"。[3]虽然这些住宅里通常没有洗衣设施，但熨衣物品更为常见，例如熨斗、用来晾干衣服的台板，还有熨衣服用到的桌子与盖子。在家务方面，很重要的是，很多住宅中根本没有家务用品。这是实情吗，还是说，这更可能是估价人的疏忽，因为这类物品没有什么价值？我们发现清单很少提到马毛梳、防尘罩、刷子、拖把、抹布和毛巾。

那些居民会像按照警察法令规定而清扫房屋前方一样，热情地打扫房屋内部吗？此类法令要求市民们"频繁清扫房屋前方空地、院子、花园……一直到排水沟处的地面，到车行道一半的地方，夏天，清扫时间是每天早上 7 点，在冬天，是 8 点之前，还要捡走房屋墙边的垃圾与废弃物，把它们堆成一堆，方便市政清洁服务人员把它们清走"。根据 1663 年的法令，居民们"在清扫结束后，要将至少两桶水倒在房屋前面的人行道与排水沟

---

1 M.-J. Curis-Binet, p. 44.
2 M.-P. Dumoulin, p. 122.
3 P.-D. Boudriot, p. 48.

中"。[1] 但这些措施并非总会被执行，根据当时人们的说法，城市的街道——尤其是城市中心最狭窄的干线，它们几乎完全接收不到能消毒的有益阳光——非常不干净，天气比较湿润的时候，街面看起来像是污水坑。

水在身体卫生方面扮演着怎样的角色呢？我们可通过考察清单记录的这些巴黎家庭中的梳妆用品，来试着解答这个问题。用于清洗的物品很少出现在 18 世纪，而且往往仅属于社会上层。1648 年，一位高等法院律师，圣尼古拉德尚教区成员，拥有"一个银质圆盆，用以洗手"；两位差不多在同一时期住在同一个街区的巴黎有产者每人都有"一个用来洗手的小水箱"。[2] 只有少数特权阶级才能在私人房间旁边的藏衣间中开辟出一个梳妆角落（cointoilette），在这里保养皮肤。1645 年，在一位国王的常任供应商的家中，我们不仅发现了一个带木支脚的铜质小碗，还有一个用来热水的暖炉。1663 年，一位画家兼国王贴身男仆拥有"一张放着白红相间的大理石盆的直角桌，价值 120 利弗尔"，它被藏在一面屏风后面。1666 年，财政秘书罗兰·格鲁因家中的某个壁凹里有"红铜的小盥洗室，带有盖子和旋塞，放在木制地盘上，价值 12 利弗尔"，这是优雅的极致。在逝者拥有的亚麻之中，我们发现了"3 面用在浴缸周围的小帘子"，价值 6 利弗尔。[3]

这些例子在 17 世纪似乎很少见。尽管最早的现代浴缸（其形状是被拉长了的），早在弗朗索瓦一世时期就已经出现，但人们在 16—17 世纪很少洗澡。那时候的人们很不愿意让水接触身体，因为他们相信水会浸湿器官，使他们虚弱。洗澡的罪恶后果在 1655 年被这样描述："洗澡，除非出于必要的医学目的，否则不仅多余，而且对人损害很大。洗澡使身体衰弱，因为它用湿气浸透人，使人更容易被空气中的不良成分影响……洗

1　Jacques Hippolyte Ronesse, *op. cit.*, p. 34-35.

2　M. Lanciner, p. 91.

3　D. Henrard, p. 85-86.

澡会让脑子里充满蒸汽。"[1]

因此，路易十四统治期间，出于卫生目的的用水被限制在洗脸和洗手上。"用来洗手的"毛巾有时会被估价人提起。在18世纪上半叶，通常配有水壶、水箱，用来洗手的洗手盆和脸盆试探性地进入了城市商人有产者的环境。人们会被邀请进行这样的清洁，或许是在桌前坐下之前，这一点表现在：大厅、私人房间或是门厅中会有铜质洗手盆，放在胡桃木支脚上，或是一个小小的陶制水箱，放在类似的支脚或铁质托座（console de fer）上，有时候清单会说明，它们"用于洗手"。类似于洗手盆的物品，例如脸盆——有时候是银制的——以及水桶，也偶尔会被记下特定用途：用来洗手或打肥皂的脸盆，剃须盆，用来烧水的铁腿红铜盆，或是用来洗脚的陶桶。

浴缸到1750年，才取得了缓慢的进展，并且仍然是贵族精英的标志。1739年，虽然没有专门的浴室，德波纳克侯爵确实有一个红铜浴缸，价值40利弗尔，很奇怪，它被装在侯爵位于格莱奈勒路（rue de Grenelle）的宅邸的花园后方的温室里。[2]1737年去世时，索邦博士，教士路易·莱贝斯格·德·马扬维尔（Louis Lebesgue de Majainville）拥有一个桶状浴缸，其位置也很不寻常，它放在他的酒窖里。[3]1740年，奥尔良公爵的一位官员将一个价值8利弗尔的浴缸放在位于帕西的家中的地下室里。[4]每天，甚至每周洗澡，几乎还不能说是常见的习惯。最后，德特伊斯内尔侯爵夫人和萨文侯爵，分别死于1746和1748年，相当奢侈地拥有蒸气浴室中的浴缸。[5]

1　Ce texte est cité dans Georges Vigarello, *Le propre et le sale, Vhygiène du corps depuis le Moyen Age*, Paris, 1985, p. 22, et provient de T. Renaudot, *Recueil général des questions traitées et conférences du bureau d'adresse*, Paris, 1655.

2　G. Crombez, p. 68.

3　M.-D. Bost, p. 74.

4　A.-C. Capitaine, p. 87.

5　D. Villate, p. 138.

随着房间专门化的进展，以及浴室和盆浴间在世纪 18 中叶之后的出现，人们对于用水保持身体卫生的态度发生了明显的变化。虽然某些人仍然怀疑其用处，水遭受的偏见不再像上一个世纪那么多了。但这并不是说用于清洗的梳妆用品变得常见了：水壶和洗手盆只出现在 21% 的 1750 年后的家庭中，用来洗手的水箱只出现 11% 家庭中。一些大盆被称为"用来洗脚"。

很有趣因而值得注意的是，最富裕的家庭中出现了一种新物品，坐浴盆。这件物品很可能是在 18 世纪由意大利引入法国的，它由一个木制座位和一个盆构成。它通常被描述为胡桃木材质，有一个陶盆或陶瓶。坐浴盆只出现在 7.5% 的家庭中。

浴缸在最优雅的家庭中占据了一个独立房间，它仍然只属于社会精英，只有 3% 的家庭拥有这一物品。它几乎总是由红铜制成，价值很高，正如如下例子所显示的那样：1770 年，在一位外科医师卧室隔壁的浴室（la salle de bains）里，有一个大浴缸（baignoire），带有水箱（réservoir）和一个红铜旋塞（robinet），"它带有装了金属片和铁皮管的圆柱桶，用来导流"。这整套装置价值 200 利弗尔。[1] 另一位死于 1763 年的外科医生师傅有一个带藤条座位的红铜浴缸。[2] 锌制浴缸要简单得多，例如 1771 年鲍达尔·德·范德西尔（Baudard de Vandésir，他是殖民地财务总管）的半身浴室或是坐浴盆（一种带有椅背和两个把手的大盆）。[3]

注意，在前文提到过的浴缸主人之中，有两位外科医生。医疗从业人员需要有装备来进行某些清洁活动，这展现出了人们对卫生的态度之转变。将身体浸在水中不再被认为有害健康。虽然大部分巴黎人仍然不洗澡，但这种习惯已经慢慢地进入了社会上层。1750 年，建筑师雅克－弗朗索瓦·布

1　C. Marais, p. 65.

2　I. Landrivon, p. 67-68.

3　C. Rideau, p. 86.

隆代尔在首都的 73 座宅邸中发现了 5 个浴室。换句话说，在 18 世纪中叶，在 10 个旅馆中，有专门洗澡空间的，还不到 1 个。一个相似的研究进行于 1801 年，涉及了 66 座 1770 年以来建立的宅邸，里面有 20 个浴室：有浴室的房子在所有奢华住宅中所占的比重，从 6% 上升到了 30%。[1]

虽然暖炉的采用改善了取暖状况，从而使得新的卫生措施更容易推行，但仍然只有一些特权家庭才会洗澡，这既是由于很难获得足够的水——尤其是热水——也是因为这种清洁装置昂贵而复杂。洗澡不仅仅是一种清洁自己的方式，也是一种富人的娱乐，既优雅又愉悦感官。

富裕的圣奥诺雷郊区浴室装饰的美丽与奢华令人印象深刻，这些都被一位建筑专家在一份报告中详细说明了：1782 年，在韦尔盖宅邸，盆浴间位于底层，就在某个私人房间后面，里面"铺满了黑白相间的瓷砖，天花板周围装有檐板，由框中装着波西米亚大玻璃板的凸窗照明"，凸窗带有：

> 分两个部分打开的百叶窗……房屋内部周边饰有格状的一层楼那么高的壁柱，檐板周围也有这种壁柱——檐板也是相似的格状，壁龛后面关着一个铜质浴缸，这里还有壁画，画中有两个站立的仙女，手中托着花瓶，角落里有鲜花；在格状嵌板之间，有6副长方形边框，其中4副展现了花瓶，另外2副则展现了女性胸部；水从两个坚固的铜质龙头流入浴缸，一个流冷水，一个热水。

这座宅邸配有水箱，其中 2 个位于地下室，另一个在院子对面建筑中的马厩上方，最后一个在主要建筑的二层，被放在某个接有一大段楼梯的平台上。[2]

沃韦诺伯爵（Comte de Vauvineux）位于安茹路上的浴室的奢华程度

1　Georges Vigarello, *op. cit.*, p. 170.
2　L. Gresset, p. 97-98.

只略逊于前者，1787 年，对它的描述是：

> 通过凸窗从院子里采光，这个大厅贴满了优质砂岩制成的小瓷
> 砖，还有边缘有嵌条的小黑瓷砖；高高的天花板环绕着一圈檐板，房
> 间周边饰有陶片，它们一直堆到人站起来的高度，包围着它们的是
> 翠蓝色大理石嵌条，踢脚板是黄色大理石的；在用来放浴缸（镀锡
> 铜制）的地方，有一个铅制脸盆，装有一根把脏水从阳台排出的管
> 子……一个热水器，红铜制的，带有砖炉，可以加热一个放在夹楼中
> 的铅衬的橡木水箱……铅管把水送到上方的浴室里。[1]

这些辉煌的浴室都是受了英国启发的，到了启蒙时代晚期，已经带有
所有现代舒适要素。与路易十四期间漂亮的马莱旅馆相比，它们就是某种
里程碑，那个旅馆最多配有一个脸盆和一罐水，放在藏衣间里。但是，再
一次的，这样的卫生措施，虽然展现出一种新意识的觉醒，但只影响了一
小部分巴黎人。

甚至在 18 世纪下半叶，水在大部分巴黎家庭中也很少用于清洁身体。
清洁是对个人亚麻用品与外表的要求。服装的时尚程度、蕾丝洁白的程度，
还有发型与香水才是衡量清洁的标准。在路易十三统治期间，路易·萨沃
（Louis Savot）博士写道，他的同时代人完全不使用蒸汽浴，"因为我们
的亚麻产品能够让我们的身体每天都很洁净"[2]。

根据《菲雷蒂埃词典》或《特雷武词典》，"梳妆用品"（toilette）
这个词本身并不在定义中要求使用水。它实际上意味着"亚麻、丝绸或其
他布，被摊开在桌上，用于放置日夜更换的衣服"，或是"放置胭脂、发蜡、
精油、假痣之类东西的方形区域。对男性来说，它是一只装梳子和刷子的

1　R. Chameau, p. 62-63.

2　Cité par Roland Mousnier, *Paris capitale au temps de Richelieu et de Mazarin*, Paris,
1978, p. 130.

箱子"。

在 17 世纪，这些物品很少见。在某些情况下，1640 年前后的清单提到了私人房间里的"夜盒"，它用于储存私人亚麻、梳子、刷子或镜子。1648 年，一位高等法院律师有一个此类盒子，"红天鹅绒制，带锁，有一个饰有丝绸流苏（mollet）的红天鹅绒靠枕（charlotte），还有一个小小的镂空防尘罩（crépine）"。[1] 梳妆物品和梳妆桌的列表，附带了所有用来养护女性面部与发型的配件，在 18 世纪更加常见了，虽然它们仍然只出现在 9% 的巴黎人家中。放在卧室或是临近的小房间的梳妆用品象征着奢侈，见证了某种程度的优雅与装饰品位：1735 年，一位内衣商家中的饰有条纹平纹薄布的白色哔叽梳妆用品，就配有香罐（plottes），即用来装香粉（poudre）和油膏（crème）的罐子，这些罐子裹着红色缎纹布，由金丝带饰边——就像镜子边框上的装饰一样。整套用具的估价高达 120 利弗尔，而且此人还有配套的椅子和床，红色哔叽制成，带有白丝绸装饰。在一位死于 1751 年的布料商家中，梳妆用品以"中式风格"描画过，黑色是底色。这套用品中有 2 个梳子盒，1 个衣刷（vergette），5 个小盒子（其中有装香粉的，有装香罐的，有装假痣的，还有根雕制成的），1 面配套的镜子，还有 2 个梳妆时使用的银质蜡烛台。[2]

1753 年，某位酒商的妻子有一套梳妆装备，包括一面镜子／两罐香粉／一个装贵重物的首饰盒，还有一把刷子——这些全都"以中式风格"描画过——它们被装在一个装饰风格类似的古董箱中，这个箱子放在她的私人房间旁边的小浴室里。[3] 1738 年，单身妇女玛丽-安妮·布兰凯（Marie-Anne Blanquet）选择在浴室里装了 1 张桌子，上面盖有平纹薄布梳妆用品（此时"梳妆用品"指带刺绣的布）和 1 张优质梳妆布，桌上放

1　M. Landrier, p. 92.

2　V. Aronio, p. 110.

3　C. Corneloup, p. 85.

着 9 小罐香粉和海绵块、假痣等物品，还有 1 个珍珠母首饰盒、3 个带金属包箍和瓶塞的水晶小瓶、1 把衣刷、镀银的铜质蜡烛托，以及 1 面带有中式边框的镜子。[1]

估价人描述的这些梳妆用品也可见于这一时期的版画之中。例如，范德布鲁根（Van der Bruggen）在 1685 年制作了两幅版画，分别名叫《梳妆时的优雅女性》（*Femme de qualité à sa toilette*）和《为舞会更衣的优雅女性》（*Femme de qualité s'habillant pour coure le Bal*）。在第一幅版画中，这位女性坐在一张铺着带刺绣装饰的华贵桌布的长方桌前。桌上，放着 1 面带支座（appui）的镜子，还有 2 个装有许多发蜡瓶的方盒子，装胭脂和假痣的罐子，以及刷子和梳子。第二幅版画展现了 1 张铺桌布的两腿圆桌，上面放着 1 面带支座的镜子，此外，还有 1 个长方形首饰盒，1 把梳子，瓶瓶罐罐，以及针插。[2] 构成一套梳妆用品的所有小物品的列表还会包括其他东西，男用和女用的都有，估价人很少提到这些，比如肥皂盒、假发盒或摆放假发的"头"，通常是银质的痰盂，挖耳勺，牙签和养护牙齿的用具。后者显然很少见，1746 年，单身妇女玛丽－安妮·布兰凯的家中清单列出了"一个鲨鱼皮首饰盒"，里面装有护牙用具。[3]

大部分男用梳妆物品都是剃须用品；脸盆、剃须盆/盘（即用来"梳理面部"的碗）、剃刀、磨刀石、剃须用亚麻或是卷胡须器。剃须盆是陶制、瓷制或红/黄铜制的，只出现在 10% 的 18 世纪巴黎家庭中。剃刀经常与这些用具一同出现，但要不常见得多，我们样本中的巴黎人只有 7% 使用剃刀。清单有时会提及数把剃刀：1737 年，一位绘画师傅有 4 把剃刀，[4] 而英国绅士塞耶斯·约翰逊（Sayers Johnson）的装备尤为齐全，这也与他

1　G. Crombez, p. 68.
2　Estampes BN, Q*b* 1685, p. fol., Collection Hennin, t. 62, et O*a* 52, p. 151, p. fol.
3　D. Villate, p. 138.
4　M.-P. Dumoulin, p. 121.

的地位相匹配，他有"3 把玳瑁把手的剃刀，还有一条捆扎它们的皮带"，此外，还有"一只陶制剃须盆"，以及一个肥皂盒。[1] 酒商让·兰松（Jean Lanson）在 1765 年去世时，小房间里有一个装了 4 把剃刀的箱子，还有 1 块磨刀石、2 把锉刀、2 把剪刀，1 把弹簧刀，以及饰有银子的小瓶。[2] 从清单看来，这些剃须用品几乎完全没有出现在 17 世纪的巴黎家庭中，在下一个世纪也不见得更加常见。

虽然更多人在家剃须了，但男子理发店，这个"我们已经失落的世界"的真正社交中心，到 18 世纪末还并未被首都居民们所抛弃，这一点体现在欠理发师和假发商人的债务上："胡子"，"一嘴胡子"或是"剩余的胡子"带来的欠债，或者"上述商人制作并售卖的假发"的欠债。在最富裕的家庭里，男性由仆人剃须，或是让理发师到家里来，这解释了为何有些家庭中没有剃刀，却有剃须碗和亚麻。1782 年，在前包税人拉里夫·戴皮内（Lalive d'Epinay）家中，有 5 块剃须布送洗后被取回。[3]

从路易十三时期到旧制度末期，在所有这些梳妆用品中，最为常见的是镜子。超过一半的家庭（53%）至少有一面镜子。这件物品，标志着对外表的关切，出现在所有阶层的人们家中；实际上，某些家庭有两三面镜子。镜子的价格是 7～20 利弗尔，通常是一面胡桃木或黄檀木框的拱形小镜子，可能涂过色，上过漆，或是贴过金箔（这种情况很常见），还可能被涂红了。清单很少说明尺寸，虽然我们确实看到了一些 25×20 厘米，20×15 厘米，以及 35×25 厘米的镜子。相对其他梳妆用品而言，镜子的数量要更多，这彰显了人们多么重视外表，那时候的礼仪也能说明这一点。

但是，从梳妆用品的类型及有限的数量来看，人们的卫生习惯似乎仍然非常原始。无论 18 世纪下半叶，人们的个人卫生状况取得了多么大的

1　Y. Aubry, p. 73.

2　C. Corneloup, p. 84.

3　Y. Aubry, p. 73.

进步，这种改变都仅仅局限于少量生活奢华的巴黎人。直到工业化供水实现，这些个人清洁方式才在中产阶级之中发展起来。

　　与卫生紧密相连的，是满足大自然召唤的"方便"。公证人的描述将我们祖先们的私人活动告知给我们。厕所几乎不会出现在清单中，因为它们通常是同一建筑中的几位居民的共同财产，在宅邸里，这里根本没有什么值得估价之物。早在 1374 年，一道王室法令就已经宣布，所有在巴黎城中及其教区中拥有建筑的人们应该"在房屋中设置足够的便坑和厕所"。在接下来一个世纪中，这道命令被更新了数次。一道 1538 年的高等法院决议甚至宣布，"那些不为房屋设置污水坑的人们"，一定要受到"示范性的"惩罚。这套为巴黎城市清洁而颁布的普遍法令，可以追溯到 1663 年，其中一个条款就是禁止某些房屋里不设置厕所。[1]

　　通过工作量统计、租约和其他建筑专家起草的文件，我们已经了解了这些厕所在住宅中的位置。我们研究的克雷里路上 5 座住宅楼都设有厕所。这些建筑中有一半只有一个厕所，而豪华居民楼则会有好几个。当此类设施位于底楼时，它们通常被安装在院子里或是楼梯下方。在较高的楼层，它们的门会正对着楼梯平台或是走廊尽头。在由两座长廊连接起来的建筑构成的较老房屋里，"厕所座"（siège à privé）出现在二层的长廊里。在墓地路上的大部分房屋里，这种设施位于较高的楼层。如果房屋里只有一个方便场所，它通常位于最高的楼层，屋顶下方那一层，在阁楼与顶楼小屋的中间，或是在第五、第六层。

　　某些位于同一街道的房屋在两个楼层都有厕所：一所房屋的厕所在第三和第六层，另一所房屋的厕所在第五层，还有第七层的顶楼小屋里。这些厕所通常是一个叠着一个的，悬置于院子上方。它们的光线来自墙上的开口，内部贴了瓷砖，并且有屋顶，门是带栓木门。马桶通过陶土（通常

　　1　P.-D. Boudriot, *La construction locative parisienne sous Louis XV*, op. cit., p. 105.

是上漆的赤陶土，偶尔也会是铅或铸铁）管道与污水坑相连，这管道就是排污管。

院子里的污水坑上盖着厚石片（tampon），石片上带有环。[1]虽然采取了许多预防措施，但有时候污水仍然会渗入邻近的房屋，或可能污染一口井——正如我们之前看到的那样。[2]这些烦恼通常是由于污水坑主人的疏忽，他们不情愿定期进行昂贵的污水坑清理活动。一位画家的清单列出了欠某位污水坑清理工人的债务：某位逝者的妻子声称，"公共财产的继承人欠污水坑清理师傅，勒菲弗尔先生（sieur Lefèvre），25 利弗尔，这是他 1727 年清理卡塞特路（rue Cassette）的那所房屋的污水池的一半工钱"。[3]

随着人们的感知力提升到一个新高度，启蒙小圈子开始谴责厕所的糟糕状况。梅尔西埃回应了这些想法：

> 四分之三的厕所都很脏、令人厌恶和恶心。在这一点上，巴黎人的眼睛和鼻子已经习惯了不洁净。建筑师被房屋拥挤的选址所限制，随意地排布管道，对于外国人而言，没有什么比一个接一个的露天茅坑更惊人的了，它们在楼梯旁边，门旁边，厨房旁边，从各个角落散发出最恶臭的气息。[4]

在英式厕所中，水是冲去恶心气味的唯一手段，但大革命前的巴黎厕所极少引水。在所有清单中，我们只发现了一个此类系统，它位于一位死于 1790 年的富裕单身妇女家中，这是一所位于圣日耳曼－欧塞洛瓦教区的有几个房间的套房。[5]与浴室一样，这些英式厕所既需要水也需要空间，

1　V. Estève, p. 37.

2　P.-D. Boudriot, *La construction locative parisienne sous Louis XV, op. cit.*, p. 61-62.

3　M.-P. Dumoulin, p. 120.

4　Louis-Sébastien Mercier, *op. cit.*, t. XI, p. 34, «Latrines».

5　C. Marais, p. 65.

这就使得它们成了较为富裕的家庭的标志——他们住在宅邸或 18 世纪最后几十年间修建或重建的宏伟宅邸中。1782 年,勒莫因(Lemoine)重建了圣奥诺雷的达让松宅邸(l'hôtel d'Argenson)中的某个部分,工程设计书要求,在浴室和英式厕所上方安装蓄水池,它位于一个二三层之间的夹层中的小房间。在韦尔盖宅邸中,厕所与浴室相邻,而且:

> 贴满了黑白大理石瓷砖,边上有嵌条,总体呈卵形,装有壁板……一层楼高,全都涂成了白大理石色。厕所座是木制的,也一样涂成了大理石色,这里的脸盆是大理石制。前述厕所座装有带镀金铜把手的水龙头。在厕所座上方,有一块椭圆形的凸出结构,带有装在框内的单块玻璃板……在凸出结构里面,是一个铁十字,构成了一个星形。

在厕所座的对面,是"单条支脚支撑着的脸盆,贝壳状,全由大理石制成;上方,是一个鹅颈水龙头,带有把手,这些东西都是用镀金的铜制成的"。[1]

在克雷里路上的勒布朗宅邸(l'hôtel Leblanc),英式厕所里饰有水生动物,墙上还画有鸟。一个壁龛里有"英式厕所座,带有石质脸盆,水龙头,水喷头,阀门和金色铜制旋塞"。另一个壁龛里装有贝壳状大理石脸盆,下面还带有排水管和旋塞。这个小房间里也有木制橱柜,里面有置物架。[2]

在大部分优雅的房屋中,装饰的欲望与美学享受甚至渗透到最为私密的房间之中。但是,据梅尔西埃所说,在大部分巴黎家庭里,厕所是最恶心的小房间,他似乎并未夸大这种阴暗现实。

为了免于去厕所要爬上爬下的许多楼梯——也因为没有足够的厕

---

1 L. Gresset, p. 99-100.
2 L. Caveau, p. 99.

所——很多居民在自己的住处里安装了便桶。最常见的有厕所座、厕所椅、厕所扶手椅或是厕所凳，清单会注明它们是用于清洁或方便的，或是"带有孔的"（percés）。它们出现在不到30%的家庭里。只有16.5%的家庭清单中列出了卧室便桶与便盆。厕所座通常塞满了马鬃或稻草，盖着摩洛哥皮革、平绒布、天鹅绒、割绒织物甚至绒绣。它的框架会是胡桃木、橡木或者山毛榉木的。这类装置中最舒适的或许会带有轮子和靠垫："一个厕所扶手椅，这是一个带轮子和靠垫的厕所座，它们都裹着天鹅绒"，它的估价是18利弗尔。这类装置上不可或缺的容器被称为碗、瓶、壶、桶或盆，通常由陶土或锡支撑。我们注意到，这些厕所座会出现在家中的各个房间里，更常见的是私人房间、小房间或藏衣间，虽然它们也会出现在大厅、厨房甚至客厅和前厅里。壶，被称为卧室壶或夜壶，便盆也会被称为床盆，它们都是陶制或锡制，通常被放在更隐蔽的角落里。最富裕的家庭有好几个此类物品，不过，以下例子仍属于例外情况：1665年，雅克－奥诺雷·巴伦丁，政令主管兼大议会主席，家中的厕所座与家庭成员的数量一样多，还有1784年，国王顾问皮埃尔·奥迪格（Pierre Audiger）有7个厕所扶手椅。

　　几乎不会令人惊讶的是，启蒙时代的自由思想者大多都有很多厕所座和梳妆用具。公证人向我们介绍的人物中，有一位的装备尤其齐全：玛丽－吉内维韦·兰托·德·维里埃雷斯·德富尔西（Marie-Geneviève Rainteau de Verrières de Furcy），圣奥诺雷郊区居民，1774年45岁时去世，她款待过萨克斯元帅（Maréchal de Saxe），马蒙特（Marmontel），拉里夫·戴皮内（Lalive d'Epinay），还有布庸公爵（duc de Bouillon）这样的大人物；嫁给萨克斯元帅之后，她成了乔治·桑（George Sand）的曾祖母；她位于卧室后面的藏衣间中不仅有一张床头柜（table de nuit）和一个装衣服的橱柜，还有一个"清洁座"（chaise de propreté），它带有一个陶盆和一个"裹着红色摩洛哥皮革的"锡制注射器，另一个带有"盆和锡制注射器"的清洁座，以及两套梳妆用品。[1]

　　虽然主要是功能性的，这些方便设施也能展现出一种对优雅的关注，某些估价人的描述展现了这一点：1 把裹着浅褐色缎纹布的厕所扶手椅，3 把厕所椅，还有 1 把带有红色平绒布的胡桃木厕所扶手椅，还有另一些裹着浅紫色、蓝色、红底印叶或红绿相间的绒绣或割绒织物的厕所座。很少有巴黎人能够享受德特伊斯内尔侯爵夫人的奢华，她有 1 个卧室便壶是用萨克斯瓷制成的。[2]

　　正如我们审视一位高级妓女的房间后得知的那样，这些卫生设施常常伴有锡制注射器，有时会被放在纸板或皮制的箱子里。这些注射器是用来灌肠或用于其他卫生用途的。我们也注意到了用来放血的碗，其中的一些是银制的。灌肠和放血都是那时候常见的医学疗法，使人想起莫里哀作品中的画面。

　　虽然公证人有时会忽视"不值得估价"的物品，但是清单无疑提供了足够的细节，足以为当时的卫生习惯描绘一幅画面。只有最具特权的阶层才产生了为日常生理功能寻求隐私的习惯，以及用水洗澡的习惯。在前革命时代，用于生理需求的所谓的英式装置，甚至藏衣间或小房间，都是很少见的。大部分家庭没有专用于这类目的的小角落。在那时候，人们不会因为必须当众使用厕所座，或是在壁炉灰烬或卧室壶（该壶会向窗外倒出）中排尿而感到被冒犯——除了英国游客与启蒙精英。在这个世纪的最后几十年，人们实际上并未改变对卫生问题的态度。但是隐私——比如在用水方面，这是清洁方面的任何进展的前提——在 19 世纪之前还没有为自己赢得一席之地，它后来的胜利有赖于工业革命期间发展起来的新技术，例如蒸汽泵。

1　Y. Aubry, p. 74.

2　D. Villate, p. 139.

第十章　室内装饰

在跟随公证人搜寻"宝物"的过程中，我们不仅发现了物质文明的痕迹，也发现了揭示出这一时期巴黎人的艺术品位的装饰品。日常用品用于满足身体需求，装饰家中的艺术物品则展现了美学或文化欲望驱使下的自由选择。无论是毫无艺术价值，还是带有最伟大的画家、雕刻家或木匠的签名，这类物品都改善了日常生活背景，它们通常被放在家中的一个房间里，单纯用以愉悦视觉，它们为通常拥挤而昏暗的家庭增添了令人愉悦的色彩与光亮，创造了一种更具个人特色的环境。它们的材料——主要是木头与各种织物——以及大片颜色，都为住宅中有限的物质舒适带来了温暖与幸福感。

装饰并不一定是富裕的标志。宽裕的家庭在装饰上的花费也可能很少，普通家庭在某些情况下，也会用绒绣和少许畅销画来装饰他们简朴的居所。1770 年，高等法院律师皮杰·德·圣帕特纳（Pigeon de Saint Paterne）的总资产价值 8600 利弗尔，他家中没有绒绣、帘子、镜子及任何装饰品。[1] 相比之下，1715 年，旅馆主人文森特·帕托（Vincent Patault）有一条所谓的"佛兰德斯绿"绒绣，分为七个部分，以 15 古尺长的平纹布彩条为背景，价值 330 利弗尔，还有 2 幅画作（tableaux），一个骑马路易十三的小雕像，它站在乌木支脚上，还有一座摆钟，它的钟箱上带有乌木和锡

1　V . Paquet, p. 108.

制成的细木镶嵌，它的支脚放在一个饰有细木镶嵌和珐琅的托座上。[1]

巴黎，18 世纪欧洲艺术与上好品位之都，赢得了外国游客的爱慕。有些游客在日记中记下了他们造访过的家庭中的美丽内部装饰。确实，这些英国或德国游客都是他们自己国家中的知识与社会精英，不会与街上的人混在一起。接待他们的环境是最努力模仿宫廷王府的那群人的家，他们因此确定了城市的基调，决定了何为时尚。1698 年，马丁·李斯特对家中陈设的丰富与清洁赞不绝口：

> 内部的布置（室内装饰）与家具都华贵而整洁；金银丝线提起了华贵的绒绣……陈列柜和嵌有乌龟壳的象牙书桌，还有上百种不同风格的银盘；水晶的固定烛台和分枝吊灯；尤其是最为稀有的画作（tableaux）。屋顶上的镀金层、雕刻品和绘画都值得赞赏。这些事物大量而多样地存在于这座城市及其周边乡村，以至于你会在任何一个有产者的私人住宅中见到它们；巴黎人频繁地为了这方面的花销自毁前途。每个有点钱的人，都觊觎着最伟大艺术家创作的一些好画作或好雕塑……在这里，一个人一旦通过好运或是继承得到一点什么，就会立刻把它花在这些方面。[2]

随着法国大革命的临近，这些巴黎住宅中的奢侈遭到了梅尔西埃的谴责：

> 房屋落成时，该做的还没有做好；你仅仅付出了所有费用的四分之一。然后，制柜人、绒绣制作人、木工和其他人都来了。接下来就是镜子……城市房屋的内部装饰要花掉外部建造的三倍时间……这些内部装饰被赋予了冗余的、不恰当的重要性。一张王座般精美的床，

1　M.-C. Coutand, p. 74 et s.

2　Martin Lister, *op. cit.*, p. 24.

一个带有雕饰的餐厅，像首饰般装饰起来的柴架，金子与蕾丝的梳妆用品，这些显然是幼稚的炫耀。[1]

虽然公证人并不提及墙上、天花板上、地板上，或是与建筑本身结为一体的那些雕饰或绘饰，但他们通常描述的详细性确实有助于我们想象这些巴黎人生活的房间之中的装饰。巴黎人喜欢用以围绕着自己的物品主要有：绒绣、人像绘画或版画（images peintes ou gravées）、镜子，还有装饰性家具和小件珍玩。在材料、形状与图案的多样性之外，颜色的范围也变化多端。无论简单还是复杂，无论能否展现艺术特征，所有这些要素的交错赋予了每个家庭以一种有个性化的、迷人的特质。无疑，不同家庭的装饰必然有某些相似性，但是英国作家霍勒斯·沃波尔（Horace Walpole），首相罗伯特·沃波尔（Robert Walpole）之子，在 1765 年 12 月 25 日写给安妮·皮特（Anne Pitt）的信中显然有所夸张：

> 我在所有的房屋中只看到了一种理念。房间是白金相间的，或纯白；一盏分枝吊灯，壁炉台上装有一大块镜子，其对面是另一块镜子，通常还有第三块镜子，正对着窗户，这就是房间里的普遍要素。在卧室里，一块大镜子放在后面，床的两侧也各有一块；房间的其他部分都空荡荡的。时不时会有一块绒绣或缎纹布置于窗户对面；但是，房屋家具无疑是他们最缺乏想象力的地方！

我们能在多大程度上相信这位作者呢？毕竟就在几行字后，他又写道："简而言之，他们的整套居住体系在我看来都是荒谬的。"[2]

不同家庭中的物品是否彼此相似，便宜还是昂贵，这些似乎都不重要，

---

1 Louis-Sébastien Mercier, *Tableau de Paris, op. cit.*, t. I, p. 166, chap. LXXXIX: «Ameublement».

2 Horace Walpole à Paris (1765-1766), in *Feuilles d'histoire du XVIIe au XXe siècle*, 1911, p. 198 à 213.

重要的是它们饱含意义。一经主人购买，他们就成了一个时代的艺术或文化鉴赏力的有效体现。那些作为遗产而获得的物品，代表了关于逝者的回忆，它们代代相传。这些物品受到了虔诚的尊敬，而且始终被保存，即使已经变得陈旧、破烂、磨损、带补丁、有虫咬痕迹，这个时期相关描述的常用词证实了这一点。基于公证人提供给我们的要素，我们对这些巴黎家庭内部装饰产生了何种印象呢？

绒绣与其他挂壁织物

正如我们之前讨论过的那样，绒绣（tapisseries）可以保护人们免受潮湿的墙和大风的影响，还能保持室内温度，但它也能纯粹用于装饰。这种挂饰在 17—18 世纪期间非常流行，因为我们样本中有 75% 的巴黎人都用它来装饰家庭。虽然墙壁挂饰的新时尚也会出现，比如印花平纹布和墙纸，但甚至在 1750 年之后，仍有 75% 的居民继续用绒绣覆盖住处的墙壁。最常饰有此类挂饰的是卧室、大厅、客厅，还有前厅，但小房间、厨房和商店后房也会有绒绣。虽然估价人并不总会给出绒绣的数量和尺寸，但他们确实会列出其各种类型，名称各不相同：根据种类，例如，贝加莫绒绣；根据产地，例如，奥弗涅或佛兰德斯；根据制作工艺，例如带有匈牙利点、绿色植物、人物；等等。

贝加莫绒绣占估价人记录的 50%，它们流传范围最广，最为常见。它们表面粗糙，通常够大，可以绕满整个房间，这类绒绣由织布机出产，有点像一块布，可以使用各类可纺织材料，包括棉绒、羊毛、棉线、麻，还有牛毛或羊毛。它的经线通常是由麻制成的，这意味着织物会非常坚固。它的名字来源于发明它的意大利城镇。

法国的第一座贝加莫绒绣厂 1622 年在里昂开张。最终，有好几个法国城市都开始制造这种绒绣，尤其是里昂和埃尔伯夫，然而里尔、鲁贝和亚眠也是制造地。一些估价人记录了"里昂风格贝加莫绒绣"。这种挂饰也被英国模仿，我们发现一条记录，"来自英国的贝加莫"。

由于价格适中，贝加莫绒绣在贫穷大众中非常流行。价格从每古尺（1.17米）1利弗尔以下到10利弗尔不等——取决于其使用状况或花纹，仆人与散工也买得起这种绒绣，他们用它来覆盖自己单间的墙壁。很有趣因而值得注意的是，在较为贫穷的阶层中，这些绒绣通常被注明是陈旧或磨损的："8小块旧贝加莫绒绣，尺寸大概是2古尺，价值25索"，或者，"状况很差的7古尺贝加莫绒绣：40索"。有时候，清单会说明图案：我们发现了纯色彩带，装饰有花和鸟的大彩带，饰有小鸟、花、匈牙利点（也就是V形线条）或鳞片（模仿鱼鳞）的条纹。"里昂绒绣"是估价人的常用词，这只是贝加莫绒绣的另一个名字。无论以哪个城市为产地，贝加莫绒绣的价格都差不多：18古尺宽的里昂绒绣被估价为30利弗尔。根据《菲雷蒂埃词典》和《特雷武词典》的说法，"穷人的"绒绣来自里昂或贝加莫，羊毛或棉制，就像一块布。《诚实的游客》（*Voyageur fidèle*）告诉我们，这些绒绣有时候"来自巴黎大门"（la porte de Paris），因为它们"在不同的小店里零售，储存在巴黎大门处"。

估价人在清单中记录的其他绒绣通常要昂贵得多，往往属于更为安逸的家庭。奥弗涅绒绣，有时也根据其产地城市被称为欧比松（Aubusson）或菲莱汀（Felletin）绒绣，在巴黎人中非常流行。早在14世纪，佛兰德斯织布工就在马尔凯省的这些城市里建立了工作室，它们到路易十四统治期间，极大地扩张了：欧比松和菲莱汀的王室工厂分别建立于1665和1669年。这些挂饰的价格非常高。

1668年，大议会（Grand Council）的某位检察官拥有一幅18古尺宽的奥弗涅绒绣，价值 600 利弗尔。[1] 在死于 1706 年的弗朗索瓦·奥格·德·康博（François Auger de Combault）家中，有一张分为 6 个部分的奥弗涅绒绣，宽 17 古尺，上面描绘着四季的图像，价值 350 利弗尔。另一张饰有人像的奥弗涅绒绣出现在同一个家庭的清单中，它的价值仅有 100 利弗尔，因为它"是最古旧的"。奥弗涅工厂的产品通常以绿色植物为特征，用菲雷蒂埃的话来说，也就是"带有主要是绿色的风景画的绒绣"，它还会突出动物、鸟或是狩猎情景。这些绒绣的价格至少是 100 利弗尔，在平均大小为 12 × 2.5 古尺的或稍稍超过 14 米宽、3 米高的绒绣中，某些的价格可达 300 利弗尔。[2] 1721 年，某位绘画和镀金师傅家中的私人房间里挂着"大约 12 古尺宽的奥弗涅绿色植物绒绣，分为 5 个部分，由彩带连接，价值 180 利弗尔"。在奥尔良公爵夫人的某位画家家中，一个私人房间的墙上挂有"4 块奥弗涅绿色植物绒绣，没有里衬，价值 210 利弗尔"[3]。我们也注意到，许多贫穷的家庭中有磨损严重的奥弗涅绿色植物绒绣，尺寸稍小，例如，我们在一位单身妇女家中发现了一块，它宽 10 米，高 2.4 米，在 1708 年的估价仅有 30 利弗尔。[4]《诚实的游客》（Voyageur fidèle）指出，在巴黎，人们可以在拉于歇特路（rue de la Huchette）和相应街区购买欧比松绒绣。

甚至更贵且更为可爱的，是佛兰德斯绒绣。自文艺复兴以来，布鲁塞尔、安特卫普、布鲁日、瓦朗谢讷和里尔都以此著称，它们会把一部分产品运往巴黎。这一次也是一样，拉于歇特路是购买这些作品的地方，这里有一家专门卖佛兰德斯绒绣的店。在弗雷德里克·雷奥纳尔家中，一个小房间里装饰着 8 古尺宽的佛兰德斯绒绣，分为 3 个部分，上面带有人像，描绘了《新娘的胜利》（Triomphe de l'épousée）。1706 年，它的价值达

1　G. Neveu, p. 68.

2　M.-J. Curis-Binet, p. 51.

3　M.-P. Dumoulin, p. 128-129.

4　M.-J. Curis-Binet, p. 52.

到了 600 利弗尔。切梅洛伯爵（comte de Chemerault）让－诺埃尔·德·巴尔贝齐耶（Jean-Noël de Barbezières），拥有一块 10 古尺宽的佛兰德斯绿色植物绒绣，分为 4 个部分，价值 450 利弗尔。[1] 某些格外昂贵的佛兰德斯绒绣属于特别奢华的家庭：清单记录，1774 年，高等法院主席，布歇埃侯爵（Marquis de La Bussière）的妻子珍妮·勒菲弗尔·道梅松（Jeanne Lefèvre d'Ormesson）家中，有一块来自布鲁塞尔的佛兰德斯绒绣，宽 24 古尺，高 3 古尺，上面带有埃涅阿斯的故事，价值 3000 利弗尔。1735 年，苏瓦松的政令主管（Maître des Requêttes）兼财政总督（Intendant de la Généralité），道尔梅松骑士（Chevalier d'Ormesson）的遗孀珍妮·勒菲弗尔·德拉巴尔（Jeanne Lefèvre de La Barre）家中的一个房间里有另一块分为 8 个部分、描绘了威尼斯历史的布鲁塞尔绒绣宽 24 古尺，高 2.25 古尺，价值 2500 利弗尔。[2] 拥有这样的艺术作品并不是穿袍贵族的特权。1751 年，一位富裕的布商家中，有一块主题"受到特尼尔斯（Teniers）启发"的 18 古尺宽的布鲁塞尔绒绣，价值 2000 利弗尔。[3]

来自分别建立于 1664 和 1667 年的两座王室工厂的产品，是仅属于最富裕的人们的奢侈品。估价人很少提及这类物品。1744 年，查尔斯－于格·拜洛特·德·维尔查万（审计法庭的常任主管），拥有 6 块带人物的博韦（Beauvais）绿色植物绒绣，它们的估价是 1200 利弗尔。它们挂在他的客厅里，长度大约为 21 米。同一个房间里还有一张沙发和 8 把扶手椅，都盖着戈贝林绒绣，"上面描绘着来自寓言的人物"，价值 600 利弗尔。[4]1668 年，2 块戈贝林绒绣出现在了国王顾问让·杜·提耶的清单中，其中一块分为 8 个部分，展现了诸神的故事，价值 800 利弗尔，另一块分为 3 个部分，

---

1 M.-J. Curis-Binet, p. 51.

2 Mlle Vandertaelen, p. 48.

3 V. Aronio, p. 90.

4 D. Villate, p. 65.

描绘了绿色植物，价值 500 利弗尔。[1] 我们也注意到另一张带小型人物的
戈贝林绒绣，分为 4 个部分，宽约 12 古尺，高 2.5 古尺，价值 800 利弗尔。[2]

　　另外两个绒绣工厂也几次被公证人提起：一个在南希，早在 15 世纪，
这里就是一个重要的地区绒绣制作中心，圣米耶勒（Saint Mihiel）和一个
位于阿维尼翁的工厂，都擅长生产普通的不贵的绒绣。

　　在大部分情况下，各类绒绣的产地和风格都不会被列出，估价人认为
只要注明针法就够了：匈牙利式、英式、土耳其式。或者，更为常见的是
注明图案：绿色植物、绿色植物与人物、带花或鸟的绿色植物、人物、"野
兽和小型人物"、风景，等等。描摹植物群或动物群的绿色植物绒绣最为
常见。清单几乎不会描述带人物的绒绣。得到记录的少量主题都属于几个
基本类型：《旧约》，包括以斯帖的故事、罗波安的故事、贞洁的苏珊娜，
或是罪的历史；神话，包括埃涅阿斯的故事、诸神的故事、戴安娜或阿里
阿德涅；历史，包括克利奥帕特拉和马克·安东尼的故事、弗朗索瓦一世
的故事、威尼斯历史；或是一场战斗，或是象征画（比如象征四季的画），
或是类型画（例如牧羊女或猎人）。1716 年，在一位绘画师傅的孩子的私
人房间里，有"两块在绒布上绘出的绒绣"，价值 36 利弗尔，它们与这
房间的用途很相称，因为它们展现了玩耍着的孩子们。[3] 比喻性的绒绣通
常是最贵的。高经（haute-lisse）绒绣也很贵——"高经"这一名称是由于
它们在竖着的织布机上织成。1725 年，德昆西骑士先生（Chevalier Sieur
de Quincy）的遗孀玛格丽特·勒菲弗尔·德拉巴尔（Marguerite Lefèvre de
La Barre）家中，有一块高经绒绣，它分为 7 个部分，尺寸是 20×3 古尺，
描绘了弗朗索瓦一世的历史，但清单并未注明它的产地。它被估价为 400

1　G. Neveu, p. 67.

2　B. Guiblain, p. 56.

3　M.-P. Dumoulin, p. 129.

利弗尔。[1]

绒绣并非这些家庭中仅有的覆盖物。清单也提到了一些皮革挂饰：1672年，博勒加尔骑士（Chevalier de Beauregard）的遗孀的住宅中，有一个房间饰有绿色背景上的贴金箔皮革。[2]弗雷德里克·雷奥纳尔家中的一些房间也挂有不太值钱的镀金皮革。在一位巴黎有产者布商家中，小房间里布满了带浮雕的皮革。[3]这种挂饰在伟大的世纪[4]非常时尚，到18世纪下半叶也并未完全消失，因为1772年，某位骑士扈从的餐厅里就挂有6张带有人物的贴金箔的皮革，差不多在同一时期，一位旧布商的卧室里也饰有几块熟皮革。[5]

18世纪期间，用布做墙壁挂饰的风尚进入了许多家庭。大量材料被用于制作此类挂饰：科斯（Caux）缎纹布，阿布维尔缎纹布，布鲁日缎子，棉绒，凸花厚缎，暹罗布（siamois），带波纹（moiré）的丝绸，割绒织物，毛丝混纺布（Indienne），棉质平纹布，还有染色斜纹布。这些墙壁挂饰有时会染上明亮的色彩，这是一种更便宜也更令人愉悦的做法，能带来奇幻和独到的氛围，到18世纪60—70年代，它们真正开始与传统绒绣抗衡。1759年，奥贝康夫（Oberkampf）在茹伊昂若萨（Jouy-en-Josas）建立了一间工厂，这有助于印花布的流传。在这一时期，与这种织物的广泛使用同时发生的，是人们对美学上的统一性的追求。1770年，某位审计法庭的常任主管的沙龙里的墙面上装饰着用杆子框住的暗红色缎纹布。窗帘，还有房间里椅子上的装饰品——包括1把翼状靠背扶手椅，8把扶手椅，还有另外2把雕刻过并贴了金箔的椅子——都使用了同样的织物。[6]这种材

1 Mlle Vandertaelen, p. 48.

2 M.-A. Bianchi, p. 41

3 V. Aronio, p. 90.

4 指18世纪。——译者注

5 G. Rideau, p. 115.

6 *Ibid.*, p. 114.

料先前在东方生产，完全由丝绸制成，自 17 世纪以来就在里昂被生产出来。

对室内装饰和谐的追求，在更具特权的环境中高度发达，不过在大部分社会处境各不相同的家庭中也能发现，只是程度稍低一些。1751 年，在一位亲王的神父家中，大厅的墙壁以及爪形腿的橡木椅子，都配有波纹靠垫。1751 年，在圣塞弗林（Saint-Séverin）的本堂神父住宅中，同一种棕色哔叽装饰了集会厅的墙壁，以及 30 把椅子、2 把扶手椅和 1 张沙发。[1] 在一个死于 1772 年的理发师学徒的单间里，墙上盖着蓝白相间的暹罗布，还挂着同种材料制成的配套的窗帘。[2] 暹罗布，一种丝绸和棉的混纺织物，在路易十四统治期间由暹罗大使引入，后来在里昂生产。就像毛丝混纺布（Indienne）一样，这种布有时候会被说成是"来自大门"，它彰显了东方的仪式、色彩与技术在启蒙时代的巴黎占据统治地位。据估价人记录，1770 年，在乐器师傅路易·格桑（Louis Guersan）家中，有"来自大门"的印花布和暹罗布盖在墙上。

在这个世纪的最后几十年间，绒绣实际上开始从某些奢华家庭中完全消失了，取代它的是挂壁织物（revêtements de tissus）。例如，1764 年，为让一菲利普·拉谬的家做清单的估价人记下了 6 古尺的毛丝混纺布，17 古尺"来自大门"的暹罗布，还有 6 古尺平纹布。1787 年，各种类型的挂壁织物出现在弗朗索瓦·弗朗科尔家中，他是国王的音乐总监：在客厅里，有边上带有镀金细杆的暗红色缎纹布，深红与白色相间的波纹丝绸，这与卧室里床罩所用的织物相同，其他房间里还有上色的平纹布。[3] 在某些情况下，这些挂壁织物是价值高昂的奢华物品，价格能与最优质的高经绒绣相媲美。例如，1725 年，玛格丽特·勒菲弗尔·德拉巴尔不仅有展现了弗朗索瓦一世的故事的绒绣，还有一幅华贵的凸花厚缎挂饰，带凸纹的厚丝绸，描绘

1　M.-D. Bost, p. 65-66.

2　C. Rideau, p. 115.

3　I. Petitclerc, p. 94-95.

了世界七大奇迹，价值 2000 利弗尔。[1]

我们也注意到了另一种原创的墙壁挂饰，显然非常少见：灯芯草席（nattes de jonc），1753 年，一位烘焙师傅的私人房间里就盖着这种材料。[2]

墙纸，尤其是大革命前些年在圣安托万郊区著名的雷维龙工厂（manufacture de Réveillon）生产的那些流行墙纸，没有明确体现在清单之中。清单很少提到它们，它们通常还包括了粘在布上的纸，而这些布会被挂在墙上。那么，问题就是：在何种程度上，直接粘在墙上的纸会被估价人记录？1775 年，在玛丽－吉内维韦·兰托·德·维里埃雷斯·德富尔西（Marie-Geneviève Rainteau de Verrières de Furcy）的家中，前厅的墙上铺满了"15 块白色背景之上的纸，用作这个房间里的墙壁挂饰，还有大约 200 法尺（约合 66 米）的涂成灰色的雕花护墙条"，而卧室的墙壁上则盖着"20 块灰色与暗红色相间的贴在纸上的绒面幕布（tontisse），高 2.5 古尺，还有大约 240 法尺（约合 79.2 米）的雕刻过的贴金箔木头"。[3]

在最富裕的家庭中，细木护墙板（boiseries）取代了传统的绒绣。在装饰性功能之外，它还有助于保存热量，1691 年，达维勒（d'Aviler）在他的《建筑课》（*Cours d'Architecture*）中说："造成后不久，木结构就能确保空间的干燥温暖，从而确保健康和宜居……细木护墙板还可以用来矫正房间里的错误，例如烟囱管道造成的斜坡或孤立区域。"[4] 但是，由于木结构和墙连在一起，估价人几乎总是会忽略它们。一份 1772 年的租约告诉我们，德菲利纳侯爵位于圣奥诺雷的沙龙"新近会铺上细木护墙板"。[5] 我们从一份对某布商的套房评估中得知，这里的细木护墙板、壁橱和窗户

1　Mlle Vandertaelen, p. 48..

2　G. Legrand, p. 167.

3　Y. Aubry, p. 63-64.

4　Cité dans Pierre Chaunu, *La civilisation de l'Europe des Lumières*, Paris, 1971, p. 432.

5　Y. Aubry, p. 63.

内部都要上漆。1735 年，在一位袜商的家中，大厅里带有两片镜子的壁炉架没有被估价，因为它被做成了房屋木结构的一部分。[1]1760 年，圣奥诺雷郊区的一位制柜人的客厅里装有冷杉木护墙板，它被描述为"装饰了房间两侧的木工，两边各有一扇玻璃门，窗户那一侧还有 6 块冷杉木板，这一切被估价为 24 利弗尔"[2]。

　　装细木护墙板的房间主要出现在最时髦的家庭中，建筑专家们的文件体现了这一点。护墙板有两种，取决于房间的大小：窗台镶板（lambris d'appui），盖住了墙的下半部，用在宽敞的房间里，可以与墙纸或上色的布相结合：在圣奥诺雷郊区的韦尔盖宅邸里，直到檐板处的没有被镶板覆盖的墙面上覆盖着"贴在平纹布上的中式纸帷幕"，或是"法式平纹布帷幕，绘有花、鸟、风景和艺术作品或园艺要素"。[3]等高镶板（lambris de hauteur），能够覆盖直到檐板的整个墙面，通常用于较小的房间，例如小房间。但在达利戈尔主席（Président d'Aligre）位于安茹路的宅邸里的大客厅就饰有"大块等高镶板，还有护墙板和壁柱，壁柱上雕刻着形形色色的战利品，且饰有垂着流苏的贝壳与石块"。[4]

　　18 世纪期间，墙面覆盖物的覆盖范围逐渐扩大，挤占了编织的或是刺绣的绒绣的空间，展现出更丰富的多样性。逝者家中，这些材料无处不在，与数量极少的地毯与门帘形成了对比：15% 的巴黎人选用门帘来抵御大风和噪声，只有 10% 的巴黎人通过铺地毯来抵御地板的潮湿。而门帘和小毯子只出现在最富裕的家庭中，相反，窗帘得到了普遍使用，出现在65% 的家庭的清单中。铁杆和铜环一般也与帘子一同被记录，帘子的材质包括各类织物：棉质平纹布，毛丝混纺布，哔叽，羽纱（camelot），斜纹

1　V. Aronio, p. 91.

2　M.-P. Zuber, p. 108.

3　L. Gresset, p. 89.

4　R. Chameau, p. 60-62.

布，暹罗布，缎纹布，塔夫绸或是平纹细布。它们的高度大致与绒绣相等，通常是 2.5 古尺。通常来说，它们是成对的。私人房间是屋子里最常装有窗帘和门帘的地方。其次是大厅，然后是小房间，最后，是厨房。只盖住窗户下半部分、用以遮蔽阳光，尤其还有避免打探的眼睛的半帘，似乎在 18 世纪最后几十年间并不常用。

小毯子很少出现在有产者以外的家庭，清单有时注明它们来自土耳其或波斯，或是模仿了那些国家的风格，或是像绒绣那样带大点（gros points）。它们的材质可能是割绒，或是由厚羊毛织成，一边带有绒毛，或是由皮毛边角料、哔叽或缎子织成。1730 年，某位乐器制作师傅家中的一块土耳其小毯子被估价为 40 利弗尔。[1] 清单偶尔提到在萨伏纳里作坊里制作的小毯子，这些作坊在亨利四世统治期间建立，前身是夏洛肥皂工厂（Savonnerie de Chaillot），后来被吸纳进戈贝林工厂。只有非常富裕的人才买得起这类物品。很有趣因而值得注意的是，1772 年，某位骑士厒从兼国王秘书的卧室里有一块罕见的小毯子：它是一大块熊皮。[2] 还有一些壁炉小毯子，主要放在壁炉前方地面上。

另外两种装饰品，可折叠屏风（paravents）和普通屏风（écrans），在住宅里会被用来与墙布和帘子一同协调房间，使之形成更为雅致的内部空间。放在"私人房间里，靠近门，靠近壁炉，在床的周围，用来挡风"——《特雷武词典》如此描述可折叠屏风，它们可能会有 4 块、6 块、8 块，甚至 12 块嵌板，"绘成中式风格"，或是盖着上色的布，并铺着毛丝混纺布，也许铺着旧床单、带花割绒织物、塔夫绸或缎纹布。隔板可能也会与普通屏风一同使用，它们被放在壁炉前方，用来挡住火焰的热量。普通屏风可能会是"带框土耳其针绣绒绣，具有胡桃木支脚"，也许是胡桃木制成的，

1　I. Petitclerc, p. 114.
2　G. Rideau, p. 116.

饰有一块一侧覆盖着绒绣，另一侧覆盖着塔夫绸的薄板（feuille）。

　　这种将一个房间中不同的装饰性织物协调起来的愿望，彰显出一种美学关切。通过启蒙运动，这种关切不再像前一个世纪那样局限于贵族家庭，而是开始出现在各类社会背景之中。三个代表性的例子展现了这种变化。1721 年，在一位绘画师傅的私人房间里，床罩、扶手椅和帘子都是蓝色的，带有同样的天蓝色丝绸镶边。[1] 在一位旅馆主人家中，带有小小的白色花束的红色毛丝混纺布帘子与一面红背景之上的白色枝条墙布相连。[2] 一位死于 1775 年的单身妇女的床铺装饰，还有墙布与私人房间的帘子，都是"蓝白条纹的暹罗布"。[3]

　　无论用来装饰墙、门、窗户、椅子或是床，这些装饰性织物都具有惊人的多样性，公证人用以描述它们的丰富词汇彰显了这一点（见表 13）。我们能列出各位估价人共同使用的 40 个术语——在被合成织物入侵的当今世界，它们已经不为人知了。正如我们接下来会看到的那样，这些材料的颜色范围也同样惊人。

表 13　装饰性织物的名称

布拉堪（Bouracan或barracan）：粗羽纱（camelot）或是山羊毛织物，用来制作雨披。
凸花厚缎（Brocatelle）：用棉或粗绸丝制成的小块织物，模仿了锦缎（brocart）。
羊绒（Cadis）：某种廉价羊毛制成的小块织物。
滑面羊毛布（Calmande、calamande、calamandre或callemandre）：一种羊毛织物，闪烁着黑色或彩色的亮光。
羽纱（Camelot）：通常是用山羊毛混合羊毛或绸丝制成的织物。
人字斜纹布（Coutil）：用极细的线织成、经过高强度按压的布。
缎纹布（Damas）：绸丝织物，上面有突起的花朵或其他图像。

1　M.-P. Dumoulin, p. 130.

2　C. Corneloup, p. 89.

3　C. Marais, p. 79.

续表

花边（Dentelle）：小块的边饰，由普通线、丝线、金银线制成，制作时要用到纺锤，用以装饰服装和小日用品。
呢绒（Drap）：制作冬衣时用到的强保暖织物。用于做衣服时材质主要是羊毛，用于装饰家具或教堂时，主要用金银丝线。
粗毛呢（Droguet）：廉价羊毛织物，属于呢绒（drap）的一种，但更单薄窄小。
埃斯塔姆布（Estame）：羊毛线织制品，编织时，线脚相互交错。
平纹薄织物（Etamine）：非常薄的小块织物，作平纹布用。
绒布（Futaine）：棉线织物。
薄纱（Gaze）：非常薄的布，上面能看到镂空的孔。
杜尔横棱绸（Gros de Tours）：表面纹理交叉的绸丝织物，显得粗糙而膨胀。
毛丝混纺布（Indienne）：部分是绸丝，部分是羊毛的织物。
亚麻薄布（Linon）：很薄的布，用优质亚麻制成。
波纹织物（Moire）：完全用绸丝制成的织物，横竖方向都纹理紧密。
莫列顿双面起绒呢（Molleton）：一种羊毛织物，非常柔软。
割绒织物（Moquette）：羊毛织物，和天鹅绒的用处一样。
平纹薄布（Mousseline）：非常轻薄、质地优良的棉质平纹布，不是纯色无装饰的，而是带有小小的水泡形褶皱。
平绒布（Panne）：完全用绸丝制成的织物，其表面绒毛由复合材料制成，用到了一种比天鹅绒长、比长毛绒短的动物毛。
长毛绒（Peluche）完全用绸丝制成的织物，其表面的绒毛像平绒布和天鹅绒那样被剪断，但留下的毛要比这两者长得多。
平齐那（Pinchina）：一种非十字交叉的羊毛织物，属于一种粗糙而强硬的呢绒（drap）。
圣莫尔平滑布（Ras de Saint-Maur）：一种十字交叉织物，类似哔叽。
缎子（Satin）：光滑而带反光的绸丝织物，其中的经线非常精致，露在外面，纬线比较粗糙，被隐匿起来。露在外面的部分使它拥有了光泽。
布鲁日缎子（Satin de Bruges）：纬线用普通丝线，经线用绸丝制成的织物。
全丝薄缎（Satinade）：普通缎子（satin）或者仿缎子织物。
哔叽（Serge）：低档织物，很轻，用十字交错的羊毛织成。

暹罗布（Siamoise）：丝绸和棉的混纺织物，首次出现于路易十四时代的法国，那时候暹罗国王的大使前来造访。这也指一种棉线织物。它有条纹：纵向/经线用亚麻线，横向/纬线用棉。
绸丝（Soie）：非常柔软纤细的线，用来制作高价的优质织物。
塔夫绸（Taffetas）：很薄、纯色无装饰的绸丝织物。
平纹布（Toile）：交错线织物，其中一些是经编织物，另一些是纬编织物。
里衬布（Tripe，ou tripe de velours）：羊毛织物，表面的绒毛像天鹅绒一样被剪断。
天鹅绒（Velours）：完全用绸丝制成的织物，在制作过程中，其表面绒毛被绕在一根小铜杆上，并在铜杆末端被剪断，留在天鹅绒表面的绒毛比平绒布短得多。

以上定义来自《特雷武词典》。

在那些直到 18 世纪下半叶也没有充足的供暖、足量的光线或是足够的水供应的家庭中，织物的奢华展现出了向往舒适的原初欲望，以及日益增长的装饰家庭环境的愿望。作为抵挡寒冷、潮湿与风的屏障，以及一种美丽的材料和色彩的来源，这些盖布在许多家庭中创造了一种富裕和温暖的环境。

画出来的图像与刻出来的图像

挂在墙上的画作（tableaux）或版画（estampes）不仅能装饰环境；它们也创造了个人风格。在何种程度上，在各类家庭中找到的图像能够表达其中居民们的感受与品位呢？这些图像的商业价值越低，对于主人而言，它们承载的意义显然也就越高。毕竟，便宜的宗教版画见证了主人的宗教热情，朴素的家庭肖像展现出了对仍活着或已死去的所爱之人的眷恋。画作（tableaux）展现了来自神话或历史的故事或情景，展现了某种根植于古代的人文主义文化。但是，我们很难分辨，那些属于富人们的真正艺术作品，以及藏品的一部分，是仅仅展现了当时的流行风尚、流露出炫耀的欲望，还是具有情感的价值。

不幸的是，公证人提供的信息很少能满足我们对于图像选择的好奇心。通常情况是，某幅图画的主题或标题并未被注明，这意味着此物的经济价值很低。物品越不值钱，公证人用于描述它们的精力就越少，他们倾向于关注其托架（support）或外框（cadre），这些东西可能会比图画本身更值钱。

我们对于室内装饰的考察显示出，在大部分巴黎家庭中，图像无处不在。样本中 66.5% 的居民拥有画作（tableaux）或版画。如果只考虑 1750 年后的家庭的话，这一比例会达到 71.5%。不同家庭中的图像数量差异巨大，但平均每家有七到八幅。但收藏品的数据往往会扰乱结果，尽管我们已经把规模最大的收藏排除在外。虽然这些数字是相对的，但仍然很值得注意的是，如果只考虑 17 世纪期间的家庭的话，每个家庭平均拥有的图像数量会下降到 5 幅。正如普通的家庭用品，巴黎家庭中的画作（tableaux）和版画（gravures）的数量在 18 世纪期间不断增长。早在 17 世纪上半叶，某些社会阶层就已经开始喜欢这些画，而到了启蒙运动期间，这种兴趣持续发展，并且越来越流行：17 世纪，只有 27% 的仆人拥有画作（tableaux）或版画，而到了 18 世纪中叶，64.5% 的散工用图画装饰他们贫寒的居所。到 18 世纪 70 年代，圣安托万郊区的 88% 的居民平均每户用 9 幅图像装饰家庭。

在 18 世纪，为何各个社会阶层都对绘画（peinture）有兴趣？自 1673 年建立以来，绘画与雕塑王家学院（Académie Royale de Peintre et de Sculpture）就促进着其成员作品的推广，而且通过在卢浮宫组织公共展览来认可艺术家们：1673—1691 年间，这里举办了 36 场展览。最早的此类沙龙举办于 1673、1699 与 1704 年。然后直到 1725 年，类似的活动才再次召开，在 1737—1743 年间，以及 1745—1748 年间，这种活动一年一度举办，在 1748—1795 年间，则是两年一度。单单在路易十五在位期内，就有 26 场此类展览举办。这种沙龙通常开始于 8 月 25 日圣路易节，会持续大约 3 周，入场免费。我们知道，1763 年公开展出了 220 幅作品，1765 年是 432 幅，在 1790 年之前的那些年间，基本上是每年 480 幅。这些展览不仅有目录，而且——开始于 1737 年——还有刊登在《信使》（Le Mercure）和这一时期其他报纸和评论上的报告。虽然 18 世纪最著名的沙龙批评家德尼·狄德罗（Denis Diderot）以其发表于 1759—1781 年间的《沙龙》（Salons）使其他作品黯然失色，但他并非这个时代最初或最早的艺术批评家。这个世纪的两位最伟大的沙龙批评家是拉丰·德圣耶纳和圣伊夫。[1]

1751—1774 年间，圣吕克学院（Académie de Saint-Luc）举办的那些展览能与学院举办的相媲美。至于受到官方艺术家蔑视的二流画家，则每年在太子广场展示自己的作品。

画作（tableaux）拍卖在 1730 年之前都不规律且少见，然后，在 18 世纪 40 年代开始增多，频率从 1750—1760 年间的每年 5 次增长到 1761—1770 年间的每年 15 次，到 1773 年的巅峰时期，达到了 40 次。到 18 世纪中叶，这些拍卖会的目录，还有城中最著名的画商，杰圣（Gersaint）和玛丽叶特（Mariette）出售的目录，提供了越来越多的条理清晰、细节丰富的笔记，它们描述了画作（tableaux）的情况——有些带有作者名字，有些是匿名的。收藏家的数量相应增长：1700—1720 年间，大约有 150 位收藏家，1750—1790 年间，有 500 位。[2]

在艺术品方面不断扩展的兴趣没有躲过启蒙作家们善于观察的目光。

1　J.-J. Guiffrey, *Table générale des artistes ayant exposé aux salons du XVIIIe siècle*, Paris, 1873, et Hélène Zmijewska, La critique des salons en France avant Diderot, in *Gazette des Beaux-Arts*, juillet-août 1970.

2　Krzysztof Pomian, Marchands, connaisseurs, curieux à Paris au XVIIIe siècle, in *Revue de l'Art*, 1979, p. 23.

1761 年，邦－奥古斯丁·埃莱茨（Pons-Augustin Alletz）记录道，"这么说吧，对这些艺术的兴趣超越了社会等级"，[1]10 年后，劳基尔神父（abbé Laugier）评论道：

> 对画作的鉴赏是一种风尚。这种品位不像之前那么流行，但仍然普遍到能让人有虚荣心去这么做。你像是去林荫大道一样去看画，动机不过是模仿他人行动。你说你喜欢画，因为各种风格的、各种价钱的你都买过；但那只是一种徒劳的奢侈。在你家中，这些画作是真正的冗余，仅仅展现了你的富裕。用来储存它们的书房也是一样的情况，你那装满了从来不读的书的藏书室也是这种情况。[2]

18 世纪期间，与画作（peinture）流行同时发生的是版画（gravure）的爆发，版画能够传播那些原本默默无闻的艺术作品。正如德扎利尔·达根维尔（Dezallier d'Argenville）在 1727 年所写的那样，"版画有一种独特的美德；如同众多宣扬声名的方式一样，它们把大师所做的优秀彩绘（tableaux）与素描（dessins）的理念传播到各地去，没有它们，我们就无法享受这些作品"。[3]大众追求的首先是那些重现了流行画作的（无论古典或现代）版画。在 18 世纪，大量版画家一共创作了 750 幅重现了华多（Watteau）画作的版画。我们知道，制作版画的爱好非常流行，蓬帕杜夫人和外交官收藏家拉利弗·德·朱利（Lalive de Jully）的情况都是很好的例子。[4]"在我们的时代，"梅尔西埃评论，"版画被荒唐地滥用了。"

在死后清单中，估价人并非总会区分画作和版画，我们也并未试图将这两种作品区分开来。我们发现，清单提到过装在贴金箔或有时候雕刻过

1　Pons-Augustin Alletz, *Manuel de Vhomme du monde*, Paris, 1761, p. xiv.

2　Abbé Laugier, *Manière de bien juger des ouvrages de peinture*, Paris, 1771, p. 32-33.

3　Lettre sur le choix et l'arrangement d'un cabinet curieux, écrite par M. Des Allier d'Argenville..., in *Revue universelle des Arts*, 1863, t. 18, p. 163.

4　Jean Adhemar, *La gravure originale au XVIIe siècle*, Paris, 1963.

的木框中、位于透明玻璃下方的"雕刻的图画"、"遗骨匣图画"和"祈祷图画"。我们也无法从这些文件中得知，一幅画属于某个家庭的时间有多久，它是继承来的，还是逝者生前购买的。1746 年，路易丝·马德琳·勒布朗（Louise Madeleine Le Blanc），即德特伊斯内尔侯爵夫人的清单中，出现了非常少见的说明："布底画作，展现了在位国王路易十五，陛下曾将它送给已故的军事大臣勒布朗先生，家人们都认为这是一段值得尊敬的纪念品。"[1] 画作可以在圣日耳曼集市上买到，这是最重要的艺术商品中心之一。它建立于 17 世纪初，每年 2 月 3 日开市，持续大约 2 周。贩卖蛋彩或油彩画成的版画或彩绘的商人们支起他们的摊位（loges）——这种装置带有柜台和确保其能有效关闭的活动护窗。

　　清单记录的大部分画作和版画似乎都不值多少钱。但是，要清晰了解其价格并非总是容易的，因为它们常常会成组地被估价。这里有一些不同时期不同价格的例子：接近 17 世纪中叶，4 幅布底画作价值 40 索；布底黎塞留主教肖像 30 索；1 小幅画在木头上的耶稣图 40 索；[2] 在 18 世纪最初十年间，两幅布底画作，40 索；15 幅布底画作，3 利弗尔 60 索，4 幅布底画作，35 索；30 幅版画和 43 幅布底画作，112 利弗尔。[3]1764 年，两幅布底画作，1 幅方形，1 幅椭圆形，分别是男性肖像和女性肖像，带框总价是 3 利弗尔。大部分图像都很少超过 1 利弗尔，因此贫寒的人们也买得起。

　　在更有经济和文化方面特权的家庭中，有市场价高得多的优质作品。1640 年左右，国王建筑总督（intendant des bâtiments du roi）安·雅克朗（Anne Jacquelin）的遗孀玛德琳·塞吉耶（Madeleine Séguier）的书房中饰有一幅带铜质背板的画作，描绘了《提斯和佩利的婚礼》（*Noces de Thétis et*

1　D. Villate, p. 93.

2　D. Henrard, p. 73-74.

3　D. Durier, p. 160.

Pelée），价值 26 利弗尔。1643 年，在审计法庭的常任主管，让·弗朗索瓦·德·盖内戈家中，一张勒达（Leda）的布底画价值高达 1600 利弗尔。[1]1694年，已逝王后的家庭总管路易·安塞林（Louis Ancelin）有一张优质肖像，价值 200 利弗尔。[2]1715 年，塞巴斯蒂安·波旁（Sébastien Bourbon）所作的一张名叫《逃往埃及》（*Le fuite en Egypte*）的布底画（toile）属于布商雅克·安德里（Jacques Andry），被估价为 160 利弗尔。[3]

少数家庭中有超过 50 件作品（不包括画作）的收藏。在这类情况下，估价人通常会叫来专家评估这些作品。毫不令人惊讶的是，画家们家中有许多画。绍瓦尔评论道："在画家的住宅和房屋中，我们发现大量图画堆叠在一起。"[4]1663 年，一位画家兼国王贴身男仆的遗孀家中有 80 幅画。[5]18世纪早期，国王的某位常任画师的遗孀有 119 张画，价值 1780 利弗尔，平均每幅 15 利弗尔。[6]1746 年，在绘画师傅弗朗索瓦·勒罗伊（François Leroy）的工作室里，有 92 幅画，而 1734 年，另一位绘画师傅保罗·路艾特（Paul Jouette）的私人房间里，则有 66 幅画。这些画家的作品们在房屋中展出，它们是挂在墙上还是堆在地上呢？没有什么识别标志能帮我们了解这一点。公证人特别注明，在弗朗索瓦·勒罗伊家中，曾有一幅刚开始画的肖像，而且一张画布"被安置在框架上，已经打了铅笔稿"。在另一位画家家中，大约"57 张小型习作，画在板子和纸上"，还有"一套带有几张小素描和绘在纸上的花卉习作的作品集"。[7]这些细节表现出，被清单记录的作品是逝者所作。这些清单记录的作品（oeuvres inventoriées）

1　D. Henrard, p. 74.
2　F. Roussel, p. 105.
3　V. Aronio, p. 100.
4　Henri Sauvai, *op. cit.*, t. 5, p. 665, liv. VI.
5　D. Henrard, p.
6　D. Durier, p. 161
7　M.-P. Dumoulin, p. 138.

实际上是用来售卖的商品，而非装饰品吗？由于其价值，尽管数量有限，我们仍然应该注意荷兰打金箔师傅（maître batteur d'or）兼业余画家马格努·博达斯（Magnus Bodasse）的收藏：18 世纪初，他的 26 幅画被估价为 800 利弗尔，平均每幅 30 利弗尔。还有一张价值 15 利弗尔的布底画，《圣皮埃尔的放弃》（*Le reniement de saint Pierre*），是博达斯自己画的。[1] 荷兰人沉浸在拉丁与人文主义文化之中，因此有权为他们的绘画流派而骄傲，他们也是重要的艺术爱好者。17 世纪期间，他们在这方面的花销比法国人大得多。

画家之外，图画藏品的主要拥有者是贵族、法官、律师、巴黎有产者和商人。在方丹纳·马特尔侯爵（marquis de Fontaine Martel）家中，清单列出了 70 幅画，其总价格高达 5122 利弗尔。[2] 路易·安塞林，前文提到过的已逝王后的家庭总管，拥有 103 幅画，其总价值被估计为 1429 利弗尔。高等法院律师安托万·库里耶（Antoine Coulier）在 1721 年去世时，拥有 107 幅画作和版画的丰富藏品。1743 年，另一位律师遗孀有 37 幅画，其中 9 幅是家人肖像，价值高达 102 利弗尔。我们知道，到 17 世纪，收藏家们也包括了高等法院成员，而且 18 世纪巴黎高等法院地位最高的法官们拥有巨大的宅邸，也很欢迎艺术作品。[3] 但我们样本中少量巴黎穿袍贵族显然更喜欢买书而非买画。实际上，人们普遍承认，高等法院人士在文化方面更青睐藏书室。

几位巴黎有产者同时也是商人和收藏家。死于 18 世纪最初 10 年的巴黎有产者查尔斯·罗斯涅（Charles Rossignol）的家中装满了画。或许一家之主自己就是一位业余画家，我们可以从某个房间里两张打了线稿的画布

1　D. Durier, p. 161

2　Mlle Vandertaelen, p. 42.

3　François Bluche, *Les magistrats du Parlement du Paris au XVIII* *siècle*, Besançon, 1960, p. 326.

窥知这一点，"包在一起的3块画布"，还有38个木框。这里共有262幅画，它们被估价为大约1300利弗尔。[1] 1728年去世的巴黎有产者让·特罗利约尔（Jean Trolieur）的藏品是73幅画作，包括各种肖像。1754年，另一位巴黎有产者，数学家皮埃尔·图班（Pierre Turpin）的收藏不仅包括主题各不相同的75幅彩绘，还有惊人的3910幅系列版画（estampes）与素描（dessins），都储存在箱子里，价值相形之下较低，是95利弗尔18索。[2] 之前提到过的布商雅克·安德里藏有100幅画作和版画，价值1475利弗尔，1715年，它们被储存在他家五楼。死于1745年的巴黎有产者音乐家让·邓（Jean Dun）藏有31幅价值不等的作品，两位来自法兰西学院的画家，查尔斯·考伊佩尔（Charles Coypel）和雅克·杜蒙（Jacques Dumon，被称为"罗马人"）曾为它们估值，将其价值定到4604利弗尔之高，这大概占了逝者总资产的75%。[3]

　　虽然有一套真正的收藏既要求一定的收入，也要求一定的空间，但它并未局限于特定社会阶层。在许多情况下，个人品位似乎比经济条件更为重要。实际上，有些18世纪贫寒家庭的画的数量高于平均值。在这种情况下，他们的画主要是比画作便宜得多的版画。一位死于1771年的石匠遗孀只留下了447利弗尔的财产，其中包括58幅有玻璃覆面的版画，还有17幅画在木头上的画，价值仅为12利弗尔。[4] 1755年，在一位家具制造师傅的妻子家中，我们共发现了35幅图画，包括布底画作（tableaux sur toile）、1幅画在铜板上的画，还有覆有玻璃的版画。一位1734年住在两个房间里的贴身男仆，用13幅画作和版画装饰墙面。1737年，在一位总资产仅有230利弗尔的仆人家中，估价人记录了12幅覆有透明玻璃

1　D. Durier, p. 161.

2　F. Dommanget, p. 85-86.

3　I. Petitclerc, Annexe, p. 1 et s.

4　C. Rideau, p. 126.

的画作和版画（tableaux-estampes）。[1]

无论这些图像价格高低，是家中唯一的图画还是大型收藏中的一部分，它们都是主人为了愉悦而买来的，而非看中画家的名声。这些画家和雕刻家的名字到如今几乎都不为人知了。他们实际上对那个时代的艺术爱好者来说并不重要，至少在17世纪下半叶和18世纪上半叶是如此。[2] 但是，公证人叫来的专家们确实在某些藏品中找到了最著名艺术家的名字。

音乐家兼收藏家让·邓的藏品中有大量意大利画派的作品：有一幅安德烈亚·德尔·萨尔托（Andrea del Sarto）所作的带木质底板的画作（un tableau sur bois），描绘了施洗者约翰，还有弗拉·巴托洛梅奥（Fra Bartolommeo）的《亚伯拉罕和夏甲》（*Abraham et Agar*），雅格布·巴萨诺（Jacopo Bassano）的《圣母子》（*Vierge à l'Enfant*），委罗内塞（Véronèse）的《法厄同之死》（*La mort de Phaéton*），还有乔凡尼·贝内戴托·卡斯蒂廖内（Giovanni Benedetto Castiglione）的《逃往埃及》（*Fuite en Egypte*）。1745年，这些画作中的每幅都被估价为100利弗尔。还有一小幅卡拉奇（Carracci）的画作，1774年出现在德菲利纳侯爵的家中，展现了躺在圣母腿上的已逝基督，估价为300利弗尔。

让·邓藏品中佛兰德斯学派的作品包括4幅带保罗·布里耳（Paul Bril）签名的作品：1幅意大利风景，价值40利弗尔，还有1幅洛莱托（Loreto）风景和2幅乡村风景，其中一幅被粘在木头上，它们每幅价值50利弗尔。另一幅粘在木头上的乡村风景，价值20利弗尔，出自文森·莱克贝蒂安（Vincens Leckerbetien，又名Manciolla）的手笔。马格努·博达斯（Magnus Bodasse）有一幅约丹斯（Jordaens）的《圣母子》，雅克·安德里有3幅

1　Y. Aubry, p. 64-65.

2　Georges Wildenstein, Le goût pour la peinture dans la bourgeoisie parisienne au début du règne de Louis XIII, in *Gazette des Beaux-Arts*, 1959, et Le goût pour la peinture dans le cercle de la bourgeoisie parisienne autour de 1700, in *Gazette des Beaux-Arts*, 1958.

特尼尔斯的布底画。

几幅来自法国学派的布底画（Les toiles de l'Ecole française）也出现在让·邓的藏品中：一张皮埃尔·帕塔尔（Pierre Patel，被称为"好人皮埃尔"）的诺曼底风景，价值 40 利弗尔；勒奈兄弟（frères Le Nain）创作的带几个动物形象的正在纺织的妇女，估价是 80 利弗尔；普桑（Poussin）的《忒修斯与母亲》（*Thésée et sa mère*），这是藏品中价值最高的作品之一，价值 800 利弗尔；还有尼古拉·皮埃尔·勒瓦尔（Nicolas Pierre Loir）的《撒玛利亚妇女》（*La Samaritaine*），价值 120 利弗尔。普桑的另一幅布底画出现在德菲利纳侯爵住宅的清单中，它展现了忒修斯史诗中的另一段情节，估价高达 1000 利弗尔。

雅克·安德里的藏品中有一张塞巴斯蒂安·波旁（Sébastien Bourdon）的《逃往埃及》，价值 160 利弗尔。1749 年，绘画师傅尼古拉·马里昂（Nicolas Marion）用 10 张"布歇绘制"的版画装饰自己的房间，这些画展现了"国王，其王后，还有王太子先生即其子"。[1] 殖民地财政总管，鲍达尔·德·范德西尔（Baudard de Vandésir），拥有 14 幅描绘法国港口的版画，其作者是约瑟夫·韦尔内（Joseph Vernet）。[2] 比大师创作的画作更多的是意大利、佛兰德斯与法国流派大师风格的复制品与模仿品。例如，马格努·博达斯的藏品中，有一张模仿柯雷乔（Corregio）所作的《圣母》，价值 20 利弗尔，还有一个握着琴弓的盲人，以拉斐尔风格创作，价值 60 利弗尔。画家查尔斯·高伊（Charles Goy）的遗孀有一张拉斐尔风格的《基督》，价值 3 利弗尔，雅克·安德里有一张同类的《神圣家庭》（*Sainte Famille*）。在德菲利纳侯爵家中，"一张展现了正在撕碎羊的狼的乡间风景画，风格类似于乔尔乔涅（Giorgione）的画作《暴风雨》（le goût de

---

1　M.-P. Dumoulin, p. 141.

2　C. Rideau, p. 128.

Tempeste）"被估价为 300 利弗尔。

　　但是，在巴黎公众中获得了最大成功的，似乎是佛兰德斯绘画
（peinture）。我们知道，17 世纪期间，佛兰德斯画家们在巴黎建立了一
个很大的"殖民地"。在马格努·博达斯的藏品中，有一副鲁本斯的学生
绘制的画作，展现了 5 个傻子和 5 个智慧的处女，价值 40 利弗尔；一张
凡戴克学生创作的《沙漠中的抹大拉》（Medeleine dans le désert），价值
20 利弗尔；还有 6 幅别的画，保罗·布里耳（Paul Bril）风格，包括分为
四个部分的《四季》（Les Quatre Saisons），价值 200 利弗尔，还有 2 幅
特尼尔斯风格的布底画。特尼尔斯的复制品和其他所谓的"佛兰德斯式"
画作也出现在其他家庭中。这些通常展现了类型化的情景。公证人列出的
法国流派绘画（peinture）复制品中包括了《婚姻》（Mariage），这幅画
是普桑（Poussin）风格的，出现在雅克·安德里家中，还有一幅模仿勒布
伦（Lebrun）风格的《背着十字架的基督》（Christ portant sa croix）。

　　虽然公证人很少注意到这些作品的画家或风格，但他们通常对其物理
特征进行了详尽的描述，尤其是背板和框架。木头和画布是最常见的背板。
虽然这两种材料在 1600 年之前的应用范围同样广泛，但在那之后，画布
的流行程度达到了木头的两倍。[1]这种变化在 17—18 世纪变得越来越明显。
在 1775—1830 年记录的 1253 条关于画作背板的记录中，1149 条（92%）
是画布，只有 66 条（5%）是木头，还有 38 条（3%）使用了其他各类材料。[2]
在这些例子中，纸张几乎完全不见于 17 世纪初期。但是我们发现，1636 年，
一位缝纫用品商的妻子家中有"3 张彩色纸上的画"。[3]相比之下，更常见

　　1　P. Le Chanu, *Objets d'art et objets de piété dans les inventaires après décès parisiens (1580-1630),* mémoire de maîtrise, Paris IV, 1982, P. 78.

　　2　Thibault Cazeneuve, *Les objets de piété, d'art, tableaux et bibliothèques à Paris (1775-1830),* mémoire de maîtrise, Paris IV, 1985, p. 27.

　　3　M. Landrier, p. 124.

的版画和素描几乎总是以普通纸、羊皮纸或板子为材料，正如公证人有时会注明的那样。其他背板包括铜，它出现得越来越频繁了；利摩日珐琅，它在 17 世纪再次流行起来；大理石，以及更为少见的象牙、白石（albâtre）、石膏、玻璃和石板。还有一些图画装饰在丝绸或缎子上。

框架的材料在大部分情况下都会被注明："一张布底画作（un tableau sur toile），带有边饰和贴金箔框架""6 张小画，背板是铜，带有梨木边框"等等。这些框架的市场价往往高于图像本身，因此得到了估价人更为密切的关注，而图画的主题则未必会被说明。框架本身就是一种装饰性要素，它能通过对比或衬托，彰显画作或版画的颜色。最广泛的类型是贴金箔的木头，这种木头可以被雕刻、磨平或是添上细丝装饰。清单提到的其他木头类型包括涂黑梨木，棕色的、上过色或无装饰的木头，还有橡木或雪松木。在 18 世纪晚期最奢华的家庭中，位于门的上部的画布（toiles）往往会镶有细木外框（boiserie）。它们也可能被嵌在壁炉镜上部。值得注意的是，框架不仅被用于绘画（peintures），也被用于版画。版画通常饰有贴金箔的边框，这比画作周围的装饰便宜些：这类边框上面没有任何雕刻，它们单纯被描述为一种"贴金箔的木条"或是，更少见的还有，涂黑或上色的木头。到 18 世纪末，大部分版画都会被覆以透明玻璃。

清单很少提及这些画作的形状和尺寸。"小"、"中"或"大"这样的指示只能提供关于其尺寸的大致概念。更小些的画数量最多，因为它们最适于巴黎住宅中通常有限的可用空间。

至于这些画作中用到的绘画技巧，显然也没能引起公证人的注意。"用油画颜料画成"（peints en huile）的作品是最常见的，价格更低的胶画颜料（détrempe）也得到了广泛使用。圣日耳曼集市上有一整个分区专门贩卖此类作品。这种绘画是用稀释过的颜料（用水和胶水，或是水和蛋黄来稀释）画成。公证人也提到了一些彩色铅笔画（pastels），例如画家阿德里安·布莱恩（Adrien Blain）家中的那幅画，1729 年，这里有"彩色铅笔画出的彩绘（un tableau peint en pastel），上面盖着透明玻璃"。[1] 最终，我们不应忘记少量"细密画"。至于版画用到的技术，例如干刻（taille-douce）、湿刻（burin）、蚀刻（eau-forte），几乎完全没有得到描述。

当我们漫游于这些巴黎住宅时，这几千幅各类图像所展现的最有趣之处在于，我们在其中发现了一些象征符号主题。一张宗教版画，一张家人或国王的肖像，或是一张乡村风景，不仅仅是中性的对象。相反，它们表达了其主人的文化与艺术品位。在超过 11500 幅图像的样本中，我们发现，只有 55% 的图画、素描或版画的主题被估价人标出了，这是因为他们的无知、忽视或是单纯缺乏兴趣吗？无论如何，结果就是，45% 的作品的主题仍然不为人知，这令 20 世纪的历史学家们十分失望。太多的画作和版画"不值得描述"或是"展现了不同……或多样的主题"，而不再有进一步的细节，或是单纯被描述为包含了"人物""各种人物"等等，而没有注明主题，因此我们无法展开严肃的数据研究。

尽管数据中有缺口，我们仍然需要进行关于公证人所记录的主题分布情况的定量研究。由此，我们推进了一项对于 8000 幅已辨明主题的图像的研究。大量作品都是宗教主题，占了样本的 52%。世俗主题类型多样，但有两种格外突出：肖像，占了 21%；乡村风景，占了 15%。其他主题出现得少得多：静物画，3.5%；风俗画（les scènes de genre），2.5%；神话，2%；历史，1%；寓言，0.5%；动物，0.5%；最后，还有其他，2%。我们稍后考察属灵问题时，会分析宗教主题绘画。在世俗领域，我们应该关注 17 世纪期间巴黎家庭中的肖像画的流行风尚，也更应该关注 18 世纪风尚。正如 1747 年拉丰·德圣耶纳（Lafont de Saint-Yenne）所写，这是"当今

1　M.-P. Dumoulin, p. 139.

数量最多、最文雅，也是最适合平庸画家来画的图画类型"。[1]

在 17 世纪，肖像画总体上来说似乎只是富人的专利，尤其是官员和高等法院成员，他们希望在家中的某个荣誉之地展示国王、王后、其他王室成员或其他的重要人物或政治人物的形象。让·德·舒瓦齐（Chevalier Jean de Choisy），议会首脑（Chef de Conseil），已故的奥尔良公爵掌玺大臣，拥有一套 18 幅的肖像，包括亨利四世、路易十三和路易十四，自玛丽亚·美第奇以来的王室成员，以及黎塞留和马扎然。[2]路易·安塞林的藏品包括 14 幅国王肖像。一位神父兼前任高等法院顾问有亨利四世、路易十四和西班牙国王的肖像。[3]启蒙时代极大地促进了肖像画风潮的发展，这种风潮最终进入了各个社会阶层。对于 1750 年后记录的 1500 幅图像主题的考察显示，肖像占了总数的 30%，而宗教主题的比重相对降低，下降了 10%，只占总数的 42%。因社会地位或职业而与王室服务有联系的巴黎人不再是唯一拥有国王肖像的人。商人与城市行业师傅也将王室成员肖像挂在私人房间或客厅的墙上，以此表现他们对君主制的忠诚。1748 年，一位制扣师傅的遗孀在私人房间里收集了类型各不相同的 5 幅画作和 3 幅版画，其中包括一张路易十四的布面肖像画，还有一张"展现了在位国王及王后"的版画。[4]在一位死于 1775 年的饮料商遗孀家中，挂着一幅路易十五"年轻时"的肖像。[5]

在国王与王室成员之外，大臣和时代名流的肖像甚至在最贫寒的巴黎家庭中也都获得了一席之地。由于价格低廉，并因此成为容易传播的宣传手段，版画几乎是人人都买得起的。我们注意到了卢瓦（Louvois）、维

1　La Font de Saint-Yenne, *Réflexions sur quelques causes de l'état présent de la peinture en France*, La Haye, 1747.

2　D. Henrard, p. 77.

3　G. Ménez, p. 55.

4　D. Villate, p. 97.

5　Y. Aubry, p. 66..

勒罗伊公爵（duc de Villeroi）、贝利斯勒先生（M. de Belle-Isle）、达让松先生（M. d'Argenson）、总副警长（lieutenant général de police）、诺阿耶（Noailles）红衣主教、贝鲁勒（Bérulle）红衣主教、巴黎大主教和其他许多人的肖像。1770 年，王太子的弦乐器制作师傅路易·格桑（Louis Guersan）有一张布瓦洛肖像。1784 年，已逝王后的前任音乐家查尔斯·巴通（Charles Baton）有一张本杰明·富兰克林的肖像。1790 年，估价人在音乐家弗朗索瓦·德维耶纳（François Devienne）的家中发现了 44 幅版画，它们都是这一时期艺术家的肖像，但不走运的是，这些人的身份都无法辨认了。毫不意外的是，1709 年，王家音乐学院成员让·布特鲁（Jean Boutelou）的家中有一张作曲家兼小提琴家让－巴普蒂斯特·鲁利（Jean-Baptiste Lully）的肖像，1743 年，一位音乐师傅家中有一张法国作曲家安德烈·坎普拉（André Campra）的版画。[1]

在 18 世纪同样非常流行的，是家人肖像。它们几乎从不会进入财产评估；例外是很少的，它们只是"为了纪念"才会被提及。在路易十四时代的法国，这类肖像还不太常见，但到了下一个世纪，它们就赢得了所有社会阶层的喜爱。这些肖像证实了将同一个家庭单位或谱系中的成员团结其中的家庭概念，其目的在于永远记得所爱之人，作用相当于当今的相册。它们展现了与妻子或丈夫、祖先、后代或是旁系亲属站在一起的已逝亲戚。一位珐琅艺术师傅的家中饰有他自己与妻子的肖像，还有一幅女儿的肖像。[2]1751 年，一位旅馆主人有一幅自己的肖像。[3] 同样不令人惊讶的是，拉谬这样的名人家中有 5 幅肖像，4 幅画着他自己，1 幅则是他妻子。[4] 一家之主把自己的肖像展示出来让大家欣赏，这似乎有些炫耀。但是得到

1　I. Pctitclerc, p. 111.

2　D. Durier, p. 166.

3　G. Corneloup, p. 93.

4　I. Petitclerc, p. 108.

自己的肖像画显然是那个时代的风尚。在一位绘画师傅家中，我们看到了
一张"小孩子"的肖像，在另一位画家的家中则有他的父母的肖像。[1] 一
位单身女女有她的姐妹、兄弟和侄子的画像。[2]

肖像可以表达对君主或时代伟人的尊敬与仰慕，也可以表达对近亲的
感情。它们还可以展现友谊或忠诚的纽带：1710 年，在波旁公爵的保姆、
波旁公爵夫人的首任贴身女仆珍妮·达梅龙（Jeanne Dameron）家中，有
2 张椭圆形的画作，展现了她的主人们，公爵和公爵夫人，这些画镶上了
贴金箔的木框。它们的价值是 6 利弗尔。[3]

不走运的是，许多肖像都无法辨认了。我们常常只能得知它们是家人
的肖像或是关于一个男人、一个女人，一个老年男子或一个老年女子，一
名骑士，一位神父或特遣神父，一个小男孩，一个熟睡的小孩或两个小孩
的肖像。

稍显正式的名人肖像通常挂起来给所有人看，挂在前厅或是大厅里，
而家人的肖像则倾向于分布在房屋各处，虽然人们似乎稍微偏爱私人房间。
到 18 世纪，这些亲切的、沉默的日常生活见证者甚至会出现在最为贫寒
的家庭中，它们的价值首先是情感性的。一个感人的例子是某位前任军需
主任（officier des vivres），1748 年，他在痛苦中死去，留下了 31 利弗尔
财产。他有 3 幅肖像：他自己的，他妻子的，"他们已逝的女儿的"。这
些作品是他寒酸的住宅里仅有的装饰品。[4]

大部分装饰巴黎人住宅的乡村风景画都不会被描述，"乡村风景"这
个词也不会附带额外的细节。被给出的更为确切的描述，往往是指出此画
是海景画，或是海边港口的景象，例如马赛港或尼斯港。18 世纪下半叶，

1　M.-P. Dumoulin, p. 141.

2　D. Durier, p. 166.

3　M.-C. Coutand, p. 89.

4　D. Villate, p. 154.

名画家约瑟夫·韦尔内（Joseph Vernet）的作品促进了这种类型的画的成功。我们应该注意，1753—1762 年间，这位画家准备了一个描绘法国港口的重要系列的布面画，这是为了完成国王的委托。1758 年，柯钦（Cochin）和勒巴（Lebas）为这些作品制作的版画复制品开始出现，预定价平均每幅 6 利弗尔，后来购买则是平均每幅 9 利弗尔。这些系列作品取得了巨大成果；实际上，鲍达尔·德·范德西尔（Baudard de Vandésir）家中有 14 幅此类画作。

乡村风景，通常带有佛兰德斯风情，有时候会带有"带篱笆围住的田野的风景""夜景""风景之上的闪电""风景中的牛群"之类的描述。这是一个被让－雅克·卢梭的品位所标记的时代，此时，鼓舞人心的事物来自自然之美，到 18 世纪末，挂在门上和壁炉镜上的风景画在最文雅的巴黎人家中非常流行。

其他世俗主题要罕见得多。最常见的静物是花和水果，静物画也会被挂在门和壁炉上的壁炉镜上方。风俗画的灵感来自佛兰德斯流派，尤其是特尼尔斯，或是华托和夏尔丹所代表的法国流派，则更为多样：包括乡村节日，例如婚礼和舞会，有洗衣女工的面粉厂，或是乡村风景中的场景，例如捕猎，牧羊人和牧羊女，乡间娱乐，游客，游泳的人，甚至还有家庭生活情景，例如一顿佛兰德斯午餐、一个厨房、一个抱孩子的男人、一个做稀粥的女人、玩耍的孩子、音乐家或舞者。

神话主题在 18 世纪期间逐渐衰落。这类图画倾向于关注众神与古代万神殿中的人物，例如朱庇特、朱诺、密涅瓦、阿波罗和缪斯女神们、戴安娜、维纳斯和爱神、墨丘利、丘比特、巴克斯、潘神和塞壬、波莫纳或安德洛莫达。

历史画作（peinture）很不常见，虽然艺术批评家们认为这是所有类型画中最伟大的。正如拉丰·德圣耶纳所写：

　　画家—历史学家是仅有的灵魂画家；其他人只是画眼睛看到的。只有他能激起使他有力而崇高地构想出主题的那种热情，将那种神圣之火点燃。只有他能够为后代创造英雄，他把名人们的壮举与美德展现给我们，他不是以一种冰冷的方式，而是让我们真正看到事件与行动者。[1]

　　估价人记录的大部分历史主题画作都涉及战役——亚历山大战争，或是现代战争，例如图尔奈之围或法国人在荷兰军队注视下渡过莱茵河。我们也注意到如下主题：尼禄和阿格里皮纳，从海港下船的土耳其人，威尼斯人在一片林地里为亨利三世准备的盛宴，还有前往高等法院的国王。

　　寓言非常少见。我们注意到的寓言因素有四季、四元素、五感，还有各种美德，例如仁爱、审慎和公正——这追随了切萨雷·里帕（Cesare Ripa）的《图像学》（*Iconologia*）的传统。一些画作和版画描绘了成列的各类动物，这些画也会被放在巴黎人的墙上、门上或是壁炉上。动物群包括狗群，一只爪子里抓着鸟的猫，一只狗和两只猫，马群，羊群，公鸡群，母鸡群，鸟群和鱼群。

　　在"杂项"之下，我们列入了建筑景观，例如梵蒂冈教堂、斗兽场、卢浮宫正面、洛雷特（Lorette）圣母教堂、圣洛朗路，还有各类废墟，以及拉方丹寓言激发的文学主题，奥维德的《变形记》（*Metamorphoses*），《堂吉诃德》（*Don Quixote*），喜剧小说（Roman comique）与莫里哀的戏剧。我们也计入了这些家庭中的少量地图，例如有一幅展现马赛港的地图。

　　对于装饰了这些家庭的图像的主要主题的考察，彰显了其主人在艺术方面多么兼收并蓄。甚至在最贫寒的家庭中，一套价值低廉、处理各不相同的主题的小图像也绝非罕见。一位家具制造师傅的情况说明了这一点，

1　La Font de Saint-Yenne, *op. c it.*, p. 8.

此人 1684 年去世时，留下了 15 幅图像：1 张肖像，1 张乡村婚礼图，3 张花卉图，还有 10 幅宗教图像。1748 年，某位纽扣制造师傅的遗孀在卧室里收藏着类型各异的 5 幅画作与 3 幅版画。它们包括她自己的肖像和国王的肖像，关于犹滴（Judith）的宗教画，挪亚方舟，圣抹大拉的马利亚，动物与乡下人。相邻的房间饰有 3 幅画作，16 幅版画，它们也构成了不同类型的样本：其中有土耳其大使及其儿子的肖像，水果和花的静物画，还有四元素的寓言画。公证人列出一系列不同主题画作的方式，可能会使我们发笑，例如，"路易十四和一瓶花""圣约翰与密涅瓦"。[1] 似乎巴黎人对图像的选择完全不取决于美学和风格一致的标准，而是出于情感和文化动机。

镜子

由于向往更好的生活，通常也就是向往无用而浮华的事物，18 世纪巴黎人在装饰住宅时，似乎赋予了贴壁镜（glaces murales）以特别的地位。通过设置一套光线游戏以使空间看上去更大，这些镜子装饰了通常照明很差、十分拥挤的巴黎人家，为它带来了一种奇迹和迷魅的风格。镜子成功进入了各个社会阶层。清单中，17 世纪末之后的住宅，有 70% 饰有镜子。

镜子开始取代绒绣、画作和版画，这一时期，它们侵入了大量巴黎住宅的墙壁。它们享受的偏爱即使对于当时的人们来说，也是很惊人的，艺术批评家拉丰·德圣耶纳批评镜子的主人，认为他们"把最美的艺术品从套房里流放出去"，他是指画作，尤其是历史画作。"这些镜子，"他写道，

　　　　构成了一种图画，它们的模仿如此完美，以至于其在我们眼前

1　D. Villate, p. 97.

创造的幻象几乎就等同于自然本身，上个世纪，镜子的数量还如此稀少，现今则格外众多，它给高雅艺术以致命一击，并且也是高雅艺术在法国衰落的主要原因之一，因为它占据了客厅和画廊中装饰品的位置，从而放逐了使得高雅艺术获得成功的历史题材。我必须承认镜子有很大好处，它们配得上风尚对它们的偏爱。它们穿透墙壁，扩大了套房的空间，实际上为它增添了一个新空间；它们会反射光线，日光或烛光都可以。人类生来就是黑暗和其他带来悲伤的事物的敌人，他怎能让自己不爱一种给他活力和光明、欺骗他的眼睛而带来真实快乐的装饰品呢？[1]

由此，作者讲出了对镜子的热情的深层原因。

18 世纪期间，镜子大量进入巴黎家庭，这与柯尔贝尔建立的圣戈班王室工厂（manufacture royale de Saint-Gobain）的发展密不可分。随着生产成本下降，技术进步，镜子不再是局限于社会精英的奢侈品。相反，广大民众都能买得起镜子。它们甚至会眷顾圣安托万郊区那些仆人、散工和手工业者的贫寒家庭。在最富裕的住宅中，好几面镜子会出现在每个房间里，位于窗户之间或是壁炉上方——哪里更能捕捉和放大光线，就放在哪里。镜子之多促使梅尔西埃写道："哦！谁能算出工人们为了造出这些镜子，发出了多少沉重的叹息呢？我们把它们放在各个地方，它们就是我们家中首要的奢侈品……我们把它们放在哪里？在放床凹室里，在楼梯过道里，在藏衣间里。"[2]

除了梳妆镜，这些镜子都以两种样式出现：可移动的，装有边框；固定的，装在墙壁上。前者之美不仅在于其透明度与尺寸，也在于其镶边框

1　La Font de Saint-Yenne, *op. c it.*, p. 13.

2　Louis-Sébastien Mercier, *Tableau de Paris., op. cit.*, t. IX, p. 186, «Manufactures royales des glaces».

的方式，正如画作和版画的情形一般。我们认出了几种类型的框架，一些简单的方形、圆形、椭圆或长方形的框，取决于镜子的形状，还有不那么常见的模式，带有柱头，自18世纪70年代以来有时候会被称为"太子妃式"。更少见的是饰有帘子或用丝绸装饰的镜子，1712年，一面这样的镜子出现在某位城门夜间守卫官的家中，这面镜子大小是 26×20 法寸（72×55 厘米），"边框和柱头由贴金箔木头制成"，饰有蓝色塔夫绸帘子，以一条小小的纯金色饰带镶边。[1] 我们也发现了涂黑的、涂成棕色的、绘画的、白色的或是上过漆的木头。木材的种类如果被提到，通常是胡桃木、乌木或雪松木。其他材料，例如镀金的铜、镀金的青铜、珐琅、黑皮革或玻璃则不那么常见。

这些镜子的价格不仅取决于框架的质量，主要还是取决于尺寸。尺寸实际上差异很大，高度从大约20厘米到1米。最常用的镜子大约一法尺或33厘米高，带有单块的镜板。但如果要求尺寸更大，镜子有可能会由好几块并置的镜板制成，因为那时候，制造更大块镜板的技术还不为人知。镜子的价值区间也很大，从几利弗尔，到几百利弗尔。18世纪，买镜子的花销通常是很大一笔钱，尤其对相对贫寒的家庭来说。

举个例子，一位死于1710年的贴身男仆有"一面玻璃镜，24～26法寸（66～72厘米）高，16～18法寸（44～50厘米）宽，其边框饰有镀金的铜制成的板条，价值30利弗尔"。同一年，一面镜子"36法寸（1米）高，24法寸（66厘米）宽，带边框，带柱头，饰有小小的镶边和雕刻过的贴金箔的木材制成的板条"被估价为80利弗尔，它出现在波旁公爵保姆珍妮·达梅龙的家中。[2] 一面尺寸是 3×20 法寸（8×55 厘米）的带雕刻木边框的镜子出现在1721年一位散工的清单中，它的价值是50利弗尔。[3]1731

1　F. Roussel, p. 99.
2　M.-C. Coutand, p. 88-89.
3　G. Rodier, p. 71.

年，一位绘画师傅的住宅里饰有一面大镜子，它是"2法尺5法寸（80厘米）高，1法尺11法寸（63厘米）宽的单块镜子，有边框，这边框也是玻璃制成，带有玻璃柱头，整面镜子饰有镀金的铜制成的装饰品，价值80利弗尔"[1]。许多家庭并不依靠一面镜子勉强过活，而是将好几面镜子挂在住处的墙壁上。

壁炉镜（trumeau，贴在壁炉上方）比简单的可移动框架镜使用范围更窄些，尤其到18世纪50年代之后，越来越多的人开始使用它。"trumeau"这个词本身也可以被用来指代"窗间镜"，正如《特雷武词典》所言。最小的壁炉镜高63厘米，由单块镜板构成。但是，它们的尺寸也可能很大，高度超过70厘米，有时候可达2米。尺寸较大的壁炉镜由两三块镜板拼成，而最大的壁炉镜包括了6块镜板。这些壁炉镜带有镀金木框，或是嵌在涂成绿色、大理石色、偶尔可能是灰色或白色的镶嵌木框中，带有壁柱形装饰或是刻在贴金箔木头上的图案，它们在家中占据了特权位置，位于壁炉上方。有时候，它们会被放在两个枝状烛台之间，或是两扇窗户之间。窗间镜的顶部可能会有乡村风景画作或是静物画。

壁炉镜的价格通常比简单的可移动框架镜更贵，很少低于20利弗尔。1761年，圣安托万郊区一位马鞍与马车制作师傅家中，壁炉上方有一面简易壁炉镜，它由"2面21法寸（58厘米）高，14法寸（36厘米）宽的镜子构成，拥有一个带细木镶嵌的边框"，它的价值就是20利弗尔。[2]在一位死于1731年的绘画师傅的大厅里，有"一面壁炉镜（trumeau），带有两块镜板，每块大约1法尺8法寸（55厘米）宽，1法尺4法寸（44厘米）高，带有小小的贴金箔木框，还有两个铜制枝状烛台，也镀了金，价值24利弗尔"。[3]1784年，一位酒商用一块大壁炉镜装饰客厅，这镜子大约2米高，1.5

1　M.-P. Dumoulin, p. 134.

2　M.-P. Zuber, p. 109.

3　M.-P. Dumoulin, p. 136.

米宽，价值 160 利弗尔。[1]1771 年，一位木商的妻子有一块位于窗间的镜子，由 3 块镜板构成，第一块 "33 法寸（91 厘米）高，第二块 23 法寸（63 厘米），第三块 24 法寸（66 厘米），全都是 26 法寸（72 厘米）宽，边框是雕刻过的贴金箔木头"，价值 80 利弗尔。[2] 由 2 块、3 块或是 4 块板构成的壁炉镜，高度超过 2 米，价格可能高达 400 或 500 利弗尔。虽然壁炉镜逐渐进入了社会中产阶级，它的新颖性、它的尺寸，尤其是它的价格，都意味着它比简单的可移动框架镜要小众得多，甚至到世纪末也是如此。

房屋中发现的大量镜子显示了 18 世纪期间巴黎人的品位是如何变化的。用作装饰要素的镜子与壁炉镜数量的增长，伴随着绒绣使用的减少。在一些房间里，镜子覆盖了相当大的表面积。虽然审计法庭的常任主管，拜洛特·德·维尔查万的客厅的情况——装饰有 3 面壁炉镜，其中每面都包括了 3 块镜板，还有壁炉上方一面覆盖了面积达 9.76 平方米的镜子——属于特例，但装饰性的镜子占据了 2 平方米以上的表面积确实很常见，例如，1744 年一位金匠商人的客厅，以及 1747 年某位国王前任高官的妻子的私人房间。[3]

绒绣使用的减少被逝者在挂饰和镜子方面的相应花销所证实了。在音乐家和弦乐器制造者的家中，这两种开支的比例，在这个世纪的最初 30 年显然偏向于绒绣，但 1730 年起，情况开始转变，到 18 世纪 70 年代，绒绣与镜子的花销之比已经是一比五。1770 年，在弦乐器制造者路易·格桑（Louis Guersan）的妻子玛丽－让娜·泽尔特纳（Marie-Jeanne Zeltener）的清单中，这个比例甚至达到了一比七，在这里，镜子的价值高达 438 利弗尔。1787 年，单单是弗朗索瓦·弗朗科尔家中的镜子，总价值就高达 1587 利弗尔；在他的客厅里，就有价值 900 利弗尔的镜子，而

1　C. Corneloup, p. 96.
2　M.-P. Lefèvre, p. 134.
3　D. Villate, p. 130.

卧室里还有价值 347 利弗尔的镜子，其他镜子则散布在套房各处，甚至书房里也有。镜子的优势地位进一步被如下事实所抬高了：它们是一种先前只供贵族使用的奢侈品，而自此之后可以为大众承担了。这些镜子回应了人们在这一时期发展起来的对欢乐的渴求，以及对外表的关注。通过反射光线与空间，它们构成了一种似乎能够带来欢乐和愉悦的装饰要素。毕竟，那些被叫作咖啡馆的消遣去处——其中大部分装饰有大量壁炉镜和简单的可移动框架镜，难道没有对这种风尚的传播做出重大贡献吗？

小摆设和装饰品

房屋装饰不仅包括墙壁装饰，还有各种本质上多余的物品，它们有时候被放在壁炉上方的搁板上，或是摆在一件家具上。我们发现的少量 17 世纪摆设是很简单的物件，但到了启蒙时代，摆设变得非常流行，数量也增多了。早在路易十四时代，最常见的物品是壁炉架装饰。这类装饰包括壶、花瓶、平底大口杯（gobelets）、带把杯子（tasses）、小瓶（flacons）、瓮（urnes）等等，大部分是陶器，偶尔会出现瓷器或水晶器皿，这些东西会被排列在壁炉上方的一个置物架上。

这些装饰品出现在商人或行业师傅的家庭中，也出现在最富裕的家庭中，它们被摆放时，至少 10 个为一组，更大规模的藏品组会包括 20 件以上的物品。1716 年，某位修道院神父家中的藏品包括 28 件陶器和珐琅装饰的玻璃器皿。这些物品通常放在贴金箔木头制成的小支脚上，似乎更多是用来展示，而非使用。某些物件是收藏家的藏品，例如 1720 年一位咏礼司铎家中的那套日本瓷茶具。其他物品似乎是奢侈的餐具，包括醋瓶、瓷器或水晶贡多拉花瓶。[1] 结果，壁炉给人的印象通常是一种优质物品展

1　C. Ménez, p. 59.

示处，主人们把物品陈列于此，供人参观。

虽然通常与家庭的社会地位相符，这些陶瓷装饰品总体上来说种类很少，实际上似乎非常模式化，价值不高。少数例外情况下，高价值物品会被估价人单独估价，但它们只出现在最富裕的家庭中。1746 年德特伊斯内尔侯爵夫人的清单提供了不错的例子：她有 2 个萨克斯瓷茶托，2 个萨克斯瓷茶杯，上了清漆的 4 个小茶托和一个茶杯，来自日本，还有一个古老的装杂物的瓷器（porcelain pot-pourri），也来自日本，这些东西总价 400 利弗尔。[1] 这些东西通常用于装饰壁炉，有时候会外溢，在桌子、托座或是橱柜、陈列柜、餐具架或书桌上占据一席之地。1707 年，在夏朗顿的一位前任本堂神父家中，估价人发现了 "5 件陶制装饰品，放在一张桌子上"，在另一个牧师［他曾是坎布雷学院（Collège de Cambrai）的教会会计］家中，一些陶壶放在一个橱柜上方。1722 年，在路易·福尼耶神父的住宅中，几件陶瓷物件和各类物品在托座（console）、橱柜和搁板架上展出。[2] 我们也应该提到 "酒柜上方的托盘，里面放着茶杯和茶托"，它们都是陶制或日本瓷制的，或是以中式风格涂绘，它们通常作为装饰的一部分被放在桌上，甚至也会出现在最贫寒的家庭中。

18 世纪对花的喜爱可以从一些陶制、瓷制、玻璃或是水晶的花瓶，以及花篮或花束篮的存在中窥见一斑。这些物品通常饰有窄窄的饰带。1709 年，一位有资质的盐勘测员的妻子有 "一只装有人造花的篮子"。[3]

可爱的小鼻烟盒是烟草的副产品，自 17 世纪末以来就出现在摆设之中。1707 年，一位高等法院律师家中有 11 个鼻烟盒被列在清单上，其材料和形状各异。[4] 最简单的鼻烟盒是银制的，法兰西近卫团（Gardes

---

1　D. Villate, p. 86.

2　G. Ménez, p. 60.

3　M.-J. Curis-Binet, p. 50.

4　Ibid.

Françaises）的某位陆军中士的那个就是如此，1755 年，清单记录了他的鼻烟盒，"由质量很差的银制成"。它们也可能覆盖着龟壳，正如 1728 年马琳·马莱（Marin Marais，王室音乐常任主管）的"龟壳鼻烟盒，钉有小小的金钉，带有一条镀金的银制铰链"。[1]1773 年，一位做内衣商的单身妇女也有"2 个小小的圆形鼻烟盒，其中一个涂成红色，带有一朵金硬壳小花，另一个涂了水绿色，饰有小鸟，它们都由玳瑁镶边"。[2]我们还发现了其他鼻烟盒，有象牙制成、带银质凹槽的，还有珍珠母（nacre）或狗鲨皮（peau de chien de mer）制成的。它们形状各异，有圆形的，有轮廓鲜明的，有坟墓形的，或是贝壳形的。

公证人记录的其他小摆设种类众多。最多见的是小雕像，由各类材料雕成：石膏、青铜色石膏、镀金的铜、青铜、大理石、木、陶、瓷、蜡等等。它们通常是半身像，清单的一些常用词是："2 个古人半身像"，"2 个青铜色石膏制成的小孩半身像"，还有"2 个白色大理石的小半身像"。这些肖像如果不是无名氏，有时候会是王室人物雕像：1744 年，高等法院顾问皮埃尔·卡蒂纳家中有一个"青铜制的骑马亨利四世"；[3]1715 年，一位旅馆主人家中有一个放在乌木支脚上的骑马的路易十三小雕像；[4]1748 年，一位国王顾问兼短袍治安官 Lieutenant de Robe Courte 家中有路易十四和路易十五的半身像。[5]1772 年，在外科医师路易·热尔韦（Louis Gervais）的住宅中，有一个他自己的青铜半身像供人参观。[6]某些此类物品展现了动物形象，例如 1747 年安托万·朗班（Antoine Lambin）的那些，

1　F. Dommanget, p. 96.

2　V. Paquet, p. 138.

3　D. Villate, p. 87.

4　M.-C. Coutand, p. 89.

5　D. Villate, p. 87.

6　M.-P. Lefèvre, p. 134.

他有一个青铜马，一个青铜公牛。[1]

虽然价值很低，但这种小摆设仍然只出现在少量家庭中。更少见，但更引人入胜的是奇特的小装饰品，例如海贝壳、贝壳制成的洞穴、珊瑚碎块、水晶金字塔、大理石球或水晶球，或是瓷制佛塔。1672 年，一位夏特莱的检察官有满屋子的货真价实的珍品，这是一大批代表了这个时代的巴洛克趣味的物品：1 个象牙头像，1 个阿波罗铜像，3 个青铜人像，2 个怪异的人像，1 个覆盖着皮革、装有 6 个纪念章的小盒子，1 个饰有女人头像的小金盒，1 个刻有土耳其人头像的盒子，1 个小小的珐琅花瓶，2 个玻璃球，1 块带有水道的贝壳制岩块，装在 1 个盒子里的 9 套不同颜色小鸟羽毛，1 只乌木盒子里的约 6 法尺（2 米）长的独角兽的角，1 条独角兽尾巴，还有 1 块圆形、1 块椭圆形的纪念章，其中 1 块绘有红衣主教黎塞留。[2]

在这些小装饰品之外，还有一些测量时间的工具，包括既具装饰性又有实用性的钟表。虽然它们的估价相当高，从 25 利弗尔到 200 利弗尔以上不等，但这些物品在 18 世纪 50 年代之后仍然出现在了几乎 40% 的家庭中。摆钟通常被簇拥在壁炉架的中间，占据了室内装饰中的特权地位。这种新风尚实际上激怒了梅尔西埃，他写道："人们在每个壁炉架上挂一个摆钟；他们错了；这种风尚多么阴郁啊。没有什么像摆钟一样悲伤：可以说，你望着自己的生活悄然逝去，这种运动警醒着你，使你回想起所有永不复返的时刻。"[3]

晚至路易十四统治期间，这种用具——主体是带有细木镶嵌的钟箱，乌木或金箔增强了它的存在感——仍然被视为奢侈品。但是在 18 世纪期间，它的使用范围更加广泛了，最终，它成了一种常见物品。一个家庭中有几部摆钟的情况，并非罕见。1753 年，一位酒商妻子拥有 3 块以上的怀

1　D. Villate, p. 87.

2　M.-A. Bianchi-Boulanger, p. 43.

3　Louis-Sébastien Mercier, *Tableau de Paris, op. cit.*, t. XII, p. 170: «Pendules».

表，还有两个带细木镶嵌钟箱的摆钟。在另一位死于 1784 年的酒商家中，估价人列出了 3 部摆钟，还有 2 块怀表。[1]

摆钟逐渐进入了各个社会等级，由此，开始在其所在房间（或是被举到壁炉架上，或是放在一件家具上，也可能挂在墙上）中发挥越来越重要的装饰作用。它的装饰逐渐多样化，雕刻花纹与色彩丰富了它的外观。在清单描述中，它可能会每一个半小时鸣响一次，这是重复钟（à répétition），或是带有一个刻着时、分、（少数情况下还有）秒的，用珐琅装饰的铜制表面，但无论如何，它总是位于一个钟箱里，这钟箱展示出某种精致和想象力：这些带有细木镶嵌的钟箱会饰有镀金的铜制成的人像，彩铜、铜、青铜、银或是白镴制成的装饰品。这些钟箱也可能是橡木的、乌木的、梨木制成的，或贴金箔和银箔的、饰有珐琅的、贴铜箔的木头制成的，还有龟壳或涂成绿色的兽角制成的——这个材质名单还可以继续下去。有时候，它们会带有支脚，立在一个托座上，这托座或是细木镶嵌的，或是上漆或贴金箔的雕刻木制成的，或是带有铜或青铜装饰的上漆木制的。我们应该注意，不像在清单中几乎总是匿名的画作，大部分摆钟和怀表都带有其制造者的签名。

比摆钟更少见、更具乡村风情的是带有粗线和铅块的钟，它们的钟箱是橡木的、贴金箔的，铁制成的或是冷杉木的。这类钟通常的估价低于 50 利弗尔，它们是真正朴素而又大量出现的家具，被放在厨房和商店里，也放在私人房间里。它们没有摆钟那样的装饰价值。正如在房屋中二合为一的气压表和温度计，这类钟在实用性之外也具有装饰性。

这些小东西是透露文化水平、个人品位或一种追随时尚的个人趣味的标记，它们都能装饰住宅。无论当时的市场价值或美学价值如何，这些物品都展现着它们独特的形状之精致和构造之精巧，为这些与启蒙时代相协

---

1 C. Corneloup, p. 98-99.

调的家宅增添了一种温馨的魅力。最富裕的家庭也会以优雅昂贵的家具丰富他们的室内装饰，包括五斗橱、写字台、小柜（chiffonnier）、墙角柜、书桌、单柱桌（guéridons）和豪华的椅子（sièges d'apparat）它们都能满足人们对于舒适和亲密的新需求。

18世纪木工们的作品木材优质、线条优雅，因此是真正奢侈的家具。它们由好几个行业合作生产：木匠（menuisier）造出家具的框架（bâti），木工（ébéniste）安装贴面（placage）和稀有木材制成的细木镶嵌，涂色、贴金箔者或是雕刻者加上金色涂层，上漆并涂好线脚（moulures），最后，家具装饰商为椅子准备帘子和椅罩（rideaux et les garnitures）。玫瑰木、黄檀木或桃花心木来自遥远的土地，非常昂贵，因此被留用于装饰性的家具，它们通常被做成薄板（feuilles minces），贴在橡木、冷杉木或是杨木这类本地木材框架外面。细木镶嵌和贴面是基础性的装饰基础，此外还有涂色装饰，中式涂漆，贴金箔，来自阿登和佛兰德斯（质量一般），以及来自比利牛斯、普罗旺斯或意大利的（质量最佳）的大理石桌面。各类木头和大理石区别微妙的色彩与纹理，例如，铜制装饰品上的镀金，融入了家具装饰织物的丰富色彩框架，由此在最精致的家宅之中构成了和谐的整体。至于颜色，它对于住宅装饰而言太重要了，以至于应该单独考虑。

颜色

这是色彩的世界：床帐，有绿色哔叽、红色或深红色缎纹布、带有白色和天蓝色缎带的淡蓝色滑面羊毛布（calmande）；椅罩（garnitures de sièges），有带黄条纹的红天鹅绒、蓝白相间的暹罗布、鲜红色全丝薄缎（satinade）、蓝紫色天鹅绒；墙壁挂饰，有棕色哔叽、绘上了花的凸花厚缎（brocatelle）、白色和深红色的丝绸波纹织物；门帘，有方格布的、绿

色和灰色的波纹羽纱的；窗帘，则有平纹白布。阅读公证人笔记时，盛大
美景在我们眼前展现，我们惊艳于其丰富、多样与和谐。为了给这些颜色
命名，公证人使用了一套丰富、精确而又极具画面感的词汇，这展现了室
内装饰方面色彩的重要性。我们起草了一张单子，列出了 80 种用于描述
室内装饰的颜色名称，包括表示色彩深浅的词语，例如淡蓝（bleu pâle）
或青蛙绿（vert grenouille），还有 15 种不同的灰色 [gris；gris (petit)；
gris clair；gris d'épine；gris d'ardoise；gris de feu；gris de lin；gris d'étain；
gris noisette；gris perle；gris souris；grisaille；gris-blanc；gris-bleu；gris-
brun]。除此之外，还有由几种颜色构成的图案，绿白条纹，红白方格，
蓝白花朵，玫瑰花束，等等。

　　色彩的这种丰富性，是启蒙时代的一种贡献。实际上，家具装饰商和
油漆匠所使用的色彩范围在 17 个世纪要狭窄得多。在 1635—1649 年间的
257 份清单中，色彩中的"保留剧目"只有一打。后来，新的章程支配了
染布行业，而最重要的是，相关化学发明使得可用颜色得以增多。柯尔贝
尔 1671 年发布的一道法令中，颜色被分为两组：耐水色（grand teint）和
容易掉色的不耐水色（petit teint）。18 世纪期间，后一种颜色更为流行。

　　除了耐水色的染料 [例如又名"黄草"的木樨草（gaude），红色茜
草（garance），用来染出蓝色的菘蓝（guède, pastel），染胭脂红的胭脂
虫（cochenille）]，化学家杜菲（Dufay）起草的一条 1737 年法令允许人
们使用靛青、苏木[1]、炭黑、褐色木工染料、姜黄和胭脂树等材料。化学
家巴尔特（Barth）于 1740 年发明了撒克逊蓝，1747 年又发明了亚铁氰化
物制成的普鲁士蓝。明矾、锡、铜、铁、锌、铋和铬之类的媒染剂被用来
制作已有色彩及其深浅程度的变种。1680 年前后，查尔斯·勒布伦（Charles
Le Brun）设计的绒绣用到了 79 种深浅不一的色彩，而这个世纪中叶的挂

　　1　能染出紫色。——译者注

饰则用了 364 种深浅不一的色彩，到 1780 年，人们使用的色调不少于 587 种。[1]18 世纪期间，色彩突如其来的过度充裕为装饰领域做出了显著贡献。

在巴黎人的日常环境中，最受欢迎的颜色有哪些？在路易十四与路易十五统治期间，两种颜色——红和绿——占据了主导地位。基于 3360 个纯色样本，这两种色调，包括深浅不同的各种红（rouge）、深红（cramoisi）、樱桃红（cerise）、朱红（vermeil）和猩红（écarlate），占据了所有记录的 64%。如果我们只考虑路易十四统治期间仅有的 1255 条记录的话，直到 1715 年前后，红色才稍微胜过了绿色，占到 29.5%，而绿色则是 28.5%。但是，在接下来几十年间，绿色获得了明显的优势地位，它占据了所有样本的 41.5%，而红色下降到 26.5%。比起明亮、具有攻击性的红色（不过，深红被认为高贵而独特），启蒙时代的巴黎人更喜欢较柔软、闲适和朴实的绿色。

很有趣因而值得注意的是，红色往往不见于这一时期的画布，例如，它不见于华多（Watteau）、弗拉戈纳尔（Fragonard）和格勒兹（Greuze）的作品，这些人偏爱更为精美的颜色。《百科全书》反映了这种趣味的传播：

> 绿色正是清晰与昏暗的最佳结合，能够愉悦和增强人的视力，而非减弱或扰乱它。因此，许多画家们会在工作场所附近挂一块绿布，时不时看它一眼，由此从明亮的色彩带来的疲劳中复苏。牛顿说，最鲜艳的颜色都很无趣，而且会让有视觉的动物分心；但是最暗的颜色又不能给以足够的锻炼，而给我们造成绿色概念的光线，恰如其分地落在动物眼中，给动物的精神所有必要的活动，由此在我们心中引起一种宜人的感受。无论你觉得原因是什么，没有人能否认绿色的功效，正是因此，诗人将"欢乐"的桂冠赠予这种颜色。

1　Pierre Verlet, *Le grand livre de la tapisserie*, Paris, 1965, p. 99.

　　同样有趣因而值得注意的是，蓝色（bleu）在 18 世纪也取得了突破性进展，从占样本的 1% 增加到 10.5%。为了取代沉重的色彩，即各类黑色（noir）、棕色（brun）和紫色（violet），启蒙时代转向了淡雅的色彩，例如各类灰色、淡榛子色（noisette pâle）、玫瑰色（rose）、杏黄色（abricot）或天蓝色（aurore）。这些浅淡、精美的颜色，通常用于床帐、帘子或椅罩上的饰带、镶边或流苏，由此满足了这一时期在所有装饰要素中萌生的对光明和精致的需求。随着色彩范围扩大，各类色彩组合得以诞生：白色通常与蓝色、红色、绿色或黄色搭配，但是黄色也会与绿色、蓝色或红色配在一起。方格和条纹的风尚，例如"带有大大的绿白条纹的"暹罗布，还有印花织物，这个世纪下半叶挤占了纯色织物的空间，纯色的垄断地位被打破了。双色条纹和方格（主要是红白的，但也有蓝红的）最受巴黎人喜爱。受自然界启发的带花束、印叶子和鸟的图案的数量也随着印花织物的发展而增长，由此产生了黄底或绿底的印花图案、黄或白底的绿花图案、深红色背景的"金银花"，以及其他图案。随着这些印花成为常见色彩，一种新奇的风格进入了巴黎家庭之中。

　　这种新的美学品位的必然结果是，一种愿望产生了——不仅在优质住宅里，也在某些贫寒房屋之中：人们希望让同一房间里的所有装饰织物色彩协调。逝者私人房间里的帘子、床帐、椅罩和墙壁挂饰都是经过搭配的——正如我们在一些例子里已经看到的那样——这是一种精致的外表，愉悦了人们的眼睛。1773 年，一篇某香料商人发表的关于色彩和清漆的论文表达了这个时代对于色彩和谐的新品位，论文表示：

　　　　涂色的背景或是总体色彩应该是白色、浅灰色、水绿色（verd d'eau）、淡紫色（lilas）……有时候，套房住户会给房屋涂色，这是为了搭配家具；接下来，套房的主要颜色需要按照家具的主要颜色和衬托配色来，在家具的色彩主导下散落分布……如果家具是纯色的，套房的颜色只能刷成金色，或者有金色装饰线条。[1]

在最优质的住宅中，名贵木材制成的装饰性家具也参与了这场色彩的狂欢。外国木材，例如玫瑰木（颜色如同带有红色脉络的落叶），黄檀木（因颜色也被叫作紫心木），黑色乌木和昂贵的桃花心木（它的质地偏红，很少被用到），所有这些材料在18世纪都受到了追捧，因为它们的天然色彩丰富，质地类型多样。镀金或"涂色的"铜制装饰品有时候会彰显出这些优雅家具的色调，例如"一只小小的紫心木五斗橱，带有两大两小抽屉，把手和锁孔都是由彩铜制成，它的顶是阿勒颇大理石的"，或是"小小的黄檀木书橱式橱柜，带有彩铜锁孔"。一些家具会被上色，例如，涂成黑色的木书桌，涂成黄色的角落橱柜，或是一个红腿黑色古董展示柜。18世纪另一种广泛流传的风尚是涂衬托色：例如，我们发现2把扶手椅和3个弯腿椅子，它们被涂成了灰色，其衬托色是金色的，还有涂成白色的木制餐具架，其衬托色是红色。[2]

这种对色彩的广泛热情（此前被认为是奢侈和贵族的特权），标志着18世纪的一项胜利。像镜子一样，家具的多样色彩最终传播到了所有社会阶层之中。最有趣的是把这些颜色与服装的颜色做对比。根据丹尼尔·罗什的研究，我们已经知道，1770年前后，虽然男性会穿着呆板、颜色素淡的衣服，但即使是贫穷的妇女，也会热切地选择明亮、浅色的，或是画有图案或方格的着装。[3]

18世纪的这种色彩爆炸不能单纯被归因于染色技术的进步。这似乎也与一种品位方面的现象有关。逐渐发展的关于色彩的品位，正如逐渐发

1　M. Mauclerc, *Traité des couleurs et vernis*, Paris, 1773, p. 108.

2　G. Rideau, p. 105-106.

3　Daniel Roche, *op. cit.*, p. 193.

展的关于珍贵家具、明亮镜子和新奇墙壁挂饰的品位一样，随启蒙运动而来，这是对更高的舒适程度、对幸福、对感官享受的追求的一部分。这些都将室内装饰带到了它的最高层次。

第十一章　精神与文化生活的一种方式

"人活着不是单靠食物，乃是靠神口里所出的一切话。"在荒野中被诱惑时，耶稣对魔鬼如是说。巴黎人在何种程度上奉行了基督的话语，并将上帝的馈赠纳入家中？接下来，我们会花很多页的篇幅着重关注巴黎人日常生活的物质背景，主要是通过考察牵涉其中的物品的方式。但我们能从公证人文件里了解到这些房屋的居民的哪些精神抱负和思虑呢？不像遗嘱，尤其是立遗嘱者自己写成、注明日期并签名的自传式的遗嘱，这些清单并未揭示隐藏在逝者心灵与良知中的秘密。但是公证人所罗列的书籍、图像和宗教仪式用品，提供了关于逝者的宗教信仰与行动的线索。我们同样有可能通过考察这些巴黎人拥有的世俗书籍和其他手工艺品，例如乐器或科学用具，来接近他们的思想生活。

这些处于一个家庭中的文化物品，无论其价值和数量如何，其实际用途如何，都作为艺术品而充满了意义，因为它们代表着个人选择。当然，此类手工艺品中的某些可能来自遗产或馈赠，但总体上来说，它们可以被视为与宗教与文化相关的毫无争议的证据。另一方面，一个家庭中祈祷用书和用物的完全缺席并不能绝对地证明家庭成员无法阅读，或是他们完全没有任何宗教情感。虽然这项研究基于定量分析，我们也会试图使用清单中的事实数据来阐释家中的日常宗教与文化生活中的行动与行为。

书籍

已有人完成了关于巴黎家庭中的藏书室的杰出研究，[1] 而且我们在此的目的并非提供关于大约 1200 个家庭的藏书的详尽分析，不然这会压得本研究无法前进，并使读者感到无聊。但是，我们应该知道拥有书籍的巴黎人有哪些，他们有多少书，他们最喜欢的主题是什么，特别是他们藏书中的宗教作品占多大比重。在占我们样本总数 42% 的家庭中，确实有藏书，考虑到巴黎人较高水平的读写能力和首都在印刷与图书售卖领域的重要地位，这个数字相对偏低。但是，如果我们只考虑 1750 年后的藏书情况，有书的家庭就占到了 51%。这些数字既包括有一本书的人，也包括那些藏有几百或几千部作品的藏书室的拥有者。需要注意的是，这些比例比米歇尔·马里恩（Michel Marion）所统计的中世纪的情况，即 22.68% 的家庭拥有藏书，要高得多。这一区别可以通过针对教士和律师的具体研究得到解释。虽然比例相对增长了，但是，在 17—18 世纪，书籍在巴黎人中并不如图像那么广受欢迎。

书籍和图像都是文化标志。但是，不像图像，书籍并不必然是财富的象征——除了那些在需要一定的储存空间和物质上的舒适的大型藏书室中发现的书籍。阅读的爱好也要求家中有充足的照明，而且读书的爱好无法在没有闲暇时间的人们身上发展。整天在工作室或货摊上工作的手工业者花在阅读上的时间无疑是受限的。最多，在夜晚或是在周日，他们或许会偶尔打开一本祈祷书，或是一本历书。因此，毫不意外的是，完全没有藏书的家庭不仅仅是最穷、文化水平最低的那些，还有工作最努力的那些人，例如商人、手工业师傅、仆人和散工。

1　见 Henri Jean Martin, *op. cit.* 和 Michel Marion, *Les bibliothèques privées à Paris au milieu du XVIIIᵉ siècle*, Paris, 1977. 我们感谢后一位作者，还要感谢克鲁泽（Denis Crouzet），他们亲切地帮助我们找到了一些与藏书名对应的书籍。

我们应该注意，基于清单研究书籍拥有状况时，历史学家常常感到烦恼。例如，一个逝者社会阶层较高，却没有在家中留下任何书写的材料，这就必然会带来问题。我们如何解释高等法院的成员或者法学家拥有藏书丰富的藏书室，但有的律师甚至连一本书也没有呢？弗雷德里克·雷奥纳尔，一个书店老板——单是这家书店，经清单统计就有超过15万利弗尔的价值，可是清单上甚至没有列出一本他家中的书，这是怎么回事呢？至于在巴黎的家中没有书的贵族，他们是否有可能在乡村居所中藏有珍稀书籍呢？当然，我们知道这些出身名门世家的人并不总是有文化的典范性人物。所有这些问题都没有答案，除非我们决定分别考察每个个案。因此，我们可以说，虽然书籍拥有者的社会职业类型非常多样，未曾拥有书籍的人同样种类繁多。

在清单中被提及的不同家庭的书籍数量大不相同，跨度从1本到6000本。在这一点上，我们应该强调清单中的潜在缺口：估价人常常故意忽略没什么价值的书籍或小册子，例如年鉴、日历，或是12开或32开的来自《布勒·德·特鲁瓦百科全书》（*Bibliothèque Bleue de Troyes*）的分册，它们的价值都很少超过1～2索。这些流动小贩所分发的有趣的小册子，被阅读的广泛程度或许就像祈祷书一样，至少在工作阶层中，这些小册子获得了巨大成功。长期来看，巴黎家庭拥有的书的数量持续增长着。18世纪见证了一种积聚一切家庭物品（无论其是实用性的还是装饰性的）的倾向，收集书籍也是这种倾向的表现。读写能力的进步，对知识的渴望，还有对同时期启蒙人物的思想上的好奇心，也促进了书籍拥有率的增长。将圣尼古拉德尚教区1635—1649年间每个家庭的书籍平均拥有量，与圣安托万郊区在1760—1762年间的情况做对比，我们会得到有趣的结果。虽然每个家庭的情况大不相同，但平均藏书比例几乎翻倍了，从平均17本到平均30本。在一个家庭中，一些书会在最意想不到的角落被发现；在另一个家庭中，或许有成百成千本书被小心地排列在书房中的书箱里。有证据显示，存在两种类型的读者：偶尔阅读的人和习惯性阅读的人。

但这些巴黎人用书来做什么呢？一本被拥有的书并不必然是被读过的。估价人的记录几乎完全无助于我们了解这一点。当成套的书籍是"因缺册而不值得描述"，并与巨量书籍一同被估价时，它们处于这种状况是因为日常被使用，还是因为过于古旧而已经无人使用？很容易被诱导而产生的想象是，在贫寒家庭中发现的少数塞在亚麻和餐具中的破旧书籍，比小心排列在藏书室中的皮革捆绑的金边高质量藏书更有可能被读过。无疑，大量此类作品从未被打开过。一本书，尤其是一本漂亮的书，实际上是一件贵重物品，一种特定经济与文化地位的象征，而且，就像装饰品和艺术品那样，它仅仅为展示而出现。但是，似乎确实有某些藏书室拥有者，例如教士、律师和医生，相当频繁地查阅其藏书。对他们来说，这些书是他们行业的工具。如果我们能够知道这些书本来自哪里，就更能确定它们的用途。它们是被其已逝的主人买来的，还是当作遗产或礼物收下的？在第一种情况下，它们一定代表着主人的趣味。在第二种情况下，它们是被收下的，但没有经过挑选。但是，从清单看来，我们几乎没有办法发现这些书籍的源头。

在书籍拥有者中，我们区分了两种人：那些拥有真正的、塞满了成百成千本书的藏书室的人，还有那些藏书量在 100 本之下的人。我们将要首先考察前一种人，他们在所有书籍拥有者中占 25%，4 个读者中有 1 个人是这样。他们属于什么社会类别呢？主要是两个社会群体：宗教界人士与法律和医学专业的代表，这两类人合计共占所有藏书室拥有者的 62%，每个群体大约占 31%。贵族、法官和国王顾问是人数第三多的群体，占总数的 17%。其他职业阶层很少出现在我们的藏书室拥有者样本中：巴黎的商人与有产者，占 8%；军人，单身女性和其他人，占 6%；会计和金融家，占 3%。至于行业师傅和手工业者，出师的学徒工和仆人，他们在藏书室拥有者中的占比过小，因此我们没有为他们单独分组：他们占总数的 4%。那时候，这些优质藏书中的大部分都属于社会和文化精英，而在工作阶层中，藏书数量几乎从未超过几十本。为大型藏书室估价时，一位书商常常被叫来，帮助估价人制作这些书籍的清单。

为了了解藏书室读者们的知识关怀与核心兴趣，我们可以考察一些此类藏书室的内容。由于清单中有缺漏，我们关于这些巴黎人读物喜好的想象是非常不完整的。从一份清单到另一份清单，实际被记录下来的标题或甚至主题（例如宗教，历史）的占比非常不稳定，但总体上来说都很低，从 50% 到 10% 以下不等。

在相当多的情况下，清单中只有"一包书"这样的惯用词语，仅仅另附书籍开本而完全没有其他描述，完全不提及其中书籍的数量或尺寸，甚至也没有简单的"许多处理不同而杂乱的主题的书"或是"诸如此类的许多书，包括两本历史书"之类的说明。如果书籍开本很小，例如 12 开或 16 开，甚至其标题都很少被提及。当书被成捆地估价时，书商会选择一两个标题，以便提供关于整捆书内容的大致概念。正如克莱尔·梅内（Claire Ménez）公正地评论的那样："这产生了一个体裁分类系统，其中，相同或非常相似的标题被反复使用，而读者的个性则很难被觉察到。在这种情况下，我们很有理由担忧，甚至是质量最高的藏书室也会被这种文学体裁分类方式 ［它基于对所谓'标准标题'的使用，例如梅泽雷（Mézeray）的《法国史》（*Histoire de France*），或是马尔多纳（Maldonat）的《神学选集》（*Opera varia theologica*）］缩减为某种模式化的平常事物。当然，这种程序确实至少强调了一个事实：它为流通最广泛的作品命名。虽然，同时它也会掩盖其他更稀少、更不广为人知的标题，而这些标题本来可能更好地表明其读者的趣味和真正的人格。"[1]尽管有这些疑虑，但是，我们仍然能通过考察藏书室而了解到这些巴黎家庭的精神与思想生活的许多内容。

让我们从教士的藏书室开始。在教士家里，书籍无处不在，而且它们在对教士住宅的估价中极为重要。无论是在路易十三统治期间，还是其后一个世纪出生，无论出身贫寒还是富有，教士们常常将其大部分经济资源投入书籍之中。

克莱尔·梅内（Claire Ménez）的论文中有关巴黎教士的藏书室的精彩部分，我们在这里将此作为例子，这些例子让我们十分感兴趣。有一位让·德穆兰，他生于 1650 年圣埃蒂安迪蒙教区的家庭（有家庭成员供职于巴黎高等法院），他成了西岱岛上的圣皮埃尔·欧泊夫（Saint-Pierre-aux-Beoufs）的本堂神父，后来被征召到圣雅克－杜－奥帕，他还是巴黎大学的神学博士。1732 年去世时，他留下了一座有 2347 本藏书的大规模藏书室。对其中书籍各种各样的标题的概述，尽管并不完整，但也揭露了一个那时候神职人员接受人文主义文化的痕迹。但是，他是一个特别的人物，根据公证人在他的遗嘱中所做的强调来看，82 岁时，他仍然"身体、记忆和心智都很完善"。清单列出的一半书籍开本都很大：有 591 本对开本，442 本四开本。在被列明的 340 个标题中，171 个是拉丁文的。许多作品有两份甚至三份副本。这种藏书方式是继承的结果吗？宗教著作在这座藏书室中占有十分重大的地位。藏书中，有《圣经》的许多版本和翻译版：勒迈斯特·德撒西（Lemaistre de Sacy）所著的《神圣的圣经》（*La Sainte Bible*），迪欧达提（Diodati）的《论圣经》（*La Bible*），阿梅罗特神父（P. Amelóte）的《论新约》（*Le Nouveau Testament*），弗朗索瓦·瓦塔布勒（François Vatable）的《神圣圣经》（*Biblia Sacra*），勒杰伊（Le Jay）的《希

1　C. Ménez, p. 68.

伯来圣经》（*Biblia Hebraica*）和《多语言圣经》（*Biblia poliglotta*），还有许多别的书。

让·德穆兰明显是个传统的人，他的许多知识来自古代拉丁文本，他也与自己的时代合拍。他对发生在自己周围的宗教争论和其他争议的兴趣在他拥有的其他书籍中展现出来：《英国国教神甫的授职》（*Ordination des prêtres anglicans*），[1]《路德教徒之中的宗教斗争》（*La Lutte religieuse contre les Luthériens*），[2] 让·博丹的《巫师附魔鉴别指南》（*Démonomanie des sorciers*），还有其他书籍，它们的话题包括分裂教会者、里歇主义和冉森主义。充分意识到自己的责任，让·德穆兰拥有大量关于婚姻的专著，还有一本名叫《论孩子的教育》（*Traité de l'éducation des enfants*）[3] 的著作。关于法律事务的藏书也为数众多，包括关于民法和教会法两方面的著作。还有一些艺术书籍，主要处理15世纪末到17世纪上半叶的伟大艺术家，例如，莱昂纳多·达·芬奇、菲利贝尔·德洛姆（Philibert Delorme）和阿尼巴尔·卡拉齐（Annibal Carrache）可见于其中。这些著作相当经典，包括了拉伯雷和布瓦洛这样的作家，但它也包括一本关于孔子的书，还有两本关于东方国家的书。而且，这位教士还有几份期刊和评论，包括《文人共和国期刊》（*Journal de la République des Lettres*），此期刊可能增进了他在时代问题上表现出来的非凡的开放心态。不像其他许多教士——他们都把书籍放在居所中的所有地方，让·德穆兰有一个被他改造成真正的藏书室的房间。

尼古拉·德穆斯特耶（Nicolas de Moustier），一位索邦的博士，1675年法兰西学院的一次辩论奖的赢家，圣塞弗林（Saint-Sévrin）的副本堂神

1　我们没有找到这本书的原文。

2　*Ibid.*

3　它或许涉及洛克的这部著作：John Locke, *De l'Education des enfans,* traduit de l'anglais, Amsterdam, 1695.

父，死于 1699 年。他留下了一个有 680 本书的藏书室，其中，宗教著作比其他著作都多。除了他的司铎职业——这使他成为本堂神父的主要助手，我们完全有理由相信尼古拉·德穆斯特耶还管理教义问答事务，这一判断是依据他的藏书室：除了数不胜数的教义问答书，只有不多的与之互补的作品，例如，不知名作者所写的《耶稣的生活》（*Vie de Jésus*），1 本《道德事务》（*Affaires de morale*），[1]1 本《忏悔的方法》（*Méthodes de confession*）[2]，还有《试探良知》（*La Sonde de la conscience*），[3] 以及其他的书。关于教义问答的技术性和职业性材料的质量与数量，揭示了这位精神导师认为教义问答书发挥着非常重要的功能。[4] 另一方面，关于灵性的著作的数量就没那么多了：虽然一些最广为人知的西班牙神秘主义者的著作被列在藏书中，其中并无关于祈祷或虔诚的专题论文。圣奥古斯丁和圣托马斯在这个藏书室中都占了一席之地，他们的作品相邻于 16 卷本的《皇家港圣经》（*Bible de Port-Royal*）。尼古拉·德穆斯特耶也有《学者期刊》（*Journal des Savants*）来给自己提供充足的信息。

教堂司事吕克·奥布里（Luc Aubry）那位于圣雅克—杜—奥帕的规模较小的藏书室，1725 年有 294 本书。这些藏书大部分开本较小，其中有 199 本 12 开和 14 开的书，这里的藏书比上文中提到的两个例子要晚近一些。作为一位在桑利斯有教区的本堂神父的兄弟，并且显然在巴黎没有家庭，吕克·奥布里的出身无疑比首都教区神父的平均状况还要更贫寒。不像属于官员世界的巴黎人，他甚至连一小部分的法律著作都没有，除非我

1　我们没有找到这本书的原文。

2　它或许与如下作品有关：Gommar Huygens, *La méthode que Von doit garder dans Vusage du sacrement de pénitence*, Paris, 1676.

3　我们没有找到这本书的原文。

4　这位索邦的博士具有深厚的宗教文化知识，从他的藏书中就可以看出，75 部著作，33% 的宗教书籍是教父著作（特指早期基督教会的著作，主要是罗马帝国时期的教父著作）。——译者注

们算上唯一一本关于法律的书。奥布里的藏书室由神学著作和宗教历史构成。在宗教史著作中，不仅有克劳德·福勒里神父（Abbé Claude Fleury）的 20 卷的《教会史》（*Histoire ecclésiatique*），还有 10 卷梅泽雷的《法国史》（*Histoire de France*），以及 6 卷安托万·戈多（Antoine Godeau）的《教会史》（*l'Histoire de l'Eglise*）和 6 卷让·埃尔曼（Jean Hermant）所著的《公会议史》（*Histoire des Conciles*）。藏书中还有几个别的多卷本：皮埃尔·尼科尔（Pierre Nicole）所著的 17 卷《论道德》（*Essais de morale*），还有阿德里安·贝耶（Adrien Baillet）的 4 卷《圣徒传》（*Vies des saints*）。这样的藏书表明，奥布里的文化素养是近期获得的，而且他通过寻求权威来确认自己的这种素养。

虽然这些藏书室中的每一个都有其独特的品质，就像许多别的教区神父的藏书室一样，它们不仅反映了个人情感，也反映了这些人作为神父在面对他们福音任务中的困难时的共同关切。这些藏书室揭示了这些教士多么关心自己信仰的深化——通过阅读《圣经》，尤其是勒迈斯特·德·撒西（Lemaistre de Sacy）的法译本，这是最多人拥有的版本，他们还学习拉丁文本，并进行基于圣奥古斯丁和西班牙耶稣会士马尔多纳（Maldonat）著作的神学反思。但是，传统的教父著作，除了圣奥古斯丁和某些经院哲学文本，很快就失去了根基。圣哲罗姆和圣托马斯的著作几乎从未出现，除了某些单册。情况会不会是这样：选集，例如冉森主义者路易·杜班（Louis Dupin）的《教会作家丛书》（*Bibliothèque des auteur ecclésiastiques*），正在取代更古老的文本？

一个明显的例外是一位杰出的高阶教士的图书馆，这位教士就是皮埃尔·德布兰奇（Pierre Deblanges），他是索邦的博士和资深成员（sénieur），也是库唐斯（Coutances）主教的副主教（vicaire général），圣热纳维埃夫的王后小教堂的长老（prieur）。1706 年去世时，他可被认出的 359 本宗教藏书中有109本教父著作。在这个有1167本书（其中750本的标题被列出）的藏书室里，有着东西方教会的伟大教父与博士们的著作：圣托马斯的全套《神学大全》以及《解读圣保罗书信》，在它们旁边，就是圣奥古斯丁、圣哲罗姆、大格列高利、德尔图良、纳西昂的圣格列高利（St Gregory of Nazianzus），圣巴西尔（St Basil）和圣西普里安的著作。

　　时祷书（livres d'heures）、祈祷书（bréviaires）、圣徒传（Vies des saints）、《模仿耶稣基督》（Imitation de Jésus-Christ），还有其他关于灵性的著作，尤其是那些格拉纳达的路易（Louis de Grenade）、圣特雷莎（sainte Thérèse）或是罗德里格斯（P.Rodriguez）这样的西班牙神秘主义者的著作的出现，展现了这些人为祈祷和静思默想在生活中留下了怎样的位置。在这些神父的书架上，甚至还有布道合集，包括布达鲁瓦（Bourdaloue）和马西隆（Massilon）所著的那些，偶尔，也有博绪埃的作品，另外还有塞拉芬（P.Séraphin）的《讲道》（Homélies），《祭司指导》（Instruction des prêtres），[1] 和《罪人的向导》（Le Guide des Pécheur），[2] 所有对于完成神父职业最有用的书，还有那些在某种意义上可被视为职业用具的著作。

　　无论是在路易十四统治期间被列出清单，还是迟至18世纪中叶，大部分此类藏书室都带有当时宗教语境的标记。很有趣的是，许多藏书中都包括冉森主义者的著作，或是有冉森主义倾向的作者的著作，比如皮埃尔·尼科尔（Pierre Nicole）、圣西兰（Saint-Cyran）、阿诺德（Arnauld）、帕斯卡尔或冉森。被提到的其他著作包括《蒙彼利埃教义问答》（Catéchisme de Montpellier），《皇家港逻辑》（La logique de Port-Royal），[3]《良

1　Antonio de Molina, traduit de l'espagnol, Paris, 1624.

2　Louis de Grenade, traduit de l'espagnol, Paris, 1583. De nombreuses traductions et réimpressions suivirent au xvine siècle.

3　Antoine Arnauld et Nicole, *La logique, ou l'art de penser*, Paris, 1662.

心的处境》（*Cas de Conscience*），¹ 还有《宗教的真相》（*Vérité de la religion*）。²

总体上来说，历史是这些教士的第二大关注焦点，虽然他们的藏书倾向于早期宗教史，即关于犹太人的历史、神的子民、宗教会议、教宗、教会、天主教联盟、异端之类主题的书。在皮埃尔·德布兰奇（Pierre Deblanges）的藏书室的其他书籍中，还有曼堡（P. Mainbourg）在 1673—1678 年间出版的著作，包括《阿里乌派史》（*Histoire de l'Arianisme*），《偶像崇拜异教史》（*Histoire de l'Hérésie des Iconoclastes*），《东西方教会大分裂史》（*Histoire du Grand Schisme d'Occident*），还有《十字军史》（*Histoire des Croisades*）。清单中也常常提及关于古代、西塞罗、恺撒和罗马帝国的书，以及各种作家所写的法国史，当然包括梅泽雷，还有神父丹尼尔（P. Daniel）、庭长埃诺（Président Hénault）和波普利尼埃的亨利（Henri de La Popeliniè），也有关于英国和荷兰的历史著作。

伟大的文学作品在这些藏书室中只占据了有限的位置：估价人注意到一些古代作家，例如普鲁塔克、西塞罗、萨鲁斯特、李维、维吉尔、贺拉斯和奥维德，但尊贵的位置被留给 16—17 世纪的经典作者，例如伊拉斯谟、拉伯雷、龙沙（Ronsard）、蒙田、拉封丹、莫里哀、拉辛、布瓦洛和当古（Dancourt）。一定数量的辞典也出现了：除了唐·卡尔梅（Dom Calmet）的《历史词典与圣经评论》（*Dictionnaire historique et critique de la Bible*）之外，还有莫雷里（Moreri）和菲雷蒂埃的参考丛书，我们无法在清单中找到《百科全书》的踪迹，也找不到其他启蒙文学。

虽然总体上来说很少能在教士们的藏书中见到科学著作，但他们的图

1　*Cas de conscience proposé par un Confesseur de province touchant la constitution d'Alexandre VII*, Liège, 1701.

2　它或许与如下这部新教徒作品有关：Jacques Abbadie, *Traité de la vérité de la religion chrétienne*, Rotterdam, 1684.

书馆里并非完全不容纳这类书。实际上，在 1720 年为尼古拉·勒凯勒·德拉马尔（Nicolas Lequel de La Marre）所作的清单中，科学著作甚至比神学和历史书占去了更多位置。在 1362 册书（其中仅有 15% 标题被列出）中，我们至少在科学著作区找到了 70 本著作，它们差不多全是关于药学的。相关藏书不仅包括希波克拉底的著作，还有《穷人医药》（*La Médecine des pauvres*）。[1] 另一座科学藏书室在 1706 年被列出了清单，它位于让—巴普蒂斯特·杜阿梅尔（Jean-Baptiste Duhamel）家中，此人是王家学院的前哲学教授，他在 1694 年离职，仍可拿到 400 利弗尔的津贴。他曾经是圣朗贝尔（Saint-Lambert）的长老（prieur）和王家科学院的秘书。在他那有 358 本书的藏书室内，13% 的著作处理科学主题，涉及的主题主要有数量较为平均的如下几类：药学、植物、魔法、物理学和机械。在他的遗嘱中，这位发表过一部《理论与实践神学》（*Theologica theoretica et practica*）的前哲学教授，表现出对他所写的另外两部著作之出版的强烈关切，它们是《拉丁语科学院历史》（*Histoire latine de l'Académie des Sciences*）和《哲学》（*Philosophie*），以至于他仿佛完全沉浸于他在科学院的职务中。虽然他教过哲学，但关于这一主题，还有关于伟大文学的著作，只占了他藏书标题的 5%。

差不多 70 年后，1772 年，尼古拉·勒贝格（Nicolas Le Bègue），一位有法律学士学位的教士，也显示出了对科学的强烈兴趣。他的藏书室包括了布丰的《自然史》和关于几何与建筑的著作。[2] 这些教士藏书室中并非完全没有法律著作，虽然这类著作仅仅反映在有限数量的标题中，例如关于"民法汇编"（Corpis juris civilis）或是"习惯法汇编"（Coutumiers）的著作，也就是说，关于风俗、非成文法和程序形式的汇编。

1　Dom Nicolas Alexandre, *Médecine et chirurgie des pauvres...*, Paris, 1714.

2　C. Rideau, p. 127.

　　考察这些大部分生于路易十四统治期间的巴黎教士的藏书室时，我们明显能发现，这些人都是博学之士，某些人甚至是学者，他们在天主教改革中发展起来的神学院中接受了可靠的神学教育。他们对历史、科学或其他领域表现出来的兴趣始终是私人的，而且从未使他们侍奉上帝的职业黯然失色。他们关于《圣经》的知识，他们虔诚的渴望，以及他们完成教士职责的愿望，都表现在他们藏书室的宗教著作的范围中。

　　也很值得注意的是，这些私人藏书室的规模与这些教士住处的宽敞程度毫无关系，一些实例将会表明这一点。让·米内（Jean Minet），迪普莱西学院（collège Duplessis）的一位教授，还有弗朗索瓦·乔冬（François Chaudon），圣雅克—杜—奥帕的副本堂神父，各自在他们两个房间的家中堆起了 236 本和 320 本书。皮埃尔·比莱（Pierre Billet），一位收税人（receveur）兼前大学校长，在他 1720 年拥有的 3 个房间中收藏了 1000 本书。至于前文讨论过的尼古拉·勒凯勒·德拉马尔，还有纪尧姆·帕里索神父（Abbé Guillaume Parisot），这两人分别拥有 1362 和 4309 本书，他们各自把这些书放在自己的两居室中。我们可以想象，如此被书籍侵占后，他们剩下来用以居住的空间有多么狭小。总体上来说，这些书被储存在书柜里或是合适的书架上。估价人常常声称，这些书是在"逝者的住房"中被估价的。简而言之，书籍在房子的各个角落都能找到，无论卧室、前厅还是厨房。

　　甚至当书籍被收集在一个房间里时，这个房间也很少被装饰得适合阅读。在保罗·德·库尔杜切斯内（Paul de Curduchesne，他是索邦博士，神父，以及蒙彼利埃审计法院的顾问）的家中，于 1718 年被估价的有 142 本书的藏书室位于一个没有椅子也没有诵经台的房间中。这个房间也作为藏衣间使用。尼古拉·勒凯勒·德拉马尔把书籍和他的柴火放在同一个房间里。甚至在大型住宅中，专门的藏书房间也很少见。1720 年，某位议事司铎

（chanoine）住在一座有 10 个主卧和几个次卧的房子里，但他把 234 本书
摆得满屋子都是。[1]这种房间的非专门化因此并不必然与空间缺乏相联系，
而单纯出于专门化尚未成为习惯这一事实。

那些有藏书室的法律界人士几乎全是高等法院的律师。据清单记
载，一位夏特莱公证人的妻子拥有 343 本书，这位公证人名叫让－克劳
德·普拉斯特里尔（Louis-Claude Plastrier），是凡尔纳德（La Vernade）
的领主，死于 1744 年。法学家的藏书室内容丰富，类型多样，总体上按
照两条线索组织起来：一条是根据书籍的功能对其加以专门分类，另一条
更为私人化，依据个人趣味而关注各种不同的主题。只要考察一些此类
藏书室的构成，这种现象就会明晰地显露出来。安德烈·乔福诺（André
Chauffourneau），一位于 1707 年去世时留下了几百本书的高等法院律师，
拥有关于其职业的惊人藏书，包括法国各省的全部习惯法汇编。这座藏书
室的核心由古典希腊拉丁作家构成，例如柏拉图、亚里士多德、塞涅卡、
普林尼和李维。其他书籍则呈现出令人惊讶的多样化：关于哲学、纹章学、
辞典，20 卷的 1674—1693 年间公报总集，当然还有宗教著作，例如勒迈
斯特·德·撒西（Lemaistre de Sacy）翻译的《新约》，以及一本《异端史》
（*Histoire de l'hérésie*）的复本。[2]很有趣的是，这些书中很大一部分是拉
丁语的。[3]

1706 年去世的一位前高等法院律师，弗朗索瓦·雷维塞（François
Réversé），拥有几百本拉丁语和法语的书，总价值高达 4862 利弗尔。法
律著作尤其丰富。但就像大多数有教养的社会成员，他沉浸于古代与人文

1　以上牧师藏书的相关信息是从回忆录中摘取的，如下作品很好地记录了这些回忆录
的内容：G. Ménez, p. 67 à 99 以及 M.-D. Bost, p. 86 à 94.

2　或许与如下作品有关：*l'Histoire de l'hérésie des iconoclastes* du P. Mainbourg, Paris,
1674, 或者 *l'Histoire de l'hérésie de Viclef, Jean Hus et Jérôme de Prague*, d'Antoine Varillas,
Lyon, 1682.

3　M.-J. Curis-Binet, p. 62.

主义文化中，这位律师明显有着乐于探究的心灵。医学著作在他的书架上与历史书和文学著作并列。就像他的同事安德烈·乔福诺，弗朗索瓦·雷维塞在所有领域都表现出了对古代作家的明确偏好，包括修昔底德、维吉尔、塔西佗、普林尼、萨鲁斯特、奥维德、伊索、贺拉斯和马提亚尔。这里唯一的当代作家是这几位历史学家：弗朗索瓦·德·梅泽雷（François de Mézeray），安托万·瓦利拉（Antoine Varillas）和安德烈·杜切斯内（André du Chesne），还有高乃依和莫里哀。这里的宗教著作相对较少。[1]

　　卡特琳娜·加朗格（Catherine Garanger，她是一位高等法院前律师[2]的妻子）1742 年留下来的那座有着 300 本以上书籍的藏书室，包括一系列重要的法律著作，它们被用于处理巴黎与外省的习惯法、法律体系和诉讼和解，还有几本专著：亨利·巴斯纳奇（Henri Basnage）的《论抵押权》（*Traité sur les hypothèques*），让·博伊德（Jean Boizard）的《论铸币》（*Traité des monnayes*），还有皮埃尔·埃斯（Pierre Asse）的《论救济》（*Traité des Aydes*）。另外，这座藏书室藏有国王的法令与声明合集，包括判决书（Arrêt）、人头税（tailles）以及诸如此类的材料。那些处理宗教事务的作品也是法律面向的，比如福勒里神父的《教会法制度》（*Institution du droit ecclésiastique*），布鲁纳（Brunet）的《教会法的历史与教会管理》（*Histoire du droit canonique et du gouvernement de l'Eglise*），以及西蒙·维戈尔（Simon Vigor）的《论国家与教会的管理》（*De l'Estat et gouvernement de l'Eglise*）。但是，那里也有阿诺德的《论常领圣体圣事》（*Traité de la fréquente communion*），圣弗朗索瓦·德·撒勒（saint François de Sales）的《论神的爱》（*Traité de l'amour de Dieu*），以及红衣主教黎塞留的《论基督徒的完善》（*Traité de la perfection du chrestien*）——黎塞留的《教导

1　F. Roussel, p. 122.

2　G. Grombez, p. 81-84.

基督徒》（*Instruction du chrestien*）也出现在书架上。这里没有《圣经》，也没有其他严格意义上的宗教著作。

一些历史和地理著作证明，这座藏书室的主人对世界如何被塑造有一定兴趣：关于法国历史的著作有《教宗博尼法斯八世与法王腓力四世的争端》（*Démêlés de Boniface VIII et de Philippe le Bel*）[1]，《1605—1635年法国往事回忆录》（*Mémoire de ce qui s'est passé en France depuis 1605 jusqu'à 1635*）[2]，红衣主教德雷兹（Cardinal de Retz）的《回忆录》（*Les mémoires*），《孔代亲王史》（*Histoire du prince de Condé*）[3]，《柯尔贝尔生平》（*La Vie de Colbert*）[4]，以及一本卢瓦（Louvois）的《政治遗言》（*Testament politique*），历史书中还有杜瓦勒（Du Val）的《西班牙与葡萄牙地名索引简介》（*Alphabet d'Espagne et de Portugal*）[5]，《立窝尼亚描述》（*Description de la Livonie*）[6]，《殷勤的萨克斯》（*La Saxe galante*）[7]，《瑞士国家》（*L'Etat de la Suisse*）[8]，《荷兰政府回忆录》（*Mémoire sur le gouvernement de la Hollande*）[9]，《伊丽莎白女王的生活》（*La Vie de la reine Elisabeth*）[10]，伏尔泰的《瑞典国王查理十三的历史》（*Histoire de Charles XIII roy de Suède*）。伟大的文学和科学著作很少出现。不像之前

1　Adrien Baillet, *Histoire des démeslez du pape Boniface VIII avec Philippe Le Bel, roy de France*, Paris, 1718.

2　或许与红衣主教黎塞留开始于 1600 年的回忆录有关。

3　或许与如下两部作品有关：Pierre Coste, *Histoire de Louis de Bourbon II du nom, prince de Condé*, Cologne, 1693, 或者 Jean de La Brune, *Histoire de la vie de Louis de Bourbon, prince de Condé,* 1693.

4　Sandras de Courtilz, *La vie de Jean-Baptiste Colbert*, Cologne, 1695.

5　Pierre Du Val, *La Description et l'alphabet d'Espagne et de Portugal*, Paris, 1659.

6　De Blomberg, traduit de l'anglais, Utrecht, 1705.

7　Baron Charles-Louis de Poellnitz, Amsterdam, 1734.

8　Temple Stanyan, traduit de l'anglais, Amsterdam, 1714.

9　Aubery du Maurier, *Mémoires pour servir à Vhistoire de Hollande et des autres Provinces-Unies*, Paris, 1680.

10　Grégoire Leti, *La vie d'Elizabeth, reine d'Angleterre*, traduit de l'italien, Amsterdam, 1694.

一代人的藏书室，拉丁文著作——除了来自特伦托宗教会议的文本——在这里完全没有出现，古代作品也一样缺席。留存的只有两位古代作者，泰奥弗拉斯特（Théophraste）和盖厄斯·佩特罗尼乌斯·阿尔比特（Pétrone），以及一本单独的古代史著作，《居鲁士之旅》（*Voyages de Cyrus*）。[1]

比律师的藏书室更令人印象深刻的是某些贵族、法官、国王顾问和王室官员的藏书室，它们表现出了卓越的丰富性与多样性。通过对属于巴黎高等法院的18世纪成员的160个藏书室的考察，弗朗索瓦·布鲁西（François Bluche）揭示出了巴黎高等法院法官们那相对具有启蒙性质的文化背景。[2]雅克·阿梅洛［Jacques Amelot，死于1668年，他曾是救济法院（la Cour des Aides）的首席长官（Premier Président）］提供了一个优秀的17世纪法官藏书室的范例。[3]在藏书室中的2066个印刷本和110个手稿中，有大约四分之一的书可以在现存书籍中找到。宗教书籍在这个藏书室中占据了重要的位置，涉及有争议话题的书籍也是如此，例如《高卢教会的自由》（*Les Liberté de l'Eglise gallicane*），[4]杜普莱西－莫奈（Du Plessis-Mornay）的《不公正的秘密》（*Le Mystère d'iniquité*），还有《对不公正的秘密的回应》（*Réponse au Mystère d'inquité*）。[5]也有大量法律书籍，它们是法官的职业工具，包括"民法汇编"和查尔斯·洛伊索（Charles Loyseau）的专著。还有拉丁语、希腊语和希伯来语的外语词典，以及一本名叫《埃及圣书体》（*Hieroglyphica Egiptorum*）的书。阿梅洛是一位阅读伊拉斯谟、斐奇诺和洛伦佐·瓦拉的著作的人文主义者。他甚至显示出某种对神秘传统的兴趣——一本关于犹太教神秘哲学的书的出现表明了这一点。他对历史

1　Andrew M. Ramsay, Paris, 1727.

2　François Bluche, *op. cit.*, p. 295.

3　N. Denquin, p. 71-72.

4　Pierre Pithou, Paris, 1594.

5　Nicolas Coëffeteau, *Response au livre intitulé: «Le Mystère d'iniquité», du Sieur Du Plessis*, Paris, 1614.

和地理的兴趣似乎扩展到了所有地域和所有时间中。另外，这座藏书室也藏有 36 份外交与政治文本和回忆录，包括关于"明斯特和约"的 5 本著作，还有《黎塞留公爵红衣主教殿下期刊》（*Journal de M. le cardinal duc de Richelieu*），以及《1614—1615 年间的贵族阶级》（*Etats de la noblesse de 1614-1615*）[1] 的一卷。

我们在一个世纪之后弗朗索瓦·弗朗科尔侯爵夫人（国王的音乐主管，那个年代的文化精英之一）家中发现的藏书室，恰是与雅克·阿梅洛相反的另一个极端。1091 册书中，完全没有宗教书籍，没有古代书籍，甚至没有文艺复兴时期的书籍。这是一个完全现代的藏书室，仅藏有 17—18 世纪的作品：一个启蒙时代当代人的藏书室。音乐家弗朗索瓦·弗朗科尔留下了"浪荡子"和"阴谋诡计之人"的身后名，他对伟大文学和娱乐有特别的偏好。实际上，这样的作品共有 506 册，占了藏书的大多数。尤其是这里有大量关于法语、意大利语和英语戏剧的藏书。弗朗科尔是想要在与让－菲利·拉波尔（Jean-Ferry Rebel）协作创作歌剧时用到这些书，因此才去读它们的吗？这里提到的剧作家有皮特罗·梅塔斯塔西奥（Pietro Metastasio）、埃瓦里斯特·盖拉迪（Evariste Gherardi）、安托万·胡达尔·德·拉莫特（Antoine Houdar de La Motte）、高乃依、莫里哀、奎诺（Quinault）、勒尼亚尔（Regnard）和当古。此外，塞维涅夫人（Madame de Sévigné）、斯卡隆（Scarron）、派朗（Piron）和伏尔泰的著作，卢梭的《新爱洛伊斯》和普雷沃斯神父（Abbé Prévost）的《一个品格优良的人的回忆与冒险》（*Mémoires et aventures d'un homme de qualité*）也出现在这个藏书室中。其他书名包括《高卢柔情史》（*Histoire amoureuse des Gaules*），[2]《爱的牺牲》（*Sacrifices de l'amour*），[3]《斯帕水中取乐》

---

1 未在现存书籍中找到它。
2 Comte Roger de Bussy-Rabutin, Liège, s.d.
3 Claude-Joseph Dorât, Amsterdam, et Paris, 1772.

（*Amusements des eaux de Spa*），[1]《鲁滨逊·克鲁索的生平与冒险》（*La vie et les aventures de Robinson Crusoé*），《汤姆·琼斯的历史》（*Histoire de Tom Jones*），还有《堂吉诃德》。估价人也列出了帕拉迪·德·蒙克里夫（Paradis de Moncrif）的作品，此人作为剧本作者与弗朗科尔和拉波尔（Jean-Ferry Rebel）合作创作了一些歌剧，包括《泽林多，西尔芙风精灵之王》（*Zelindor, roi des Silphes*）。

除了他的文学趣味，弗朗科尔还表现出了对历史的明显偏爱，因为他拥有 368 本被分类为历史的书籍。其中不仅有传统的手册，例如埃诺（Hénault）的《法国编年史节选》（*Abrégé chronologique de l'histoire de France*），勒瓦萨尔（Le Vassor）的《路易十三时期的历史》（*Histoire du règne de Louis XIII*），还有普芬道夫的《普遍历史》（*Histoire universelle*），还有数量惊人的当时名人的回忆录。估价人列出了 18 个不同的作者，包括苏利（Sully），巴松皮埃尔（Bassompierre），蒙特韦尔夫人（Madame de Motteville），博威克（Berwick），维勒罗伊和维拉尔（Villars）。这一收藏中还包括亨利四世、路易十四、布西—拉布丹（Bussy-Rabutin）、曼特农夫人和许多其他人的通信。这一藏书室中的音乐部分所得到的记载比先前的部分细节更少，这部分共有 180 本书，其中有 50 部让—巴普蒂斯特·鲁利（Jean-Baptiste Lully）的歌剧，50 部各种各样的歌剧，80 部三重唱以及许多别的音乐。由于作曲者的名字很少被提及，似乎有理由认为，其中相当一部分作品是弗朗科尔自己创作的，尽管"由已逝的先生所作"的话语并未真正出现在清单中。[2]

在这些藏书丰富的藏书室主人之中，也有一部分人本身就从事医学或脑力工作。当某位巴黎医学部医生兼国王常任医师于 1666 年去世时，正

1　Baron de Poellnitz, Amsterdam, 1734.

2　I. Petitclerc, p. 172-173.

如其前一代人中的大部分同仁那样，他的藏书室力中有各个领域的书籍。虽然他的专业书籍占了 100 本左右，包括希波克拉底的著作，但宗教著作也很多。藏书中有两部《圣经》，36 本神学书籍，12 本宗教著作，几本圣徒传记，圣格列高利、圣哲罗姆、圣奥古斯丁、圣西普里安和圣伯纳尔的作品，以及阿诺德的著作和佩脱（Pétau）的《论当众忏悔》（*De la pénitence publique*）。放置哲学与伟大文学的书架上有古代作家的作品，包括柏拉图、亚里士多德、狄奥克里特（Theocritus）、塞涅卡和贺拉斯。那里还有杜柏雷（Du Bellay）的作品，蒙田的《随笔》（*Essais*），还有 10 本喜剧。历史书相对较少，但也确实出现了：清单提到了关于罗马史的作品，一本普鲁塔克的书，一部关于特伦托宗教会议史的书，以及一部历史词典。[1]

属于巴黎有产者、数学大师皮埃尔·图班（Pierre Turpin）的藏书室，比它在 1754 年被清单记录的状况要更加专业化。但是它确实专注于一个特定的方面，因为它能够突出对科学的好奇心在启蒙运动期间散布到了各个地区。虽然他的藏书室中只有一小部分被记录了下来，我们知道皮埃尔·图班不仅有关于数学的选集，也有关于药学和建筑的书籍，这可以从如下列表中判断出来：57 本八开本书籍，其中包括阿维森纳的作品；28 本四开本书籍，包括欧几里得的《几何原本》；21 本四开本书籍，其中包括 1 本《论数学》（*Traité de Mathématiques*）；44 本十二开本书籍，包括《论发烧》（*Traité des Fièvres*）；38 本四开本书籍，包括《几何原本》；34 本对开本书籍，包括一本名叫《城市防御工事》（*Fortification de villes*）的建筑学书籍；还有 17 本对开本书籍，其中包括百利多（Belidor）的《建筑水利学》（*Architecture hydraulique*）。

这位数学家的文化背景似乎也并未局限于科学方面，因为他还有超过

1 M.-A. Bianchi-Boulanger, p. 46-47.

100 本历史书。[1]

　　虽然藏书最多、类型最丰富的藏书室属于巴黎社会的知识精英，但人群中的中间类型，例如商人和城市行业师傅，在 18 世纪也偶尔能够拥有几百本的藏书。诺埃勒·潘斯米尔（Noël Pincemail）的情况就是如此，他是巴黎的一个有产者制袜商，1751 年去世时留下了 396 本书，它们几乎全都是关于宗教主题的；[2] 皮埃尔·波尔多（Pierre Bourdeau）的情况也是一样，他是一名男子服饰经销商，在 1768 年拥有 200 本书，主题从历史到文学、道德和宗教作品。[3] 最终，一个有着 208 本书的藏书室的情况十分有趣，它的估价是 115 利弗尔，它属于皮埃尔·阿兰（Pierre Allain），一个贫寒的给女性美发的理发师，他死于 1755 年，留下了一座价值 918 利弗尔的宅邸。通过一些书籍标题，我们可以一瞥他的藏书室，由此可知，这位手艺人对历史很感兴趣，尤其是法国史和犹太史；还有诗歌，尤其是奥维德的诗；以及地理。似乎值得注意的是，清单列出的书名中没有宗教书籍。

　　平民大众的家中也有藏书室，无论多么小，都确证了路易－塞巴斯蒂安·梅尔西埃观察到的现象："在巴黎，人们的阅读量无疑比 100 年前增加了 10 倍。"[4]

　　每 4 个巴黎人中，有 3 个拥有 100 本以下的书。从一张清单到下一张，实际的书籍数量从一本到几十本都有可能。很少会在家庭中发现单本书，这种情况在 18 世纪变得尤为稀少。但也有一些例子：一个死于 1680 年的刀匠师傅拥有的唯一一本书是《圣徒生平》（Vies des saints）。[5] 1709 年，在一位家具制造商师傅的妻子的家中，只有一本《日夜祷告词》（paire

1　F. Dommanget, p. 94.

2　V. Aronio, p. 117.

3　C. Marais, p. 97.

4　Louis-Sébastien Mercier, *Tableau de Paris, op. cit.*, t. XII, p. 151: «Revendeurs de livres».

5　G. Neveu, p. 69.

d'heures），它被包在黑色皮革里，带有镀金的扣子。[1]另一本单独的书名叫《圣徒之作》（*Des écrits des saints*），1720年，某位绘画师傅去世时留下了它。[2]虽然路易丝·卡特里克斯（Louise Catrix）和珍妮·盖林（Jeanne Guerin）这样的寡妇在1704年只拥有三四本书，其中还包括《圣经》和《新约》，[3]城市里的行业师傅，仆人和短工几乎总是至少有六七本书。1760年，圣安托万郊区的手工业者家庭的书籍拥有量很高，从11本到63本不等。绘画师傅们在18世纪上半叶平均有15本书。

总体上来说，这些死于路易十四或路易十五统治期间的小规模书籍拥有者明显偏爱宗教著作，宗教书籍常常是他们唯一的读物。这就是1714年一位贴身女仆的情况，她有12本关于祈祷和冥想的小册子，还有一本羊皮纸封面的《圣特蕾莎传记》（*Vie de sainte Thérèse*），价值3利弗尔。[4]1723年，画家安托万·德瓦尔（Antoine Devars）只有19本讨论宗教的书籍，它们被放在一个台板上，[5]而一个学徒期满的修车工在1770年有"10本书，宗教题材"。[6]在短工和擦地板者的居所中，所有估价人都常常会发现——用他们的话来说——"处理宗教主题的书籍"。这些书的标题都没有被注明。有时候一两个标题会被用来说明一捆书：例如，在一个短工家中，有24本关于圣母、耶稣基督、崇拜与其他主题的书，还有一本《圣徒生平》与格拉纳达的路易（Louis de Grenade）的属灵作品。1744年，在另一个短工的遗孀家中，估价人记录了一部两卷本的圣徒传记，《人类的悲惨》（*Misères de l'homme*），四开本，[7]还有另外31本书，包括一本《圣周》（*La*

1　M.-J. Curis-Binet, p. 61.

2　M.-P. Dumoulin, p. 148.

3　M.-J. Curis-Binet, p. 61.

4　M.-G. Coutand, p. 91.

5　M.-P. Dumoulin, p. 148.

6　V. Paquet, p. 123.

7　没有在现存书籍中找到它。

Semaine sainte）。[1]

这种对宗教著作的偏好并未局限于较为贫穷的阶层。玛德琳·拉特里耶（Madeleine Letellier），日耳曼－克里斯托弗·德·塔梅里骑士〔Chevalier Germain-Christophe de Thumery，此人是博伊西塞领主（Seigneur de Boissise）和巴黎高等法院政令主席中资格最老的人〕的遗孀，于 1730 年去世时，留下了 40 本宗教著作。她很看重这些书，正如下面这几行她亲手所写的遗嘱所表明的那样："不要卖掉我的书，而要让我的孩子们分享它们……灵魂当以好书为食。"[2] 当然，并不是所有宗教书籍的拥有者都表现出了与这位想要通过合适的读物加强孩子们信仰的女人一样的典范性的虔诚。但是值得强调的是，宗教材料作为一种主题，相比于其他主题具有压倒性的优势，某张清单中的书籍总数越少，宗教题材的优势地位就越明显。

当然，只有世俗书籍的家庭也同样存在：1708 年，某位未婚妇女的情况就是如此，她的 14 本书涉及"巴黎的古物"和其他主题。[3] 但这些例外反而证明了规则。那些小规模书籍的主人所拥有的宗教书籍与那些把书摆满了大型藏书室的架子的人们不同，他们没有关于神学、宗教争论或教会史的著作。更常见的是《圣经》，《圣经》中更为常见的又是《新约》，或者是关于效仿耶稣基督的作品、圣徒传记、祈祷词选集、赞美诗、祈祷书、时祷书、耶稣会的《神操》著作，以及《基督教年鉴》（*Anné chrétienne*）或是《圣周》。这类书籍的作者很少被提及。

如果藏书人有 50 多本书，那么在宗教著作之外，他有时也会拥有娱乐性书籍和历史书。巴黎的一个有产者收集了 91 本书，他于 1704 年去世时，这些书的价值共 66 利弗尔。在宗教著作之外，还有辞典和莫里哀的

1　G. Rodier, p. 78-79.

2　Mlle Vandertaelen, p. 58.

3　M.-J. Curis-Binet, p. 61.

著作。[1]1761 年，一位家具制作师傅已经建立起一个有着 100 本藏书的真正的小图书馆。其中有"用羊皮纸绑住并制作了封面的书籍，关涉虔诚、历史和其他主题，它们的状况都很差，总价值 30 利弗尔"。[2]

一次又一次，书籍在商人、城市行业师傅和手工业者的住处中被发现，它们都与这些人的职业有关。作为行业工具的书籍实际上并不单为教士、律师、医生和音乐家准备。例如，1643 年，在石工师傅查尔斯·科克雷尔（Charles Cocquerel）的家中，"关于建筑的著作，《实践几何学》（*La Géométrie pratique*），一本羊皮纸封面的书，名叫《建筑基石》（*Le Premier Tone de la'architecture*），作者是菲利贝尔·德洛姆（Philibert Delorme）"，出现在清单中。[3]一位巴黎有产者布料零售商的遗孀在 1742 年的清单中列有《完美谈判》（*Le Parfait Négociant*），其副标题解释说，这本书提供了"关于一切商品贸易的——不仅是法国的，还有外国的——总体性介绍"，其作者是雅克·萨瓦利（Jacques Savary）。[4]职业对藏书室构成状况的影响在许多绘画师傅中也同样明显：1709 年，让·勒让德尔（Jean Legendre）有 3 本"关于绘画"的书，1722 年，在雅克·莱洪特（Jacques Lehonte，他是一位绘画师傅，也是国王军队的画师）的工作室里，有 16 本书，其中包括"一本《圣经》，以及关于版画和盾徽的书"；1726 年，在属于皮埃尔·朱里昂（Pierre Julien）的 21 本书中，有一本"处理关于《圣经》的神圣绘画的书"，以及一本版画合集。[5]

虽然死后编纂的清单中存在缺漏，缺少细节，但它们仍然提供了关于巴黎人拥有的书籍的信息。虽然我们样本中有 58% 的家庭中没有书，而

1　M.-J. Curis-Binet, p. 61.

2　M.-P. Zuber, p. 118.

3　M. Landrier, p. 121.

4　V. Aronio, p. 119.

5　M.-P. Dumoulin, p. 118.

且在许多家庭中，书籍的数量十分有限，堆在往往很狭窄的住房中的书籍的总量仍然十分可观。它们的累积是个人购买或代际遗产继承的结果。正如能从这项研究中看出来的那样，在 17—18 世纪的巴黎，书籍既不是稀有物品，也不是奢侈的象征。启蒙时代在书籍经销方面的进步甚至把印刷品带到工作阶层之中，书籍实际上成了一般消费品，虽然人们并未大规模地购买它们。

虽然在大致观察这些作品的标题时，我们似乎会发现它们具有很广泛的多样性，但这只是表象。实际上，同样的标题一次又一次地出现，无论是在神学、历史、文学还是法律领域。就像米歇尔·马里恩（Michel Marion）已经评论过的那样，这些读者的趣味总体上来说似乎既古典又传统。[1] 巴黎人，尤其是年纪较大的人，更喜欢阅读并重读那些他们从父母那里继承下来的书籍，或是在年轻时购买的书籍，而非关注最新出版的时兴作品。这解释了逝者藏书室中《百科全书》以及伏尔泰与卢梭的著作的稀有，甚至到 18 世纪 70—80 年代这么晚的时候也是如此。这些其藏书被公证人以清单形式记录的前革命时代的读者们似乎很少被启蒙时代的哲学观念所触动。在我们样本中的能够接触书面文化的大部分家庭中，宗教性的著作，而且常常是有着冉森主义倾向的那些书籍的数量远远超过了其他类型，甚至在 1750 年之后也是如此。

这种宗教主题的数量优势在藏书量少于 200 本的藏书室中是不可否认的。在圣安托万郊区 1760 年前后的清单中所罗列的书籍中，有 67% 涉及宗教主题。[2]18 世纪 70 年代，莫贝尔广场附近的街区中那些藏书量少于 200 本的家庭（占总数的 64%）里，宗教著作比其他类型的作品都多得多。但在藏书量多于 200 本的藏书室中，宗教主题的占比就降到了 17%。[3] 这

1　Thibault Cazeneuve fait la même constatation, mém. cit., p. 85.

2　M.-P. Zuber, p. 119.

3　V. Paquet, p. 122.

大量的虔诚书籍，不正是展现了其主人加强信仰和祈祷生活的深切愿望吗？他们通过沉思或注释《圣经》，通过阅读灵修著作或圣徒生平来让自己受到感化。那个时代的人们的心态，显然是与这类虔诚书籍（主要是《圣经》）的威望相关联的，而这种威望，正如十字架、念珠那样，是来自这些作品的神圣属性。1750 年以后，新观念在弗朗科尔这样的启蒙精英中传播，但是，宗教作品仍然基本上是大部分中层民众的唯一读物。实际上，就像宗教游行与其他宗教信仰的外在象征，这类作品的出现似乎表明了，许多巴黎人虔诚信仰着基督教，而且一种共有的虔敬感仍然存在。直到大革命的冲击随之带来了一系列反宗教的法律，这种信仰才能够被动摇。

其他文化制品

在这个印刷字并非无处不在的世界里，口头交流对传递知识而言相当重要。不幸的是，口头交流不会为历史学家留下任何踪迹。作为知识传播的工具，书籍是占优势的，也在清单中出现得更为频繁，别的文化媒介则在巴黎家庭中比较少见，数量很少，局限于特定的家庭。

乐器只在音乐家的家中大量出现。正如教士和律师需要书籍来施行义务，音乐家不能没有他们的乐器。但是，我们应该强调，在 17—18 世纪期间的 142 份音乐家和乐器制作者的清单中，17% 完全没有提到任何乐器。这种似乎无法想象的缺席，单纯是出于我们计数的缺陷吗？还是说，这些物品就在其主人死亡前后消失了？某些音乐家是租用乐器的吗？无论如何，更重要的还是大多数音乐家和乐器制造者的清单中显示出来的乐器拥有状况。其中，后者，也就是乐器制造者（factuers），或者用 18 世纪的话来说，弦乐器制造者（luthiers），由于职业本身的性质而被牵涉到制作和售卖乐器的过程中。去世之后，他们有时会在作坊（或称商店，仓库或是商店间）中留下大量的乐器。1648 年，让·德·穆兰（Jean Des Moulins），国王的乐器制造师，拥有将近 300 件乐器。[1] 我们在 18 世纪期间的 19 个乐器制造者家中找到了共计 2916 件乐器，平均每个店铺中有 153 件乐器。据清单所列，在死于 1725 年的弦乐器制造师傅兼商人尼古拉·贝特朗（Nicolas Bertrand）家中，有 114 把小提琴（violons），5 把大提琴（violoncelles），5 把低音乐器（basses），53 把古提琴（violes），还有 106 把吉他（guitares）。玛丽－让娜·泽尔特纳［Marie-Jeanne Zeltener，她是王太子的著名弦乐器师傅路易·格桑（Louis Guersan）的妻子］的清单，证实她在 1770 年拥有 493 把小提琴，4 把中提琴（altos），2 把大提琴，20 把低音乐器和低音提琴（contrebasses），128 把古提琴，16 把吉他和 5 把曼陀林（mandolines）。[2]

　　17 世纪晚期，乐器制造者取得了不少细碎的技术进步，在这之后，这些各式各样的乐器在启蒙时代越来越精致了。这一时期，在乐器声音研究方面发生了令人瞩目的进步，能够调整已有声音或是创造新声音的技术发明随之出现。[3]

　　高品质乐器的发展需要更多的职业和业余音乐家。乐器制造者工作室中的乐器并非全部"由此人所制造"；正如估价人常常表明的那样，其中的某些来自外国制造者：2 把英国小提琴，29 把提洛尔小提琴，64 把来自洛林的小提琴，2 把德国小提琴，1 把意大利小提琴，还有 1 把阿玛提（Amati，他来自意大利克雷莫纳的著名弦乐器制造者家族）制作的小提琴。这里还有 1 把低音乐器和 1 把中提琴，来自提洛尔，以及 4 把来自那不勒

1　S. Lacoste, p. 56.

2　I. Petitclerc, p. 132 et s.

3　关于这一主题见 Pierre Ghaunu, *La civilisation de l'Europe des Lumières, op. cit.*, p. 410, 以及如下作品，Norbert Dufourcq et Josiane Bran-Ricci, *Les instruments de musique au XVIIIᵉ siècle: France et Grande-Bretagne*, Londres, 1973.

斯的曼陀林。

  不论是巴黎还是外地制造的，各种各样的乐器从 1750 年起，在商店中的数量不断增加，满足了首都和国际市场的需求。这些 18 世纪的弦乐器制造者，扮演着手工业者和商人的双重角色，不仅通过提高商品的质量，也通过提供专门的交易术语，来努力满足不断增长的客户群体。清单中的"文件"一栏向我们揭示出，某些乐器制造者将自己制作的乐器租给客户们。这类乐器通常数量惊人，我们由此似乎可知，出租乐器的市场至少也与售卖市场一样繁荣。于 1756 年去世时，乐器制造师傅皮埃尔－弗朗索瓦·格罗塞（Pierre-François Grosset）留下了"一捆 17 份的文件，它们被不同的个人所签署，是关于将乐器租给他们的租金的，这些乐器属于格罗塞先生"。[1]

  启蒙时代的乐器制造者是有着优越技巧的真正艺术家，他们为音乐文化的传播做出了贡献。但是，他们本人似乎并不弹奏任何乐器，他们的家人也并不弹奏乐器。实际上，我们很少看到他们自己或家中妻女所使用的乐器。只有古钢琴制作者弗朗索瓦·德斯库尔伯（François Descourbes）在 1751 年拥有一架旧的古钢琴（clavecin），被估为 20 利弗尔这样的低价。

  音乐家和作曲家是这些乐器制造者与弦乐器制造者的主要客户，在 18 世纪，他们有时候也拥有所有种类的乐器。1701 年，圣尼古拉德尚的风琴手尼古拉·吉戈尔（Nicolas Gigault）的房间里有 4 把小型古钢琴（épinette），3 架古钢琴和 1 把单弦琴（manicordion），这些都出现在他妻子的死后清单里。虽然是一位风琴手，但这位音乐家也有 5 把高音古提琴（dessus de viole）和 1 把低音古提琴（basse de viole）。这进一步证明了，在那个时期，古提琴仍然是音乐制作过程中的基本乐器，就像古钢琴一样。1732 年，曾担任国王风琴手的路易·马尚（Louis Marchand）死后，留下

---

 1 I. Petitclerc, p. 142.

了 7 把小型古钢琴、3 架古钢琴和一把单弦琴，还有其他弦乐器，包括 1 把古提琴、8 把吉他，以及 3 支笛子（flûtes）。

在房间有限的住处中出现了这么多相对笨重的键盘乐器，这或许会令人惊讶。当然，小型古钢琴并不是很宽，可以轻易地靠在墙边。而要为古钢琴腾出空间，就更困难些，至少，为那些比较长的，或是承袭自 17 世纪的有一排或两排键盘的古钢琴腾出空间会更难些。由安特卫普的著名乐器制造者，鲁克斯（Ruckers）家族签名的乐器，是价值很高的装饰品，以其音乐品质及其装饰性的美丽著称。1769 年，王家音乐学院成员，风琴手查尔斯·诺贝莱（Charles Noblet）拥有 2 架古钢琴，每一架都价值 240 利弗尔，其中一架就是由鲁克斯制作的。风琴手可以在教堂里练习管风琴，但在家中，出于空间和资金方面的原因，他们会使用古钢琴。大部分风琴手，包括尼古拉·吉戈尔，都同时担任老师，这意味着他们需要有好几架乐器，以供自己和学生使用。清单显示，1784 年，某位风琴手家中有一架"有两排键盘的管风琴"。另一架管风琴则出现在 1764 年的一位音乐与舞蹈教师家中。除了风琴手之外，其他古钢琴拥有者包括作曲家和各种其他类型的演奏者。估价人在 1787 年的弗朗科尔家中找到了一架鲁克斯制作的古钢琴，它价值 240 利弗尔，样式与查尔斯·诺贝莱有过的那架一样。艾吉迪欧·罗穆阿尔多·杜尼或许用以创作他的那些喜剧歌剧的乐器，可能就是一架价值 120 利弗尔的古钢琴。至于那个时代最卓越的音乐家让－菲利普·拉谬，他用的是一架相当古老破旧的古钢琴，它被估价为 24 利弗尔。

古钢琴是职业音乐家和音乐爱好者家中最常见的乐器。但是，它也渗透着一种贵族的、典雅的气息。结果，在大革命期间它被"抛弃了"，可以说，是被不那么旧式而更具有产者风格的钢琴（piano-forte）所取代了。我们只发现了一架现代样式的钢琴，它属于音乐家弗朗索瓦·德维耶纳（François Devienne），出现在了 1790 年此人遗孀的死后清单上。这是 1 架埃拉尔

（Erard）的桃花心木钢琴，价值 320 利弗尔，与它一同出现的还有 1 把小提琴、1 把有琴弦的中提琴和 1 支带有银饰的大管（basson），这些乐器的总价值是 200 利弗尔。

18 世纪期间，键盘乐器非常流行，而根据音乐家们的清单中的乐器数量来看，弦乐器似乎也很受欢迎。小提琴是 17 世纪最流行的乐器，但在 18 世纪 50 年代之后，它在法国音乐鉴赏界取得了突破，也在演奏台上赢得了更高贵的地位。1706 年，音乐家路易·阿莱尔（Louis Allair）只拥有一把"破烂的"小提琴，1737 年，音乐师傅皮埃尔－奥古斯丁·莱平特雷（Pierre-Augustin Lepeintre）也有 1 把带弓的小提琴；另一位音乐师傅，艾蒂安·沙维（Etienne Chauvet），在 1754 年有 4 把小提琴，10 年后，音乐与舞蹈师傅弗朗索瓦·高维利耶（François Gauvillier）也有 4 把小提琴。古提琴在 1750 年后变得更为稀有，接下来的 10 年首批大提琴出现了：1755 年去世时，让－巴普蒂斯特·斯达克［Jean-Baptiste Stuck，人们一般叫他巴蒂斯坦（Baptistin）］，国王常任乐师，拥有"2 把带有琴弓和琴箱的大提琴，价值 120 利弗尔"。管乐器比弦乐器和键盘乐器更常见些。其中，笛子最为常见，例如，1761 年，城中 1 位双簧管演奏者（hautbois）家中有一支银键的黄杨木德国长笛（flûte traversière）；1764 年，1 位音乐与舞蹈师傅家中有 1 支木质德国笛子；我们也发现了风笛（musette）和大管：1754 年，艾蒂安·沙维（Etienne Chauvet）家中有一支银键的中国风笛；1706 年，路易·阿莱尔（Louis Allair）家中有 3 支旧的大管。

就像我们已经在弗朗科尔家中看到的那样，这些乐器有时与音乐作品一同被发现，这些音乐作品中的许多是由乐器主人创作的。让－巴普蒂斯特·斯达克藏书室中的 696 本书里，有 400 本音乐书，价值 280 利弗尔。这些音乐书中还有 6 本意大利作曲家与小提琴家克莱里（Corelli）的作品，以及另一位意大利小提琴家马希提（Mascitti）的 8 部作品，还有 380 部关于声乐、康塔塔、意大利旋律、歌剧、赞美颂（Te Deums）、晚祷（vêpre）和交响乐的作品，其中"既有已故的巴普蒂斯特先生的作品，也有其他人的作品"。至于让－菲利普·拉谬的藏书室，其中的 609 部关于音乐的著作全都是逝者所写的。[1]

除非是职业人士，生活在 17—18 世纪的巴黎社会中的人们很少演奏乐器。如果我们排除音乐家和乐器制作者，逝者中只有 4.5% 的人的遗产中有乐器。虽然据当时人们所说，圣路易节日上的，或是赞美颂后的公共音乐会吸引了大量的巴黎人，但音乐文化在业余人士中的流行程度是非常有限的。这些家庭中有什么乐器呢？哪些乐器最受欢迎呢？在清单确认存在的 150 件乐器中，有 24.5% 是键盘乐器，17% 是管乐器。三分之一以上的弦乐器是小提琴。清单显示，在一个死于 1740 年的酿酒商人家中他自己的房间里，有 2 把小提琴，还有 1 个圭亚那产原木（bois d'amarante）的乐谱架。[2] 1 位供职于圣塞弗林（Saint-Séverin）的教士，加斯帕·德卡波尼（Gaspard de Capponi），1751 年去世时，拥有 1 把带弓的小提琴。这一非常流行的乐器常常被估价在 10 利弗尔以下。虽然在 18 世纪开始过时，高音古提琴和低音古提琴仍然是仅次于小提琴的最常见的弦乐器。巴黎教区的一位助祭去世于 1751 年，那时，他拥有 2 把低音古提琴，1 把是产自意大利的，带有琴键（touches）以及弦，另一把带有紫心木和马鬃制作的弓。在他的藏书室中，有"马莱关于低音古提琴的著作"。[3]1720 年，在一个布商妻子家中有一把带弓和胡桃木乐谱架的古提琴，还有 5 本音乐书。[4]1705 年，一位作家的遗孀，卡特琳娜·胡登（Catherine Houdon），

1　以上关于 18 世纪法国音乐家的信息提取自 I. Petiteclerc 的回忆录。

2　G. Crombez, p. 78.

3　M.-D. Bost, p. 76.

4　V. Aronio, p. 114

家中有 11 把低音乐器，它们被描述为"既能弹奏高音也能弹奏低音"。[1]

其他弦乐器出现得更少些：根据清单，1666 年，一位担任国王乡间宅邸常任总管（maître d'hôtel ordinaire du roi）的乡绅拥有"一把在盒子里散架了的吉他"。[2]1706 年，书商弗雷德里克·雷奥纳尔的妻子有两把吉他，其中一把来自意大利，而且"带有镶嵌图案"。[3]像小提琴一样流行的吉他，平均价值不过 6～7 利弗尔。在 18 世纪逐渐被弃置的鲁特琴（luth），只在路易十四统治期间的极少部分家庭中能够见到。据清单描述，1668 年，王室的一位内务官员家中有一架鲁特琴，"带有破损的琴箱"。[4]洋琴（tympanon）、摇弦琴（vielle）、希尔伯琴（théorbe）、竖琴（harpe）或是曼陀林（mandoline）这类的乐器极为少见。一把"带皮质琴箱子的梅利牌摇弦琴"被估价在 18 利弗尔，它被记录在某位元帅大人（maître maréchal）宅邸 1774 年的清单中。另一把"带有曲柄和黑皮革覆盖下的木制琴箱"的摇弦琴则出现在同一时期一位曾任步兵上尉的乡绅家中。[5]摇弦琴在之前几个世纪中是演奏流行乐的乐器，但在 1760 年与大革命之间，它在上流社会赢得了尊贵的地位。希尔伯琴是一种大型鲁特琴，到 18 世纪中期，它已经不再流行，虽然在路易十四统治末期，它并未完全消失——因为在 1705 年，"两把带有琴箱和琴弓的相当古旧的希尔伯琴"与 11 把低音乐器一起被列入了卡特琳娜·蒙东（Catherine Mondon）的清单。这些乐器加在一起足以装备一支室内乐队，但其总价却被估计在 20 利弗尔这样的低价。

键盘乐器比弦乐器更大也更昂贵，它们是留给少量富裕的业余爱好者

1　M.-J. Curis-Binet, p. 64.

2　G. Neveu, p. 71.

3　M.-J. Curis-Binet, p. 63.

4　N. Denquin, p. 74.

5　V. Paquet, p. 136.

的奢侈品。不像小提琴或吉他，古钢琴是一件贵族气派且很有威望的乐器，不是人人都能买得起的。在几个实例中，由于与财富相关，这件乐器实际上可以被视为社会地位的指示物，正如下述例子展现的那样：1657 年，一架高 6 法尺（2m）的古钢琴被估价为 150 利弗尔，它出现在国王的顾问与财政总监，皮埃尔·加根的家中；缝纫用品商的妻子安妮·德拉卢（Anne Delaleu）拥有一架漂亮的古钢琴，它有两排键盘以及涂了黑漆的木制琴腿，由安特卫普的让·鲁西尔（Jean Rucheere）制作，在 1708 年被估价为 240 利弗尔；拉里夫·戴皮内（Lalive d'Epinay）也拥有一架古钢琴，在 1782 年，它价值 720 利弗尔。

此类古钢琴的近亲，小型古钢琴（épinettes）常常获得很低的估价，但这不意味着它们是流行乐器。1646 年，国王的医学教授（médecin professeur），医学院博士菲利普·杜瓦勒（Philippe du Val）有一架胡桃木腿的小型古钢琴，它的估价仅有 100 索。但是，另一架有梨木腿的小型古钢琴在同一时期就被估价为 50 利弗尔。[1]18 世纪初年，一把价值 15 利弗尔的小型古钢琴出现在一位巴黎有产者的家中。[2]安妮·德拉卢，缝纫用品商勒尼亚尔（Regnard）的妻子，还有玛丽－安娜·德·埃萨尔（Marie-Anne des Essarts），书商雷奥纳尔的妻子，都既弹古钢琴，也弹小型古钢琴。据清单描述，在前一位女士家中，小型古钢琴带有胡桃木的琴箱，有柱状的琴腿；第二位女士的琴据说来自佛兰德斯。[3]清单所呈现的模式似乎显示出，小型古钢琴在 18 世纪期间越来越稀少了。

管风琴（orgue），用于教会音乐的乐器，出乎意料地出现在 4 个家庭中。其中，有 3 架管风琴据说是来自德国。1736 年，一位来自库唐斯（Coutances）主教辖区的教士的清单提到了一架"不完整且已经停止运作的"管风琴琴

1　D. Henrard, p. 66.
2　D. Durier, p. 206
3　M.-J. Curis-Binet, p. 63.

箱，它的低音部音塞（bourdon）、人声音栓（voix humaine）和管部已经脱落了，其风箱的管道也已经脱落。[1] 清单中唯一的钢琴（piano-forte）出现在一位业余爱好者家中，此人是 1782 年的拉里夫·戴皮内。这是一架英国工匠制作的桃花心木钢琴，价值 240 利弗尔。

管乐器比键盘乐器和弦乐器更少出现，但巴黎确实有业余音乐爱好者拥有此类乐器。这类乐器主要有长笛（flûes traversières）和竖笛（flûte a bec）。这些乐器至 17 世纪中叶，一直在进化，它们只出现在接下来的一个世纪中的逝者家庭的清单中。有时候，它们由精致的材料制成，例如我们发现的一支黄檀木制作、带有金质接合处（pêne）的长笛，另一支用来自印度的象牙和木材制成。其他管乐器也出现在逝者的财产中：有 3 支风笛，其中 1 支带有银饰，另一支饰有象牙；[2] 还有 2 支双簧管（hautbois），2 支小长笛（fifre），1 支小竖笛（flageolet），1 支大管，还有 1 支狩猎号（cor de chasse）和 1 支小号（trompette）。一位死于 1659 年的巴黎有产者丝绸商一定曾非常喜欢管乐器，因为他有 1 支双簧管、2 支小长笛、1 支小竖笛。[3] 清单中的狩猎号属于 1665 年的一位巴黎有产者，而被估价人描述为古旧的铜质小号，属于另一位死于 1668 年的巴黎有产者雅克·沃奎廷（Jacques Vauguetin）。[4] 这一乐器列表上还应该有原始管风琴（serinette），这是一种手摇风琴，以机械方式运作。我们在两个家庭中发现了这种乐器，一位香料商人的遗孀在 1771 年甚至有两架手摇风琴，它们"在两个圆筒上演奏 8 种曲调，总价值 200 利弗尔"。[5]

这些乐器的主人的社会阶层分布情况如何？一个基于 70 份清单的小

1　M.-D. Bost, p. 76.
2　B. Guiblain, p. 71.
3　D. Henrard, p. 66.
4　M.-A. Bianchi-Boulanger, p. 44.
5　V. Paquet, p. 141.

型调查显示，如表 14 所示，就像上面的例子表现出来的那样，乐器并不仅仅属于贵族，因为巴黎有产者和商人是人数最多的乐器主人群体，他们占总数的 24%，比贵族、法官和国王顾问这一群体的占比多 1%——他们占总数的 23%，是人数第二多的群体。接下来是城市行业师傅，占 16%；神职人员，占 11.5%；法律人士与医生，10%；还有会计和金融家，8.5%。最后，我们把 1 位马车夫、1 位旅馆主人和 2 位适龄未婚女性归为最后一类——专职人员、仆人与适龄未婚女性，这一类占乐器主人总数的 7%。那么，情况似乎是，这些业余音乐爱好者来自社会的各个阶层。但无论社会阶层如何，他们总是相当富裕（因为他们可以负担非必需的娱乐品）而又受了充分教育的。正如我们所知，弹奏一种乐器不仅需要一定量的自由时间，而且为了读乐谱，也需要有一定的教育水平。在这些家庭中，妻子或女儿往往是乐器的主要使用者，这单纯是因为他们显然比家中忙于商业贸易的男性成员有更多的时间。

表 14　作为非专业乐手的乐器主人的职业分布

职业	人数	百分比
商人，巴黎有产者（Marchands, bourgeois de Paris）	17	24%
贵族，法官，国王顾问（Nobles, magistrats, conseiller de roi）	16	23%
行业师傅（Maîtres des métier）	11	16%
神职人员（Clergé）	8	11.5%
法律助理，医生（Auxiliaires de justice, médecins）	7	10%
会计，金融家（Comptables, financiers）	6	8.5%
专职人员，仆人，适龄未婚女性（Gens de métier, domestiques, filles majeures）	5	7%

　　虽然音乐并未在 18 世纪期间成为流行的消遣方式，但它确实扩展到了更多社会阶层中。比起 17 世纪，在一个 18 世纪的商人或行业师傅家中找到一件乐器，不再是那么罕见的事情了。实际上，对应于乐器主人的社

会地位的乐器等级体系发展起来了。比起小提琴或吉他这样的"普通"乐器，贵族们更喜欢键盘乐器。毕竟，古钢琴是旧制度时期贵族群体的象征，正如钢琴是 19 世纪有产者的身份象征那样。安妮－特蕾莎·德拉卢（Anne-Thérèse Delaleu）这样的富商妻子弹奏古钢琴，实际上显示了她们想要爬上更高的社会阶层。1784 年，一位富裕的烘焙师傅的死后清单中也出现了古钢琴，他在圣奥诺雷郊区继承了一座有 8 个房间的房屋，死后留下了价值超过 1 万利弗尔的财产。旧制度最后一个世纪期间，这些商人和手工业者家中的古钢琴，不仅仅可以被理解为社会成功的标志，也揭露了一种炫耀的愿望，但并不能表明他们热爱音乐。

这些逝者中，只有很小一部分浸润在音乐文化之中。但从公证人的评估来看，对科学的兴趣在这些人中似乎更不常见。科学方面的好奇心确实出现在一些家庭中，这可以通过专门书籍和科学用具的存在而得知。但是发生在 18 世纪 30 年代后的科学进展与科学知识范围的扩张，只能体现在很少一部分的清单中。就像我们已经指出的那样，清单中几乎没有提及《百科全书》或是《科学、艺术与工艺词典》（*Dictionnaire raisonné des sciences, des arts et des métiers*）。但是，由于狄德罗的《百科全书》是在 1751—1780 年间出版的，它或许与我们研究的时段关系不大。

耶稣会会士在其学院中特别注重进行数学教学，引起了我们样本中的几位巴黎人的关注。在 1734 年去世时，贴身男仆克劳德·皮奥（Claude Piau）拥有"一个指南针和几样小型数学用具"。[1]1746 年，在未婚妇女玛丽－安妮·布兰凯（Marie-Anne Blanquet，她是一位真正的科学家）家中，还有在一位名叫阿基里斯·都塞尔（Achille Douceur）的有产者家中，估价人分别发现了一个指南针和一个小心储存在黑皮革箱子中的正方形模具。1747 年，无疑是专家的建筑师查尔斯·弗朗索瓦·勒布伦（Charles-François

---

1　Y. Aubry, p. 77.

Lebrun）不仅有 3 件此类数学用具，还有"一个铜质的半圆，用以起草平面图"。但在这一实例中，这些东西是他的职业用品。[1]最后，德菲利纳侯爵也对数学有某种兴趣。

天文学和气象学对于这些巴黎人而言，似乎也具有很强的吸引力。17 世纪单纯为了观察天空而发明的所谓感官增强器（multiplicateurs sensoriels），在启蒙运动期间被改进和完善了，成了客厅中的常见物品，正如气象仪一样。1739 年，在德波纳克侯爵家中，有 1 个温度计和 1 个气压计，它们都是用雕刻过并贴金箔的木材制成的，还有带铜饰的望远镜和显微镜，它们的总价是 20 利弗尔。[2]克劳德·皮奥（Claude Piau）不仅着迷于数学，也将空闲时间用于以望远镜观星。1770 年，一位富裕的巴黎有产者的客厅里有 1 架望远镜和 1 个地球仪，还有温度计和气压计。[3]1775 年，德菲利纳侯爵有 3 架望远镜，1782 年，拉里夫·戴皮内有 1 架长距离望远镜（lunette de long vue）和 1 架天文望远镜。[4]一个有趣的例子是玛丽－玛德琳·多洛多·德·弗曼尚（Marie-Madeleine de Dorlodot de Vermanchamp），她死于 1772 年，其丈夫是海军天文学家查尔斯·麦希尔（Charles Messier），此人曾发现过 13 颗彗星，并观测到 40 颗以上，因此为自己赢得了路易十六所赠与的"彗星雪貂"称号。1775 年，缅因公爵（Duc du Maine）的家庭教师在其《法国与罗马史教学》（*Instruction sur l'histoire de France et romaine*）中写到了 1770 年发现的一颗彗星："虽然离地球非常远，但它可以由裸眼看到；它是这位天文学家 12 年间发现的第 11 颗彗星。"[5]

1　D. Villate, p. 105.

2　G. Crombez, p. 78.

3　G. Rideau, p. 135.

4　Y. Aubry, p. 77.

5　转引自 V. Paquet, p. 140.

18 世纪跨大洲旅行的风潮，对异国情调与远方探险的兴趣，当然还有几何学家和土地测量员 1750 年前后改善道路网络的努力，都有助于激发巴黎人对地理的兴趣。在少数家庭中，地球仪、书籍、平面天体图，特别是地图，展现了地理科学的繁荣发展。奥古斯丁·波吉洛（Augustin Bogillot）是一位印刷厂厂长，由于行业特性而负责传播新知识，1748 年死后，他留下了两本《地理学方法》（*Méthodes de géographie*）。同一年，萨文侯爵（Marquis de Savine），国王军队的中将，在他办公室的柜子里储存了 25 张地图。当然，它们对他而言或许有职业方面的价值。但这并非一位缝纫用品店老板妻子的情况，这位妻子也有"3 张粘在带有乌木制管子和滚轴的布面地图"。[1] 在其他的清单中，我们发现了一些科学用品的痕迹，例如"2 张中等大小的地图，带有管子和滚轴，价值 20 利弗尔"，或是 1 个指南针、1 个小球、1 张平面天体图和各种各样的地球仪或天体仪，"包括有乌木腿的天体仪"。1770 年前后，我们也注意到两部鲍德朗（Baudrand）和拉马提尼耶（La Martinière）所著的地理词典。

无论这类各种各样的科学用品处理的是数学、天文学、气象学还是地理学问题，在同一个家庭中，它们常常被组合在一起，就像上面这少数例子表现出来的那样。虽然它们有时只是作为客厅装潢的一部分，扮演着装饰性的角色，但它们主要表现出了受到启蒙的巴黎精英对科学和技术进步的好奇心，以及对新知识的渴求。狄德罗将夏尔丹所过的静止生活描述为"科学的品质"（Les Attribus des sciences），相关段落在 1765 年的沙龙被读出，它展现了启蒙时代对科学的兴奋感："我们看到，在一张铺着微红地毯的台子上，从左到右有着一些立着的书、1 架显微镜、1 个钟形玻璃罩、半藏在绿色塔夫绸窗帘后的地球仪、1 个温度计、1 面立在支脚上的凹面镜，1 个带箱子的小型望远镜，一些地图卷轴和 1 个望远镜的

1　D. Villate, p. 106.

残片。"[1]

宗教图像

在一个只有少数人可以接触到书面文字的世界里，图像，尤其是宗教图像，意在教育和启迪，对其观看者产生了可观的影响。维克多－卢锡安·塔皮埃（Victor-Lucien Tapié）[2]和米迦勒·梅纳尔（Michèle Ménard）[3]都巧妙地强调了祭坛画中宗教图像的教育性角色。值得注意的是，主题（不仅是祭坛装饰中被画出和雕刻出的图像的主题，还有得到大量传播的版画的主题）都是由教士决定的，他们严密地监视着这些作品的制作过程，确保其与特伦托会议后的教义正统相契合。实际上，在天主教改革期间，耶稣会会士路易·里奇奥姆（Louis Richeome）和圣绪尔比斯（Saint-Sulpice）修道会的让－雅克·奥利耶（Jean-Jacques Olier）这样的教士对宗教图像学具有决定性的影响，此时宗教图像学在某种意义上就相当于通过图像传递的教义问答。

随着在铜板上雕刻凹线这一领域的技术进步（由此，铜刻取代了木刻或木版画），巴黎的宗教图像行业在17世纪最初几十年间大规模扩展了。同样需要注意的是，在同一时期，上一个世纪聚集在蒙特罗盖尔路附近的版画商人，开始在大学附近开店，并将书店开在圣雅克路附近。这类商人自己就常常使用金属雕刻刀，他们中的某一些建立了货真价实的版画王朝，例如著名的玛丽叶特（Mariette），波纳尔（Bonnart）和奥德朗（Audran）

1　Diderot, *Salons*, Oxford, i960, t. II, p. 112.

2　Victor-Lucien Tapié, *Baroque et classicisme*, Paris, 1957, réédité en 1972, et Victor-Lucien Tapié, Jean-Paul Le Flem et Annik Pardailhé-Galabrun, *Retables baroques de Bretagne*, Paris, 1972.

3　Michèle Ménard, *Mille retables de l'ancien diocèse du Mans*, Paris, 1980.

家族。[1] 这些版画商们贩卖雕凹线法制成的版画，主要在宗教图像领域做生意，这一点可以从国家图书馆的版画藏品目录中看出。清单提及的大部分宗教版画可能都来自圣雅克路上的工作坊。

样本中超过一半的家庭清单中出现了宗教主题的彩绘（Tableaux peints）和版画。弗朗索瓦·科洛迪耶（François Colodiet）[2] 和特蕾莎·莱里登—塞吉（Thérèse Leridon-Segui）[3] 在论文中研究了两个特定时段的宗教物件，第一段时间是从 1645 年到 1700 年，第二段是从 1695 到 1745 年，前一段时间的宗教物件占比 49%，后一段时间其占比为 52%，这一比重直到 18 世纪 70 年代都几乎仍然保持不变，在启蒙运动的反宗教影响下也没有真正开始下降，直到法国大革命前夕那我们的研究并未覆盖的时段之前，都是如此。这种现象的一个标志，就是我们研究中被估价的图像中，大约 52% 关涉宗教主题，但 1750 年后，这个数字仅有 42%。

何种社会人群表现出了对宗教图像的偏好？一项基于 18 世纪上半叶在 148 个家庭中找到的 610 幅宗教画和 942 幅世俗画的研究显示，社会等级较低者的家中，宗教图像的地位尤为重要。与之相对，贵族和法律人士家中世俗图像也成比例地更多些。同一研究揭露了宗教图像的平均价值，3.3 利弗尔，这比世俗画的均价 4.5 利弗尔至少低了 1 利弗尔。但主题不同的宗教图像之间也有很大的差价，这是在弗朗索瓦·科洛迪埃的研究中的 326 个例子中展示出的。几乎并不令人意外的是，题材未标明的画平均被估价为 20 索：没有说明主题，因为这不值一提。这样的图像从未被单独估价。反之，它们被打包成组，这类组中的小尺寸便宜版画占比可能很高，

1　Pierre-Louis Duchartre et René Saulnier, *Vimagerie parisienne*, Paris, 1944.

2　F. Colodiet, *L'objet religieux dans le foyer parisien de la seconde moitié du XVIIe siècle*, mémoire de maîtrise, Paris IV, 1982.

3　T. Leridon-Segui, *Les objets de piété dans les inventaires après décès de la première moitié du XVIIIe siècle*, mémoire de maîtrise, Paris IV, 1982.

例如关于宗教团体的画。关于耶稣钉十字架和圣徒的图像十分常见，分别价值 2 利弗尔和 3 利弗尔。其他关于基督或圣母的主题被估价在 3 利弗尔和 4 利弗尔之间。《旧约》中更罕见的主题价值更高，可能高达 8 利弗尔：因为它们要求对神圣文本具有更多知识，并且可以在作品中展现历史画中更为宏大的场景。例如"三位一体"或是"七圣事"之类的各类不常见主题，被估价在 4 利弗尔以上。那么，似乎一个主题的出现频率越高，其价值就越低。

这些图像的主要题材是什么呢？我们已经强调过，清单在这一点上很不精确。需要记住的是，清单中列的每 5 幅图像中，我们只知道其中大约 3 幅的主题。"宗教画"或是"虔诚图像"这样的措辞十分常见。常常发生的情况是，那些因为没什么价值而未被鉴定的图像往往是在最贫寒的家庭中发现的。可以参考如下例子：1 个在 1643 年拥有"11 幅布面宗教画"的制醋师傅，或是 1 个留下了 60 幅宗教图像和 1 幅世俗图像的散工（他于 1732 年去世）。

但是，我们能够建立起一个由 2000 幅被鉴定了的图像构成的样本，这使得我们有可能了解图像主题的分布。最为常见的主题是基督，出现在样本中 33% 的图像上。然后是圣母和圣徒，各占 30%。《圣经》章节出现得更少，占 5%，还有 2% 的图像为其他主题（见表 15）。这种状况表现了虔信者们在后特伦托宗教会议的传统中专注于基督的形象，同样的趋势也出现在同一时期遗嘱中发现的虔诚祈祷中。这类基督图像中大约有一半展现了"神之子"遭受人的痛苦。一个十字架基督像［侧面有圣母和圣约翰，这是德尼·兰德里（Denis Landry）创作的版画］下的铭文唤起了这一秘密："基督徒，耶稣为了让你活下去而死去了。"[1] 在关于基督受难的情景中，被钉上十字架和下十字架是最常见的主题。实际上，我们注

---

1 F. Golodiet, p. 98.

意到，在表现了家中情形的版画中，尤其是那些亚伯拉罕·博斯（Abraham Bosse）创作的版画中，墙上几乎总有一幅十字架上的基督的画。

表 15　宗教类肖像中的主题分布

主题	数量	百分比
基督	653	33%
圣母	600	30%
圣徒	594	30%
《旧约》	95	5%
其他	41	2%

　　我们也观察到"神之子"和"受难"这样的词语在遗嘱使用的语言中非常重要。[1] 大部分遗嘱开始于十字架的标记，"以圣父、圣子和圣灵的名义"，接下来是表明立遗嘱者"希望他（或她）的灵魂归于耶稣基督，这拯救者与救世主"的套话，或是诉诸死者的美德和耶稣基督的受难。我们不能忘记，遭受痛苦的基督的图像，无论是被绘画、刻出还是雕在木十字架上，都出现在这些基督徒房间的墙壁上，而这些基督徒会将交出灵魂前最后的凝望献给这一图像。虽然基督临终的挣扎是救赎的奥秘中被展现得最为频繁的情景（因为它对于实现救赎十分重要），基督受难故事中的其他情节也是这些巴黎人家中图像的重要部分：被鞭打的基督，戴着荆冠的基督，*Ecce homo*[2]，背着十字架的基督，在橄榄山上的基督。受刑的基督的图像也出现在关于耶稣裹尸布和耶稣像的图画中。虽然关于圣事的狂热在 17 世纪期间不断增长，但关于最后的晚餐或是圣餐的图画是很少见的。但或许这种对基督之体的虔诚已经通过价值低微、不值得描述的小型图像表现出来了：这些图像被发给关于圣餐的宗教团体的成员，或是发给

---

[1]　Pierre Ghaunu, *La mort à Paris, op. cit.*, p. 375 et s.
[2]　"你们看这个人"，这是彼拉多将戴荆冠的耶稣交给犹太人示众时所说的话。——译者注

学习教义问答的孩子。对荣耀基督的描绘同样稀少，无论是复活，耶稣显现给二徒，升天，还是主显圣容，相关的图像都很少。

在这类基督主题的图像中，超过四分之一都单纯是对耶稣形象的缺乏深入细节的描绘，或者是手握世界的耶稣的形象。在基督教神学中，与救赎奥秘密不可分的是道成肉身的奥秘，这一点表现在对婴儿耶稣的描绘，以及对耶稣童年情景（即，耶稣降生，三王来朝，或是少见得多的牧羊人的朝拜或逃往埃及）的描绘中。这些关于道成肉身奥秘的图像在所有基督主题的图像中的占比稍微超过 15%。被贝鲁勒（Bérulle）和法国灵性学派拔高之后，这种对婴儿耶稣的虔敬成为一种对神的谦逊表示敬意的方式，一种庆祝耶稣基督降世的方式。关于耶稣的公共生活及其福音教导的画作和版画要少见得多，只占基督主题图像的 10%。这类图像往往强调施洗者约翰的洗礼，耶稣与他的使徒，迦南的婚礼，拉撒路的复活，在马大和马利亚家中的用餐，井边的女人和沙漠中的诱惑。唯一一个被提到的《圣经》寓言是浪子回头的故事，这象征着忏悔这一圣事。

以圣母马利亚为主角的图像数量众多，这见证了逝者对其求情力量的深刻信念。我们应该注意，几乎 90% 的立遗嘱者在对圣母的祈祷中表明了他们的信任。在这些关于圣母的图像中，76.5% 表现了她将婴儿耶稣抱在臂弯中，或是由耶稣、1 名天使或圣约翰陪在她身边。我们已经将圣母主题归类为"神圣家庭"，对神圣家庭的崇拜得到了特伦托宗教会议的尊重。被马利亚和约瑟环绕着的耶稣出现在 11.5% 的关于圣母的图像中。这一世俗的"三位一体"不仅仅是对家庭生活的褒扬，也是对神圣"三位一体"的象征。来自马利亚生活的情景非常少见，除了圣母领报——这是道成肉身奥秘的一部分，占圣母主题图像的 8.5%。圣母往见（Visitation）、圣灵降临（la Pentecôte）、圣母升天（Assomption）、圣母永眠（dormition），圣母的加冕也会偶尔出现，占关于圣母的图像总数的 35%。很有趣因而值得注意的是，我们发现，悲伤的圣母一次都没有被提及。在中世纪晚期备受喜爱的悲伤圣母主题，在 1580—1630 年间继续频繁出现，那时候，它们被称为"怜悯的圣母"（Notre Dame de Pitié）：帕特里克·勒沙努（Patrick Le Chanu）发现，这是当时对圣母最为普遍的展现方式。

　　与圣母求情并列的，还有一系列的圣徒，他们的肖像也出现在这些家庭中。我们知道，立遗嘱者呼求他们的调解，他们或是某些特定的圣徒，或是天国军团或天堂中的所有圣徒这样的群体。此类中保中的某些得到了特别的崇敬。例如抹大拉的马利亚的图像，就差不多占了此类圣徒图像的四分之一。作为忏悔和入迷的化身，她是这一时期最受欢迎的圣徒之一。在画作和版画中，她常常被表现为一个长发的忏悔女人，独自在沙漠中的一个十字架前祈祷，眼中含满泪水。身边环绕着一个头骨、一本书、一个香水瓶，偶尔还有她罪恶的象征———一个珠宝盒、一面镜子、一条项链———她是赎罪之巨大力量的行走的实例。"圣徒世纪"中的所有人都画过她，包括尚派涅的菲利普（Philippe de Champaigne），西蒙·沃埃（Simon Vouet）和查尔斯·勒布伦（Charles Le Brun）。查尔斯·勒布伦所画的、被尼古拉·巴赞（Nicolas Bazin）制成版画后传播了数千份的肖像，表现了这位忏悔中的圣徒，她用长袍的一角擦眼泪，跪在一张放着一张羊皮纸和两瓶香水的桌前。她脚边放着一只香水瓶，项链散落在周围。尼古拉·巴赞的版画带有四行诗句：

> 抹大拉哭泣着，在痛苦中祈祷，
>
> 她所有的魅力都被剥除了，
>
> 谁能相信！抛弃了这些武器，
>
> 她赢得了救世主。
>
> （Madeleine pleurante, en prove à la douleur,

Se dépouille de tous ses charmes,

Le croirait-on! C'est en quittant ces armes,

Qu'elle sçait vaincre le Sauveur) [1]

奥德朗（Audran）的一幅根据安托万·狄俄（Antoine Dieu）的画作所制作的版画，表现了抹大拉的马利亚平躺在地上的一张草垫上，附近有一本书、一个十字架和一个香水瓶。她左手握着一个头骨，这头骨靠在她膝盖上，她抬眼看天，那里有一场天使的音乐会。画家以这幅画给《路加传递》的福音中的一句诗配图，这句诗就在迷失的羔羊和丢失的银币这一《圣经》寓言之后：根据版画下面的说明文字，它描绘了"天堂在罪人迷途知返之后的快乐"，版画边缘上的耶稣话语进一步强调了这一点："我告诉你，神的天使会因一个悔罪的罪人而感到快乐。"[《路加福音》（15：10）] [2]

虽然出现得远不如抹大拉的马利亚那么频繁，圣彼得也常常在布列塔尼和缅因（Maine）地区祭坛画中的圣徒名单中位居首位，敬拜他的巴黎家庭数量位居第二。这一围绕使徒首领的家庭崇拜似乎不能说是对第一位教宗和教会之父的敬意，而更多的是在敬拜基督那悔改的使徒。我们在国家图书馆的版画收藏中所见的几乎所有圣彼得版画都表现了他听到第三声鸡鸣后，面庞被泪水覆盖。实际上，我们很少见到他拿着作为其唯一身份标志的钥匙和书，更多见到的还是公鸡。圣彼得的忏悔的全部意义就在于为忏悔圣事提供象征，这是新教徒拒绝承认的圣事。其他来自这位信徒生活的情景也在圣雅克路上的作坊中被雕刻出来，包括他收到基督的使命，他被倒钉十字架而殉道。值得注意的是，圣保罗很少与圣彼得联系在一起，他在私人家庭中没有在教堂圣坛上那么被喜爱。他要么拿着一把剑和一本

1　Estampes, bn, D*a* 35, fol., p. 128, pièce 144.

2　Estampes, bn, D*b* 10, in-fol., p. 25.

书，要么沉浸在去大马士革路上的狂喜之中。

被描绘的频繁程度次于圣彼得的圣徒，是约翰。但是，清单中很少注明这是布道者约翰，还是施洗者约翰。后者几乎只在谈到耶稣受洗时才会被提及，因此我们把关于他的图像归入了"基督主题"。布道者约翰的传统标志物是一本书和一只鹰，或是毒蛇从中涌出的大酒杯。

男性中保图像出现次数排在第三位的是圣哲罗姆：他的形象是半裸着跪在沙漠中的一个十字架和头骨面前。他是一位同抹大拉的马利亚那样的隐士，他也代表着赎罪，催促着罪人们独自退隐。他的标志物，是书、羽毛笔和狮子头，它们也是科学的象征。在多希尔（Dossier）受安托万·狄俄一幅画的启发而创作的一幅版画中，这位教会博士坐在一个山洞中。他手里拿着一支羽毛笔，笔尖停留在一本书的上方，他被他的象征物（十字架和狮子头）包围着。在另一个画面中，他暂停写作去观察一架来自天堂的小号的吹口，[1]这个画面是对用以描述其特征的一段话语的忠实再现："无论我醒着还是睡着，进食还是饮水，我总是相信我听到了圣保罗所说的审判日的小号声。"实际上，圣哲罗姆修会（Hiéronymites），一个16—17世纪期间势力强大的隐修会，将圣哲罗姆选为他们的庇护人，并试图模仿他那禁欲苦行的生活。

其他圣徒更不常被提到。但是，在这些人中，殉道者更受欢迎。与忏悔一样，受难也被反宗教改革运动所称颂，被视为基督徒应该模仿的主题。最著名的殉道者是亚历山大的圣卡特琳娜，她是学生们（尤其是巴黎大学神学院的学生们）的庇护圣徒。除了传统的王冠与棕榈叶，她的标志物还有一把剑和一个轮子——那是折磨她的刑具。我们样本中的巴黎人保存的图像中频繁出现的其他殉道者包括安提柯的圣玛格丽特，生育中的女性的保护者，还有罗马人圣苏珊娜（sainte Suzanne）。圣巴尔布（sainte

---

1 Estampes, BN, D*b* 10, in-fol., p. 23.

Barbe）在农村教会中深受爱戴，因为她能保护人们免受闪电的威胁，也就是免受了死亡的威胁；但是，她的图像很少出现在城市家庭中。耶稣使徒圣安得烈也是男性中保人之一，他要么背着他那 X 形的十字架，要么仍然被士兵们钉在使他殉道的刑具上；圣洛朗，在一大群人面前被放在烤架上烧死；还有圣塞巴斯蒂安，他被绑在一棵树上，身体被箭刺穿。一幅尼古拉·巴赞的版画被命名为《基督徒头领圣塞巴斯蒂安与殉道者耶稣基督》（*S. Sebastien Capitaine Chrestien et Martyr de Jesus-Christ*）。塞巴斯蒂安是上帝送来的苦难的象征，他是一名治愈者，对抗瘟疫时，人们会尤为热切地提起他的名字。

在巴黎人家中被敬拜的其他圣徒，要么因其与耶稣亲近而受崇拜，要么因其能提供庇护而受欢迎。在版画和祭坛画的壁龛中，圣安妮的形象常常是在教圣母马利亚认字。虽然圣约瑟崇拜在天主教改革期间作为善终的庇护者而恢复了荣光，但圣约瑟很少出现在神圣家庭的背景之外。与基督关系亲近的最后两个人物是圣伊丽莎白，她是马利亚的堂姐妹与施洗者圣约翰的母亲；还有圣维罗尼卡，她与耶稣受难有关：1652 年，一幅根据尼古拉·勒瓦尔（Nicolas Loir）的布面画而制作的版画展现了维罗妮卡抬起充满泪水的眼睛，望向天空，同时举起了耶稣裹尸布。[1]

在受到了巴黎人敬爱的所有庇护圣徒中，圣热纳维埃夫（sainte Geneviève）作为巴黎的保护者，享有特殊地位。在城中举行的数场游行中，最庄严和卓越的，是关于圣热纳维埃夫的遗骨匣的，实际上，这遗骨匣在 17 世纪期间曾 8 次被抬往圣母大教堂，但在 18 世纪只有 2 次。在奥德朗根据查尔斯·勒布伦的一幅画所制作的用以装饰圣雅克郊区的加尔默罗会小教堂（la chapelle des Carmélites）的版画中，她跪着，手握蜡烛，在一座可以俯视一座被包围城市的小山上忙于照料她的羊。她的标志物被

1　Estampes., E*d* 33, fol., p. 25.

放在脚边：一对钥匙，一个纺纱杆，还有一本打开的书。天使出现在她头顶的天空中。[1] 另一幅象征手法与之类似的版画伴有一句拉丁文写成的"给圣热纳维埃夫的赞美诗和祈祷"。[2]

法兰西王国的庇护人是圣路易，他的节日是 8 月 25 日，伴有另一种游行和公共庆祝活动，他的图像出现在样本中的一些家庭中。他戴着王冠，穿着饰有百合花的披风和白色鼬皮斗篷，手握权杖与荆冠。巴黎人在祈祷中求助于他和另外 3 个圣徒：圣阿西西的方济各（saint François d'Assise），常常用于代表入迷，身上有象征他被神选中的"圣痕"；隐士圣安东尼，或是同名的来自帕杜阿的方济各会修士；还有圣多明我。我们需要指出，对最后一位圣徒而言，玫瑰经这一主题完全没有出现，也就是说，被圣母和婴儿耶稣托付给圣多明我和锡耶纳的圣卡特琳娜（sainte Catherine de Sienne）的那串念珠，完全没有出现在我们的样本中。但是，这一主题在法国西部的玫瑰经兄弟会的教堂祭坛上方大量出现。[3]

在这些巴黎人的宗教虔诚中，传统的圣徒比特伦托会议之后被列为圣徒的近期人物要重要得多。在这些反宗教改革的圣徒中，有圣查尔斯·博罗梅（saint Charles Borromée），圣方济各－沙勿略（saint François-Xavier），圣弗朗索瓦·德·撒勒（saint François de Sales），以及圣珍妮·德·尚塔尔（saint Jeanne of Chantal）。一幅尼古拉·巴赞根据安托万·狄俄的一幅画所制作的版画表明，在印度使徒圣方济各－沙勿略的生活中，是他在一个中国岛屿上的死亡这一场景引起了画家与雕刻家们的兴趣。这位耶稣会的传教士平躺在海边的一块岩石上，手里攥着一串念珠和一个十字架，

1　Estampes., D*a* 35, in-fol., p. 140.

2　Estampes., D*a* 35, in-fol., p. 141.

3　玫瑰经是荣耀圣母的祷告词，基督徒往往边念边用念珠计算所念次数，因此这两个意象关系密切。——译者注

他的眼睛朝向天空中出现的小天使。[1]圣弗朗索瓦·德·撒勒，日内瓦主教和王公，时常以光辉的形象出现，被将他抬起的天使们所环绕。他的手以祈祷的方式握紧，或是一手握着主教权杖，一手握着一颗光芒四射的燃烧中的心，心上还有铭文："耶稣永生"（Vive Jésus）。

很有趣因而值得注意的是，在某些家庭中，某位特定圣徒因其是逝者的庇护者而受到格外的崇敬。此类情况下，这一圣徒出现在家中是很自然的，虽然"圣徒图像存在于家中"和"圣徒是逝者的庇护者"这两点之间的关联并非广泛存在。

《旧约》中的主题很少见：虽然它们并非完全不见于这些家庭中，但它们更不为人熟知，因为它们更多的是思想性的，缺乏对冥想的启发性。亚当的故事使基督徒们铭记原罪，而亚伯拉罕献祭独子以撒则预示了道成肉身的基督所做的牺牲，基督是一个新的亚当，他来为人类赎罪。在17—18世纪基督徒中最受欢迎的《圣经》人物，是预示了"神之子"的那些人：分开大海的摩西、被上帝考验的约伯，或是无辜被打的托比特，这些人全都预示了基督受难。在其他《旧约》人物中，有两位犹太女英雄，她们是犹滴（Judith）和苏珊娜（Suzanne）。犹滴是耶和华战胜其敌人的象征，她的形象激励了雕刻家赫尔曼·韦恩（Herman Weyen），此人制作了一个系列的10张描述战胜霍洛芬（Holopherne）过程中的不同情景的小画。贞洁的苏珊娜的故事，常常由洗浴的情景来加以表现，它表明了神圣恩典将信徒从邪恶手中拯救出来的力量。《圣经》人物苏珊娜在一个为临终者所做的祈祷中被呼唤："主啊，解救这个灵魂吧，就像你把但以理从狮子巢穴中解救出来，把三个希伯来人从熔炉中解救出来，把苏珊娜从虚假指控中解救出来那样。"[2]

---

1 Estampes., D*b* 10, in-fol., p. 25.

2 Cité dans Louis Réau, *Iconographie de l'Art chrétien*, Paris, 1956, t. II: «Iconographie de la Bible», p. 393.

最后，在"杂项"中，我们安置了其他各类主题：这里的主要主题是圣父，他通常被表现为一个有胡子的长者，手握地球，身边环绕着一群天使，这样的形象出现在许多祭坛装饰中；其他主题还有圣三位一体、最后的审判、末世的情景，以及七圣事。

如果我们更加严密地考察这些宗教图像，两类对象会凸显出来：首先，基督的形象，尤其是被钉十字架的基督的形象——独自一人或是在他母亲和圣约翰之间；其次，是圣母与圣徒。这些形象出现的次数超过了《旧约》或《新约》中所有其他场景。不像圣坛上所展示的图画，这些巴黎人保留在其日常生活之中的图像并未描绘饱含教义教学内涵的主题；它们实际上为冥想和陶冶情操提供了主题。

由于这些家庭的居民们偏爱耶稣生平中受难和钉十字架的场景，如下情况也似乎很合理：他们爱慕的天堂中的圣徒大部分是经历了类似基督遭遇的忏悔者和殉道者。教会中的其他成员——老师、布道者、博士和主教——在这些家庭中的总数位居第二。实际上，这些宗教图像的目的与其说是教育，不如说是为个人的祈祷提供一种支撑。这类图像最常出现的房间，是房主的卧室——这是留给个人或家庭祷告的地方，根据弗朗索瓦·科洛迪耶（François Colodiet）的计算，宗教图像中有 62% 是在逝者的卧室里被发现的。

巴黎人死前诉诸的那些中保，是他们在遗嘱中提到的人物：受难的基督，圣母马利亚，最后，是所有响应神的召唤的天国中的圣徒，还有那些过着充满了忏悔与牺牲的生活的人们。

关于这些主题存在于多大范围的人群中，清单提供的信息并不完整，但我们仍然可以得知，宗教图像尤其强调罪恶、死亡和痛苦与求得谅解的忏悔的重要性。这些单纯是那个时代宗教情感的一种表达。[1]17—18 世纪

1　Jean Delumeau, *Le péché et la peur*, Paris, 1983.

的巴黎人的虔诚沉浸于一种基督中心主义之中，它强调那个时代的布道培养起来的崇尚受苦的倾向。他们的虔诚的另一个标志则是一种冉森主义话语——这种话语通过大量文章，强调救赎的困难和大多数选民的软弱。实际上，这些基督徒们选用来指引其精神旅程的宗教图像，似乎更多地关注基督生平中那些痛苦的奥秘，而非欢乐而光辉的那些，更关注罪恶而非神圣恩典，更关注忏悔而非圣爱，更关注对审判的恐惧而非希望。

宗教物品

宗教书籍与图像并非我们了解家中虔诚状况的仅有线索：样本中有45%的家庭中还有各种各样的宗教物品作为其补充。有宗教物品的家庭占总数的比重似乎在我们研究的整个时段中都保持恒定。虽然这些物品出现的频率稍微低于宗教图像，但比宗教书籍更高。事实是，这些物品的价值常常很低，这使得最贫寒的家庭也能获得它们，而且它们能够在所有社会阶层中被找到。1665 年，在一位散工家中，有 2 个头骨。[1] 17 世纪末，仆人们通常拥有"一个刻在乌木十字架上的象牙制基督小像"，其价值在 10 到 30 索之间。[2] 1751 年，一个擦地板者的妻子拥有 14 个用透明玻璃储存起来的遗骨匣。[3] 1761 年，一个出师的学徒车工拥有"3 个还愿物（ex-votos），其中 2 个完全是玻璃制的，另一个则是贴金箔的木头制成的圣母像"，还有"一个小山洞，其中有圣母像，另一个涂成白色并贴金箔的洞穴，其中躺着婴儿耶稣"。[4]

但是，有一定价值的宗教物品只出现在富裕的家庭中：1 个银质基督

1　N. Denquin, p. 62.

2　M.-G. Coutand, p. 91.

3　G. Rodier, p. 82.

4　M.-P. Zuber, p. 133.

受难十字架和 5 个遗骨匣（其中一个"上了瓷釉的金质遗骨匣价值 180 利弗尔"），1644 年，它出现在让·阿梅洛（Jean Amelot，大议会第一主席）家中清单上。[1]1640 年，王家军队中有一位名叫查尔斯·达玛（Charles Damas）的骑士，他曾任战地指挥官兼军队元帅（maréchal de camp et d'armée），估价人在他的死后清单中列出了总价值 120 利弗尔的"1 个带有钻石镶边的圣母像的金质遗骨匣……2 串念珠，1 串琥珀制，1 串珊瑚制"。[2]1751 年，在一位布商妻子家中，公证人发现了 1 个象牙制基督受难十字架，1 个以黑天鹅绒为背景、外框雕刻过并贴金箔的黄檀木十字架，价值 50 利弗尔；还有 1 个银质圣水钵，顶部装饰着由其受难标志物所围绕的基督，它被估价为 60 利弗尔。[3]宗教物品中的一些，例如十字架，可以被视为有很高价值的首饰。1746 年，一位染色师傅与商人的妻子拥有一个银底、饰有 5 颗粉钻的十字架，它价值 200 利弗尔。在德特伊斯内尔侯爵夫人的所有首饰中，有 3 个十字架，其中 1 个由 1 块翡翠和被 14 颗小宝石包围着的 5 颗钻石构成，价值高达 3000 利弗尔。[4]

这类物品中的某些所具备的神圣意义可以从公证人的词汇中瞥见。1651 年，吉斯公爵夫人的一位扈从的遗孀，安托瓦内特·达西（Antoinette Dachy），拥有 12 串念珠，其中一串由乌木制成，饰有圣物。[5]1748 年，一位花匠兼花店商人的妻子有一件珍贵的财产，"一个带有圣骨的小十字架"。[6]1772 年，估价人在一个饮料商，马林·甘登（Marin Gandon），家中的清单中特别注明，一个基督受难十字架所使用的木头是从犹太地带

1　D. Henrard, p. 70.

2　M. Landrier, p. 118.

3　V. Aronio de Romblay, p. 101.

4　D. Villate, p. 148.

5　D. Henrard, p. 71.

6　D. Villate, p. 148.

来的。[1]

　　每个家庭所拥有的宗教物品的数量往往不会很多，通常在 1 件到 4 件之间。但就像那些小小的宗教图像一样，这样的物品是不是因其低微的市场价值，而在许多情况下被估价人忽视了呢？家庭越是贫寒，这类小物品越有可能被忽视。然而，一些清单确实表明，存在这样一些逝者（他们常常来自工作阶层），他们会收集自己信仰与热情的有形象征。1673 年，一个修鞋师傅死后留下了 1 个木框基督像，1 个带链子的水晶十字架，1 个遗骨匣，2 个小小的圣母像，1 个白银十字架和 1 个金质十字架。[2]1761 年，1 个来自圣安托万郊区的朴素但幸运的酿醋人（他的宅邸价值几乎不超过 600 利弗尔），在卧室里积攒了 19 件宗教物品，包括"1 尊被放在个涂黑的木头制成的十字架上的象牙制基督像"。[3]1772 年，一位蜡烛制作师傅的妻子拥有 11 件宗教物品。[4]我们前面已经提到了一个擦地板者拥有的 14 个遗骨匣，还有吉斯公爵夫人的一个扈从的遗孀拥有的 12 串念珠。

　　社会阶层与宗教物品的拥有情况之间似乎并无关联。但性别似乎扮演着更具决定性的角色。正如女性似乎比男性更热衷于留下遗嘱那样，她们的家，尤其是寡妇和单身女性的家，更容易出现用于日常宗教活动的便宜物品。我们应该回忆一下那时候巴黎单身女性的惊人数量，以及她们在首都精神生活中扮演的重要角色。

　　但是，教士家庭中宗教物品的缺席，则出人意料。其清单得到分析的教士中，几乎三分之一既没有基督受难十字架，也没有祷告台（Prie-dieu）或任何宗教图像。但这些没有宗教物品的教士们是积极履行义务的神父，或仅仅是学生——没有真正属于自己的住处的人，他们居住于团体之中。

1　A. Pakravan, p. 34.

2　G. Neveu, p. 64.

3　M.-P. Zuber, p. 130.

4　C. Rideau, p. 134.

其中一些独身一人，只在近期才到城中定居。在有宗教物品的教士家中，宗教风格的装饰往往局限于一个房间：一个挂在墙上，或是摆在壁炉台上，或是放在桌上的基督受难十字架。在其他房间里，清单只提到了"所谓的宗教绘画"，而没有进一步描述。宗教装饰似乎主要是教士的经济状况和社会地位带来的副产品，而不那么对应于他在教会等级体系中的地位。在让·德穆兰和安德烈·图卢（André Tullou）——他们分别是圣雅克－杜－奥帕和圣贝诺瓦（Saint-Benoît）的本堂神父，圣塞弗林（Saint-Séverin）教区副本堂神父尼古拉·德穆斯特耶（Nicolas de Moustier），保罗·德·库尔杜切斯内神父和皮埃尔·德布兰奇（Pierre Deblanges，库唐斯主教的副主教）这几位索邦大学博士的家中，宗教装饰融入了日常生活领域。从职责、权力与他们的家庭和社会背景方面衡量，这些教士构成了巴黎教士的精英阶层。[1]

同样异乎寻常的是，样本中死亡时间将近 18 世纪中期的教士家中，完全没有任何宗教物品出现。很少能找到一个基督受难十字架之外的宗教物品，除了在高阶教士家中，例如索邦大学博士克劳德－弗朗索瓦·托马斯辛（Claude-François Thomassin），和本堂神父圣皮埃尔－阿西斯（Saint-Pierre-des-Arcis），或是巴黎学院神学学士让－查尔斯·迪苏（Jean-Charles Tissu），以及圣尼古拉－罗浮（Saint-Nicolas-du-Louvre）的荣誉议事司铎（chanoine honoraire）拉威尔德（La Verdre）长老。[2] 不管怎样，教士在宗教物品方面的表面上的漠然不能证明他们缺乏虔诚。这些教士每天都在教会或小教堂中履行职责，在那里，他们被宗教装饰所环绕。他们是否像平信徒一样感到需要在家庭生活中被宗教物品所包围？难道不能认为，他们有时候会以非常大量的宗教藏书弥补了宗教物品的缺席？作

---

1 C. Ménez, p. 49-54.

2 M.-D. Bost, p. 78 et s.

为侍奉神的教会人士，他们往往会忽视了实际物品，甚至忽视了他们自己家中的装饰（无论是世俗的还是宗教性的），这是为了精神和心智的滋养，在许多情况下，滋养心灵的书籍都构成了他们财产中相当可观的一部分。

估价人提到的各类宗教物品是什么？虽然有缺漏也缺乏细节，清单还是提供了大量关于逝者的各类宗教物品的信息。清单常常详细描述物品的形状、材料和颜色，这使我们了解了这些虔诚支撑物的实际外观。我们应该按照出现频率递减的顺序来考察这些物品（见表16）。

表16　1270件宗教物品中各类物品的出现频率

物品类型	数量	百分比
基督受难十字架（Crucifix）	646	51％
遗骨匣（Reliquaires）	211	17％
圣水钵（Bénitiers）	157	12％
首饰（Bijoux）	80	6％
小雕像（Figurines）	73	6％
念珠（Chapelets）	38	3％
祈祷台（Prie-Dieu）	12	1％
其他（Divers）	53	4％

样本中超过50%的宗教物品——646件，或1270件的样本总量的51%——是基督受难十字架。刻在十字架上的基督雕塑的首次出现，是在5世纪；在12世纪，基督开始被刻画为双腿扭曲、面部表现出受折磨的痛苦的形象，直到那时，他才被表现为活着的，他的眼睛睁开，以一种胜利的姿态站立着。虽然基督受难十字架是估价人最频繁提及的宗教物品，但17世纪下半叶和启蒙时代初期它只出现在26%的样本家庭中。似乎令人惊讶的是，在这样一个宗教热情高涨的时期，样本中有四分之三的家庭都没有这种典范性的信仰标志。不过，一幅绘制或雕刻而成的基督十字架受难［一个来自基督受难或是"你们看这个人"（Ecce Homo）故事中的情景］

图像确实可能在逝者的卧室里取代了十字架这一物品的地位。那么，同样有可能的情况是，这一带有情感与宗教意义的常见物品被拿给逝者亲吻，并按传统与逝者一同下葬了——被钉在棺材上或是放在尸体手中。这一风俗能够解释"十字架上的基督"在清单中相对较少被提及的现象。就像代表着作为人而受折磨的"神之子"的图像那样，基督受难十字架使基督徒想起拯救的奥秘，使他们遵守特伦托宗教会议的基督中心主义信条。

这类宗教物品都是什么形状？首先，区分基督身体的材料和十字架的材料是很重要的，这两种材料总是不同，如下例子可以展现这一点："一个放在涂黑的木质十字架上的象牙雕刻成的基督像"，"一个贴金箔木头十字架上的基督像，以黑天鹅绒为背景，有金框"，或是"铜质基督像，在涂了清漆的木头十字架上"。最常用于塑造基督身体的材料是象牙。它的颜色使人联想到肉体的颜色，而且它还是一种高贵的材料，配得上基督这一尊贵主题。新象牙是白色的，它会随着时间流逝而变黄，它那质量很高、紧绷着的纹理也会裹上一层美丽的包浆。第二常见的材料是古铜色纯铜或者镀银的铜。铜在自然状态下是红色的，炉甘石可以使它变黄，从而给它一种金色外表。青铜或黄铜，还有铜合金，也被提到了。这些基督受难十字架，使用已知可持存的金属制成，就是为了长期保存。它们是很常见的物品，其主人很依恋它们，不会轻易将之替代，因为它们被赋予了情感和精神力量。在金属之后，木头是最常用的材料。木头很容易雕刻成形，因此匠人的手赋予了每件木制品以独特的品质。不像金属，木头不能被用来生产大量的复制品。上了色的，或是由一层青铜保护的石膏可以被用来生产大量不昂贵的基督受难十字架。骨头制成的十字架更为昂贵，与象牙制成的那些有某种相似性。最珍贵和最昂贵，因此也是最稀有的，是所谓的"水制（d'eau/en eau）基督受难十字架"。它是用海蓝宝石制成的，这是一种不可思议的纯蓝色石头。

　　在绝大多数基督受难十字架中，支撑基督身体的十字架被称为"涂黑的木架"或是"由上了清漆的木头制成"。最常用的涂色木头是梨木，它被用来模仿最尊贵的木头，乌木。木制十字架中，被特别说明的木材种类有乌木、黄檀木、紫心木、桃花心木、黄杨木、橡木、胡桃木和梨木。在所有基督受难十字架中，最常见的是"象牙基督像，背靠涂黑的木质十字架"，在这种样式中，黑色背景凸显了基督身体的苍白。基督受难十字架中有许多被放在天鹅绒背景之上，这天鹅绒常常是黑色的，有时候是绿色。其他被提到的背景还有上色的木头、绒绣或是紫罗兰波纹织物（moire violette）。这些基督受难十字架的边框材质可能会被描述为雕刻过并贴金箔、涂漆或是上了色的木头。如果清单提到了边框的形状，那么这一形状往往是拱形。这些出现在巴黎社会各阶层中的基督受难十字架按惯例会被挂在墙上。能立住的那些则位于一件家具或是壁炉台上，它们的数量要稀少得多。

　　分布广泛程度仅次于基督受难十字架的宗教物品是遗骨匣。不幸的是，公证人的描述几乎完全无法满足我们关于其内容物的好奇心，甚至不能告诉我们这些匣子的形状和颜色。似乎有可能的是，遗骨匣通常是从某个朝圣地带回来的物品，意在保存来自著名圣墓的一小块土，来自奇迹喷泉的一点水，或是某些有超凡魅力的人物的遗骸。这类魅力独特的人物的一个著名例子就是巴黎执事（diacre Pâris），他的头发、衣服和家具在 1727 年作为圣徒遗物被分发给冉森派狂热分子。估价人很少描述这类圣物的外表：他们仅仅指出它们是大的、小的，或是"有各种尺寸的"，或是指明一幅"遗骨匣绘画"或"遗骨匣上的绘画"。这样一件物品可能是瓶状或箱状，可能由上了清漆的木头、银子或是混有金子的材料制成。有时候圣物被附在一张绘画上，那么其画框材质会是贴金箔的、雕刻过的或是涂了清漆的木头，或者其画框边角上镶有铜片，它常常配有一层保护性的玻璃板。它可能展现了逾越节的羔羊，或是包括了人物蜡像。有些属于富人的遗骨匣是用珍贵金属制成的。我们已经提到了用上了瓷釉的金子制成的遗骨匣，它价值 180 利弗尔，属于让·阿梅洛。1665 年，雅克—奥诺雷·巴伦丁，国王常任政令主管，拥有一个质量很高的遗骨匣，它由镀金的银制成，是一件罕见的珍品。[1] 遗骨匣是一件典范性的神圣物品，具有保护性的力量，有时候也具有情感价值。但是它似乎不仅仅是一种大众信仰的标志，因为它在出现在多种不同的环境中。

圣水钵（bénitier）是宗教活动中要用到的，它几乎总是与十字架联系在一起，虽然它出现的频率要低得多（占有记录的神圣物品的 12%）。圣水钵的形状大概是盛满圣水的半圆。它可能由各种各样的材料制成，比如银子，或是更便宜的铜、锡、水晶、玻璃、搪瓷、贴金箔的雕刻木、大理石或是龟壳。这些圣水钵中最美丽的那些，尤其是银质的那些，有时候被制作得十分精致。在这类圣水钵中，有一个饰有小天使的，它出现在 1654 年的雅克·加朗家中，此人是国家议会的常任秘书兼财政部长。另一个圣水钵出现在 1644 年一位外科医生的清单上，"它展现了圣方济各陪伴着的圣母马利亚"。死于 1657 年的皮埃尔·加根（财政总监）的圣水钵，则展现了"微雕圣母"，价值 100 利弗尔。[2] 某些圣水钵还配有洒水装置。

从清单看来，有宗教小雕像的家庭为数很少。这些小雕像表现了婴儿耶稣、圣母或是各种各样的圣徒，它们的材质各不相同："一个贴金箔木头制成的小耶稣，被放在它那外有一层小玻璃板保护的壁龛里"，一个白蜡制圣母小雕像，位于壁龛中，一个涂色大理石制成的圣约翰雕像，或是黑天鹅绒背景框架中的青铜抹大拉。这些雕像常常被关在一个壁龛里，正如我们在 1735 年一个绘画师傅家中发现的那个一样："1 个贴金箔木支

1　F. Roussel, p. 114.

2　D. Henrard, p. 71.

脚上的圣安妮，1个壁龛中的白蜡小耶稣，1个壁龛中的灰泥制圣热纳维埃夫"。[1]最常用来制作这类雕塑的材料是铜、石膏、蜡和木头，虽然大理石、水晶、白石和青铜也被提及了。

宗教首饰在这些家庭中的出现频率差不多与小雕像相同，即6%。这类首饰中有一半是十字架，几乎总是用高贵的材料制成，例如金、银、水晶、珊瑚、钻石、小宝石或石榴子石。它们的价值各不相同，取决于使用的材料以及是否镶有钻石。1746年，一个铸币署（Grand Bureau de la Monnaie）的官员的妻子拥有一件简单的"来自圣殿的石块制成的小十字架"，它价值40索，而一位染色师傅兼商人的妻子，以及德特伊斯内尔侯爵夫人，都拥有镶满钻石的十字架，它们分别价值200利弗尔和3000利弗尔。[2]这些十字架是用来挂在脖子上的，有时候配有一条链子或是一根天鹅绒缎带。其他的十字架则据说是用来祈祷或是挂着的，或者本身就是遗骨匣或饰有圣徒遗物。除了十字架，神圣首饰主要以带有宗教图案的纪念章（médaille）和戒指（bague）为主：教宗亚历山大七世的一件银质纪念章上带有一个描绘耶路撒冷十字架的银质小图像，它被估价为3利弗尔；"一个镶有一块雕刻有基督的脸的黑石头的金戒指"价值100索；还有一个刻有耶稣之名的金戒指。

念珠（chapelet）在所有宗教物品中只占3%，而且显然只在具有首饰价值的时候才会被清单所记录。从定义上来说，一串念珠是便携的，往往被放在一只口袋、一个抽屉或是一个首饰盒底部，估价人经常忽视这种地方。作为一项在主人精神之路上陪伴终生的个人物品，它在棺材里也陪着这位主人，在那里，它往往滑落到他或她的指间。将死者与其念珠一同下葬的习俗可以解释清单中这类物品的稀少性。我们应该注意，念珠在18

1　M.-P. Dumoulin, p. 144.

2　D. Villa te, p. 148.

世纪几乎完全没有出现。估价人似乎只会记录珍贵材料制成的念珠，比如金、珊瑚、琥珀、玛瑙、肉红玉髓（cornaline，一种红玛瑙）或是乌木。念珠或许会饰有一个金质、银质或是水晶的十字架，这样的十字架有时可以取代遗骨匣的位置。吉斯公爵夫人的一位扈从的妻子，安托瓦内特·达西（Antoinette Dachy），拥有 12 串念珠，其中一串乌木念珠就饰有圣徒遗物，另一串肉红玉髓念珠带有搪瓷遗骨匣和一个小小的水晶十字架，还有一串价值 100 索的念珠带有银质十字架。[1]

祷告台是一个占据空间更大、相对更贵的宗教物品，它稀有，只出现在教士和特别虔诚的个人家中。它意味着有一个适合沉思的地方可以进行祷告。祷告台的拥有者们通常有足够的空间，并且同时也有其他宗教物品。虽然它可以融入房间中的日常背景，在圣塞弗林的教区副本堂神父尼古拉·德穆斯特耶家中，祈祷台位于一个专门用于祈祷的空间中心：就像一个圣坛，"一个用钥匙锁住的橡木祈祷台（带有祭坛组饰），带有一个铜质纪念章，上面刻有上帝的十诫"，它位于"两幅版画之间，第一幅表现了十字架上的我们的主，第二幅是圣尼古拉（这位教士的庇护圣徒）还有两个十字架上的基督小铜像，它们都位于涂黑的木头支脚上"。让·德穆兰，圣雅克—杜—奥帕的本堂神父，也有一个祈祷台，它也使人想到一个装饰过的祭坛高架："一个两扇门的祈祷台，周围有木框，木框上有十字架上的主的形象；圣母和圣约翰在两侧，两个天使在上方，还有一个青铜的圣灵像；上面和侧边还有贴金箔木头制成的装饰品。"[2] 德尼—哲罗姆·诺特（Denis-Jérôme Notte）是一位拥有祈祷台的平信徒，他是一个糕点师傅，单身女性玛丽—安妮·布兰凯（Marie-Anne Blanquet）也有祈祷台。前者于 1744 年去世时，拥有一个橡木和冷杉木制成的祈祷台，"它的门是单

1　D. Henrard, p. 71.

2　C. Ménez, p. 52-53.

扇的,带有青铜网格",后者比前者晚去世两年,将"一个带跪凳的祈祷台,装有两扇门和一个胡桃木诵经台"放在卧室中,这个祈祷台价值8利弗尔。[1]

最终,在"杂项"标题之下,我们将分散的其他物品归为一组,它们中有告解座(confessionnal)和头骨等各种完全互不相关的东西。例如,一个羔羊像(agnus/agnus Dei),它们通常与遗骨匣、版画和耶稣裹尸布一同被估价。"羔羊像"这个词被用于称呼一种教宗祝福过的黏土或蜡制的纪念章(上面印有逾越节羔羊的形象),或是用于称呼一个小小的饰有刺绣、为小孩准备的神圣图像。除非估价人提供进一步的描述,例如,"既印在画布上,也印在搪瓷上",或是提到一幅"羔羊图画"或是"带有羔羊的图画",否则我们几乎无法想象这些有助于虔诚的物品看起来是什么样子。

虽然一个头骨、一个洞中圣母或是一个耶稣降生的情景都会引起反思和祈祷,但其他被我们分为"杂项"的物品,也被用于教堂的宗教仪式中:圣里衬(tavayolle,tanviolle)通常与家中的亚麻被列在一起,这是用来散发圣饼的篮子的里衬;一套司铎的装饰品包括一件无袖祭司袍(chasuble)、一条襟带(étole)和一条带金银装饰的红缎纹布手带,这些都被包裹在一块起保护作用的布里,总价值60利弗尔。亚麻和圣器(vases sacrés),例如小教堂中装饰祭坛的绣花布(parement),1个饰有两个缎子十字架的由多层黑色天鹅绒制成的小顶罩,圣水瓶(burettes),1个装圣饼的盒子,1座钟,1个圣餐杯(calice),1个圣饼碟(patène),等等,上述物品都几乎只出现在教士家中。最终,我们认出了那些用于日课的物品:"深红天鹅绒垫,用于跪在教堂里",或是"一个深红天鹅绒的教堂垫(sac d'église)",饰有质量很好的金色缎带,主人在这只包里装了一本价值

1　D. Villate, p. 149.

40 利弗尔的弥撒经书。这两件物品都属于上层社会的女士。[1]

这些各异的物品通常表现出一种美学关切，以及一种被其自身外形或珍贵的、半珍贵的材料所赋予的富贵气息。尤其是在 17 世纪的家庭中，除了绒绣和墙上的几幅画之外的装饰很少出现，1 个象牙制基督受难十字架或 1 个银质圣水钵就凸显为奢侈品了。但在一个宗教浪潮高涨的时代，一种很正常的状况是，服务于信仰的神圣物品应该是所有物品中最美丽的。

虽然清单帮助我们通过估价人的说明来识别各种最有可能量产的物品，但它们并不能告诉我们这些货物的来源以及分布方式。这些物件是流动小贩，还是巴黎商人所贩卖的？我们从一些缝纫用品商的清单中发现，宗教物品是他们通常会储备的货物。1639 年，一个画家兼缝纫用品商（他在卢浮宫画廊中有一家商店，还在圣日耳曼集市上有一个摊位）的清单显示出，他的货物储备是一系列出人意料的混杂物品：纪念章和钱币，波斯餐具，科学用品，异国纪念品，贝壳，还有素描、版画和彩绘，这些东西共计 216 件。在宗教主题的彩绘与版画中，估价人特别注明了"一个基督受难十字架，上面有圣母和圣约翰，用涂色的木头制成，价值 40 索"。[2]

圣德尼的一些店主的清单同样能给我们了解这些宗教物品的来源以一些启发。玛格丽特·雷尼埃（Marguerite Régnier），一个死于 1757 年的缝纫用品商，不仅出售花边、纽扣和化妆镜，还卖教义问答书、字母表和小册子。这些各种各样的物品，包括玩具和首饰，与价值不高的宗教物品堆在一起："6 个涂红的木头制成的给小孩子的十字架，价值 1 索……3 打圣灵十字架和铅质纪念章，总价 6 索……2 打项链和木质念珠、玻璃杯，还有蜡，总价 36 索。" 1770 年，在一位圣德尼的金器商家中，有另一系

1　为了完成上述对宗教物品的总体性呈现，我们在科洛迪埃（François Colodiet）、勒沙尼（Patrick Le Chanu）和莱里登（Thérèse Leridon-Segui）的回忆录之外，还使用了卡泽纳夫（Thibault Cazeneuve）的绝佳回忆录。

2　P. Le Chanu, p. 163.

列的宗教物品："几个基督圣灵像，平十字架……1个遗骨匣，1个带外框的十字架……1包绿松石结婚戒指和带有珍珠的金十字架，它们总价34利弗尔。"[1]

那么，巴黎和周围村庄的居民似乎很容易在缝纫用品商和金器商的店里获得这类并不昂贵的宗教物品。这类物品中有一小部分可能来自逝者与他或她的家庭成员为奉行虔敬而前往的朝圣地。很有趣因而值得注意的是，蒙田在《意大利行记》（*Journal de voyage en Italie*）中，描述了自己曾用50埃居（écus）在洛雷特村（Lorette）购买宗教物品。

在家内生活空间中，这些宗教物品位于何处呢？就像宗教图像一样，它们中的大多数出现在卧室里，而且主要是出现在逝者（家庭中的父亲，也是家主）的卧室里。世俗艺术作品更多地出现在家中其他房间里，尤其是在大厅中，而超过一半的基督受难十字架出现在死者的卧室里。逝者卧室也是圣水钵、遗骨匣、小雕像和祈祷台最常出现的场所。要确定十字架和纪念章是否以同样的方式安置，则更为困难，因为它们通常被单独记录，与银器和首饰列在一起。

关于这些宗教物品在逝者卧室中的摆放方式，我们知道些什么？死后清单几乎没有给出任何关于这些物品在房间中的位置的信息。但这类物品中的某些成组出现，这表明最为虔诚的家庭设立了专门用于祈祷的区域，这与耶稣的准则相符合："你祷告的时候，要进你的内屋，关上门，祷告你的在暗中的父。"［《马太福音》（6 :6）］。不同的例子使我们得以瞥见一些巴黎人安置在其卧室里的祈祷角：圣马丁的一位神父兼圣器室管理人将"2个圣水钵和1个黑嵌板上的基督受难十字架"放在他的卧室里，它们无疑为他的祈祷创造了一种环境。一位奥吞学院（collège d'Autun）

---

1 Isabelle Pouillier, *La piété dans le cadre de vie à Saint-Denis entre 1753 et 1777*, mémoire de maîtrise, Paris IV, 1985, p. 100-101.

教授、索邦见习神父，吉尔贝尔·奥耶（Gilbert Oyer），能够退回房间里，跪在"一个涂成白色的木质祈祷台上"，面前是"十字架上的象牙基督像，其边框是涂黑的木头制成的，背景是黑色天鹅绒"。在让·德穆兰和尼古拉·德穆斯特耶的房间里，祈祷台及其周边物品都构成了一种使人想起教堂圣坛的宗教性装饰。[1]

不只有教士在房间里专门划出了祈祷区域。在其他家庭中，如下这种安排也会出现在逝者的房间里：一个被 2 个或 4 个烛台包围的基督受难十字架，这使人想起圣坛的布置方式。1665 年，在一个缝纫用品商的房间里，估价人记录了一个"上面有基督像，还带有 2 个乌木烛台的十字架"，它价值 3 利弗尔。这种情景常常出现在这个时期的版画中：圣徒们在一个烛台环绕的基督受难十字架前祈祷。

在富裕的官员，比如宫中的政令特派专员让－雅克·德博雅奈、国家议会的常任秘书兼财政部部长雅克·加朗，或是财政秘书罗兰·格鲁因家中，会有一个房间被安置为小教堂或是私人祈祷室，它靠近大厅，也或许就在一个书房中。但是，这些人的清单完全没有提到这类地方的装饰。[2]

这些物品表现了虔诚是如何在家庭私人生活中实现的，它们是日常宗教的实行工具。将这些物品集中在一个主卧中，设立起作为私人祈祷室的神圣场所，这些都能够方便人们采取那些与祈祷相伴的其他宗教姿态，并为基督徒的一天奠定基调。在基督受难十字架前，这些男男女女在晨祷和晚祷的前后在胸前画十字，在赞美上帝时也这样做。如果这个家庭中有一个圣水钵，其家庭成员会用圣水画十字，并将圣水洒在家中和他们使用的物品上，以圣化它们。祈祷台方便了人们采取跪姿，并促进了便于沉思和祈祷的身体姿态——双手相握，或是在胸前交叉，眼睛抬起，朝向基督受

1　G. Ménez, p. 51-52.
2　D. Henrard, p. 70-72.

难十字架或一幅宗教图像，或是朝向一本放在祈祷台中的诵经台上的书，例如《模仿耶稣基督》（*Imitation de Jésus-Christ*）或是一本赞美诗集。当然，为了荣耀圣母而数念珠也是一种人人可为的精神操练。以上就是这些宗教物品会唤起的身体姿态。图像帮助我们从视觉上重获其背景意涵：一幅道蒙（Daumont）所刻的版画，住在铁器店路的道蒙家中有一幅刻着金鹰的版画，展现了"一个好人和一个道德败坏的人"的对比。这类图像中的一幅表现了一个虔诚的人，清晨，他跪在地上，双手相握，面对一个放在矮桌上的基督受难十字架，他的另一侧有一个小些的俯卧人像，可能是他的儿子。说明文字写道：

> 早晚祷告上帝的人
> 永无匮乏
> （Qui prie Dieu soir et matin
> Ne manquera jamais de rien）

另一个简介说明了赞颂上帝的仪式，或是本尼迪克修道院教规：在一家人一起吃饭前，被妻子和孩子环绕着的父亲，要背诵如下赞颂。说明文字写道：

> 上帝保佑那些
> 遵循正义之路的人的食物
> （Dieu bénit la nourriture
> A ceux qui vont en droiture）[1]

在后特伦托会议时代，这是忠实地奉行其日常义务的巴黎家庭所感受到的图像教育的影响吗？在通过家中的虔诚表达他们对上帝的信仰时，这

---

[1]　F. Colodiet, p. 110-111.

些家庭无疑显得像是真正教会的一部分。

虽然这些家庭中只有 45% 有宗教物品，但宗教物品的缺席或许可以被绘制或刻成的宗教图像，或是宗教书籍所弥补。如果我们考虑这三类物品的拥有率，我们样本中有 70% 的巴黎人在他们熟悉的家庭环境中表达了宗教情感。对于虔信者们来说，基督徒的生活不限于周日弥撒、义务性的宗教节日、晚祷和其他宗教活动，比如圣事和游行。这种生活与在上帝目光下度过的所有时刻不可分割，无论是在教堂中还是在家里。虔信者们会认为，这 70% 的比例看来只是个最低值。

实际上，在许多清单中，未经描述的书籍、图像和其他物品很有可能是宗教性的。当然，与逝者一同下葬的基督受难十字架和念珠不会留下任何痕迹。出于所有这些原因，我们似乎可以估计，所有巴黎家庭中，只有 10%～20% 完全没有任何宗教物品，至少在 18 世纪中叶之前是这样。弗朗索瓦·科洛迪耶和特蕾莎·莱里登—塞吉指出，完全没有宗教物品的巴黎人或是社会底层人士，或是穷人，例如财力极弱的寡妇。在 18 世纪上半叶，死后没有留下宗教物品家庭中，有四分之三留下的财产少于 1000利弗尔。拥有宗教物品的那部分家庭是社会中最富裕的人。

我们应该强调，拥有宗教书籍的人和拥有宗教图像与物品的人并不总是同一批。我们已经强调了神父的情况，相比于其他物品，他们对书面材料展现出强烈的偏好。安德烈·图卢（André Tullou），圣贝诺瓦（Saint-Benoît）的本堂神父，巴黎学院的神学博士，他留下的遗嘱很能展示这一点。他要求将自己的尸体不是与基督受难十字架，而是与福音书一同下葬："我希望耶稣基督的福音书放在我的腹部，放在我的棺材里，以此作为我信仰圣言的见证，我的信仰与最早那些基督徒们的榜样相同。"[1]

但是，在识字率通常很低的工作阶层中，绘制和刻出的图像比书籍更

1　G. Ménez, p. 54.

受偏爱。最热忱的巴黎人，尤其是单身女性，既收藏书面作品，也收藏图像和宗教物品。这就是单身女性玛丽－安妮·布兰凯的情况，1746年，她收藏了3幅主教和红衣主教的肖像画，6幅表现基督或圣母的画作，4幅基督十字架受难像，1个祈祷台，"1面丝绸绒绣，中间部分嵌有耶稣的圣名"——这是她前厅的装饰，她的住处还有将近400本宗教书籍。[1]

　　巴黎家庭中宗教图像、书籍和物品的问题，还值得进一步探究。我们的研究再加上关于这一主题的某些已有研究，已经表明了宗教元素在所有社会阶层中都非常重要，不仅仅是在"圣徒的世纪"，甚至到启蒙时代这么晚近的时候也是如此。没错，念珠或圣水钵这样与宗教姿态有关的物品，在伏尔泰的时代逐渐从清单中消失了。但是，宗教图像与书籍仍然大量出现在18世纪70年代中产阶级的家中。同样没错的是，同一时期，在某些富裕的城市知识或艺术精英家庭中，宗教物品有可能完全缺席。这种到此世纪中叶已经在遗嘱语言风格中明确可知的断裂，在对18世纪80年代之前的宗教物品的研究中几乎不可觉察，因此也就在我们研究所讨论的范围之外。宗教物品的骤然衰落，以及同时发生的传统行为与信仰的崩塌，是皮埃尔·肖努（Pierre Chaunu）主导的新研究的主题，这一新研究基于1775—1830年之间的死后清单。

1　D. Villate, p. 153.

结　论

　　既然我们跟随公证人而进行的漫游已经到达终点，那么这一对 2783 个巴黎家庭所做的探究给我们留下了怎样的最终印象呢？在穿越时空的漫长散步中，我们走过了如此多的家门，登上又爬下了如此多的楼梯，从这些分布在不同楼层的住处的地下室走到阁楼，或是一个房间到另一个房间。我们已经好奇地打开了如此多的家具，并为众多类型的大量物品分类。

　　或许给我们留下最深刻印象的，是这些两三个世纪之前的巴黎人积累了如此多样的物品。他们创造了一个多么迷人而又丰富的图像博物馆啊！如果能够按照编年顺序排列这些人，他们就会揭示出 18 世纪带来的不断增长的巨大影响。大量小小的技术进步（它们是启蒙时代男男女女们富有创意的头脑与聪明才智的果实）再加上对更好的生活的不断增长的向往，还有一种对幸福、对修饰和改善日常生活环境的深刻期望。家宅变得更宽阔了一些，其设计格局也更加理性，布局主要在水平方向上扩展。房间的供暖和照明都更好了一些，而且随着专业化的开端，人们拥有了更多的隐私。这就是生于路易十五统治期间的巴黎人相比于更早期的人而享受到的主要进步。但赋予这些住处以一种富有感染力的私人性的，主要是 18 世纪的逝者们积累起来的各类物品的丰富与多样。细木镶嵌、镜子、壁炉镜、摆钟和其他物品并不仅仅是贵族住处的特权，它们也会出现在中产阶级家中。巴黎手工业者制造的物品之典雅精致，与装饰性织物以及闪烁着协调色彩的墙面覆盖物的丰富性交相辉映。

正如伏尔泰应用语言的方式可以被视为代表了法语文学的一个典范，这一时期的装饰艺术也臻于完美——我们可以通过死后清单窥见这一点。毕竟，在当时，路易十五与路易十六风格的家具与小件稀有物都被用于具有无与伦比重要性的财务交易中。启蒙时代的巴黎人（不仅仅是非常富裕的那些）有着得天独厚的条件，能以大量高质量物品装饰住处，时至今日，古董商和艺术爱好者们也仍然追逐着这些物品。来自外省和外国的旅行者发现了巴黎的奢侈、品位和思想，并盛赞它在这些方面的卓越。对公证人做出的评估的编年史式分析有助于我们理解，相比于先前的世纪和法国的其他地区，18 世纪期间的首都家庭如何得到了丰富与美化。黑暗的 17 世纪的阴暗简陋的巴黎家庭（去除了一切浮华因素），与装满了如此多的可爱家具和各种类型的装饰物的启蒙时代家庭之间，有多么大的反差啊！

巴黎家庭与外省家庭之间，也存在着巨大反差。甚至是"王国中仅次于巴黎的最大城市"——神父埃皮利这样形容里昂——其居民在启蒙运动期间也没有经历能与巴黎城市的结构变化相提并论的变迁。除了一小部分富裕有产者的住处，"里昂的大部分楼房，"莫里斯·嘎尔敦（Maurice Garden）写道，"都很陈旧、狭窄、高、黑暗，并且被各种各样的计划外建造物和后续的添加弄得非常复杂，从某一方面看来，这使得这些房子显得痛苦而悲伤。"[1] 而许多只有一个房间的住处常常同时被用作工作坊，其中只有简单的家具，有多个房间的商人住宅大部分都没有什么家具，商人们也并不关心房屋的装饰。甚至这个城市最富裕居民的客厅，与巴黎的

1　Maurice Garden, *Lyon et les Lyonnais au XVIIIe siècle*, Paris, 1970, p. 405

客厅相比起来，也显得相对贫寒。科唐坦，[1] 贝里高地（haut Berry）[2] 或是利穆赞低地[3] 地区的乡村房屋与一般的巴黎住宅相比，更是要淳朴得多，尽管这些乡村房屋中一般也有日常生活必不可少的物品。

　　巴黎作为王国所有领域的典范和驱动力的地位，依赖于它是首都这一事实。巴黎所施加的巨大影响力，被一位路易十四的同时代人以宏伟的方式表现出来，此人就是法学家朱利安·布罗多（Julien Brodeau），在1669 年版的《巴黎司法区与子爵领地习惯法》（*La Coutume de la Prévôté et Vicomté de Paris*）中，他写道：

> 巴黎城是王国的高贵首都，国家的中心，国王及其廷臣的日常驻所，第一个和最古老的高等法院以及贵族法庭的所在地，作为法律源泉的城市，一切法国人的共同故乡，世界上所有国家的巅峰，法国的法国。[4]

　　巴黎的其他功能，无论是宗教、思想还是经济，都生发自这座城市作为王国的政治与行政首都的功能。这座城市的人口从 17 世纪 80 年代的 45 万左右，增长到了大革命前夕的将近 60 万，在整个 18 世纪期间从未停止扩张，也一直在确认它的影响力与吸引力。通过研究巴黎所有家庭的核心要素，我们看到了巴黎在住宅相关的所有活动中的非凡地位：正是在首都，城市规划、建筑、美术、装饰和奢侈品工艺等如此多样的领域都达到了其最完美的状态，以更好地增益于市民。

1　R. Lick, Les intérieurs domestiques dans la seconde moitié du XVIIIᵉ siècle, d'après les inventaires après décès de Goutances, in *Annales de Normandie*, 1970.

2　Marie-Dominique Charron, *Le foyer et le cadre de vie à Herry, petit village du haut Berry (1760-1830)*, mémoire de maîtrise, Paris IV, 1985.

3　Isabelle Ambert, *Le foyer et la famille. Etude sur le foyer en bas Limousin au XVIIIᵉ siècle*, mémoire de maîtrise, Paris IV, 1983.

4　Cité in Roland Mousnier, Paris capitale politique au Moyen Age et dans les Temps modernes in Paris, *fonctions d'une Capitale*, Paris, 1962, p. 71.

17 世纪末，在 18 世纪更是如此，巴黎西部的新发达街区的生活与住房条件改善了，这是这一人口增长的原因之一。无疑，说到物质上的舒适，与一个世纪后工业革命带来的进展相比，18 世纪 50 年代以来取得的取暖、照明和卫生方面的小小进步似乎微不足道。那种完全改变巴黎人生活方式的变化直到 19 世纪下半叶和 20 世纪初才发挥作用，而且它们是分阶段到来的：室内饮用水供给出现于 1809 年奥斯曼（Haussmann）管理时期，煤气和电力的安装开始于 1878 年，而排水系统的主要管道到 1883 年才安装起来。

虽然，当我们第一眼看去时，会发现这些被死亡冲击的家庭中的物品显得静止而沉默，但我们试图不像参观博物馆那样考察这些家庭。通过这些清单的纸页，我们力图赋予这些地方的居民以人的面孔，力图重构他们日常生活的姿态，而且在某些例子中，我们甚至会揭开家庭私生活的面纱。他们的书籍、艺术品和宗教物品的估价表露了他们的文化品位、兴趣，以及他们的宗教情感。这些巴黎人中的某些（分布在所有社会阶层中），已经差不多成了我们的熟人：圣塞弗林的教区副本堂神父尼古拉·德穆斯特耶，他是一个非常虔诚，热切地以教义问答法教育其教众的人；富裕奢华的德特伊斯内尔侯爵夫人，一个品位优越的女人，她收藏首饰、银器和瓷器，还有珍贵的小摆设，她也是路易十五的狂热崇拜者。她敬重地保存着备受敬爱的（Bien-Aimé）国王赠予其父的肖像。巴黎高等法院的顾问皮埃尔·卡蒂纳（Pierre Catinat）是一位基督教家庭的模范父亲，对他的孩子们充满了温情；高等法院律师安托万·库里耶，则兴趣爱好广泛，他喜欢法律、历史、绘画、雕塑、音乐、游戏，这展现了他开阔的精神世界。富裕书商弗雷德里克·雷奥纳尔的妻子玛丽－安娜·德·埃萨尔有富丽堂皇的梳妆台收藏，还有四轮马车，很多乐器，以及一大堆不同种类的游戏用品；一对夫妻，安托万·朗班，他是一位铸造师傅，与他的妻子卡特琳娜·基莱（Catherine Quillet）在共同生活了 55 年之后去世；仆人珍妮·达梅龙，波旁公爵保姆，波旁公爵夫人的首席贴身女仆，她很爱戴她的主人们，甚至拥有他们的肖像；单身女性玛丽－安妮·布兰凯，她知识丰富，对于启蒙所取得的进步持开放心态，同时也很虔诚；另外还有许多其他人。

虽然这些清单不像分析性文本或是私人日记，它们只能向我们提供这些男男女女人格的相当表面化的印象，但它们也富含关于日常生活中的姿态与行为的信息。在一个 20 世纪观察者的眼中最引人注目的，是社交礼仪，它不仅存在于农民中，也存在于城市中。血缘、邻里和工作的纽带是一种对抗生存的困难与不确定性（尤其是孤独）的手段。广泛存在于今日城市群中的问题已经出现在 18 世纪的巴黎居民之中，尤其是出现在孀居和单身的女性之中。

对于许多在家中进行宗教活动的巴黎人来说，人际关系不那么重要；他们与神的关系是最关键的。这些通过洗礼圣事成为神的孩子的基督徒们知道他们为在天之父所爱，在孤独时，在生病时，在死亡时，他们都能祈求他的无限恩典。

在这一进入两三个世纪之前的巴黎的想象之旅的结尾处，为何不承认一下呢：我们非常享受掀开这些房屋的屋顶、窥探其中居民的生活。也不妨承认，我们很喜爱启蒙时代的这些典雅精致的房屋。毕竟，就像华多和布歇的画作那样，它们唤起了一种古早的生活方式，这种生活方式曾促使塔列朗在旧制度覆灭之后很久，发出了他那著名的评论："没有在 1789 年前生活过的人，不会知道绅士生活是怎样的。"

参考文献

Peter Laslett, *Un monde que nous avons perdu*, trad. de l'anglais, Paris, Flammarion, 1969.

Françoise Lehoux, *Le cadre de vie des médecins parisiens aux XVIe et XVIIe siècles*, Paris, A. et J. Picard, 1976.

Michel Marion, *Les bibliothèques privées à Paris au milieu du XVIIIe siècle*, Paris, Bibliothèque Nationale, 1978.

Henri-Jean Martin, *Livre, pouvoirs et société à Paris au XVIIe siècle*, Genève, Droz, 1969.

Jean Meyer, *La vie quotidienne en France au temps de la Régence*, Paris, Hachette, 1979.

Roland Mousnier, *Recherche sur la stratification sociale à Paris, aux XVIIe et XVIIIe siècles*, Paris, A. Pedone, 1976; *Les institutions de la France*, Paris, PUF, 1980; *Paris, capitale au temps de Richelieu et de Mazarin*, Paris, A. Pedone, 1978.

Jean-Paul Poisson, *Notaires et société*, Paris, Economica, 1985.

Jeanne Pronteau, *Les numérotages des maisons de Paris du XVe siècle à nos jours*, Paris, Commission des travaux historiques, 1966.

Marcel Reinhard, *Paris pendant la Révolution*, CDU, 1963-1965.

Daniel Roche, *Le peuple de Paris*, Paris, Aubier, 1981; *Jacques Louis Menetra, compagnon vitrier au XVIIIe siècle*, Paris, Montalba, 1982.

Christian Romon, Mendiants et policiers à Paris au XVIIIe siècle, in *Histoire, Économie et Société*, 1982.

Jacqueline Sabattier, *Figaro et son maître. Les domestiques au XVIIIe siècle*, Paris, Perrin, 1984.

Geneviève Souchal, *Le mobilier français du XVIIIe siècle en France*, Paris, Hachette, 1966.

Pierre Verlet, *L'art du meuble à Paris au XVIIIe siècle*, Paris, PUF, 1958.

Georges Vigarello, *Le propre et le sale. L'hygiène du corps depuis le Moyen Age*, Paris, Seuil, 1985.

Philippe Ariès, *L'enfant et la vie familiale sous l'Ancien Régime*, Paris, Seuil, 1973.

Philippe Ariès, Georges Duby (sous la direction de), *Histoire de la vie privée*, t. 3 : *De la Renaissance aux Lumières*, Paris, Seuil, 1986.

Jean-Pierre Babelon, *Demeures parisiennes sous Henri IV et Louis XIII*, Paris, Le Temps, 1965.

François Bluche, *La vie quotidienne au temps de Louis XIV*, Paris, Hachette, 1984; *La vie quotidienne au temps de Louis XVI*, Paris, Hachette, 1980; *Les magistrats au Parlement de Paris au XVIIIe siècle*, Besançon, 1960.

Françoise Boudon, André Chastel, Hélène Couzy, Françoise Hamon, *Système de l'architecture urbaine. Le Quartier des Halles à Paris*, Paris, CNRS, 1977.

Pierre-Denis Boudriot, *La construction locative parisienne sous Louis XV*, thèse 3e cycle, dactylographiée, Paris IV, 1981.

Fernand Braudel, *Civilisation matérielle, économie et capitalisme*, Paris, A. Colin, 1979.

Armand Brette, *Atlas de la censive de l'archevêché dans Paris*, coll. « Histoire générale de Paris », Paris, 1906.

Jean Chatelus, *Peinture et groupes sociaux : les goûts artistiques des marchands parisiens (1729-1759)*, Paris, 1973, thèse 3e cycle, dactylographiée, Paris X.

Pierre Chaunu, *La mort à Paris*, Paris, Fayard, 1978; *La civilisation de l'Europe des Lumières*, Paris, Arthaud, 1971.

Jean Delumeau, *Le péché et la peur*, Paris, Fayard, 1983.

Yves Durand, *Les fermiers généraux au XVIIIe siècle*, Paris, PUF, 1971.

Arlette Farge, *Vivre dans la rue au XVIIIe siècle*, Paris, Gallimard, 1979.

Madeleine Foisil, *Le Sire de Gouberville*, Paris, Aubier, 1981.

Adrien Friedmann, *Paris, ses rues, ses paroisses du Moyen Age à la Révolution*, Paris, Plon, 1959.

Michel Gallet, *Demeures parisiennes. L'époque de Louis XVI*, Paris, Le Temps, 1964.

Jean-Pierre Goubert, *La conquête de l'eau*, Paris, Laffont, 1986.

Jean-Pierre Labatut, *Les ducs et pairs de France au XVIIe siècle*, Paris, PUF, 1972.

Jean de La Monneraye, *Terrier de la censive de l'archevêché dans Paris, 1772*, coll. « Histoire générale de Paris », Paris, 1981.

图书在版编目（CIP）数据

私密感的诞生：近代早期巴黎的隐私与家庭生活 /（法）安尼克·帕尔代赫—加拉布隆著；成沅一,周颜开译. -- 杭州：浙江大学出版社，2022.7（2022.11重印）

ISBN 978-7-308-22523-6

Ⅰ.①私… Ⅱ.①安… ②成… ③周… Ⅲ.①家庭生活—历史—研究—法国—近代 Ⅳ.①K565.42

中国版本图书馆CIP数据核字（2022）第062659号

La Naissance de l'intime
by Annick Galabrun
©PUF/Humensis

浙江省版权局著作权合同登记图字：11-2022-129号

私密感的诞生：近代早期巴黎的隐私与家庭生活

（法）安尼克·帕尔代赫—加拉布隆　著　成沅一　周颜开　译

责任编辑	谢　焕
责任校对	陈　欣
封面设计	云水文化
出版发行	浙江大学出版社
	（杭州天目山路148号　邮政编码：310007）
	（网址：http://www.zjupress.com）
排　版	浙江时代出版服务有限公司
印　刷	浙江新华数码印务有限公司
开　本	880mm×1230mm　1/32
印　张	12.625
字　数	323千
版 印 次	2022年7月第1版　2022年11月第2次印刷
书　号	ISBN 978-7-308-22523-6
定　价	88.00元